Studien der
Hessischen Stiftung Friedens- und Konfliktforschung

Herausgegeben von der HSFK

Sonderband

Günter Joetze

Der Irak als deutsches Problem

Die Deutsche Nationalbibliothek verzeichnet diese Publikation in
der Deutschen Nationalbibliografie; detaillierte bibliografische
Daten sind im Internet über http://dnb.d-nb.de abrufbar.

ISBN 978-3-8329-5365-2

1. Auflage 2010
© Nomos Verlagsgesellschaft, Baden-Baden 2010. Printed in Germany. Alle
Rechte, auch die des Nachdrucks von Auszügen, der fotomechanischen Wiedergabe und der Übersetzung, vorbehalten. Gedruckt auf alterungsbeständigem Papier.

Vorwort

Während neun Zehntel meiner diplomatischen Dienstzeit war Amerika mein zentraler Ansprechpartner – 18 Jahre in multilateralen Ost-West Verhandlungen mit fast täglichen bi- und multilateralen Konsultationen, drei Jahre als Beobachter des amerikanischen Krieges in Kambodscha und Vietnam und drei Jahre als Gastmitglied der kalifornischen „Strategic Community" in Los Angeles. Mit den vielen anderen, die zeitlebens Amerika als fairen Partner kennengelernt haben, teile ich den Schock über die plötzlichen Konflikte zwischen Verbündeten, aber auch über das sinnlose Leid in der Region – als ob die Besessenheit, die von der Vernichtung der Zwillingstürme ausging, die klare Luft des amerikanischen politischen Denkens vorübergehend getrübt hätte. Nur eine nüchterne Analyse kann das alles aufarbeiten.

Weil die Haltung Amerikas im Irak-Komplex meinem Bild des Landes widersprach und die geläufigen Deutungen mich nicht überzeugten, arbeitete ich ungewöhnlich lange an diesem Buch. Trotzdem blieb ein unerklärter Rest, so etwas wie der Einbruch des Irrationalen in die Sicherheitspolitik, also in die Sphäre, die gerade in einer nationalen Katastrophe die Rationalität am dringendsten braucht. Das ist der Hauptgrund für den gewählten Buchtitel. Denn die deutsche Erfahrung erfordert rationale Partnerschaften in der Führung, gerade in der Sicherheitspolitik.

Ohne die Unterstützung meiner Familie hätte ich die sechs Jahre lange Arbeit an diesem Buch nicht durchgehalten. Frau und Tochter waren meine ersten Lektoren. Sie zahlten mir die Strenge, mit der ich ihre Magisterarbeiten durchsah, mit Zinsen zurück. Unersetzlicher moralischer Halt kam von der Hessischen Stiftung Friedens- und Konfliktforschung (HSFK). Sie hat mein Projekt von Anfang an gefördert. Sie unterstützte mich auch organisatorisch. Ich danke in diesem Zusammenhang Dr. Hans-Joachim Spanger für stetigen Rat und Hilfe, Dr. Bruno Schoch für die Durchsicht des Manuskripts und kluge Anregungen und Frau Cornelia Heß für ihre Hilfe bei der Textverarbeitung, der Korrektur und dem Drucksatz. Zwei weitere Mitarbeiter der HSFK haben sich um den Text verdient gemacht: Frau Magali Moussa beriet mich bei der Transkribierung arabischer Namen, Herr Niels Graf überprüfte die Endnoten und die Bibliographie. Herr René Denzer war mir in den letzten drei Jahren ein unersetzlicher Helfer bei der Organisation, der Recherche und der Schlussredaktion. Dank schulde ich auch dem Nomos Verlag, vertreten durch Herrn Dr. Andreas Beierwaltes, für die individuelle Abwicklung der Geschäfte, und Frau Ellen Hexges für ihre Geduld und Effizienz in der Endphase der Herstellung.

Im Anhang findet sich eine Liste meiner Gesprächspartner. Ihnen allen gilt mein herzlicher Dank. Hervorheben möchte ich Herrn Botschafter Berndt Mützelburg und seine Kollegen im Bundeskanzleramt, die sich für meine Fragen viel Zeit nahmen und mir in diesem Rahmen auch Einblick in nicht archivierte Unterlagen gewährten.

In der Transkribierung versuchte ich eine Angleichung an die deutsche Phonetik, also zum Beispiel „El Kaida" anstatt Al Qaida, was nur für angloamerikanische Leser Sinn macht.

Das Manuskript war Ende September 2009 abgeschlossen. Spätere wichtige Ereignisse wurden berücksichtigt, wenn auch nur kursorisch dokumentiert.

Königswinter-Vinxel, im November 2009   Günter Joetze

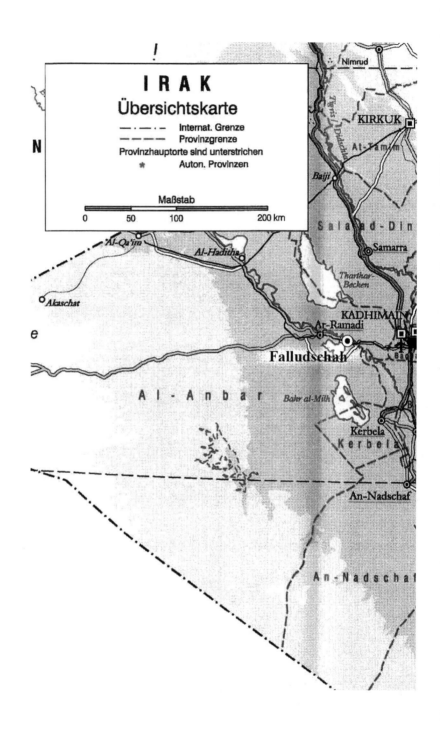

Inhaltsverzeichnis

I.	Die Grundfragen	15
1.	Ein deutsches Problem?	15
2.	Der deutsche Diskurs	16
3.	Deutschland ohne Sicherheitsnetz	17
4.	Krieg gegen wen?	18
5.	Die amerikanische Militärmacht als Problem	18
6.	Amerika als Ordnungs- und Führungsmacht	19
II.	Vor dem Sturm	21
1.	Vaters Erbe	21
2.	Kritik am Erbe	22
3.	Was sich am 11. September änderte	24
4.	Stationen der Bush-Doktrin	25
5.	Die Bush-Doktrin zusammengefasst	26
III.	Der Krieg gegen den Terror	30
1.	Eine neue Weltachse?	30
2.	Ein zentrales Ziel amerikanischer Macht?	32
3.	Globale Auswirkungen	33
IV.	Der Irak-Krieg: Motive und Rechtfertigung	36
1.	Die strategischen Motive	36
2.	Die öffentliche Rechtfertigung: Saddams tödliche Waffen	39
3.	Der Krieg als Experiment	43

V.	Das Recht zum Krieg und andere Rechtsfragen	46
1.	Unipolare Macht und Völkerrecht: neue Tendenzen in der amerikanischen Praxis und Lehre	46
2.	Die amtliche völkerrechtliche Begründung für den Krieg	51
3.	Recht im Krieg: Besatzung und Aufstandsbekämpfung	52
4.	Das Recht im Krieg: das Los der Gefangenen	54
VI.	Der Irak als Hauptthema amerikanischer Weltpolitik (Herbst und Winter 2002/2003)	64
1.	Ein nostalgischer Blick zurück	64
2.	Militärische Vorbereitungen	65
3.	Diplomatische Vorbereitungen – bilateral bei kriegswichtigen Staaten	69
4.	Die diplomatische Vorbereitung – multilateral (Resolution 1441 des VN-Sicherheitsrats vom 8. November 2002)	74
5.	Die innenpolitische Absicherung: die Resolution des US-Kongresses vom 12. Oktober 2002	78
6.	Die große Lücke: die Nachkriegsplanung	79
VII.	Deutschlands einsame Ablehnung	85
1.	Volkes Stimme	85
2.	Die deutsche Politik vor dem „Nein"	89
3.	Innenpolitische Reaktion auf Schröders „Nein"	102
4.	Die Krise des deutschen Atlantismus	105
5.	Hauptthesen der deutschen Kritik	108
6.	Was wirklich fehlte: das feste Krisenmanagement	110
VIII.	Vorkriegsmanöver	112
1.	Die Koalition der Kriegsgegner	112
2.	Vorkriegspolemik	116

3.	Vorkriegsdiplomatie: das Ringen um die zweite Resolution	126
4.	Keine Liebe zwischen Mars und Venus – Europaschelte der Vorkriegspublizistik	142
IX.	Deutschland und der Krieg	148
1.	Politische Aspekte des Kriegs	148
2.	Deutsche Beteiligung	152
3.	Deutsche geheimdienstliche Beteiligung?	157
X.	Diplomatie der Besatzung (Resolution 1483 des VN-Sicherheitsrats vom 22. Mai 2003)	160
1.	Von Eroberung zu Besatzung	160
2.	Die Verhandlungen in New York	163
XI.	Diplomatie der Lastenteilung (Resolution 1511 des VN-Sicherheitsrats vom 16. Oktober 2003 und andere Beschlüsse)	170
1.	Der „51. Staat" und seine Regierung	170
2.	Die Verhandlungen im Sicherheitsrat	176
3.	Diplomatie der Lastenteilung in anderen Foren	180
XII.	Diplomatie der halben Souveränität (Resolution 1546 des VN-Sicherheitsrats vom 8. Juni 2004)	189
1.	Iraks Schrecken, Washingtons Nöte, Bremers Pläne	189
2.	Die neue Sicherheitsratsresolution 1546	197
XIII.	„Wer es zerbricht, dem gehört es"	203
1.	Aufstand und Bürgerkrieg im „souveränen" Irak bis Ende 2006	203
2.	Wechsel der Strategie Ende 2006	209

3.	Nach dem „surge": der amerikanische Diskurs über zukünftige Strategien	214
4.	Die Zukunft des Irak und seiner Menschen	218
5.	Eigene und fremde Opfer des Kriegs	221
6.	Die Vereinbarung über Truppenstationierung und weitere Zusammenarbeit vom November 2008	226

XIV. Militärmacht und Ordnungsmacht Amerikas 228

1.	Entstehung der Übermacht	228
2.	Strategie der Übermacht	229
3.	Kriegsbild und Ausrichtung	232
4.	Die Schwierigkeiten der Reform	233
5.	Der begrenzte Nutzen militärischer Übermacht	236

XV. Präsident Bushs schweres Erbe 241

XVI. Bleibende Lehren aus dem Irak-Konflikt 243

1.	Lehren für die deutsche Politik	243
2.	Lehren für den Westen insgesamt	248

Endnoten 251

Anhänge 283

Dokumentation 283
Liste der mündlichen Quellen (Auswahl) 284
Bibliographie 286

Register 301

I. Die Grundfragen

1. Ein deutsches Problem?

Die Haltung Amerikas im Irak-Konflikt widersprach, wie schon im Vorwort erwähnt, dem deutschen Grundbedürfnis nach rationalen Partnerschaften, vor allem in der Sicherheitspolitik. Schon deshalb ist sie ein deutsches Problem. Daneben ist der Konflikt sicherlich ein Problem der deutschen Zeitgeschichte. Er zog das Land vom Sommer 2002 bis zum Herbst 2003, also ein gutes Jahr, in seinen Bann. Er umfasste nicht nur die Intervention zum Sturz Saddam Husseins und die folgenden Militäraktionen, sondern auch eine herbe innenpolitische Auseinandersetzung. Seit dem Zwischenfall in Kundus am 5. September 2009, bei dem durch eine deutsche Anforderung ebenfalls Zivilisten starben, stellt sich auch für Deutschland das Problem der Kollateralschäden. Die Aufstandsbekämpfung ist inzwischen auch unsere Sache geworden. Wir diskutieren, ob wir im „Krieg" sind. Strategien und Termine des Ausstiegs werden diskutiert. Die asymmetrische Kriegsführung wird auch unser Thema. Die Lehren aus dem Irak-Krieg werden auch für uns relevant. Er bestätigt sich als deutsches Problem.

Amerika wird versucht bleiben, die „überreichlich vorhandene Militärmacht" weiter zu nutzen.[1] Große Landinterventionen schloss Verteidigungsminister Gates zwar für die Zukunft in seiner Rede an der National Defense University in Washington am 29. September 2008 aus. Denkbar bleiben aber Aktionen aus der Luft, sei es zu humanitären Zielen wie im Kosovo oder zur Bestrafung wie im Fall „Desert Storm". Unterstützung für derartige Aktionen kann Amerika nur vom „alten Westen" erhoffen, der aber die Meinungsführung für die internationale Ordnungspolitik vermutlich ebenso verloren hat wie für die internationale Finanzpolitik. Noch der Kosovo-Krieg konnte zwar kaum als legal, wohl aber als legitim gelten, weil hier die 18 Demokratien der Nato für Selbstbestimmung und Menschenrechte eintraten. Seit Guantanamo, Bagram und Abu Ghraib nimmt uns die Welt das nicht mehr ab. Nur Aktionen, die die ganze Staatengemeinschaft billigt, sollten wir unterstützen. Diese

Position bewährte sich im Fall des Irak. Sie hat Deutschland trotz aller besorgten Vorhersagen nicht geschadet. Auch deshalb hat uns der Irak einiges zu lehren.

2. Der deutsche Diskurs

Die Grundfrage im deutschen Diskurs war zunächst, wie viel Vorsicht unsere Außenpolitik braucht. Wie viel Widerspruch gegen den Hegemon können wir uns leisten? Welche Rolle müssen Solidarität und Dankbarkeit spielen? Sind dies Fragen für eine deutsche Regierung, oder sind sie im europäischen Verbund zu lösen? Nach welchen Maßstäben? Wie klug war der nationale, zunächst isolierte Widerspruch? Können wir auf wechselnde Partner setzen (die Partnerschaft mit Frankreich und Russland konnte nicht eingeplant werden).

Die Bundesregierung ging mit diesen Fragen vorsichtig um, indem sie zwischen Widerspruch (in der Öffentlichkeit und in internationalen Foren) und Widerstand (durch verweigerte Hilfe) unterschied. Sie musste die völkerrechtliche Beurteilung der amerikanischen Intervention tabuisieren, weil sie diese logistisch unterstützte; sie konnte sie nur als „verfrüht" oder als „unangemessen" bezeichnen. Aber das Problem hat sie eingeholt. Wir können nicht ständig die Weltgeltung des Völkerrechts postulieren und gleichzeitig fundamentale Rechtsverstöße unterstützen.

Die deutsche Gesellschaft konzentriert sich nach den Erregungen des Kriegs erneut auf ihre inneren Sorgen, wegen der Finanz- und Wirtschaftskrise aus gutem Grund. Aber neue internationale Krisen werden uns vor ähnliche Fragen stellen. Eine nationale sicherheitspolitische Diskussion ist nötig. Sie braucht zunächst eine genaue Kenntnis der Fakten.

Die bisherige „Manöverkritik" verknappte die Fakten. Den Widerspruch der rot-grünen Bundesregierung feiern einige als überfälligen Kraftakt, ohne das zögerliche Taktieren in Rechnung zu stellen, das ihm voranging, noch die Kooperationsbereitschaft nach dem Krieg. Diese und andere nötige Korrekturen ergeben ein nuanciertes Bild, dem polemische oder sogar parteipolitische Verrisse nicht gerecht werden.

Andere Bereiche sind nur lückenhaft aufgearbeitet, so wie der stillschweigende deutsche Kriegsbeitrag und die deutsche Mitarbeit im Sicherheitsrat an den Versuchen eines staatlichen Aufbaus des Irak. Beide Geschichten sollten wir kennen: Die erste zeigt uns, welche Hebel wir haben, die zweite, was wir multilateral leisten können.

Behauptungen, dass die rot-grüne Bundesregierung ihre anfängliche Isolierung durch ihren Alleingang selbst verschuldet habe oder sich vom multilateralen Ansatz verabschieden wollte, vergröbern ein differenziertes Bild. Ernst gemeinte Konsultationen führte Washington nur mit wenigen Regierungen, und Berlin wollte zunächst auch gar nicht ins Bild gesetzt werden. Die Regierung Bush war sich der Nutzung der Stützpunkte und der Transportwege in Deutschland ohnehin sicher.

3. Deutschland ohne Sicherheitsnetz

Die alte Bundesrepublik fand Sicherheit und Mitsprache durch ihre Einbettung in internationale Organisationen und ein Netz von Konsultationen. Das war der klassische deutsche Multilateralismus, perfektioniert im „System Kohl". Zu Beginn der Kosovo-Krise funktionierte noch das Krisenmanagement der Nato mit wirklichen Diskussionen und Entscheidungen über die Substanzfragen, unterfüttert mit den engeren Kreisen der „Quad" und der Kontaktgruppe.[2] Anschließend sicherte der G-7-Vorsitz der Regierung Schröder ihre Mitsprache bei der Friedensregelung. Über den Irak konnte Deutschland mitsprechen, weil es in den Sicherheitsrat gewählt war. In der EU und in der Nato gab es damals keine wirklichen Konsultationen.

Deutschland ist dringend auf neue Strukturen multilateraler Zusammenarbeit angewiesen. Sie wurden immer wieder angemahnt, bisher ohne vollwertiges Ergebnis. Die „Troika" mit Frankreich und Russland ist kein Gefährt für alle Straßen. Wie kann die europäische Zusammenarbeit eingesetzt werden, wenn es um zentrale militärische Pläne Amerikas geht? Lohnt es sich, durch die Bemühungen um einen ständigen Sitz im Sicherheitsrat auf das Problem wenigstens aufmerksam zu machen? Wie viel Sentimentalität (europäische Solidarität, historische Verantwortung) kann sich Deutschland in solchen Fragen leisten? Soll es in künftigen Konflikten die Nutzung seines Luftraums und der Stützpunkte von seiner politischen Mitsprache abhängig machen? Wie steht es mit der aktiven militärischen Beteiligung? Diese Frage blieb uns im Irak-Krieg erspart. In Afghanistan wird sie zum Problem.

4. Krieg gegen wen?

Die Regierung Bush betrachtete den „Krieg gegen den Terror" als einheitlichen Krieg im völker- und staatsrechtlichen Sinn. Schon immer war fraglich, ob dieser neue böse Feind wirklich so viel Macht und List hat, dass Amerika seine Bekämpfung mit zivilisatorischen Rückschritten erkaufen musste.

Die Pauschalierung, die der „Krieg gegen den Terror" mit sich brachte, machte alle muslimischen Freiheitsbewegungen politisch verdächtig. Die islamische Welt erkannte hier einen Krieg gegen sich selbst. Die Wellen der Solidarität verstärkten die Aufstände erst im Irak, jetzt in Afghanistan. Sie gefährdeten den inneren Frieden in Westeuropa mit seinen großen muslimischen Minderheiten. Nach einem Anschlag auf deutschem Boden würde dieses Thema mit Macht aufbrechen.

Präsident Obama benutzt die Formel vom „Krieg gegen den Terror" nicht mehr, er bekämpft den „militanten Extremismus", versichert mit großem rhetorischen Einsatz die Hochachtung vor dem Islam als Religion und die Freundschaft Amerikas zu den Ländern dieses Glaubens. Ob er diese Grundsätze in seiner Krisendiplomatie und seiner Kriegsführung glaubhaft machen kann, bleibt abzuwarten.

5. Die amerikanische Militärmacht als Problem

Die internationalen Kräfteverhältnisse wandelten sich schon vor den Angriffen des 11. September 2001. Diese Angriffe führten zu einem Versuch, eine ganze Weltregion zu reformieren und dies mit Waffengewalt einzuleiten. Er ist gescheitert. Aber in der amerikanischen politischen Klasse besteht weiterhin Konsens darüber, dass die militärische Übermacht Amerikas nötig und nützlich ist.[3] Präsident Obama teilt ihn. Allerdings lassen sich die wenigsten Weltprobleme, die im deutschen Verständnis wichtig sind, mit militärischen Mitteln lösen. Das führt zu folgenden Fragen:

- Lohnt sich die konventionelle Übermacht für Amerika und die Welt? Umgekehrt: Wie müssten Streitkräfte aussehen, die staatsfreie Räume befrieden und ordnen, Terroristen bekämpfen und Aufstände niederschlagen sollen?
- Hat die abendländische Tradition vom Befreiungskrieg noch einen Platz in einer Welt, in der jeder Umsturz zum militärischen Problem wird? Jeder vorstellbare Freiheitskampf richtet sich heute wie früher gegen einen übermächtigen, modern gerüsteten Unterdrücker, ist also „asymmetrisch". War Wilhelm Tell, der den Landvogt aus dem Hinterhalt erschoss, ein Terrorist? Gibt es Freiheit und Demokratie nur noch durch Konferenzbeschlüsse und Dekrete?

Klassische Kriege zwischen großen Heeren sind jedenfalls für die europäischen Mächte kaum mehr führbar. Auch für die USA kamen hier bisher nur wenige Szenarien infrage, namentlich die Abwehr einer Aggression (Kuwait 1991), die Notwehr (Afghanistan 2002), die Gegenproliferation (hoffentlich nicht Iran), der Staatsaufbau in staatsleeren Räumen (Somalia 1992).

Solche Kriege sind selten mit der Niederwerfung der gegnerischen Streitkräfte beendet, sondern enden meistens in einem politischen Prozess, der militärische Friedenssicherung und politischen Staatsaufbau kombiniert. Für die Bedingungen solcher Prozesse bietet der Irakkonflikt umfängliches Lehrmaterial.

6. Amerika als Ordnungs- und Führungsmacht

Die Erfahrungen Amerikas im Irak laden zur Untersuchung ein, was heute Macht ist, was derjenige darf, der sie hat, und was sie eingrenzt. Amerikas Hegemonie verlor an Glanz. Sie kann als Ordnungsmacht versagen, wenn sie sich weiterhin nur auf überdimensionierte und falsch ausgerüstete Streitkräfte stützt.

Die deutsche Diskussion in der Isolationsphase (August 2002 bis Februar 2003) konzentrierte sich auf die Vorwürfe eines deutschen Sonderwegs, einer Abkehr vom Leitbild der „Zivilmacht" und des „Populismus". Das waren nie bloße Fragen der Staatsklugheit oder der Staatsschlauheit (nach dem Motto: „Warum opponieren, wenn man davon doch nur Schaden haben kann"). Dahinter stand die Vorstellung einer legitimierten Führungsrolle, einer „Deutungshoheit" der Vereinigten Staaten, die ein einzelner Bündnispartner nicht zum Schaden des Ganzen infrage stellen dürfte. Das Thema ist nicht zu Ende diskutiert. Künftigen Interventionen Amerikas mögen wir zustimmen (zum Beispiel solch humanitärer Art wie in Darfur). Andere (Iran, Nahost) würden wir vermutlich heftig ablehnen. Wie bereiten wir uns auf solche Situationen vor? Müssen wir rechtzeitig „rote Linien" diskutieren? Gibt es neben dem VN-Sicherheitsrat alternative Quellen der Legitimierung, zum Beispiel eine künftige „Liga der Demokratien"?

II. Vor dem Sturm

1. Vaters Erbe

Am 12. September 1990 legte der „Zwei-Plus-Vier-Vertrag" die völkerrechtliche Grundlage für die deutsche Vereinigung. Am 3. Oktober wurde sie vollzogen und die Vorbehaltsrechte der vier Alliierten aufgehoben. Die beste Geschichte dieser diplomatischen Vorgänge schrieb, zusammen mit Philip Zelikow, die brillante junge Sowjet-Expertin im National Security Council, Condoleezza Rice.[4] Ein friedlicher Sieg gestaltender Diplomatie über eine altgewordene, nur noch auf Militär gestützte Macht war ihr erstes großes berufliches Erlebnis.

Präsident George H. W. Bush hatte im Oktober 1990 wenig Zeit, um die amerikanische Ratifizierung dieses Vertrages zu feiern. Er musste eine internationale Koalition gegen Saddam Hussein aufbauen, der soeben den Staat Kuwait annektieren wollte. Das vereinte Deutschland, dem er „Partnerschaft in der Führung" angetragen hatte, kaufte sich von einer Teilnahme an der Militäraktion durch Zahlung von mindestens 17 Milliarden DM frei.[5] Die Bundesregierung verhielt sich in den damaligen intensiven Konsultationen möglichst unauffällig. Sie begründete dies offiziell mit der Rücksicht auf die noch ausstehende Ratifizierung des Zwei-Plus-Vier-Vertrages im Obersten Sowjet, die dieser schließlich im März 1991, nach dem irakischen Waffenstillstand, beschloss. Vor allem der stets vorsichtige Vizekanzler Genscher nahm auf die verbreitete Ablehnung des Kriegs in Deutschland Rücksicht, die Ende Januar zu großen Protesten führte (zentrale Demonstration in Bonn am 25. Januar 1991 mit 250.000 Teilnehmern). Die deutsche Haltung stieß damals auf Unverständnis im Westen, besonders in Großbritannien. Die Hauptthemen dieser Kritik waren: keine Bündnissolidarität, der Deutschland jahrzehntelang seine Existenz und zum Schluss seine Einheit verdankt habe, moralische Indifferenz, kein Eintritt für das Völkerrecht, egoistische Vernachlässigung der Sicherung Israels. Die deutschen Entscheidungsträger bekamen diese Stimmungen in den westlichen Hauptstädten und im Bündnis zu spüren. Hingegen entwickelte sich damals zwischen Briten und Amerikanern jene Zusammenarbeit in der Eindämmung Saddam Husseins (Flugverbotszone, Sanktionen, Inspektionen), die bis heute nachwirkt.

Präsident George H. W. Bush und seine Mannschaft bewältigten damals mit der deutschen Vereinigung und der Verteidigung Kuwaits zwei politische Großunternehmen. So verschieden beide Aufgaben waren, so ähnlich war die Arbeitsmethode. Nur die sorgfältige Einbindung der Akteure konnte in beiden Prozessen verhindern, dass einer von ihnen in irgendeiner Zwischenkrise absprang; zum Beispiel hätte das Unbehagen Frankreichs und Russlands leicht in offenen Widerstand bei den 2+4-Verhandlungen münden können. In der Kuwait-Krise war das Vorgehen der Regierung Bush Senior völlig multilateral, völlig transparent, im Ziel konkret begrenzt, international und regional breit unterstützt. Der Sieg der Koalition stellte das Völkerrecht wieder her. Allerdings ließ er das Regime des Irak und die Reste seiner Armee intakt. So konnte Saddam Hussein Aufstände unter den Kurden und Schiiten grausam niederschlagen.

2. Kritik am Erbe

Nach dem Ende der Sowjetunion stellten sich viele konservative Politiker die Frage, wie Amerika seinen beispiellosen Machtzuwachs zur Heilung eigener Schwächen („Vietnam-Syndrom"), zum stärkeren Eintreten für nationale Interessen und zum Fortschritt in der Welt durch Demokratie, Freiheit und Menschenrechte nutzen sollte. Unter ihnen sind die Neokonservativen intellektuell besonders einflussreich und publizistisch besonders aktiv. Zwei vorzügliche deutsche Monografien[6] der letzten Zeit beschreiben diese Strömung präzise.

Unter der Federführung von Charles Krauthammer, Norman Podhoretz, Robert Kagan, Irving Kristol, Richard Perle und Paul Wolfowitz verbreiten sie ihre Überzeugungen in ihren Stammblättern *Weekly Standard* und *Commentary*. In einem berühmt gewordenen Aufsatz[7] stellte Krauthammer die Chancen dar, die sich Amerika aus dem Machtzuwachs nach dem Kollaps der rivalisierenden Supermacht boten. Amerika müsse diese Stellung nutzen und seine Machtstellung ausbauen, um wieder im Sinne seiner Traditionen die Welt zu gestalten.

Die Vorsicht von Bush Senior bedeutete für die Neokonservativen einen Rückfall in das „Vietnam-Syndrom". Dieser Präsident hatte schon früher ihren Unwillen durch Akte der Vorsicht hervorgerufen, in denen sie Reflexe aus der Konfrontationszeit sahen.[8] Anstoß nahmen sie an den grausamen Verfolgungen der Kurden und Schiiten im Irak im März 1991. Die Schiiten waren von amerikanischen Hilfszusagen zum Losschlagen verleitet worden, die dann nicht gehalten wurden. Die Konservativen sahen darin eine vertane Chance, Amerikas militärische Macht für Freiheit und Demokratie zu nutzen. Der Fall Irak geriet so zum Modellfall eines neuen Projekts der Machtintervention. Eine neoliberale Gruppe mit dem Namen „Project for the New American Century" (PNAC) veröffentlichte im Januar 1998 einen offenen Brief an Präsident Clinton mit der Aufforderung, „eine Strategie zu verfolgen, die Saddams Regierung von der Macht entfernt". Sie trug 18 Unterschriften, alle von Persönlichkeiten, die unter George W. Bush Junior eine Rolle spielen sollten. Der Irak wurde zum Paradebeispiel einer überlebten Politik der Vorsicht, wie sie die pragmatischen Internationalisten, die den ersten Präsidenten Bush umgeben hatten, in den Zeiten des nuklearen Patts gelernt hatten. Die neue Macht Amerikas sollte aber schöpferisch genutzt werden. Dass es Risiken geben könnte, die mit den militärischen Mitteln Amerikas nicht beherrscht werden können, hatte in diesen Vorstellungen keinen Platz.

Die bisherige Politik der „Eindämmung" wurde immer stärker kritisiert. Im Ergebnis musste Clintons Sicherheitsberater Sandy Berger im Oktober 1998 eine Synthese zwischen Eindämmung und Regimewechsel ankündigen: Die Eindämmung müsste so gestaltet werden, dass sie zum Wechsel führt. Im Oktober 1999 erzwang der republikanisch kontrollierte Kongress ein „Gesetz zur Befreiung des Irak". Danach war es die „Auffassung des Kongresses" („Sense of the Congress"), dass Saddam Hussein von der Macht entfernt werden müsse. Zu diesem Zweck stellte der Kongress Geldmittel für irakische Exilgruppen zur Verfügung. Clinton konnte es nicht wagen, sein Veto einzulegen. Die Politik der Eindämmung war innenpolitisch diskreditiert. So wurde der Irak zu einer präsenten Gefahr für die Supermacht hochstilisiert und damit zum Testfall für eine gestaltende Machtintervention.

In den ersten Amtsmonaten war die Mannschaft von Bush Junior in der Irakfrage noch vorsichtig. In ihrer außenpolitischen Programmschrift vor der

Wahl hatte Condoleezza Rice im Januar 2000[9] festgestellt, dass Saddam weiterhin abgeschreckt werden könne. In seiner Anhörung im Senat sagte Wolfowitz, er habe „noch keinen Weg gesehen, Saddam zu entfernen". Außenminister Powell konnte im März 2001 sogar noch eine Verbesserung des Sanktionsregimes ins Spiel bringen, um es fortsetzen zu können. Das erregte Ärgernis unter den „Falken"; „doch faktisch war auch in der Folge die auf Regimesturz zielende Politik mehr Rhetorik als Realität".[10]

3. Was sich am 11. September änderte

Ist seit dem 11. September nichts mehr wie früher? Erstmals war das amerikanische Kernland massiv angegriffen worden; Pearl Harbor war 1941 Kolonialgebiet und eben doch noch nicht Kernland. Bekanntlich sehen die Amerikaner die Unverwundbarkeit ihres Landes als Teil ihrer Sonderstellung; die „strahlende Stadt auf dem Berg" kann Bewunderung und Respekt erwarten. Die Nationen Europas und Asiens verstehen dagegen ihre Geschichte als eine Abfolge unerhörter Leiden, die sie sich jahrhundertelang gegenseitig zufügten. Die 3.000 Toten von New York und Washington machen wenig her gegen die Verwüstungen von Stalingrad, Dresden oder Nanking.

Den entscheidenden Unterschied machen die Bilder. Wenn das Flugzeug, der Garant unserer Mobilität, plötzlich zur Waffe wird und unaufhaltsam auf die Bürotürme einschwebt, entsteht ein Bild des Bösen an sich. Solche Bilder zeigen den Dämon am Werk, wie der Rauchpilz von Hiroshima. Auch er hat das Bewusstsein der Menschen verändert.

Das Entsetzen der Bevölkerung wurde vermehrt durch die rätselhaften Briefe mit Erregern des Milzbrandes, die in den Wochen nach den Anschlägen an Politiker und Journalisten gingen. Fünf Menschen starben, 19 weitere erkrankten. Für einige Tage wurden die Räume des Obersten Gerichts und die Büroräume des Senats geschlossen; der Terror traf ein weiteres Symbol der Nation.[11]

Der bedeutende britische Kriegshistoriker Michael Howard zeigte auf dem Boden einer vergleichbaren imperialen Tradition Verständnis dafür, dass der beleidigte Nationalstolz der Amerikaner nur durch „eine schnelle und entschiedene militärische Aktion" befriedigt werden konnte: Das Blut vieler Tausender verlangte nach einer Katharsis.[12] Es geschah aber weit mehr. Der 11. September „entfesselte" die amerikanische Politik.[13] Die Bush-Doktrin entstand.

4. Stationen der Bush-Doktrin

Schon am 20. September 2001 definierte Präsident Bush vor dem Kongress wichtige Grundlagen seiner Doktrin: Die Welt ist anders geworden; jetzt ist die Freiheit selbst angegriffen. Die Terroristen hassen unsere Freiheit, unsere Lebensweise. Sie sind die Erben von Faschismus, Nazitum und Totalitarismus. El Kaida ist die unmittelbar Schuldige, aber sie bezieht Hilfe aus vielen Verbindungen. Fast nebenbei werden die Taliban als die Regierung von Afghanistan ultimativ aufgefordert, alle Kämpfer von El Kaida auszuliefern und ihre Einrichtungen zu schließen, oder selbst deren Schicksal zu teilen. Der Präsident präsentiert auch schon das Konzept einer weltumspannenden, vor allem militärischen Großaktion. Er bittet alle Nationen um Hilfe (aber vorwiegend nicht durch Truppen). Zum ersten Mal schließt er eine Neutralität im „globalen Kampf" aus: „Entweder seid ihr mit uns oder ihr seid mit den Terroristen."

In seinem Bericht zur Lage der Nation am 20. Januar 2002 heißt es: Die terroristische Unterwelt schlage aus dem Verborgenen zu, aber es gebe auch die „Achse des Bösen", eine Gruppe von drei besonders gefährlichen Staaten, die den Terroristen Massenvernichtungswaffen überlassen könnten. Hier zeichnet sich das nächste Kriegsziel ab: Der Irak wird mit fünf Sätzen „gewürdigt", während Iran und Nordkorea mit je einem Satz bedacht werden.

Am 15. Februar 2002 fügt Vizepräsident Cheney vor dem Council on Foreign Relations das hegemoniale Element hinzu: Nur Amerika könne in diesem „Krieg" führen. Am 31. Januar 2002 fügt Rumsfeld erstmals das Präventivelement ein: Die USA können nicht warten, bis sie erneut angegriffen werden, sie müssen den Krieg zum Feind tragen.

Die verschiedenen Argumentationsstränge wurden zusammengefasst in der Rede des Präsidenten in Westpoint am 1. Juni 2002 und dann in der „Nationalen Sicherheitsstrategie" vom 20. September 2002. Sie erhebt die „Präemption" zum zentralen strategischen Prinzip, das unter den geänderten Umständen die Eindämmung und Abschreckung ersetzen muss.* Im Zentrum des Dokuments steht die Macht Amerikas. Sie folgt aus der „unvergleichlichen militärischen Stärke" Amerikas, zusammen mit seiner moralischen Stellung als Verteidiger von Freiheit und Demokratie. Einige Sätze in dem Strategiedokument und zahlreiche Äußerungen des Präsidenten machen klar, dass diese Ausnahmestellung das Land von rechtlichen Beschränkungen freistellt – sicherlich, wenn es sich im obigen Sinn „gefährdet" sieht. Es hat auch ein Recht auf Beibehaltung seiner militärischen Überlegenheit, die es gegen aufwachsende Rivalen verteidigen darf. All dies wird immer wieder zurückgeführt auf die zivilisatorisch politische Mission der USA: Demokratie und Freiheit.

5. Die Bush-Doktrin zusammengefasst

Die Bush-Doktrin bedeutet nicht für jeden dasselbe. Für die liberalen Autoren Daalder und Lindsay bedeutet sie die „Entfesselung" der Politik. Norman Podhoretz vergleicht sie mit einer politischen Wiedergeburt. Henry Kissinger sprach von einer Revolution. Zwei wichtige deutsche Analysen (von Patrick Keller und Peter Rudolf) betonen dagegen eher die Kontinuität.

Wichtig ist die Aufnahme eines gesamten Bestandes, der ja nicht nur aus der Sicherheitspolitik (Prävention), aus einem neuen Kriegsbegriff (Globaler Krieg gegen den Terror) oder in Wilsonschen Reformbemühungen besteht, sondern auch die innere Sicherheit und das Feindstrafrecht entscheidend ändert. Insgesamt hat die Bush-Doktrin mindestens zehn Elemente:

---

* Terminologischer Exkurs über „Präemption" und „Prävention": der Sprachgebrauch ist häufig willkürlich. Grund sind die verschiedenen Ursprünge: „Präemption" kommt aus der Nuklearstrategie, „Prävention" aus der Rechtssprache. Die Administration meint eine weit vorgelagerte vorsorgliche Gefahrenabwehr. Der juristische Zentralpunkt ist die Auslegung der Worte „unmittelbare Gefahr" im Artikel 51 der VN-Charta: Wenn der Feind unsichtbar und unfassbar ist, muss das Wort „unmittelbar" weiter ausgelegt werden als bisher.

- Die „Führungsprämisse", das heißt, dass bei entschlossener Führung und Willensstärke auch zunächst skeptische Staaten schließlich in die amerikanischen Absichten einwilligen, sodass die präzendenzlose Macht der USA sich in Zustimmung und damit Legitimierung ummünzt;
- eine neue Weltachse oder ein neuer Deutungsrahmen für die Internationale Politik in Gestalt des „globalen Kriegs gegen den Terrorismus" (Global War on Terrorism, in einer hässlichen, aber nützlichen Abkürzung „GWOT");
- ein erweitertes Recht zum Präventivkrieg über den Rahmen des Artikels 51 der VN-Satzung hinaus, da in der neuen Form des Kriegs die Absichten des Feindes erst zu spät erkannt werden, müsse es erlaubt sein, sie früher als bisher zu bekämpfen;
- der Anspruch auf alleiniges Recht auf diese Prävention, die andere Staaten nicht zu egoistischer Machterweiterung nutzen sollen (vgl. S. 19 der Nationalen Sicherheitsstrategie von 2002);
- das Feindstrafrecht im „GWOT", das den Gefangenen der Gegenseite den Status von Kriegsgefangenen abspricht und ihre Grundrechte nur ungenügend schützt;
- die Absicht der Verewigung der amerikanischen militärischen Übermacht; künftige Konkurrenten sollen davon abgehalten werden, eine ähnliche militärische Machtstellung zu erreichen (S. 21 der Sicherheitsstrategie);
- der Primat des Militärischen in der Außen- und Sicherheitspolitik;
- die imperiale Präsidentschaft, gegründet auf einer präzedenzlos weiten Auslegung der Vorrechte des Präsidenten als Oberbefehlshaber der Streitkräfte;
- die Verbreitung von Frieden und Demokratie, vor allem im „breiteren Mittleren Osten";
- ein Systemwechsel im Irak, wenn nötig mit militärischen Mitteln, zur Vorbeugung gegen terroristische Komplotte der höchsten Gefahrenstufe und zur Einleitung einer demokratischen Reform in der ganzen Region.

Die europäische Reaktion, die zwischen Beunruhigung und Unverständnis oszilliert, beschreibt Emmanuel Todd:

> „Das Ganze erweckt den Eindruck, als ob die Vereinigten Staaten aus einem dunklen Grund einen internationalen Zustand der Spannung, eine begrenzte, aber beständige Kriegssituation erhalten möchten."[14]

Eine liberale amerikanische Bewertung gibt Ivo Daalder:

„Die Essenz der Bush-Strategie bestand also darin, Amerikas grenzenlose Macht zu nutzen, um die Welt nach Amerikas Bild zu formen."[15]

So erfrischend süffisant dieser Satz in unseren Ohren klingt, er darf uns nicht darüber täuschen, dass die Regierung Bush es bitter ernst meinte: Sie wollte mit militärischer Macht den Zustand einer ganzen Weltregion umgestalten. All diese Absichten werden vorgetragen in einem Pathos des Aufschwungs, für das die neokonservativen Publizisten den Ton angaben.[16] Die publizistische Rolle der Neokonservativen sollte übrigens nicht mit ihrem politischen Gewicht gleichgesetzt werden. Mit Richard Perle, Paul Wolfowitz, Douglas Feith und anderen stellten sie eher die zweite Reihe der einflussreichen politischen Beamten, während die Schwergewichte wie Vizepräsident Cheney und Verteidigungsminister Rumsfeld nach Daalders Einteilung[17] „machtbetonte Nationalisten" („assertive nationalists") sind. Die früher, noch unter Bush Senior, tonangebenden „pragmatischen Internationalisten" waren nur noch durch Außenminister Powell vertreten.

Die Bush-Doktrin brach mit der Kontinuität der konservativen amerikanischen Außen- und Sicherheitspolitik. Sie wurde auch als Bruch verstanden. Tony Blair, der begabteste unter ihren Befürwortern, wurde nicht müde, das Neue an dieser Politik herauszustellen. Er sah den 11. September als Zeitenwende, mit der er auch die weniger attraktiven Elemente[18] dieser Politik verteidigen konnte. Aber Blair hatte schon immer eine Schwäche für Weltenwenden. Er sagte sie bereits in seiner Rede in Chicago im April 1999 voraus. Er sprach auch von der „neuen" Labour-Partei.

Der liberale Kritiker David Crocker beurteilt die Bush-Doktrin als Reaktion auf einen vorübergehenden amerikanischen Zeitgeist nach den Septemberangriffen;[19] sie zeichnet sich aus durch „Paranoia und Hysterie", die geschürt werden durch die Rhetorik der Regierung, eine träge und gleichgültige Aufsicht durch den Kongress, durch Panikmache der Medien und die Werbetrommel der Lobby für Innere Sicherheit. Das sind genaue Beobachtungen; sie sollten aber nicht den Blick davor verstellen, dass fast alle Elemente der Bush-Doktrin schon früheren Absichten entsprachen. Neu ist die Übersteigerung der einzelnen Ansätze:

- Von der Option des Präventivkriegs, den nach Madeleine Albright bisher schon jeder Präsident diskret in seinem Instrumentarium verbarg, zu seiner Doktrin der Präemption;

- vom Terror als Weltproblem zum Terror als Weltfeind Nummer eins;
- von der Schutzhaft für Terrorverdächtige zu einer Versagung ihrer Menschenwürde;
- von der Kontrolle des Irak von außen zu seinem Umbau von innen;
- vom „breiteren Mittleren Osten" als Problem zum neuen Zentrum der amerikanischen Politik.

Auf den Wechsel vom „institutionellen" zum „instrumentellen" Multilateralismus macht Peter Rudolf aufmerksam.[20] Er fasst ihn aber als Gradunterschied auf; tatsächlich ist er grundsätzlicher Natur: Beschlüsse in einem festen Rahmen (Institutionen) gemeinsam zu fassen und dann zusammen zu handeln, ist etwas anderes als Beschlüsse allein zu fassen und erst dann nach Gleichgesinnten zu suchen. Der feste Rahmen beschränkt und legitimiert; die nachträgliche Gefolgschaft mag nützlich sein, sie ändert aber nichts an der „Unilateralität" des Handelns. Unilateral war die Haltung der Regierung Bush Junior gegenüber wichtigen Instrumenten der Rüstungskontrolle (ABM, Biowaffen). Unilateral war auch ihre Konsultationspraxis. Gewiss hat die Bush-Doktrin auch bestehende konservative Tendenzen weitergeführt. Zum Beispiel sieht Rudolf[21] die neue Präventionsdoktrin als Weiterführung der konservativen Skepsis gegenüber der Abschreckung: Warum sollte Amerika auch nur die kleinste künftige Bedrohung in Kauf nehmen, wenn es sie jetzt vorbeugend ausschalten könne? Das ist aber ein tiefer Bruch: Die Vorsorge gegen eine bestehende und bevorstehende militärische Gefahr ist objektiv feststell- und überprüfbar, eine Vorbeugung gegen kleinste künftige Bedrohungen ist nur vorgestellt und nicht überprüfbar.

III. Der Krieg gegen den Terror

1. Eine neue Weltachse?

Der „Krieg gegen den Terror" war mehr als eine griffige Metapher, etwa wie der „Krieg gegen die Armut". Norman Podhoretz nannte ihn den „Vierten Weltkrieg",[22] also eine todernste weltweite Konfrontation. Das war auch der Kalte Krieg, der nach Podhoretz Zählung der „Dritte Weltkrieg" war. Der „Krieg gegen den Terror" hat nach amerikanischem Staatsrecht auch heute noch den Status eines echten Kriegs. Am 14. September 2001 ermächtigte der Kongress den Präsidenten als obersten Kriegsherrn in der üblichen feierlichen Form zum Gebrauch militärischer Gewalt gegen „jeden Staat, Organisation oder Person, die nach seiner (des Präsidenten) Feststellung die Angriffe vom 11. September 2001 geplant, erlaubt, begangen oder unterstützt oder solchen Organisationen oder Personen Unterschlupf gewährt haben." Die Ermächtigung gilt noch fort.[23]

Präsident Bush wurde nicht müde, sich selbst als „Kriegspräsident" und die USA im Kriegszustand zu bezeichnen. Immer wieder machte er klar, dass der Krieg erst endet, wenn „jede terroristische Gruppe im globalen Ausmaß gefunden, beendigt und besiegt ist". Ende September 2001 fügte er hinzu: „Unser Krieg gegen den Terror wird viel weiträumiger sein als die Schlachtfelder und Sturmlandungen früherer Zeiten. Dieser Krieg wird überall ausgefochten, wo sich Terroristen verstecken, bewegen oder Pläne schmieden. Einige Siege wird die Öffentlichkeit nicht bemerken, wenn Tragödien verhindert und Bedrohungen rechtzeitig beseitigt werden. Andere Siege werden für alle erkennbar sein."

Der „Krieg gegen den Terror" hat mindestens sechs Jahre die Außen- und Innenpolitik der USA beherrscht. Präsident Obama vermeidet den Ausdruck, hat aber noch nicht alle formellen Konsequenzen gezogen. Nach dem 11. September musste Krieg sein als Antwort auf die Wut der Amerikaner, als Auslöser ihres Patriotismus, zur Disziplinierung der Medien und der Opposition, zur Stärkung des Präsidenten als obersten Kriegsherrn, zur Rechtfertigung harter Maßnahmen im Inneren und Äußeren. Der liberale Analytiker Ivo Daalder nannte seinen Befund „Das entfesselte Amerika".[24] Hubel bezeichnet den „Krieg gegen den Terror" als „Teil des politischen Ausnahmezustands", den die amerikanische Regierung glaubte verhängen zu müssen, um den Schock über die Terroranschläge von New York, Pennsylvania und Washington zu überwinden.[25]

Stanley Hoffmann bemerkte: „Wenn die dominierende Macht entscheidet, dass das internationale System um ein Thema herum zu organisieren ist, dann wird dieses Thema ebenso sofort das Hauptthema."[26] Der Kalte Krieg bestimmte auch die Optionen der Blockfreien. Aber China und Indien hielten zum „Krieg gegen den Terror" kühle Distanz; es gab zynische Ausnutzer wie Russland und höfliche Halb- oder Unbeteiligte, wie die meisten Europäer. Die „Definitionsmacht" der einzigen Supermacht reichte also nicht aus, um ihr eigenes Hauptthema zur neuen Achse der Weltbeziehungen zu machen, obwohl Präsident Bush immer wieder erklärte, wer nicht für die USA ist, sei gegen sie. Auch Großbritannien führte keinen „Krieg gegen den Terror". Verteidigungsminister Geoffrey Howe distanzierte sich schon auf der Münchener Sicherheitskonferenz im Februar 2006 von diesem Konzept und betonte die politisch-zivile Komponente. Das Foreign Office riet im selben Monat von der Benutzung des Begriffs ab, um nicht die Vorstellungen der Terroristen zu übernehmen. Großbritanniens ranghöchster Kriminalbeamter, der Director of Public Prosecutions, Ken McDonald, lehnte es ab, die Terrorakte vom 7. Juli 2007 in London als Kriegsereignisse zu sehen; sie seien Verbrechen, die Täter aber keine „Soldaten, sondern irregeleitete, narzisstische Verlierertypen". Der Kriegshistoriker Michael Howard betont den methodischen Unterschied zwischen Krieg und Aufstandsbekämpfung.[27] Diese erfordere nachrichtendienstliche Arbeit, politisches Urteilsvermögen, „stille Erbarmungslosigkeit", Geheimoperationen, die auch geheim bleiben, und vor allem unendliche Geduld. Eine Kriegserklärung schaffe die öffentliche Erwartung eines spektakulären Feldzugs mit glänzenden Siegen, und Enttäuschungen, wenn sie ausbleiben.*

Auch die Gruppe der Feinde war nicht global. Es handelte sich im Wesentlichen um alle Gruppen, die im Krisenbogen zwischen Afghanistan und dem Libanon gegen die USA und Israel asymmetrischen Widerstand leisteten. Das war trotz gelegentlicher Zweckbündnisse keine zusammenhängende Koalition. Aber der fatale Eindruck ist, dass sie alle Moslems sind. Gegen die gefährlichsten Terroristen dieser Erde, die Partisanen auf beiden Seiten des Kaschmir-Konflikts, interveniert Amerika – Gott sei Dank – nicht. Auch überlässt Amerika den autokratischen Verbündeten von Ägypten bis Marokko die Bekämpfung ihrer eigenen fundamentalistischen Widerständler. Es handelt sich eben nicht um eine weltweite Konfrontation zwischen zwei mächtigen Blöcken, denen alle anderen Beziehungen unterzuordnen sind. Die Übertragung solcher Vorstellungen auf die Terrorbekämpfung war eine gefährliche Übertreibung. Eine neue Weltachse ist damit nicht aufgerichtet.

2. Ein zentrales Ziel amerikanischer Macht?

Wenn alle gewaltsamen Konflikte im Nahen und Mittleren Osten einen einheitlichen Krieg bilden, so gab es für alle nur ein Mittel, die militärische Bekämpfung, und nur ein Ende: die Vernichtung oder Selbstaufgabe des Feindes. In der Tat betonte Präsident Bush immer wieder, dass am Ende dieses langen Kampfes das „Ende des Terrorismus" stehen muss. Ursprünglich war eine Serie kurzer militärischer Expeditionen gegen die Stützpunkte der Terroristen vorgesehen, um sie zu neutralisieren („capture or kill") und dann ein befrie-

---

* Als Krieg im Sinne der politischen Theorie ordnete Herfried Münkler, „Sind wir im Krieg? Über Terroristen und Partisanen und die neuen Formen des Kriegs", in: Politische Vierteljahresschrift, Jg. 42, Nr. 4, 2001, S. 581-589, das Geschehen ein. Er passt Clausewitzens Kriegsmerkmale seiner bekannten Prämisse an, dass der Kriegsbegriff heute von seinem Staatenbezug losgelöst werden muss, um für die politische Theorie relevant zu bleiben. Selbst dann kann von einer „Duellsituation", also dem Aufeinanderprallen „zweier einheitlicher Willen nicht gesprochen werden".

detes Gebiet zu hinterlassen. Diese Vorstellungen führten zu Drohungen und Einschüchterungspublizistik unter dem Motto „you are next". So wurde schon die endgültige Kontrolle Afghanistans verhindert, weil Kräfte für den nächsten Feldzug gegen den Irak abgezweigt werden mussten. Im dortigen Chaos lief dann die Serie von Befriedungsschlägen endgültig fest. Seitdem wurde die Regierung Bush im Irak von den Ereignissen getrieben; sie reagierte auf sie, statt sie zu bestimmen.

Die Vorstellung eines einheitlichen Kriegs verfälschte die Strategie. Sie warf globale Netzwerke, hauptsächlich El Kaida, in einen Topf mit Organisationen mit örtlichem Programm. Der „islamistische Hintergrund" fehlt aber zum Beispiel den sunnitischen Aufständischen im Irak; auch Bani Sadrs Milizen sind fanatisiert, aber wohl keine Islamisten. Werden nun alle diese ungleichen Bürgerkriegsparteien zugleich bekämpft? Ist das Ziel ihre Vernichtung oder die Pazifizierung? Und schließlich: Ist mit dem Abzug der amerikanischen Streitkräfte der Krieg verloren, oder handelt es sich nur um eine Niederlage auf einem, allerdings zentralen, Kriegsschauplatz? Adam Roberts warnt[28] vor der „Falle", das Etikett des Terroristen auf Bewegungen anzuwenden, die, auch wenn sie Gewalt gebrauchen, einen „ernsthaften Anspruch auf politische Legitimität" erheben können, wie etwa der Afrikanische Nationalkongress Nelson Mandelas, den die amerikanische und britische Regierung noch 1988 als „Terroristen" bezeichneten.

Terrorist ist der, mit dem ich nicht verhandeln will. Aber „never say never" ist eine diplomatische Grundweisheit. Lange Zeit erstickten alle politischen Initiativen im Freund-/Feind-Schema. Erst General Petraeus führte die Unterscheidung zwischen versöhnbaren und unversöhnlichen Aufständischen ein.

3. Globale Auswirkungen

Samuel Huntington sah, wenig überraschend, im 11. September 2001 einen Schritt auf Zivilisationskonflikte, allerdings zunächst durch eine Solidarisierung im Westen.[29] Später teilte die Invasion des Irak den Westen und wirkte einigend auf die arabische Öffentlichkeit. Ähnlich wirkten sich die weiteren

Entwicklungen aus. Die arabische Öffentlichkeit fühlt sich global angegriffen. Symptome dafür sind die Islamisierung der früher säkularen palästinensischen Befreiungsbewegung, das wachsende Ansehen der Hisbollah im Libanon, die Erfolge der Muslimbrüder bei den ägyptischen Wahlen und die Schwächung der demokratischen Opposition in Iran.

Schwer zu bewerten ist die Wirkung der jahrelangen Kriegsrhetorik auf das Bild der amerikanischen Bevölkerung vom Islam als Religion. Nach anfänglichen Fehlern (namentlich der Bezeichnung der Terrorbekämpfung als „Kreuzzug") vermied die Regierung sorgfältig jede Identifizierung von Terrorismus und islamischer Religion. Die Volksmeinung war weniger subtil. Jack Miles[30] berichtet über Kreuzzugstöne im evangelikalen Milieu. Immerhin hielt es Präsident Obama in seiner großen Rede in Ankara für nötig, der islamischen Welt zu versichern, dass Amerika keinen Krieg gegen sie führe.

Der „Krieg gegen den Terror" war die juristische Rechtfertigung all jener Praktiken, die mit den Namen Abu Ghraib und Guantanamo zusammenhängen. Diese Vorgänge kann man nicht damit abtun, dass anderswo mehr Menschen gequält werden.* Es geht um Beschädigung der amerikanischen Geschichte und ihrer Institutionen. Die Praktiken von Guantanamo wurden ja von fleißigen Juristen aus der amerikanischen Verfassung abgeleitet. Hier ging zivilisatorische Substanz verloren, an der die ganze westliche Völkergemeinschaft Anteil hatte. Die andächtigen Menschenmengen, die im Nationalarchiv an der Urschrift der Unabhängigkeitserklärung und der Verfassung vorbeigehen, werden nichts davon wissen, dass diese in komplizierten Gedankenspielen dazu benutzt wurde, das Quälen von Verdächtigen zu rechtfertigen. Die Welt weiß es wohl. Die Missstände von Abu Ghraib und Guantanamo haben der westlichen Menschenrechtspolitik viel von ihrer Glaubwürdigkeit genommen.

Als schlimmste strategische Folge hat der „Krieg gegen den Terrorismus" der „unentbehrlichen Nation" die Energie für die Lösung anderer globaler Probleme geschwächt, vor allem des Nahostkonflikts oder der beiden wirklichen Proliferationsfälle Iran und Nordkorea, für die zu wenig Zeit und Machtmittel übrig blieben. Charles A. Kupchan hat den Terrorismus im Verhältnis zu den in seinen Augen wirklich wichtigen geopolitischen Problemen mit einem Tornado in der Geographie verglichen: Ein mächtiges, spektakuläres und

---

* Anderswo kommen auch mehr Menschen um als am 11. September in New York und Washington!

zerstörerisches Moment, das aber nur die Erdoberfläche und nicht das tektonische Kräftespiel oder den Verlauf geologischer Verwerfungslinien beeinflusst.[31] Um in diesem Bild zu bleiben, könnte man den globalen Terrorismus sehr wohl mit einer Serie von kleinen Erdbeben vergleichen, die von unterirdischen tektonischen Kräften herrühren.

IV. Der Irak-Krieg: Motive und Rechtfertigung

1. Die strategischen Motive

Für den Krieg sprachen einige geopolitische Erwartungen, die im Rahmen hegemonialer Ansprüche durchaus plausibel erschienen. Solche Chancen hatten nach Ansicht der neokonservativen Vordenker schon im ersten amerikanischen Irak-Krieg bestanden, wurden damals aus überkommenden Hemmungen (dem „Vietnam-Syndrom") nicht genutzt. Jetzt konnte die Regierung sich selbst und der Nation beweisen, dass sie dieses Syndrom endgültig überwunden und die mentale Handlungsbereitschaft zurückgewonnen hatte, die ihrer realen Macht entsprach. Im Einzelnen geht es um folgende Motive:

Eine Demonstration amerikanischer Macht: Den Völkern des Mittleren Ostens sollte ein „gesunder Respekt" vor der amerikanischen Macht beigebracht werden.[32] Warum dann den Irakern? Darauf antwortet Stanley Hofman sarkastisch: „Because it was easy."[33] Verteidigungsminister Rumsfeld befürwortete den Irak als zweiten Kriegsschauplatz um zu dokumentieren, dass der „Krieg gegen den Terror" wirklich global war. Vor allem wollte er eine Demonstration seiner Vorstellung von einem rasant geführten, „abgespeckten" Bodenkrieg, der Rücknahme der „Powell-Doktrin", des massierten Krafteinsatzes.

Zwei Orientalisten, Fouad Ajami und Bernard Lewis, machten damals Weltgeschichte. Ajami, ein christlicher Libanese, ist Professor in Princeton, Bernard Lewis, 1916 in London geboren, lehrte ebenfalls dort. Wolfowitz führte die beiden Gelehrten dem Vizepräsidenten zu. Es war wesentlich ihr Einfluss, dass Cheney, der als Verteidigungsminister die vorsichtige Stabilitätspolitik von 1991 am besten begründet hatte, jetzt energisch die Absetzung Saddam Husseins betrieb. Fouad Ajami hat seine Überlegungen in zwei Aufsätzen niedergelegt.[34] Langfristig könne Amerika in autokratischen Staaten wie Saudi-Arabien und Ägypten keine Machtbasis haben. Ein demokratisierter Irak käme dafür aber infrage; wie in Westeuropa wäre dort Amerikas Macht durch demokratische Übereinstimmung abgesichert. Von hier aus könnte dann das „Gift der anti-westlichen Haltung der Araber" bekämpft werden. Das baathistische Alternativmodell gegen den westlichen Einfluss würde beseitigt und der Pan-Arabismus gedemütigt. Der Irak böte einen „Spiegel für amerikanische Macht". Bernard Lewis konnte mehrere Vorträge vor hohen Beamten und Parlamentariern halten, wo sein großes Wissen Eindruck machte. Er betonte, es gebe in Wirklichkeit kein eigenständiges Ressentiment der Araber gegen Amerika, auch nicht wegen der Unterstützung Israels. In Wirklichkeit hegten die Araber seit über 300 Jahren Hass-Ressentiments gegen Europa, weil dieses sie zivilisatorisch überholt habe. Als heutiger Hauptvertreter des Westens habe Amerika diesen Hass geerbt. Es stimme auch nicht, dass autokratische Regime in Arabien unausweichlich seien; der islamische Glaube fördere im Gegenteil konsensgeführte Gemeinwesen.

Ein Schock zur Erneuerung der Region: Die Ausführungen der beiden Gelehrten stärkten die Überzeugung, der Sturz Saddam Husseins sei die Lösung für alle Probleme amerikanischer Nahostpolitik; er biete „die historische Gelegenheit, die politische Landschaft der gesamten Region zu verändern".[35] Von einer blühenden Demokratie im Irak erwartete man sich auch den Zusammenbruch der Theokratie in Iran, jedenfalls aber eine Mäßigung der Haltung der Ajatollahs, wenn sie amerikanische Truppen in nächster Nähe wüssten.[36]

Der Zeitzeuge Jean Henard erzählt, wie sich die neokonservativen Publizisten und die Think Tanks des Berichts der UNDP über das „arabische Humankapital" bemächtigten.[37] Dessen Statistiken über die arabischen Defizite belegten ihre Plädoyers für einen „Schock von außen"; andererseits stattete die neokonservative Publizistik den Irak mit allen möglichen Tugenden aus, um seine Reformfähigkeit zu belegen. Als Land mit dem höchsten Bildungsniveau, einer starken Mittelklasse, emanzipierten Frauen, einer hohen Zahl von Ingenieuren und Intellektuellen, einer guten Infrastruktur und natürlich seinem Reichtum an Öl. Jean Henard berichtet auch über den Einfluss von Natan Scharanski, dem früheren sowjetischen Dissidenten und damaligen israelischen Minister. Eingeführt durch Neokonservative, hielt er Vorträge vor dem „World Forum" des American Enterprise Institute im Juni 2002 und trug Cheney und später dem Präsidenten persönlich vor. Letzteren beeindruckte er durch seinen Vergleich mit Präsident Reagan, als er vor der Entscheidung stand, ob er auf den Wechsel setzen sollte, den Gorbatschow damals versprach, oder dem Rat seiner Experten folgen sollte, wonach sich in Moskau schließlich doch die machtpolitische Routine wieder durchsetzen würde. Das wirkte auf George W. Bush, der Reagan als Vorbild verehrte.

Die Überwindung des „Vietnam-Syndroms" war ein zentrales Anliegen der neokonservativen Agitation seit dem „Brief der 18" vom Januar 1998 und dem Gesetz über die Befreiung des Irak vom Oktober 1999. Diesem Lager, das jetzt die Meinung führte, galt alles als Schwäche, was früher als kluge und risikobewusste Politik praktiziert worden war. Die damals herrschende Meinung tendierte zum Absoluten: Vorsichtige Vorbereitung, die Suche nach einem Mandat des Sicherheitsrats, das auch eingehalten wurde, der Halt der amerikanischen Truppen an der irakischen Grenze, die Schonung des Regimes – all dies war historisch diskreditiert, weil es Saddam ermöglicht hatte, die Aufstände der Schiiten und Kurden niederzuschlagen.

Sicherheit Israels: Noch 1991 hatte Saddam Hussein seine Scud-Raketen auf Israel gerichtet. Bis zu seinem Sturz zahlte er Unterstützungsgelder an die Familien von Attentätern der Intifada. Von Israel würde – so argumentierte man – politischer und militärischer Druck genommen; seine Konzessionsbereitschaft im Friedensprozess könne dadurch wachsen. James Fallows[38] bewertet dieses als ein entscheidendes Moment; Gegner des Kriegs würden als Feinde Israels verdächtigt. Tatsächlich war die Rücksicht auf Israels Sicherheit eine der Hauptvorgaben für die Einsatzplanung von General Franks.

Sicherung der Ölversorgung: Für viele Menschen, die den Krieg ablehnten, war dies der einzig verständliche Grund. Deshalb seine prominente Rolle in der weltweiten Antikriegspolemik. Dass dieses Motiv in Regierungskreisen eine entscheidende Rolle gespielt hat, lässt sich nicht nachweisen. Die Sprecher der Regierung haben es wiederholt zurückgewiesen. Sicher nahm man an, dass ein künftiger demokratischer und den USA wohlgesonnener Irak ebenso wie Saudi-Arabien auf amerikanische Interessen Rücksicht nehmen würde. Peter Rudolf bringt einige Nachweise über solche Überlegungen, vor allem über die Annahme Henry Kissingers, die volle Eingliederung eines den USA „wohlgesinnten" Iraks in den internationalen Ölmarkt würde das Machtgleichgewicht am Persischen Golf zugunsten der USA verschieben.[39] Diese Einschätzung hat sich nicht bestätigt. Aber die Vorstellung, dass sich die politischen Sympathien eines Förderlandes für die eigene Energieversorgung günstig auswirken, bleibt weit verbreitet. Wären im Nahen Osten nicht die größten Ölreserven der Welt, so stünde er wohl kaum im Zentrum der amerikanischen Strategie. Und da sich diese vornehmlich auf militärische Macht stützt, befinden sich große militärische Verbände im Raum. Der pazifistische Autor Michael T. Clare hält den Einsatz militärischer Machtmittel zur Kontrolle der Ölversorgung Amerikas für erwiesen. Aber mehr als einige Zitate von Vizepräsident Cheney, dessen Verbindung zur Ölindustrie offenkundig ist, bringt auch er nicht.[40]

Wiederherstellung der imperialen Präsidentschaft: Je mehr der Präsident als Oberbefehlshaber der Streitkräfte aktiv werden konnte, desto ausgiebiger konnte er von den Vollmachten Gebrauch machen, die ihm die Verfassung in dieser Stellung zuschreibt, und desto häufiger hatten seine Hausjuristen Gelegenheit, eine weite Auslegung dieser Vollmachten zu begründen.

2. Die öffentliche Rechtfertigung: Saddams tödliche Waffen

Vor dem 11. September sahen auch konservative Politiker in diesen Waffen keine Gefahren. So Condoleezza Rice in ihrer außenpolitischen Programmschrift für den Kandidaten Bush:[41] Irak und Nordkorea müssten ihre eigene nationale Vernichtung befürchten, wenn sie nukleare Waffen einsetzten; die Abschreckung sei also möglich und genügend. Rumsfeld und Wolfowitz erwähnten in ihrer Anhörung vor dem Kongress den Irak nur im Zusammenhang mit der nationalen Raketenabwehr, ihrem damaligen Hauptinteresse.[42] Der 11. September veränderte diese Beurteilung von Grund auf. Wenn die Gegner Amerikas das Undenkbare durchführen, wer kann dann noch rationales Verhalten voraussetzen? Der Präsident bemerkte später:

> „Nach dem 11. September ist die Doktrin des Containment einfach nicht mehr brauchbar. Meine Sicht der Dinge änderte sich nach dem 11. September dramatisch, weil ich jetzt die Risiken erkenne, weil ich weiß, dass die Welt sich geändert hat."[43]

Die Katastrophe diskreditierte das bisherige vorsichtige Sicherheitsdenken. Die Neokonservativen lieferten ein Alternativ-Konzept, welches die Regierung schließlich zur Bush-Doktrin ausbaute. Wie Robert Kagan zu seinem Kollegen George Packer sagte: „Damals brauchte man Ansichten, auf die man zurückkommen konnte. Und dann hatte man gewissermaßen eine fertige neue Weltsicht."[44]

In diesem Denken hatte Saddam Hussein schon immer seinen Platz als Hauptverdächtiger. Jetzt trauten ihm die Politiker auch noch zu, er könne seine Waffen einem „finsteren terroristischen Netzwerk" überlassen.[45] Ab Juni 2002 war der britischen Regierung klar, dass der Krieg unvermeidlich war. Ab Juni/Juli produzieren die Ministerien Strategiepapiere über Kriegsziele und eine „Befreiungsstrategie". Am 9. August fand eine Konferenz der irakischen Exilgruppen in Washington statt; die Teilnehmer zeigten sich erfreut über die Entschlossenheit des Präsidenten, die „Tyrannei" im Irak zu beenden.[46] Am 21. November 2001 beauftragte der Präsident seinen Verteidigungsminister mit der Einsatzplanung.[47]

Nachdem Anfang September 2002 entschieden war, auf dem Weg zum Krieg den Sicherheitsrat einzuschalten, konzentrierte sich die offizielle Beweisführung auf die Massenvernichtungswaffen. Nur diese Behauptung „hatte Beine", drückte Condoleezza Rice es aus.[48] Mit Menschenrechten war bei den hartgesottenen Diplomaten des Rates nichts zu holen. Der Sicherheitsrat musste überzeugt werden, dass Saddam seine früheren Abrüstungsverpflichtungen massiv verletzt hätte. Seine Massenvernichtungswaffen wurden so das zentrale Thema der internationalen Politik. Selten wurden derart erbitterte Diskussionen über so wenig Substanz geführt.

Dass der Irak biologische und chemische Kampfstoffe trotz der siebenjährigen Inspektionen noch besaß, war der Konsens der Experten. Auch die Regierung Clinton hatte es geglaubt. Die Inspektionen lieferten damals ein Politspektakel: Ihre Funde, ihre Streitigkeiten über die Durchsuchungen von Saddams Palästen, über die Möglichkeit von Zeugenbefragungen, schließlich der Hinauswurf der Inspekteure 1998 und Clintons Strafbombardierungen („Desert Fox"). Diese ganze Aufregung musste ja einen Grund haben.

Den damaligen Experten-Konsens gab das Londoner Institute for Strategic Studies (IISS) in seiner Publikation „Iraqs Weapons of Mass Destruction" vom September 2002 wieder. Danach war bei Abbruch der Inspektionen 1998 der Verbleib vieler biologischer und chemischer Substanzen[49] „ungeklärt", deshalb wurden sie als noch existent angesehen. Denn niemand konnte sich vorstellen, dass das Regime ohne Zwang solche Waffen vernichtet hätte. Zum nuklearen Bereich stellte das IISS fest: Es gebe keine Einrichtungen zur Produktion spaltbaren Materials in genügenden Mengen. Um es selbst zu erzeugen, hätte der Irak mehrere Jahre gebraucht. Nur mit Bezügen in großen Mengen aus dem Ausland könnte der Irak nukleare Sprengköpfe jetzt selbst bauen. Dafür sah das IISS jedoch keine Hinweise. Später sollte eine Fehlmeldung über irakische Urankäufe in der Republik Niger erhebliche Verwirrung bringen.

Die amerikanischen und britischen Regierungen stellten seit Herbst 2002 ihre Geheimdienste systematisch auf das Thema ein. Ihre Urteilsfreiheit wurde teilweise massiv beeinflusst. „Auf Nachrichtendienstler wurde Druck ausgeübt, um der neuen Linie zu folgen und die irakische Bedrohung in möglichst düsteren Farben darzustellen. Wer diesen politischen Anforderungen nicht genügte, fand seine Dokumente regelmäßig mit zahlreichen kritischen Fragen zurückgeschickt, bis die „richtige Antwort" erreicht war. Vizepräsident Cheney machte regelmäßige und einschüchternde Besuche in die CIA-Zentrale. Das Pentagon richtete eine Sondergruppe ein, die alle „weichen" Stellen aus Nachrichten der CIA und DIA (Defense Intelligence Agency) ausschied und dem Ministerbüro Material vorlegte, das die bestehenden Vorurteile unterstützte.[50]

Der Unterstaatssekretär für Politik im Pentagon, Douglas Feith, bestreitet, dass seine Abteilungen die Nachrichten der Exilantengruppe um Dschalabi weitergeleitet hätten; hierfür sei der militärische Nachrichtendienst DIA zuständig gewesen.[51] Er habe zwar eine Gruppe mit dem Namen „Policy Counter Terrorism Evaluation Group" eingerichtet, die den Strom der eingehenden Geheimdienstnachrichten sichten und bewerten sollte. Die Behauptung, sie habe Nachrichten manipuliert, um den Präsidenten und das Publikum für den Krieg bereit zu machen,[52] habe Seymour Hersh im *New Yorker* in die Welt gesetzt, und Hunderte von Politikern und Journalisten hätten es ihm nachgeschrieben. Dass Vizepräsident Cheney die CIA beeinflusst habe, hätten politische Gegner aus der „Intelligence Community" erfunden. Dass Wolfowitz auf die CIA eingewirkt hätte, um eine Verbindung zwischen El Kaida und der irakischen Regierung nachzuweisen, versucht Feith in seitenlangen schwerverständlichen Erzählungen zu widerlegen.[53] Er unterscheidet zwischen „Fähigkeiten und Absichten" (zur Herstellung verbotener Waffen) und „tatsächlichen Vorräten" solcher Waffen. Für die Entscheidung zum Krieg seien die „Fähigkeiten und Absichten" maßgeblich gewesen. Aber die CIA habe „Vorräte" behauptet, die es in der Tat nicht gegeben habe.

Mit „Fähigkeiten und Absichten" hätte die Regierung allerdings weder die öffentliche Meinung noch das Parlament überzeugt. Es ging nicht um Positionen im interministerialen Betrieb, sondern darum, die „Bedrohung zu verkaufen" wie es der britische Militärhistoriker Freedman[54] nennt.

Später wurde auch die Arbeit einer Irakgruppe des Weißen Hauses (White House Iraq Group) bekannt, die dem amerikanischen Publikum die irakische Gefahr möglichst drastisch darstellen sollte: „In griffigen Bildern und Geschichten, die in der abgewogenen und nüchternen Sprache der Geheimdienste nicht vorkommen."[55] Diese Gruppe hat angeblich den Satz geprägt, dass Saddams endgültiger Schuldbeweis durchaus ein Atompilz sein könnte („that his smoking gun could be a mushroom cloud"). Frau Rice übernahm ihn, und nach ihr Präsident Bush in seiner Rede in Cincinnati am 7. Oktober 2002, dem Vorabend der Entscheidung des Kongresses über die Ermächtigung zum Krieg.

Der Kongress gab diese Ermächtigung ohne gründliche Debatte und eigene Prüfung der Fakten; als Entscheidungsvorlage diente ihm ein gemeinsames Gutachten aller Nachrichtendienste, mit dem amtlichen Titel: National Intelligence Estimate (NIE).[56] Dessen Volltext brachte noch vorsichtige Einschätzungen; die meisten Aussagen enthielten Abschwächungen wie „wahrscheinlich" oder „möglicherweise".[57] Die Zusammenfassung, welche die meisten Kongressmitglieder naturgemäß als einziges lasen, enthielt aber nur unbedingte Aussagen; die Abschwächungen waren in der Schlussredaktion herausgestrichen worden. Danach „hat" der Irak sein Programm von Massenvernichtungswaffen weitergeführt. Er „hat" chemische und biologische Waffen und auch Raketen mit verbotenen Reichweiten. Wenn er nicht gehindert wird, wird er „wahrscheinlich eine Nuklearwaffe noch in diesem Jahrzehnt haben".

Die populären Medien verbreiteten diese Einschätzungen. Kurz nach den Angriffen vom 11. September vermuteten nur drei Prozent der Amerikaner Saddam Hussein als Anstifter. Im Januar 2003 hielten bereits 44 Prozent die meisten oder einige der September-Attentäter für Iraker. Im August 2003 glaubten über 80 Prozent der Befragten an eine Unterstützung von El Kaida durch Saddam Hussein; über 60 Prozent dachten, er entwickle Massenvernichtungswaffen.[58] In seiner Pressekonferenz vom 6. März 2003 brachte Präsident Bush den Irak acht Mal mit den Angriffen vom 11. September in Verbindung, ohne dass ein Reporter diese – schon damals widerlegten – Behauptungen anzweifelte. Cheney sagte am 16. März in der Fernsehsendung „Meet the Press" erneut, dass Saddam eine „langwährende Beziehung mit verschiedenen Terrorgruppen einschließlich der El Kaida" habe. Befragt nach dem Urteil von El Baradei, dass der Irak derzeit kein Atomprogramm habe, sagte der Vizepräsident: „Ehrlich gesagt glaube ich, Herr El Baradei liegt falsch." Am 18. März schrieb das Wall Street Journal, es gebe „zahlreiche Beweise, dass der Irak Mitglieder der El Kaida aufgenommen hat". Am 19. März befürworteten 71 Prozent der Amerikaner den Krieg.[59]

3. Der Krieg als Experiment

Richard Haass wird viel zitiert mit dem Bekenntnis, dass er bis ins Grab nicht verstehen könne, warum Amerika gegen den Irak in den Krieg ging. Wir wissen, wann der Präsident sich dazu entschied. Wir wissen, dass er eine militärische Einsatzplanung anordnete und kennen die Stationen dieser Planung. Aber wir wissen nichts über die präsidiale Entscheidung über den Krieg selbst, welche Motive oder Befürchtungen dort abgewogen und welche Personen daran teilnahmen; es müssen sehr wenige gewesen sein; der Außenminister war nicht einbezogen.

Über die Kriegsziele diskutierte die Regierungsspitze auf der Grundlage einer Vorlage von Rice:[60] Der Regime-Wechsel verstand sich von selbst. Irak sollte keine Nachbarn mehr bedrohen, den Terrorismus nicht mehr unterstützen, seine Vernichtungswaffen aufgeben. Die Sicherung von Grundrechten sowie das Rechtsstaatsprinzip waren unbestritten, ebenso die Bewahrung des Einheitsstaats. Umstritten war das Ziel demokratischer Institutionen. Rumsfeld war selbstbewusst genug, die Freiheitsideologie zu ignorieren, die dem Präsidenten und seinem Vertreter besonders wichtig war. Vor allem war ihm klar, dass Amerika lange als Besatzungsmacht präsent sein musste, wenn es einen demokratischen Staatsaufbau absichern wollte[61] (an einen Aufstand, den entscheidenden Grund für die lange Stehdauer der Truppen im Irak, dachte in der Regierung niemand). Aber das Verteidigungsministerium erreichte nicht, dass die Demokratie als Kriegsziel gestrichen wurde. „Es gab kein Einvernehmen im Nationalen Sicherheitsrat darüber, wie unsere Ziele für die irakische Regierung nach Saddam zu beschreiben waren."[62] Der Öffentlichkeit blieb dieser Dissens verborgen, ihr wurde die „Bedrohung" verkauft, daneben aber auch die Aussicht auf Freiheit im Nahen Osten und Demokratie im Irak. Vor diesen Kriegszielen verblassten dann die Risiken aus Besatzung und regionalen Irritationen.

Über eine Risikodiskussion auf höchster Ebene ist wenig bekannt. Wir kennen das Gespräch von Außenminister Powell vom 8. August 2002 mit dem Präsidenten.[63] Er warnte ihn vor der Vorstellung eines „Hit and Run"; es sei undenkbar, die irakische Armee niederzuwerfen, die Regierung abzusetzen und dann das Land sofort zu verlassen. Es müsse eine Besetzung geben, und während der Besetzung sei Amerika und der Präsident persönlich für den Irak verantwortlich. Es gelte die „Regel aus dem Töpferladen": „Wenn Sie es zerbrechen, gehört es Ihnen". Die Einführung der Demokratie sei eine schwere Aufgabe. Das Unternehmen werde den „Sauerstoff aus allem ziehen, es werde seine Präsidentschaft beherrschen und definieren". Im April 2005 bestätigte der Präsident seinem Chronisten Bob Woodward den Verlauf des Gesprächs. Er bezeichnete die Warnungen Powells als „taktische Bedenken", wie sie einem Außenminister wohl anstünden. Er als Präsident müsse aber strategisch denken und vor allem die Nation vor Gefahren schützen. Damit meinte er, die möglichen Angriffe, die vom Irak ausgehen könnten und die jetzt verhindert werden müssten. Wie wahrscheinlich solche Angriffe waren, war für diese Überlegungen nicht relevant, denn der 11. September hatte gezeigt, dass das scheinbar Unmögliche Realität werden konnte.[64]

Minister Rumsfeld stellte im Herbst 2002 alle denkbaren Fehlentwicklungen in einem Memorandum zusammen, das der Jargon der Bürokraten „Rumsfelds Horrorparade" nannte. Die Liste enthielt: Regionale und innerirakische Kämpfe, ein langes Engagement, das Amerika von anderen Aufgaben abhält, seine Kräfte erschöpft und den Terrorismus stärkt; der Irak könnte zerbrechen, und sogar Amerika könnte keine Massenvernichtungswaffen finden und seine Glaubwürdigkeit verlieren.[65] Allerdings entschärfte Rumsfeld seine Überlegungen gleich selbst, indem er am Schluss hinzufügte, er könne eine ähnliche Liste der Gefahren verfassen, die mit Saddams Verbleib an der Macht entstünden.

Rumsfeld verteilte dieses Papier auf einem Treffen des Nationalen Sicherheitsrats auf der Chefebene und diskutierte es dort. Über die Diskussion kann Feith nichts sagen: Es war ein „Treffen ohne Mitarbeiter".[66] Aber vielleicht bezog sich Condoleezza Rice auf diese Diskussion, als sie später zu fremden

Diplomaten sagte, die Regierung habe alle Risiken durchdiskutiert und beherrschbar gefunden.

Mindestens ein Teilnehmer dieser Gespräche kannte die Risiken einer Besetzung des Irak; Cheney hatte sie 1991 als Verteidigungsminister klar dargestellt:

> „Wenn Sie einmarschieren und versuchen Saddam Hussein abzusetzen, müssen Sie bis nach Bagdad marschieren. Wenn Sie Bagdad erobert haben, ist nicht klar, was Sie damit anfangen sollen. Es ist nicht klar, welche Art von Regierung Sie an die Stelle der gegenwärtigen einsetzen sollen [...]. Wie viel Glaubwürdigkeit hätte eine solche Regierung, wenn sie durch das amerikanische Militär nach seiner Ankunft eingesetzt würde? Wie lang muss das amerikanische Militär dann bleiben, um die Leute zu schützen, die sich für diese Regierung zur Verfügung stellen, und was geschieht, wenn wir abziehen?" [67]

Lawrence Freedman kommt zum Schluss, dass die Kriegsgründe im Wesentlichen aus „Annahmen" bestanden, die nur durch den „empirischen Test des Kriegs und der Nachkriegszeit" bewiesen oder widerlegt werden konnten.[68] Dies wäre dann eine extreme Form des Präventivkriegs, in dem die Bedrohung erst durch den Krieg bewiesen werden muss. Der Krieg, so folgert Freedman, „war so etwas wie ein Experiment". Die Härte dieses Urteils muss dem Kriegshistoriker Freedman klar sein.

Neben dieser offiziellen Diskussion gab es einen bemühten, gutwilligen, kein Problem aussparenden, akademischen Diskurs auf hohem Niveau. Er hat allerdings die Regierungsebene nie erreicht. Ich verweise hier stellvertretend auf den Sammelband der American Academy of Art and Sciences, „War with Iraq, Costs, Consequences, and Alternatives".[69] Alle denkbaren Risiken des Kriegs, der Besetzung und des Bürgerkriegs, für das Land, die Region und auch für die Besatzungskräfte sind darin präzise vorausgesagt. Der zentrale Satz lautet: „Die Verwaltung eines Nachkriegs-Iraks könnte ein Albtraum werden."[70]

V. Das Recht zum Krieg und andere Rechtsfragen

1. Unipolare Macht und Völkerrecht: neue Tendenzen in der amerikanischen Praxis und Lehre

Im Irak-Konflikt verhielt sich die Regierung Bush gegenüber dem Völkerrecht, vor allem dem Friedensrecht der VN-Satzung und dem humanitären Kriegsrecht, widersprüchlich: Sie behauptete einerseits, sie verteidige die Ordnung der VN-Charta gegen die Verletzungen durch den Irak, lehnte andererseits die Einschränkungen der Charta ab.

Die amerikanische Völkerrechtswissenschaft begleitete die amtlichen Erklärungen mit einem lebhaften Diskurs. Der liberale amerikanische Völkerrechtslehrer Thomas M. Franck bezeichnete dessen zentrale Themen:[71] Das Prinzip der souveränen Gleichheit, das die Möglichkeiten der Supermacht beschränkt und vor allem nicht zwischen den Rechten „anständiger und unanständiger Staaten" unterscheidet, und andererseits die Versuchung, eine neue internationale Ordnung unter der Führung Amerikas, von einigen Europäern als „legalisierte Hegemonie" bezeichnet, zu errichten.

Franck nähert sich den Themen von der amerikanischen Staatspraxis her. Der Senat habe die Gültigkeit internationaler Normen seit je eher skeptisch gesehen. Er habe seine Verpflichtungen zu Selbstbeschränkung und Humanität schon immer aus den eigenen nationalen Quellen abgeleitet, vor allem den Gründungsdokumenten. Aber immerhin glaubten 100 Jahre lang die Völkerrechtler selbst, aber auch viele Präsidenten (wenn schon nicht der Kongress), dass die Förderung des Völkerrechts eine „gute Sache" sei. Heute hingegen betrachte nicht nur der Bewohner des Weißen Hauses, sondern sogar einige Juristen das Völkerrecht als bloßes Mittel zum Zweck – als eine von vielen Überlegungen, die bei der Entscheidungsfindung im Sinne des „Rational Choice" eine Rolle spielen. Werden wir Völkerrechtler, so fragt Franck, „demnächst mehrheitlich glauben, dass das Völkerrecht bloß eine Chimäre ist, die sich schwache Staaten mit der Unterstützung einiger realitätsfremder Professoren ausgedacht haben?". Warum sollte sich die einzige Supermacht an Normen fesseln, die nicht immer ihr eigenes Interesse maximieren?[72]

Der Grundsatz der souveränen Gleichheit, gemäß Artikel II.1 der VN-Satzung die Grundlage der Vereinten Nationen, wird heute sehr verschieden ausgelegt. Nach dem Berliner Völkerrechtler Bardo Fassbender[73] hat das Völkerrecht seine Funktion verändert: vom Dienst an der Staatsraison zur Förderung des internationalen Gemeinwohls, jetzt organisiert in den Vereinten Nationen. Souveränität ist danach der Sammelbegriff für die Rechte und Pflichten eines Staates im Rahmen der Vereinten Nationen. Die Staaten sind gewissermaßen als „politische Wesen" in diese Gemeinschaft hineingeboren. Ihre Handlungsfreiheit innerhalb dieser Gemeinschaft hat sich durch einen Prozess der Verrechtlichung seit Gründung des Völkerbundes 1919 ständig verringert. Ihre Souveränität besteht heute in der Autonomie, die sie in der „verstärkten Gemeinschaftsbezogenheit des Staates" behalten haben. Sie ist für jeden Staat rechtlich gleich bemessen.

Niko Krisch, ein junger deutscher Wissenschaftler mit kontinentalem, aber auch angelsächsischem Hintergrund, nennt das Prinzip der souveränen Gleichheit „eine der großen Utopien, aber auch eine der großen Enttäuschungen" des Völkerrechts.[74] Er findet im bestehenden Völkerrecht nur wenige Normen zu ihrem Schutz, obwohl doch alles von ihr abgeleitet werden soll; solche Schutznormen seien das Konsensprinzip für Verträge und das Einmischungsverbot in innere Angelegenheiten (was zahlenmäßig wenig ist, in der Sache aber doch ziemlich viel). Seit jeher war der Gleichheitsgrundsatz aber auch eine Quelle des Anstoßes für mächtige Staaten und so eben jetzt für die USA. Er habe, so irreal es sich anmute, durchaus Auswirkungen, zum Beispiel auf die Aushandlung neuer internationaler Konventionen, wie sie die Globalisierung zunehmend erfordere und denen sich auch die Supermacht nur zu ihrem Schaden entziehen könne. Eine Vormachtstellung konnte nur selten rechtlich festgeschrieben und musste auch dann mit weniger mächtigen Staaten geteilt werden, so im Sicherheitsrat oder Nichtverbreitungsvertrag (in der Gruppe der Vetomächte bzw. der Nuklearmächte). Im Ergebnis haben sich die USA aus dem Völkerrecht zurückgezogen: Indem sie neue Verträge nur mit weitgehenden Vorbehalten ratifizieren oder von vornherein neue wichtige Konventionen nicht unterzeichnen oder nicht ratifizieren. Die Konvention über die Nutzung des Meeresbodens, das Seevölkerrecht und der Klimaschutz sind prominente Beispiele.*

Hinzu kommt eine Neigung des Kongresses, internationale Tatbestände durch einseitige amerikanische Maßnahmen zu regeln. Dies geschieht vor allem durch Gesetze, die ausländische Gesellschaften für Verstöße gegen amerikanische Gesetze haftbar machen, auch wenn das Recht des Sitzstaates sie nicht verbietet, also zum Beispiel die Embargo-Maßnahmen gegen Iran.

Eine „Rückkehr zum Naturrecht", also zu elastischen und daher auslegungsfähigen Vorstellungen, begleitet diese Tendenzen. Hierzu rechnet Krisch Formeln wie die „humanitäre Katastrophe" oder die „Interessen der Internationalen Gemeinschaft". Hierher gehören auch die kasuistischen Aufzählungen von moralischen Regeln und Ansprüchen, die Michael Walzer entwirft,[75] während er das Recht der Charta als wirkungslose „Papierwelt" der Juristenkaste abwertet, nicht bedenkend, dass sie mindestens ebenso viel Geltung beanspruchen können als seine eigenen Überlegungen, und auch häufig zu den gleichen Ergebnissen führen. So sagt er zum Beispiel, die Definition der „Aggression" durch die VN-Vollversammlung „folge" seinen eigenen Paradigmen.[76]

Auch die Doktrin vom gerechten Krieg gehört in diesen Rahmen, die in der amerikanischen Öffentlichkeit nach dem 11. September eine Renaissance erlebte. Vielleicht wurde sie als attraktiv empfunden, weil sie im Gegensatz zum Gewaltverbot der VN-Charta gerechte Kriege für möglich erklärt, vielleicht sah man auch eine Parallele in der Entstehung der Doktrin: Sie hat ihre Wurzeln im frühen Christentum, das den unbedingten Pazifismus seiner Frühzeit relativieren musste, als es in die Rolle der Staatsreligion hineinwuchs[77] – auch damals eine Abkehr von liebenswerten Idealen zur Beherrschung harscher Wirklichkeiten.

---

* Die Liste zentraler Verträge, die die USA unterschrieben haben und die zum Teil schon mehrere Jahrzehnte im Senat auf Ratifizierung warten, enthält die Haager Konvention über den Schutz kulturellen Eigentums von 1954, die Zusatzprotokolle zu den Genfer Kriegsrechtskonventionen 1949, die Konvention von 1979 gegen Diskriminierung von Frauen, die schon erwähnte Seerechtskonvention und eine ganze Reihe von Abkommen über Rüstungskontrolle, ferner die Konvention über das Recht der Kinder von 1980. Hier, wie bei der Konvention gegen die Diskriminierung von Frauen, beruft sich die Regierung auf die föderale Struktur der USA, aber auch auf ihre Ablehnung sozialer Menschenrechte.

Zu den Voraussetzungen des „gerechten Kriegs" gehören ein „gerechter Grund", die Aussicht auf Erfolg des Kriegs, die Verhältnismäßigkeit zwischen Gewaltanwendung und erhofftem Erfolg und eine Aufbaupflicht nach Ende der Intervention.[78] Hätten diese Voraussetzungen vorgelegen, so hätte der Sicherheitsrat den Krieg auch mandatiert. Aber der Rückgriff auf die Tradition vom gerechten Krieg hat den Vorteil, den das Naturrecht immer mit sich bringt, nämlich den breiten Raum für eigenes Ermessen – „und Ermessen begünstigt im Allgemeinen den, der die Macht hat, es zu nutzen".[79] Carl Schmitt stellte schon 1932 die Verbindung von Macht und Selbstmandatierung her. Dieser Zusammenhang bildet ein zentrales Thema der Neokonservativen.[80] Kurz nach dem 11. September erschien eine aufwendige Erklärung amerikanischer Intellektueller mit dem Titel „For What We Fight", die dann von pazifistischen deutschen Intellektuellen polemisch beantwortet wurde.[81] Die Amerikaner beriefen sich für ihr Recht auf Notwehr auf die Tradition vom gerechten Krieg. Die Deutschen weigerten sich, auf diese Lehre einzugehen, sie sei obsolet. Die beiden Schriften dokumentieren eine tiefe Kluft zwischen den Intellektuellen beider Länder. Konstrukte von der Art des „gerechten Kriegs" wirken konfliktfördernd, da sie die Präferenzen der eigenen Gruppe verfestigen und Konsensmöglichkeiten einschränken. Der Lehre Augustins steht die islamische Lehre vom Dschihad entgegen. Die Ersetzung globaler Normen durch religiöse Vorstellungen polarisiert und behindert die Verständigung.

In der amerikanischen Völkerrechtslehre relativieren Autoren wie Jack Goldsmith oder Eric Posener die Grundnormen des VN-Systems.[82] Nach ihnen kann das Völkerrecht den Staaten keine Verpflichtungen auferlegen, die ihren Interessen zuwiderlaufen, die Erfolgsmöglichkeiten für das Völkerrecht sind begrenzt durch die Wechselwirkungen zwischen staatlichen Interessen und Verteilung der staatlichen Macht. Eine wenigstens formal saubere Begründung dieser Relativierung des Gewaltverbots gibt der Harvard-Rechtslehrer Michael J. Glennon, der es durch gegenteilige Praxis für obsolet erklärt.[83]

Thomas M. Franck stellt fest, dass solche Vorstellungen außerhalb der USA kaum ein Echo gefunden haben. Deutsche Autoren meinen, dass sich die amerikanische Völkerrechtslehre aus dem Konsens der weltweiten Entwicklungen gelöst habe. Man kann sich nicht damit trösten, dass es sich dabei nur um die juristische Untergruppe in der Dauerdiskussion zwischen Marsianern und Venusiern handele. Denn diese Thesen haben breit in den öffentlichen Diskurs Amerikas hineingewirkt, gerade auch auf die Liberalen. Auch sie sehen ihr Land, die hochgebaute Stadt, nicht gerne im Unrecht. Aber Robert Kagans Anleihen bei Nietzsche sind nicht Sache liberaler Intellektueller. Ihnen musste man bessere Gründe liefern, warum die Institutionen, die sie seit 1945 unterstützt hatten, nun plötzlich nicht mehr relevant sein sollten. Da kam der „gerechte Krieg" gerade recht.

In der Praxis befassten die USA ab September 2002 den Sicherheitsrat monatelang als Verteidiger seiner Entscheidungen. Schließlich beriefen sie sich erneut auf VN-Recht, freilich in fragwürdiger Form („fortbestehende Ermächtigung", siehe unten). Nach der Besatzung, vom Mai 2003 bis Oktober 2004, traf der Rat schwerwiegende Entscheidungen, alle auf Initiative der USA. Auch die amerikanische Staatspraxis widerspricht also der These Glennons von der Obsoletheit des VN-Systems.

Das gilt erst recht für alle anderen Staaten. In der großen Schlussdiskussion des Sicherheitsrats vom 29. März 2003 beurteilten fast alle Sprecher die Intervention am Maßstab der VN-Satzung; die Mehrheit der Sprecher bezeichnete sie ausdrücklich als völkerrechtswidrig. Glennons Liste von Kriegen, in denen die Vereinten Nationen versagt hätten, besteht überdies zum großen Teil aus Bürgerkriegen oder Bandenkämpfen in rechtsfreien Räumen (versagenden Staaten). Dass die VN-Satzung vom Kriegsbild ihrer Entstehung ausgeht und auf solche „neuen Kriege" nicht hinreichend eingestellt ist, gibt keinen Anlass, sie abzuschaffen, sondern sie zu verbessern. Überdies gab es in Kambodscha, Osttimor, Ostslawonien Fälle, in denen das VN-System innerstaatliche Konflikte verhindert oder erfolgreich geregelt hat. Ähnliches gilt für zwei Staatenkriege: Den koreanischen durch eine Resolution der Vollversammlung – Uniting for Peace – vom November 1950 und den Krieg um Kuwait 1991. Die Schwächen des Systems zeigen sich, wenn ein ständiges Mitglied des Sicherheitsrats sich selbst oder einen Klienten durch das Veto schützt. Unzeitgemäß ist das unbegrenzte Vetorecht, nicht das Gewaltverbot. Als der Briand-Kellog-Pakt von 1928 den Staatenkrieg ächtete, bedeutete dies eine diplomatische Revolution. Zwischen 1928 und 2001 waren die Anstrengungen der zivilisierten internationalen Gemeinschaft darauf konzentriert, das Verbot zu stärken und gegen totalitäre Aggressionsakte zu verteidigen. So unvollkommen diese Bemühungen in der Praxis waren, sie wurden nie für obsolet erklärt. Würden sie jetzt durch das alte souveräne Staatenrecht zum

Krieg ersetzt, wäre dies ein radikaler Rückschritt, für den die politische Ideengeschichte kein Beispiel böte.*

Auch unter machtpolitischen Überlegungen kann sich die USA nicht zu sehr auf die eigene Übermacht verlassen. Schon heute kann Washington zentrale politische Ziele wie die Gegenproliferation in den Fällen Iran oder Nordkorea nur in einem Netzwerk von Beziehungen, Aushandlungen und Tauschgeschäften verfolgen, wo Vertrauen und Zusammenarbeit mehr zählen als Einschüchterung. Einen ähnlichen Ansatz verfolgte die Baker-Kommission für den Irak; er bleibt auch dort auf Dauer unerlässlich. Die Schutzwirkungen des Gleichheitsprinzips und des Gewaltverbots können auch für die Supermacht wichtig werden. So werden die Regeln des Kriegsvölkerrechts (Rechte der Kriegsgefangenen, Folterverbot) im Konfliktfall nur aufgrund der Gegenseitigkeit beachtet.

2. Die amtliche völkerrechtliche Begründung für den Krieg

Zwischen September 2002 und Februar 2003 erstrebten Amerika und Großbritannien ein Mandat des Sicherheitsrats zum Krieg. Nach dem Misserfolg dieser Verhandlungen beriefen sie sich plötzlich auf eine „fortbestehende Ermächtigung" („continued authority") des Sicherheitsrats.

Der Gedankengang ist der folgende: Die Resolution 675 des Sicherheitsrats erlaubte im Jahr 1991 den damals beteiligten Staaten eine militärische Intervention gegen den Irak wegen seiner Invasion Kuwaits. In einer späteren Re-

---

* Leider kam Barack Obama in seiner Friedensnobelpreis-Rede in Oslo diesem Rückschritt bedenklich nahe. Er erklärte eigenverantwortete gerechte Kriege für zulässig, und zwar nicht nur zur Selbstverteidigung, sondern auch in humanitären Notfällen und zur Stabilisierung von Bürgerkriegssituationen – all das zur Begründung eines begrenzten Zieles, der Bekämpfung von El Kaida und der Taliban in Afghanistan. Obwohl diese Ziele in der VN-Architektur Platz haben und vom Sicherheitsrat getragen werden, erwähnt er die Vereinten Nationen nur einmal und dann als „alte Architektur, die unter dem Gewicht neuer Bedrohungen Risse zeigt". Einen solchen geschichtlichen Rückschritt riskiert kein Staatsmann um eines taktischen Zieles willen. Hoffentlich revidiert der Träger des Friedensnobelpreises diese Erklärungen.

solution (Nr. 687) erließ der Sicherheitsrat einen Waffenstillstand und verbot darin dem Irak den Besitz bestimmter Waffen. Gegen diese Verbote habe der Irak ständig verstoßen. Die Ermächtigung von 1991 sei nie erloschen; sie erlaubte auch noch im Jahre 2003 den damals handelnden Staaten, den Irak erneut mit Waffengewalt zur Erfüllung seiner Verpflichtungen zu zwingen. Schon im August 2002 beschäftigte sich die Rechtsabteilung des britischen Foreign Office mit diesen Überlegungen. Nach ihrer Auffassung stand jedenfalls die Beurteilung, ob ein neuer Verstoß des Irak vorliegt, dem Sicherheitsrat zu. Nach Meinung der USA stehe sie allerdings den einzelnen Staaten der damaligen Koalition zu. „Wir kennen keinen anderen Staat, der diese Ansicht unterstützt."[84] Trotzdem berief sich auch Großbritannien später auf diese Ansicht.

Die reichlich technische Begründung der „fortbestehenden Ermächtigung" litt zunächst einmal daran, dass die USA und Großbritannien wenige Tage vorher selbst noch eine neue Ermächtigung gesucht hatten. Politisch ist die Vorstellung inakzeptabel, dass eine Erlaubnis zur Gewaltanwendung, also eine Ausnahme vom Gewaltverbot, 14 Jahre lang fortwirken kann und dann zu völlig anderen Zwecken (statt der Befreiung Kuwaits zur Entwaffnung des Irak) benutzt werden soll. Politisch inakzeptabel ist auch, dass eine Minderheit des Sicherheitsrats sich eine Befugnis zuschreibt, die die übrigen zwölf Mitglieder bestreiten. Gleichwohl fand die „fortgeltende Ermächtigung" die Anerkennung einiger patriotischer amerikanischer Gelehrter, mit formellen und wenig überzeugenden Begründungen.[85]

3. Recht im Krieg: Besatzung und Aufstandsbekämpfung

Die Kampfhandlungen wurden durch Präsident Bush formell am 1. Mai 2003 beendet. Der amerikanischen Regierung war inzwischen klar geworden, dass sie um eine längere Besetzung und eine Verwaltung des Landes als Besatzungsmacht nicht herumkomme. Eine Rolle der Vereinten Nationen wollte sie auf ein Minimum beschränken. Sie sandte, zusammen mit der britischen Regierung, am 8. Mai einen Brief an den Präsidenten des Sicherheitsrats, in dem sie diesen über die Errichtung „eines Besatzungsregimes unter einheitlichem Kommando" mit einem „provisorischen Regierungsamt der Koalition" (Coalition Provisional Authority, CPA)* informierte. Der Brief machte klar, dass eine umfassende Neugestaltung des Staates, der Gesellschaft und der Wirtschaft gewollt war. Der Sicherheitsrat nahm in seiner Resolution 1483 vom 23. Mai 2003 von diesem Schreiben Kenntnis und erklärte die „Anerkennung" (nicht die Genehmigung) der Besatzung und der „authority". Die Resolution beschränkt sich in ihrem operativen Paragrafen (oP) 5 auf die Forderung einer wirksamen Verwaltung, die Wiederherstellung von Sicherheit und einer Perspektive der Selbstbestimmung für den Irak. Der Sicherheitsrat forderte ferner, die „Verpflichtungen nach dem Völkerrecht, insbesondere auch nach den Genfer Abkommen von 1949 und der Hager Landkriegsordnung von 1907, voll einzuhalten".

Diese Bestimmungen verbieten eine Veränderung der Staatsform durch eine Besatzungsmacht. Allerdings wussten alle Beteiligten, dass der „regime change" das zentrale Ziel der Intervention war. Am Tag nach der Verabschiedung dieser Resolution verfügte die CPA tiefe Einschnitte in das politische und soziale Leben des Irak. Der Sicherheitsrat stellte diese und weitere einschneidende Maßnahmen nie infrage. Er hat sie bewusst geduldet, obwohl sie bestehendes Völkerrecht, namentlich die von ihm selbst zitierten Genfer Abkommen, verletzten. Diese Abkommen haben ein traditionelles Kriegsbild vor Augen. Wenn allerdings in neuen, „asymmetrischen" Kriegen eine moderne Militärmacht mit schwach strukturierten Staaten zusammenstößt, ist der Staatszerfall fast zwangsläufig. Die Intervention begründet dann eine Pflicht zur Folgebeseitigung, also zum Neuaufbau. Ohne ihn ist der Zweck der Intervention nicht erfüllt. Es gibt einen Sachzwang zur Aufbauhilfe.[86] Colin Powell beschrieb diesen Zusammenhang mit dem griffigen Vergleich des Töpferladens: „You break it, you own it."

Nachdem der Sicherheitsrat in seiner Resolution 1546 vom Juni 2003 den Irak für souverän erklärte, musste er die Rolle der Besatzungstruppen neu regeln. Es hätte dem Begriff der Souveränität entsprochen, wenn sie nur noch im Einvernehmen mit den irakischen Behörden operiert hätten. Das schlugen die Delegationen der Troika auch vor. Die irakische Übergangsregierung un-

---

* Eine Übersetzung des Wortes „authority" mit „Behörde" wäre irreführend, es handelte sich um die Trägerin der obersten Gewalt im Land.

terstützte sie aber nicht. Schließlich beschloss der Sicherheitsrat im oP* 10 der Resolution, „dass die multilaterale Truppe ermächtigt ist, alle erforderlichen Maßnahmen zu treffen um zur Aufrechterhaltung von Sicherheit und Stabilität im Irak beizutragen, im Einklang mit [...] beigefügten Schreiben [...]". Mit diesem Schreiben ist ein Briefwechsel zwischen Außenminister Powell und dem damaligen irakischen Ministerpräsidenten Allawi gemeint, der dem Resolutionstext beigefügt ist; er sieht umfangreiche Konsultationen zwischen den irakischen Behörden und der Besatzungstruppen vor, vor allem bei „sensiblen politischen Operationen". In der Praxis kam es zu gelegentlichen irakischen Forderungen, da und dort einzugreifen, aber auch zu irakischen Klagen über unabgestimmte amerikanische Aktionen. Notorisch sind die Proteste des damaligen Innenministers gegen amerikanische Eingriffe in Bagdad zum Schutz sunnitischer Bürger. Von einer konsequenten Abstimmung über Strategie und Taktik konnte aber keine Rede sein.

Die Ermächtigung des oP 10 sollte jedes Jahr überprüft und verlängert werden. Dies geschah zuletzt zum Jahresende 2007. Die Verhandlungen des Irak und der USA über ein bilaterales Stationierungsabkommen (SOFA) werden getrennt behandelt.

4. Das Recht im Krieg: das Los der Gefangenen

Die Tatsachen

Die amerikanischen Truppen machten von Anfang an zivile Gefangene auf der Suche nach Helfern des Saddam-Regimes, später bei der Bekämpfung von Plünderungen und Massenverbrechen und des politischen Widerstands. Weil die Truppen die Verhältnisse und die Sprache nicht verstanden, nahmen sie beim geringsten Verdacht Leute fest. Bremer erlebte das selbst, als sich ein kurdischer Politiker bei ihm für einen befreundeten 76-jährigen Richter einsetzte. Der Mann wurde drei Wochen nicht gefunden und dann erst nach

---

* Das heißt „operative paragraph" oder „operativer Absatz", im Gegensatz zu den Präambelabsätzen, abgekürzt „pp".

weiteren zehn Tagen entlassen. Inzwischen hatten bereits das arabische Fernsehen, CNN und BBC über Missstände in den Lagern berichtet.[87]

Niemand im Militärapparat wollte verantworten, dass ein wirklich Schuldiger freigelassen und wieder aktiv wurde. Wenige Einheiten überprüften die Gefangenen gleich nach der Festnahme, die meisten wollten die Verdächtigen wegsperren und die Überprüfung – und damit die Verantwortung – den Gefängnisbehörden überlassen. Diese Angst der Kommandeure vor der Verantwortung begleitete die Internierungspraxis der Amerikaner noch lange. Bald kam es zu Beschwerden des Internationalen Komitees des Roten Kreuzes (IKRK) über massive willkürliche Festnahmen, viel zu lange Haftdauer und Misshandlungen. Die bestehenden irakischen Gefängnisse waren bald hoffnungslos überfüllt.

Ab 2009 sind alle Gefangenen unter irakischer Kontrolle. Das schafft verschiedene Probleme. Der „harte Kern" wird auf rund 8.000 Häftlinge geschätzt, von denen die meisten schon mehrere Jahre in amerikanischem Gewahrsam sind. Es ist nicht auszuschließen, dass die Iraker mit diesen Leuten abrechnen. Schon jetzt gab es Probleme mit der Freilassung. In der Provinz al Anbar haben Scheichs und andere Vertreter der Bevölkerung bei den Amerikanern gegen die Rücksendung von Häftlingen remonstriert: Die Provinz habe ohnehin schon 40 Prozent Arbeitslosigkeit, außerdem seien viele dieser Leute wirklich noch gefährlich. In einigen Fällen sagten die lokalen Vertreter dem zuständigen amerikanischen General, sie müssten das Problem sonst selbst lösen. Der General fügte hinzu, nach seiner Kenntnis habe es zwischen zehn und zwölf „außergerichtliche Tötungen" gegeben.

Unter dem Einfluss von General Petraeus gab es in den beiden großen amerikanischen Lagern, „Camp Bucca" und „Camp Cropper", die früher „El Kaida-Universitäten" genannt wurden, erfolgreiche Ansätze zur Umerziehung. Es fällt schwer, sich vorzustellen, dass sie unter irakischer Kontrolle weitergeführt werden.[88] Die irakische Justiz hat schon jetzt Probleme mit der Haftprüfung und der fairen Behandlung ihrer eigenen „zivilen" Untersuchungshäftlinge.[89] Die Tausenden von Häftlingen bleiben eine der schlimmen Konsequenzen des Kriegs.

Die Rechtslage

Ein Kriegsgefangener ist nach Artikel 17 des III. Genfer Abkommens nicht verpflichtet, über die militärischen Pläne seines Kommandos oder seiner Regierung Auskunft zu geben. Alberto Gonzales, damals noch Rechtsberater des Präsidialamtes, wollte deshalb zuerst die Genfer Abkommen für „obsolet" erklären. Soweit konnte das Verteidigungsministerium nicht gehen, da es die Abkommen zum Schutz eigener Kriegsgefangenen in Zukunft noch brauchte. Schließlich wurden die Kämpfer der El Kaida, später auch der Taliban, als „rechtswidrige feindliche Kombattanten" („unlawful enemy combatants") eingestuft. Im Irak fielen darunter nur die gefangenen Ausländer.

Die wenigen irakischen Soldaten, die bis zum offiziellen Ende der Feindseligkeiten (im Mai 2003) in amerikanische Hände gerieten, waren unstreitig Kriegsgefangene im Sinne des III. Genfer Abkommens. Spätere Häftlinge waren „internierte Personen" in einem besetzten Gebiet, nach Artikel 42 des IV. Genfer Abkommens. Er erlaubt der Besatzungsmacht die Internierung von Personen, wenn es ihre Sicherheit „unbedingt erfordert". Für ihre Behandlung schreiben die Artikel 79 ff. einen sehr hohen Standard vor, für dessen Einhaltung den Besatzungsmächten die Mittel, aber auch der politische Wille fehlten.

Nach dem formellen Übergang der „Souveränität" (28. Juni 2004) behielten die amerikanischen Truppen ein Recht zur Internierung. Dies folgt aus dem erwähnten Briefwechsel zwischen Powell und Allawi. Danach konnten die Besatzungsmächte weitere Internierungen vornehmen, „sofern sie aus zwingenden Sicherheitsgründen geboten sind". Er sagt nichts über die Behandlung. Für sie gilt aber zumindest der gemeinsame Artikel 3 der Genfer Abkommen, der für alle denkbaren Fälle eine humane Behandlung fordert.

Die „harten" Verhöre

Die Befragung von Terrorverdächtigen galt als zentrales Mittel im „Kampf gegen den Terror". Die CIA suchte, ziemlich oft mit unkonventionellen Mitteln, hochrangige Informanten („high value detainees") überall auf der Welt. Nach der Besetzung Afghanistans hatte man eine große Menge Gefangener, die als Quellen infrage kamen. Die Gefängnisse Bagram bei Kabul und Guantanamo auf Kuba wurden zu Zentren massenhafter Verhörprozesse, obwohl nur ein Bruchteil der Gefangenen als nützliche Quellen überhaupt infrage kam.

Offenbar überzeugt, nur Schuldige und Mitwisser in Gewahrsam zu haben, wollte die politische Spitze harte Verhöre. In diesem politischen Klima wetteiferten die Hausjuristen der Regierung um scharfe Formulierungen zur Behandlung der Gefangenen und die Abschwächung oder gar Abschaffung der relevanten nationalen und internationalen Rechtsbestimmungen. So kam es zu den „Foltergutachten" („torture memos").[90] Den Grund legte John Yoo, ein konservativer Staatsrechtler der Universität Berkeley, der damals im Justizministerium als stellvertretender Direktor der „Abteilung Rechtsberatung" („Office of the Legal Counsel") arbeitete. Er legte dem Weißen Haus schon am 25. September 2001 ein Gutachten vor, wonach Artikel II.3. der amerikanischen Verfassung dem Präsidenten breite Vollmachten zur selbstständigen, von keiner parlamentarischen Zustimmung abhängigen Verteidigung des Staates gebe, wobei dieser die nötigen Mittel frei wählen könne. Dies ist die ständige Auffassung der amerikanischen Regierung in der berühmten Frage der „War Powers", einem der wichtigsten Themen des amerikanischen Staatsrechts, dem ich mich hier nicht einmal nähern kann. Das Memo selbst, fleißig wie es ist, gibt den Streitstand wieder. Jedenfalls haben seit dem 19. Jahrhundert alle Präsidenten als „Commander in Chief" sehr weitgehende Vollmachten beansprucht. Neu ist die Anwendung dieser Doktrin auf den „Krieg gegen den Terror" als Krieg im Sinne der amerikanischen Verfassung. Verhöre seien Kriegshandlungen, nicht anders als Truppenbewegungen auf dem Schlachtfeld. Der Oberkommandeur habe hier wie dort absolute Handlungsfreiheit. Der Kongress könne sie nicht durch Gesetz beschränken.[91] Konkrete Folgerungen zog das Bybee-Memorandum vom August 2002, dessen Verfasser, ebenfalls ein hoher Beamter im Justizministerium, als verbotene Folter nur Handlungen bezeichnete, die schwere körperliche Schmerzen, „wie sie bei Organversagen, Ausfall von Körperfunktionen oder beim Tod auftreten", verursachen.

Einige Beamte und Offiziere äußerten Besorgnisse über die verschärften Verhöre, die ohne solche kunstfertigen juristischen Hilfskonstruktionen gegen verschiedene Gesetze und internationale Abkommen verstießen. Deshalb setzte das Verteidigungsministerium Anfang 2003 eine Kommission unter dem Vorsitz der Rechtsberaterin der Luftwaffe, Marie Walker, ein. Das Ergebnis, bekannt als Walker-Memo, fasst in einem ersten Teil die bisherigen

Entlastungsargumente zusammen: Kriegszustand, Vollmachten des Präsidenten als Oberbefehlshaber, enge Grenzen des Folterverbots und ausgeklügelte Begründungen, warum die einzelnen nationalen und internationalen Verbotsnormen gegen Folter und erniedrigende Behandlung unter den Umständen des „GWOT" nicht gelten. Minister Rumsfeld billigte, gestützt auf dieses Gutachten und ähnliche Rechtsmeinungen, eine Reihe von Verhörmethoden, wie das Verharren in Stresspositionen, lange Isolationshaft, Entzug von Licht, Schlaf und Kleidung und vor allem das „water boarding", das heißt das Vortäuschen einer Ertränkung. Später musste Rumsfeld einen Teil seiner Maßnahmen unter dem Druck der Militärjuristen (nicht des Justizministeriums!) wieder einschränken, aber nicht aufheben. Vor allem das simulierte Ertränken blieb erlaubt. Es wurde aber medizinisch überwacht, dass der „Patient" nicht verstarb. Die Regierung Obama veröffentlichte neben den grundlegenden Foltergutachten auch die Ausführungsvorschriften dazu. Als Befund ergibt sich ein lückenloses System spitzfindiger Auslegungen, das auch sehr harte Methoden aus dem Begriff der Folter ausklammert, sodass sich die Beteiligten gedeckt fühlten. Und die politische Führung den blanken Schild der Selbstgerechtigkeit hochhalten konnte.[92]

Die Praxis in den Lagern

Im August/September 2003 wurde der General Geoffrey Miller, Kommandeur von Guantanamo, mit einem Expertenteam in den Irak geschickt. Er sollte das System im Irak „guantanimisieren" („gitmoize"). Er führte die kubanischen Verhörmethoden ein. Er glaubte offenbar, „dass die Gefangenen im Irak, wenn richtig befragt, strategische Informationen über die Terrorakte der ganzen Welt erbringen könnten."[93] Allerdings waren die typischen Gefangenen weder in Afghanistan noch im Irak terroristische Schwergewichte. Viele wurden bei Razzien aufgegriffen, andere bei Straßenkontrollen oder Hausdurchsuchungen. Nicht selten lieferten örtliche Machthaber persönliche Feinde oder zufällig Durchreisende aus, um sich Fangprämien zu verdienen.

Da die Verhöre als zentrale Aufgabe der Terrorbekämpfung galten, wurden sie von CIA-Spezialisten und manchmal auch von Sonderkommandos der Armee geführt. Das Gefängnispersonal sollte ihnen „zuarbeiten", das heißt, die Gefangenen „aussagebereit" machen. Als Generalmajor Antonio Taguba später den Abu Ghraib-Skandal untersuchte, fand er folgenden Zustand vor:

> „In vielen Zentren, nicht nur in Abu Ghraib, gab es ein Verhaltensmuster von schlechter Ausbildung, lückenhafter Protokollierung, einem Mangel an Professionalität und kulturellem Verständnis, und systematische Grausamkeit."[94]

Die deprimierenden Fotos von Abu Ghraib drangen im April 2004 an die Öffentlichkeit. Janis Karpinski, die erste amerikanische Soldatin im Generalsrang, war für die Gefangenen im Irak zuständig. Auch sie hatte keine Erfahrung im Gefängniswesen.[95] Sie wurde der höchstrangige Sündenbock für diesen Skandal; man erzwang ihren Austritt aus dem Militärdienst, leitete aber kein Verfahren gegen sie ein. Freilich bleibt ein so weit verbreiteter Missstand, wie ihn General Taguba beschrieb, in einem so straff geführten Befehlsapparat, wie dem amerikanischen, nicht verborgen. Das ist inzwischen unbestritten. Diskutiert wird jetzt die Bestrafung der hochrangigen Verantwortlichen.

Von diesem Skandal abgesehen, nahm und nimmt die Öffentlichkeit wenig Kenntnis von den Zehntausenden von Häftlingen im Irak.* Dagegen gibt es über Guantanamo viel juristische Literatur, eine umfangreiche Rechtsprechung, viele publizierte Bemühungen internationaler humanitärer Organisationen und Berichte über das Schicksal der Häftlinge in allen denkbaren Medien. Dort saßen etwa 700 Gefangene ein, Ende 2008 sind es noch 280. Die Diskussion über den rechtlichen Status der Gefangenen (Kriegsgefangene oder „gesetzlose ausländische Kombattanten"?), die für die Zukunft des humanitären Völkerrechts so wichtig ist, konzentriert sich auf diese Häftlinge, am Rande noch auf die im afghanischen Großgefängnis Bagram und die Opfer der Überstellung („rendition") an folterbereite Staaten.

---

* Es folgen sehr vorsichtige Schätzungen der Häftlingszahlen: Im November 2004: 8.300, im November 2005: 14.000 (beide Zahlen aus Amnesty International, Iraq: Beyond Abu Ghraib. Detention and Torture in Iraq, New York 2006), April 2007: 18.000 (Walter Pinkus, US holds 18.000 Detaines in Iraq, in: Washington Post, 14. April 2007), Juni 2008: 22.000 (Alissa J. Rubin, US Reforms in Peril at Prison in Iraq, in: International Herald Tribune, 2. Juni 2008). Die Zahl der Häftlinge in irakischen Händen schätzen Michael E. O´Hanlon/Jason H. Campbell, Iraq Index. Tracking Variables of Reconstruction and Security in Post-Saddam Iraq, Dezember 2008, S. 23, auf 26.000.

McCains Gesetz

Senator McCain, selbst Folteropfer in nordvietnamesischen Gefängnissen, kämpfte das ganze Jahr 2005 für ein gesetzliches Folterverbot. Vizepräsident Cheney versuchte vergeblich, ihm das Vorhaben auszureden, aber die Erregung über den Abu Ghraib-Skandal half dem Senator. Das Ergebnis ist das „Gesetz über die Behandlung von Häftlingen" („Detainee Treatment Act") vom 30. Dezember 2005.* Das Gesetz gilt für alle „Personen im Gewahrsam des Verteidigungsministeriums", also auch für die im Irak, nicht aber für Gefangene des CIA, das heißt, nicht für erkannte Hauptschuldige und andere Wissensträger, die sogenannten „high value detainees" oder „ghost detainees" (weil ihr Aufenthalt lange unbekannt war). Das Gesetz schreibt vor, Häftlinge nur in Übereinstimmung mit der „Heeresdienstvorschrift für Aufklärungsverhöre" („Army Field Manual on Intelligence Interrogation") zu verhören. Diese Dienstvorschrift verbietet in Kapitel 1 die Folter als gesetzwidrig und vor allem zweckwidrig.

Das Gesetz befasst sich ebenfalls mit den Häftlingen der irakischen Streitkräfte. Deren amerikanische Ausbilder sollen sie auch über „die Genfer Konventionen und die Anti-Folter-Konvention" unterrichten. Zu diesem Zweck soll die erwähnte Heeresdienstvorschrift ins Arabische übersetzt werden. Praktische Auswirkungen dieser gut gemeinten Vorschriften sind nicht bekannt. Die wenigen Informationen, die uns die humanitären Organisationen über das Schicksal der Gefangenen in den Händen der irakischen Streitkräfte bringen, stimmen skeptisch.

Zukünftige Entwicklungen

Eine Blaupause für ein zukünftiges „asymmetrisches Kriegsrecht" haben die Amerikaner mit ihren Konzepten des „globalen Kriegs gegen den Terror" und des „rechtswidrigen feindlichen Kombattanten" nicht geschaffen. Stefan Oeter hat das Ziel dieser Versuche beschrieben: Sich selbst die Vorteile des klas-

---

* Rein technisch ist das Gesetz ein Zusatz zum Haushalt des Verteidigungsministeriums für das Fiskaljahr 2006; es ist mit einem weiteren Zusatz zweier anderer Senatoren verbunden, der den Ausschluss der zivilen amerikanischen Gerichte für die Haftprüfung von Gefangenen in Guantanamo vorschlug.

sischen Kriegsvölkerrechts zu sichern, namentlich das Recht, den zum Kriegsgegner erklärten Terroristen jederzeit zu töten; andererseits soll dem Gegner die Immunität des Kombattanten genommen, also ihm die Befugnis zur Tötung im Krieg bestritten werden.[96] Wenn aber jeder Kämpfer, auf den die amerikanische Kriegsmacht trifft, „rechtswidrig" ist und keinerlei Schutz genießt, dann hat er auch keinen Anreiz, sich zu ergeben. Der Hauptzweck der neuen Doktrin der Aufstandsbekämpfung, die „bekehrbaren" Kämpfer für die eigene Sache zu gewinnen, wird vereitelt. Nur wenn diese Kämpfer eine menschliche Behandlung erwarten dürfen, kann er erreicht werden. Es ist daher anzunehmen, dass das Konzept des „rechtswidrigen feindlichen Kombattanten" jetzt nicht mehr angewandt wird.

Amerika wird in Zukunft höchstens noch in kleineren Maßstäben (Somalia? Darfur?) militärisch intervenieren, sodass sich das Bedürfnis nach neuen allgemeinen Regelungen, etwa „eine Art Gefahrenabwehrrecht oder Polizeirecht auf internationaler Ebene" in der Praxis ohnehin vermindert.[97] Dagegen macht die Verschiebung der Machtverhältnisse militärische Interventionen auch nichtwestlicher Länder wahrscheinlicher. Man wird sehen, wie dann die findigen Juristen reagieren, die jetzt „realistische Neuregelungen" fordern.

Der letzte Rechtsberater des State Department unter der Regierung Bush, John B. Bellinger III, behauptete, dass Amerikas Verbündete „jetzt anerkennen, dass das herkömmliche Völkerrecht, einschließlich der Genfer Abkommen, keine klaren Antworten auf entscheidende Fragen bei Konflikten mit nichtstaatlichen Terrorgruppen wie El Kaida gibt, etwa auf die Fragen, wer wie lange in Haft genommen werden darf und welchen Rechtschutz er genießen soll".[98] Er bezog sich dabei auf regelmäßige Diskussionen, welche die Rechtsberater der Außenministerien der EU mit ihrem amerikanischen Gegenüber zwei- bis viermal im Jahr führen. Ihr Wert wird von allen Beteiligten anerkannt. Es gab in manchen Fragen auch Annäherungen, zum Beispiel bei den Fragen der Notwehr nach Artikel 51 der VN-Satzung. Aber in der zentralen Frage der Stellung und der Rechte der Gefangenen blieben bisher die meisten europäischen Rechtsberater bei ihren alten Standpunkten.

Wie die Regierung Obama zu diesen Fragen steht, ist noch nicht völlig klar. Sie hat die Schließung von Guantanamo und der geheimen CIA-Gefängnisse angeordnet, die Verfahren vor den bestehenden Militärkommissionen beendet und die Verhöre der CIA unter die Regeln des McCain-Gesetzes gestellt. Aber die Militärgefängnisse in Afghanistan bleiben bestehen, eine Haftprüfung fehlt dort bisher; die Gefangenen im Irak sind jetzt der dortigen Regierung überstellt. Damit bleibt erheblicher Verbesserungsbedarf. Der Schaden, den die Bilder von Abu Ghraib für das westliche Anliegen der Menschenrechte verursacht haben, kann ohnedies nicht wettgemacht werden.

Anmerkung zum „Feindstrafrecht"

Die Thesen des emeritierten Bonner Strafrechtlers Günther Jakobs zu diesem Thema haben eine Diskussion ausgelöst, die relevant bleibt.[99] Ausgehend vom Modell des Gesellschaftsvertrages (in der Variante Kants) unterscheidet er zwischen Bürger und Feind, je nachdem, ob ein Täter noch Teilnehmer an den Rechten und Pflichten einer menschlichen Gemeinschaft (des „gemeinschaftlich-gesetzmäßigen Zustands" in der Sprache Kants) ist, oder ob er außerhalb steht. Nur der Bürger ist im Rechtssinne „Person", nicht aber der „Feind". In einer nicht immer ganz klaren Darstellung unterscheidet Jakobs zwischen dem „gewöhnlichen" Verbrecher, der die Rechtsordnung der Gemeinschaft nicht infrage stellt und demzufolge auch seine Bestrafung hinnimmt (auch wenn er hofft, ihr zu entkommen), und andererseits den Serien- oder Triebtätern, denen schon das geltende Strafrecht nicht mehr mit „innergesellschaftlichen" Sanktionen, also zeitlich befristeten Strafen, sondern mit Sicherheitsverwahrung, also dem verwaltungsmäßigen dauernden Ausschluss aus der Gesellschaft, droht. Die internationale Staatengemeinschaft kann Jakobs nicht als „gemeinschaftlich-gesetzmäßigen Zustand" (in Kants Begriffen) anerkennen. Es gebe entgegen einer „heutigen häufigen Annahme" keinen weltweiten Zustand verwirklichter Geltung der Menschenrechte, sondern nur ein Postulat ihrer Verwirklichung. Das geschriebene Völkerrecht, hier namentlich der gemeinsame Artikel 3 der Genfer Abkommen (der die menschliche Behandlung eines jeden Gefangenen in jedem Anlass und jeder Situation vorschreibt), entspringe der Vorstellung von einer Völkergemeinschaft mit universalen moralischen Normen. Dies sei eine Selbsttäuschung. Da also diese Vorschrift auf die Bekämpfung des internationalen Terrorismus nicht anwendbar ist, könne dieser nur mit Maßnahmen des Feindstrafrechts, etwa dem „System Guantanamo", bekämpft werden. Dies sei „Verbrechensverfolgung durch Krieg".[100]

Jakobs hat bei vielen wohlmeinenden Kollegen durch seine stringente Verwendung des Begriffs „Person", die im Rechtsbegriff nur der sein könne, der Rechte und Pflichten hat, womit dann der „Feind der Menschheit" zur „Unperson" wird, Anstoß erregt. Einrichtungen wie die Sicherheitsverwahrung können im nationalen Strafrecht deshalb erfolgreich sein, weil Serien- und Triebtäter eine verschwindende Minderheit in der Bürgergemeinschaft bilden. Inzwischen geht es aber nicht mehr um ein paar Hundert Verdächtige in Guantanamo, sondern um Zehntausende von Gefangenen und unzählbare Freiwillige für Selbstmordattentate. Das „System Guantanamo", im gleichen Maßstab angelegt, würde so zum neuen Kriegsrecht des „Kampfes der Zivilisationen".

Jakobs hat vermutlich recht, dass im Zuge der Entkolonialisierung manche Staaten den Genfer Abkommen und anderen humanitären Konventionen nur der Form halber beigetreten sind. Sicherlich gibt es staatsfreie Räume und rechtsblinde Despotien zuhauf. Aber es geht nicht nur um die weltweite Geltung der humanitären Mindeststandards. Eine Gruppe von Staaten nimmt die Normen des humanitären Völkerrechts jedenfalls ernst. Sie haben sich seine Geltung auch gegenseitig versprochen. Selbst wenn Kants „gemeinschaftlich gesetzmäßiger Zustand" nicht die ganze Welt umfasst, so ist doch Amerika das unverzichtbare Zentrum desjenigen Teils der Welt, in dem dieser Zustand herrscht. Wir reden nicht von einem Entwicklungsland, sondern von einem Freund, der in berechtigter Erbitterung das Maß verloren hat. Es kann niemandem daran liegen, diesen Zustand zu verstetigen.

Dass manche Staaten die humanitären Normen nur der Form halber akzeptieren, sollte kein Grund für ihre Abschaffung oder teilweise Nichtanwendung sein. Wer es mit den Menschenrechten ernst meint, muss für ihre Durchsetzung kämpfen. Dem entsprechen die internationalen Mechanismen zu ihrer Durchsetzung, vor allem die Menschenrechtskommission der Vereinten Nationen.

VI. Der Irak als Hauptthema amerikanischer Weltpolitik (Herbst und Winter 2002/2003)

1. Ein nostalgischer Blick zurück

Den Wandel der amerikanischen Ordnungspolitik zeigt ein Vergleich mit Amerikas erstem Irak-Krieg 1990/1991. Amerika verfolgte ab Oktober 1990 ein begrenztes politisches Ziel: Kuwait wieder unabhängig zu machen. Washington befasste den VN-Sicherheitsrat pausenlos bis zum Waffenstillstand vom März 1991 und darüber hinaus. Eine ständige Reisediplomatie ergänzte diese internationale Diskussion. Bereits am 3. August war Außenminister Baker in Moskau. Am 7. September erklärten sich die Außenminister der EU solidarisch und verschärften ihr Wirtschaftsembargo. Am 9. September trafen sich die Präsidenten Bush und Gorbatschew und verlangten Saddams Rückzug. Am 19. September verschärfte der Sicherheitsrat die Blockade durch eine Sperrung der Luftwege. Bis November waren 400.000 amerikanische Soldaten in die Golfregion verlegt. Präsident George H. W. Bush erklärte, er werde einen Landkrieg unterlassen, wenn der Irak Kuwait wieder räume. Das Angriffsmandat des Sicherheitsrats (Resolution Nr. 678 vom 29. November 1990) setzte nochmals eine Frist von sechs Wochen, dann begann ein Luftkrieg von drei Wochen, erst dann der Bodenkrieg. Multilateral war auch die Beteiligung am Landkrieg: Von ungefähr 750.000 Soldaten stellten die USA 540.000, aber es gab doch sieben Koalitionäre mit Beteiligungen von je über 10.000 Mann. Zehn der Koalitionäre waren muslimische Länder, davon fünf arabische. Saudi-Arabien, Ägypten und Syrien stellten mit zusammen 180.000 Soldaten ein dreimal so großes Kontingent wie Großbritannien und Frankreich. Amerika führte die Operation, aber sie entsprach einem internationalen Anliegen und legitimierte sich durch internationale Beteiligung.

Der grundsätzliche Unterschied war natürlich der Verzicht auf die Besetzung und auf eine Änderung des politischen Systems des Irak. Die Ironie liegt in der gegenteiligen Bewertung dieser Abläufe. Wo der durchschnittliche Europäer (und der traditionelle amerikanische konservative Realist) die Selbstbeschränkung und die Weltoffenheit eines gütigen Hegemons am Werke sieht, sahen neokonservative Kritiker, eingestimmt von Charles Krauthammer, schon ab März 1991 eine verpasste Chance im Mittleren Osten. Bush Junior korrigierte später das Modell seines Vaters in fast jeder Hinsicht.

2. Militärische Vorbereitungen

Am 21. November 2001* erkundigte sich Bush bei seinem Verteidigungsminister nach dem Einsatzplan des Pentagon gegen den Irak. Rumsfeld antwortete, er sei, wie alle übrigen, unbrauchbar, da er auf der Powell-Doktrin der massiven Überlegenheit fuße, die er durch seine eigene Doktrin der extremen Beweglichkeit hochmobiler Verbände ersetzen wolle. Der Präsident erbat einen neuen Plan. Der Vorgang müsse geheim bleiben, damit keine „enorme internationale Angst und heimische Aufregung" entstehe. Deshalb die Sprachregelung, es gehe nur um Vorsorgeplanung, es gebe keine Pläne auf dem Tisch des Präsidenten. Dabei sollte es lange bleiben.

Am 28. Dezember 2001 präsentierte Armeegeneral Tommy R. Franks, Chef des Central Commands der amerikanischen Streitkräfte,** dem Präsidenten seinen ersten Plan. Es war, wie von Rumsfeld gefordert, ein kombiniertes Konzept von gezielten Schlägen mit Abstandswaffen, Landoperatio-

---

* Neben Informationen aus Kontakten in Washington stütze ich dieses Unterkapitel hauptsächlich auf Bob Woodward, Plan of Attack, New York 2004. In diesem außerordentlich detaillierten Bericht über die Vorbereitung und Planung des Irak-Kriegs zitiert Woodward ständig wörtlich Geheimdokumente. Jeder Zeitzeuge bestätigte mir die Korrektheit der Informationen. Sie wird auch in der Literatur von niemandem angezweifelt. Kritisiert wird gelegentlich Woodwards Tendenz zur „Heldenverehrung". Sie wirkt allerdings eher kontraproduktiv in ihrer Darstellung einer einseitigen geschlossenen Planung ohne Einbettung in ein strategisches Konzept und unter bewusster Ausblendung aller Risiken.

** Im weiteren Verlauf abgekürzt mit Centcom. Das Regionalkommando für den Nahen und Mittleren Osten, einschließlich Südasien. Eines der fünf Regionalkommandos, in die das Pentagon die Welt aufteilt und die für die Planung und Durchführung militärischer Aktionen in ihrem Bereich zuständig sind.

nen, psychologischer Kriegsführung, Sonderkommandos hinter den Fronten und Einwirkung auf die Bevölkerung.

Bis dahin hatten mehrere Regierungsstellen verschiedene Vorschläge für die Absetzung Saddams erarbeitet, meist kleineren Formats (Brückenkopf im Südirak, Staatsstreich, Einmarsch von Exil-Irakern). Jetzt verordnete der Präsident eine einheitliche Strategie aller Regierungsinstanzen mit dem Ziel der Absetzung Saddams und der Besetzung des Landes.

Am 7. Februar 2002 hielt Franks einen weiteren Vortrag bei Präsident Bush, diesmal schon im offiziellen Rahmen des Nationalen Sicherheitsrats.[101] Der neue Plan sah noch eine einleitende sechswöchige „ernsthafte" Bombardierung des Landes vor Einsatz der Bodentruppen vor. Der Präsident diskutierte erstmals die Beginndaten der vorgestellten Einsätze.

Am 16. Februar 2002 berichtete die Deutsche Botschaft in Washington: Es gebe noch keine Festlegungen, aber die militärische Option rücke näher. Der Präsident und seine Mannschaft seien entschlossen, die vom Irak ausgehenden Gefahren zu neutralisieren und „nach Möglichkeit" Saddam zu stürzen. Vorher werde Bush nicht das Ende des Kampfes gegen den Terrorismus erklären. Auch Powell, so berichtet die Botschaft weiter, habe seinen Ton am 12. Februar vor dem Haushaltsausschuss des Senats auch verschärft: „Die Politik der USA war seit 1998 der Regimewechsel. Wir überprüfen eine Reihe von Optionen, um dieses Ziel zu erreichen. Aber der Präsident hat zurzeit keinen Plan auf seinem Schreibtisch, mit irgendeiner Nation Krieg zu beginnen". Diese Aussage ließ die Botschaft unkommentiert. Die politischen Voraussetzungen von Franks Plänen waren:

- Vollständiger Schutz Israels,
- Wünschbarkeit der Beteiligung der Türkei,
- Mitwirkung Großbritanniens, auch wegen des Stützpunktes Diego Garcia im Indischen Ozean, der für den Nachschub gebraucht wurde,
- logistische Unterstützung durch Kuwait und die übrigen Golfstaaten,
- kein Staat der Region würde Irak helfen,
- die Nato-Länder würden Stützpunkte und Überflugrechte gewährleisten.

Die Planung rechnete nicht mit Kampftruppen anderer Nato-Länder, außer aus Großbritannien. Auch im Falle eines Sicherheitsratsmandats wäre für deutsche Truppen kein Platz in der Planung gewesen. Als Frankreich im November 2002 über eine eventuelle Beteiligung sondierte, löste es Verlegenheit bei den Planern aus (vgl. Kapitel VIII.1).

Zur logistischen Vorbereitung gehörten die Einrichtung eines neuen Hauptquartiers in Katar (die bestehende Kommandozentrale in Saudi-Arabien sollte aus politischen Rücksichten nicht genutzt werden), die Verlegung von Treibstofflagern nach Kuwait und der dortige Bau von weiteren Fluglandebahnen. Geheime Operationen der CIA und Sonderkommandos der Armee sollten den Einmarsch vorbereiten. Für die Kosten all dieser Maßnahmen setzte Franks 700 Millionen Dollar an. Sie wurden aus dem Verteidigungshaushalt durch Umschichtungen stillschweigend bereitgestellt, um eine Beteiligung des Kongresses zu vermeiden.

Franks traf sich zwei Mal mit den Kommandeuren der Teilstreitkräfte in Ramstein. Powell suchte einmal das Gespräch mit ihm, da ihm als dem Autor der „Powell-Doktrin" die ständigen Kürzungen der Bodentruppen Sorgen machten. Es waren fünf Mal weniger als im bisherigen Plan! Rumsfeld hingegen bedrängte Franks von Mal zu Mal, die Einsatzplanung zu verschlanken, zu beschleunigen. Durch die ganze Planung zogen sich Auseinandersetzungen zwischen hohen Offizieren und ihrem Minister. Dieser forderte ständig weniger Mannschaften, weniger Gerät, mehr Beweglichkeit. Dies widerstrebte dem Risikodenken der Truppenführer, die ursprünglich vier Heeresdivisionen mehr einsetzen wollten.*

Große Hoffnungen setzte Franks in die Beteiligung der Türkei. Nachdem das türkische Parlament die Nutzung von Flughäfen und den Durchzug der 4. Infanteriedivision zum Aufbau einer Nordfront abgelehnt hatte, wurde diese Division umdirigiert. Franks wollte deshalb den Beginn der Invasion um einen Monat verschieben. Rumsfeld verbot ihm das. Die Ausrüstung der Division kam per Schiff erst Ende April in Kuwait an. Der Hauptzweck der Nordfront, Israel vor Scud-Raketen zu schützen, wurde schließlich durch Sonderkommandos erreicht, die heimlich von jordanischen Stützpunkten den

---

* Die umfangreichste, wenn auch etwas einseitige Quelle für diese Auseinandersetzungen sind die Reportagen von Seymour M. Hersh, dem liberalen Enthüllungsjournalisten des New Yorker. Seine Enthüllungen über die internen Auseinandersetzungen im Pentagon befinden sich in dem Kapitel The Secretary and the Generals in seinem Buch Chain of Command. Seine Berichte stützen sich offensichtlich auf die Klagen der von Rumsfeld, Wolfowitz und Douglas Feith ständig überstimmten und dabei nicht immer vornehm behandelten militärischen Planer. Diese Klagen beziehen sich auch auf die beiden militärischen Spitzen, die Generäle Franks und Meyrs (damals Vorsitzender des Vereinigten Generalstabs, der höchsten Funktion der amerikanischen Militärhierarchie).

einzigen irakischen Flugplatz im Westirak eroberten und von dort diese Gegend unter Kontrolle brachten.

Insgesamt war die Operation ein Erfolg, aber nur, weil der Widerstand des Feindes überraschend schnell zusammenbrach. In den Augen kritischer Offiziere verstieß sie gegen elementare Regeln. Bei stärkerem Widerstand hätte sich das Fehlen von Reserven schlimm auswirken können, auch weil Gelände und Klima dem Material sehr zusetzten. Die empfindlichen Nachschubtransporte, die die Beweglichkeit der Bodentruppen garantieren, litten schon unter diesen Belastungen.[102] Rumsfeld behielt recht, aber nur mit Glück und wegen der Schwäche des Feindes.

Der erste Plan, der einen gleichzeitigen Einsatz von Luft- und Bodentruppen vorsah, war der vom 6. September 2002. Der letzte, schließlich ausgeführte Plan, war vom 24. Januar 2003 (jeweils Daten der Präsentation beim Präsidenten). Insgesamt trug Franks vom 28. Dezember 2001 bis 5. März 2003, im Abstand von knapp vier Wochen, zwölf Mal beim Präsidenten vor.*

Zum Datum der Kriegsentscheidung

Schon ab Ende 2001/Anfang 2002 begannen die Denkfabriken mit Analysen und Expertentreffen über Kriegs- und Nachkriegsfragen. Die Öffentlichkeit rechnete seit Frühjahr 2002 mit dem Krieg. Blair gab bei seinem Besuch auf der Ranch in Crawford im April 2002 eine bedingte Beteiligungszusage (vgl. Unterkapitel 3). Britische Reporter bedrängten damals Bush, doch endlich Farbe zu bekennen; und er hätte sich beinahe versprochen. Im Juli 2002 sagte Condoleezza Rice zu Richard Haass, zu der Zeit Leiter des Planungsstabs des Außenministeriums, er könne sich die Mühe sparen, die Gründe gegen den Krieg aufzuzählen, der Präsident habe ihn endgültig beschlossen. Am 23. Juli 2002 besprach Premierminister Blair mit seinen engsten Ministerkollegen und Mitarbeitern, ob und wie das Land sich am Krieg beteiligen sollte. Sir Richard Dearlove, der Direktor des britischen Geheimdienstes, berichtete, eine Militäraktion würde in Washington als unvermeidlich angesehen. Bush wolle Saddam entfernen, gerechtfertigt durch die Verbindung von Terrorismus und

---

* Die Daten sind: 28. Dezember 2001; 2. Februar, 20. April, 19. Juni, 5. August, 6. September, 29. Oktober, 19. Dezember, alles 2002; 9. Januar, 15. Januar, 24. Januar, 5. März 2003.

Massenvernichtungswaffen. „Die Nachrichten und Tatsachen würden um die Politik herum fixiert" („The intelligence and facts were be fixed around the policy").*

Im Juli berichtete die *New York Times* und die *Washington Post* eingehend über Kriegsplanungen.[103] Im August richtete das State Department eine Planungsgruppe für Nachkriegsfragen ein. Am 7. September bat Bush Blair förmlich, ihn im Kriegsfall zu unterstützen. Ungefähr zur selben Zeit fragte Botschafter Ischinger Frau Rice, ob mit Krieg zu rechnen sei. Sie gab ihm die Standardantwort: Der Präsident habe keine Pläne auf dem Tisch, es sei nichts entschieden. Im April 2003 stellte Ischinger, geradlinig wie immer, Frau Rice dann zur Rede. Sie erwiderte, der Nationale Sicherheitsrat habe damals ein Risiko darin gesehen, „die Europäer" einzuweihen. Man habe Saddam Hussein damals noch im Unklaren lassen wollen, aber hätte man „die Europäer" informiert, so wäre dies tags darauf in Bagdad gemeldet worden. Am 13. Januar 2003 unterrichtete der Präsident persönlich den saudischen Botschafter von seiner Entscheidung und bezeichnete sie als unwiderruflich. Zufällig gleichzeitig wurde eine französische Delegation in Washington offiziell unterrichtet.

3. Diplomatische Vorbereitungen – bilateral bei kriegswichtigen Staaten

Die britische Haltung beschrieb Raymond Aron in seinem Klassiker „Paix et Guerre entre les Nations"[104] wie folgt:

> „Alle britischen Regierungen seit Dezember 1941 waren davon überzeugt, dass das Bündnis mit Amerika unerlässlich wäre, zunächst um den Krieg zu gewinnen, dann um Großbritannien Sicherheit zu gewähren. Sie nehmen die amerikanische ‚Führerschaft' als etwas Unvermeidliches hin. Aufgrund dieses Entschlusses

---

* Zitat aus dem bekannten Downing Street Memorandum, einer Aufzeichnung eines Gesprächs von Premierminister Blair mit seinen engsten Kollegen und Mitarbeitern vom 23. Juli 2002, drei Jahre später durch eine der vielen Londoner Indiskretionen bekannt geworden. Zunächst durch Mark Danner, The Secret Way to War, in: New York Review of Books, Jg. 52, Nr. 10, 2005.

(oder dieser Entschlusslosigkeit) umfasst die britische Taktik immer die gleichen Schritte: zunächst die amerikanischen Politiker davon zu überzeugen, die Politik zu führen, die von London als die beste angesehen wird, und eventuell auch auf die Öffentlichkeit und auf die Organe der öffentlichen Meinung einzuwirken. Haben die amerikanischen Politiker erst mal eine Entscheidung getroffen, selbst wenn sie der Londons entgegengesetzt ist, dann loyal dem Leader folgen, ohne die Hoffnung zu verlieren, dass die Ereignisse oder die Kritiken ihnen schon die Augen öffnen werden. Durch Diskussion, Loyalität und Präsenz bemühen sich die Briten, auf die Vereinigten Staaten in einem Sinn einzuwirken, der ihren Interessen oder ihren Auffassungen günstig ist."

Das Fiasko von Suez hat nicht zu einer Abwendung von den USA geführt, sondern eher den Entschluss gefestigt, nie wieder von Amerikas Richtung abzuweichen.[105] In einer Kabinettssitzung im Sommer 2002 begründete Blair seine Haltung fast wie mit einem Zitat aus Aron: „Unser Kurs muss eng an Amerika gesteuert sein. Wenn nicht, verlieren wir unseren Einfluss auf ihre Aktionen."[106] Diese Linie hatten die Briten im Irak seit 1990 verfolgt. Sie suchten den engsten Kontakt mit Amerika im Sicherheitsrat und definierten dort die Bedingungen des Waffenstillstands und der Sanktionen gemeinsam; sie errichteten und sicherten Flugsicherheitszonen. In 13 Jahren war eine dicht vernetzte Zusammenarbeit in allen Themen der Irak-Politik entstanden.

Nach dem 11. September hatte Blair, der Beschreibung seines damaligen Botschafters in Washington, Sir Christopher Meyer, zufolge „sein wahres Genie als Politiker gezeigt, als er Sympathie und Unterstützung für die USA mit einer Beredsamkeit und einer Herzlichkeit ausdrückte, die nicht besser gefunden werden konnte".[107] Blair sagte damals: „Wir waren mit euch als Erste. Wir werden bei euch bleiben bis zum Schluss." Meyer, selbst ein begabter Kommunikator, wiederholte all das in eigenen Fernsehauftritten und Vorträgen und bekam oft stehenden Beifall. Es war gut, damals britischer Botschafter in Washington zu sein. Mit alldem konnte die nüchterne Bundesrepublik nicht konkurrieren, trotz immenser Beileidskundgebungen in ihren großen Städten und dem Ausdruck „uneingeschränkter Solidarität" durch den Kanzler.

Blair besuchte Bush am 20. September 2001, der schon damals den Irak als nächstes Ziel nach Afghanistan erwähnte.[108] Beide vereinbarten einen neuen Konsultationsstrang für diese Frage zwischen Condoleezza Rice und David Manning, Blairs außenpolitischen Chefberater. Schon Ende Februar 2002 machte Blair auf Schröder den Eindruck, weit besser eingeweiht zu sein als er. Mehr als das: Blair war bereit mitzumachen. Bei seinem Besuch am 6.

und 7. April 2002 in Crawford gab Blair eine grundsätzliche, wenn auch noch konditionierte Zustimmung zu einem Krieg:

> „Das Vereinigte Königreich wird eine Militäraktion mit dem Ziel eines Regimewechsels unterstützen, vorausgesetzt, dass gewisse Bedingungen erfüllt würden: Man müsste sich bemühen, eine Koalition zusammenzubringen, die öffentliche Meinung zu beeinflussen, die israelisch-palästinensische Krise müsste stillgelegt sein und die Möglichkeiten, Iraks Massenvernichtungswaffen durch Inspektoren der Vereinten Nationen zu beseitigen, müssten ausgeschöpft sein."[109]

Blair frönte nach Crawford weiter seiner Neigung zu volltönenden Grundsatzerklärungen und Solidaritätsversprechungen, sodass in der amerikanischen Wahrnehmung sein „Ja" zum Krieg immer stärker wurde und seine verschiedenen „Aber" (die in Crawford aufgestellten Bedingungen) immer mehr verblassten.[110] Bush empfing Blair erneut am 5. August 2002, informierte ihn über seine Absicht, zunächst den Sicherheitsrat einzuschalten, und bat ihn aber zugleich, für den Kriegsfall, den er trotzdem für „wahrscheinlich" hielt, um den Einsatz britischer Truppen. „Wir wollen euch dabei haben." Blair sah ihm in die Augen und sagte: „Ich bin mit dir." Im Hinausgehen sagte Bush zu den wartenden britischen Beamten: „Euer Mann hat Cojones."[111] Meyer kommentiert sarkastisch: „Wer im Dienste einer Idee einen Alliierten bedingungslos unterstützt, liefert sich ihm aus."[112]

Die arabische Reaktion war ein zentrales Thema der politischen Planung. Erinnert sei an die These Scharanskis und einiger „Orientalisten", die Araber bräuchten stets eine mächtige Führung, Amerika müsse sie in der jetzigen Krise bieten, im eigenen und arabischen Interesse.* Um diesen Staaten die amerikanischen Sorgen über Saddams verborgene Waffen nahezubringen, bereiste Vizepräsident Cheney im März 2002 in elf Tagen zehn Länder von Ankara über Kairo bis in die Golf-Staaten. Ihm wurde überall gesagt, solange Washington nicht ernsthaft auf einen Ausgleich im Nahostkonflikt hinarbeite, sei der Masse der Bevölkerung ein weiterer Eingriff in den arabischen Raum nicht zuzumuten. Diese Reaktionen beeindruckten den Präsidenten nicht. Für seine Vorstellungen von Macht und Führung genügte es, dass sein Vize die

---

* Die Kontinentaleuropäer, aber auch ein Teil der amerikanischen wissenschaftlichen Kritik misstrauten der Vorstellung einer Neuorientierung der Region von außen. Sie sagten voraus, die Kluft zwischen den Staaten in der Region werde sich eher vertiefen.

amerikanischen Absichten klar angekündigt hatte.* Die emotionsfreien Machtkalküle der betroffenen arabischen Führer gaben Bush zunächst recht. Konkret benötigt wurden die Transitrechte durch Jordanien, die Türkei und Kuwait, ferner die Mitwirkung Saudi-Arabiens und der Golfstaaten bei der Sicherung des Seezugangs. Dem jungen jordanischen König war der Schreck über die Isolierung noch gegenwärtig, mit der sein Vater seine Parteinahme im Krieg von 1991 für Saddam büßen musste. Auch diesmal reagierte die jordanische öffentliche Meinung besonders heftig gegen eine amerikanische Intervention, sodass Sorgen über die Stabilität des Königsthrons aufkamen. So blieb der König öffentlich skeptisch, aber seine Geheimdienste gestatteten insgeheim den Amerikanern die Nutzung jordanischer Militärflugplätze. Von dort aus konnten die amerikanischen Truppen zusammen mit den Peschmerga eine Nordfront aufbauen, Kirkut sichern und Israel gegen Scud-Raketen schützen. Der Aufbau einer Nordfront von der Türkei aus war der 4. Infanteriedivision zugedacht. Später erlaubte die türkische Regierung den Nachschub durch ihr Territorium, aber da war das Gerät der 4. Division längst per Schiff in den Golf umgeleitet und kam dort einen Monat zu spät an.

Die saudischen Herrscher wünschten die Ablösung Saddams, des letzten großen revisionistischen Führers in Arabien, schon lange. Am 15. November 2002 fragte ihr Botschafter Prinz Bandar den Präsidenten, ob es den Amerikanern diesmal ernst sei. Dann würde sein Land jede Unterstützung gewähren. Bandar vergewisserte sich wiederholt. Am Ende war er am 13. Januar 2003 der erste Ausländer (Großbritannien ausgeklammert), dem der Angriffsbeschluss eröffnet wurde. Saudi-Arabien sorgte für eine ungehinderte Ölversor-

---

* In einer Presseunterrichtung am Ende seiner Reise wollte Cheney sich auf eine neutrale Formel beschränken: Er sei hingefahren, um zu konsultieren und dann zu berichten. Der Präsident übernahm das Wort und sagte wörtlich: „Ich denke, ein anderer Punkt, den der Vizepräsident ansprach [...] ist, dass diese Regierung wirklich meint, was sie sagt; dass wir entschlossen sind, den Krieg gegen den Terror zu kämpfen; [...] dass wir glauben, dass die Geschichte uns zum Handeln aufgefordert hat [...] Es ist sehr wichtig, dass diese Führer die Natur dieser Regierung verstehen, damit ihnen ganz klar ist, dass wir meinen, was wir sagen, wenn wir etwas sagen, dass wir nicht so tun als ob. Wir nehmen nicht einen Haufen Meinungsumfragen oder eine Zielgruppe, die uns sagt, was wir in der Welt tun sollen, und wie." (Wörtliches Zitat, in meiner Übersetzung, aus Woodward, Attack, S. 113.).

gung und ließ Einsätze amerikanischer Flugzeuge von seinen grenznahen Militärflugplätzen zu.

Die Arabische Liga versuchte zu spät, den Krieg durch ein Exil Saddams zu verhindern, auf entsprechende Sondierungen reagierte Washington nicht oder nicht eindeutig, und machte außerdem klar, dass auch im Fall eines Exils das Land besetzt würde.

Der französische Botschafter in Washington, de la Sablière, hatte seit Februar 2002 ohne Wenn und Aber von den Kriegsabsichten und Kriegsvorbereitungen der amerikanischen Regierung berichtet. Diese Absichten bildeten das Hauptthema der jährlichen Botschafterkonferenz im Quai d'Orsay im August 2002. Aufgrund dieser Diskussion erarbeitete der Quai einen Zwei-Stufen-Plan: Als erste Stufe eine ernste Warnung an Saddam, eine letzte Chance zur Abrüstung zu nutzen, verbunden mit Wiedereinführung der internationalen Inspektionen; als zweite Stufe, bei festgestelltem erneuten Verstoß Saddams, ein Mandat des Sicherheitsrats zur militärischen Intervention, an der sich Frankreich dann – selbstverständlich – mit substanziellen Kräften beteiligen würde. Chirac sprach von diesem Konzept in einem Interview in der *New York Times* vom 9. September 2002. Als Bush kurz darauf die Befassung des Sicherheitsrats ankündigte, bewertete Frankreich dies als die erste Phase seines Plans.[113] Damit war es als ständiges Ratsmitglied zu seiner Genugtuung in den internationalen politischen Prozess einbezogen. Seine Diplomaten sahen die unartikulierte Berliner Opposition mit Herablassung; an eine Zusammenarbeit mit Deutschland war noch nicht zu denken.

Präsident Putin hatte seinem amerikanischen Amtsbruder am 6. September 2002 telefonisch versichert, nichts, was im Irak geschehe, dürfe die amerikanisch-russischen Beziehungen in ihrer Substanz beschädigen. Außenminister Iwanow kommentierte allerdings gegenüber dem deutschen Botschafter von Ploetz, auch Russland wolle Saddam aus dem Amt entfernt sehen, es gehe nur um das wie. Russland wolle keine Situation, in der es ein Veto einlegen müsse. Also war schon damals klar, dass Russland nicht jede Situation akzeptieren würde. Aber Kanzleramt und Auswärtiges Amt blieben bis in den Januar überzeugt, dass Russland sich den amerikanischen Absichten nicht ernsthaft widersetzen würde.

Deutschland wurde, obwohl kriegswichtig, öffentlich weiter isoliert. Der geringfügigste Kontakt zwischen deutschen und amerikanischen Spitzenpolitikern machte Schlagzeilen. Die Gespräche, die Washington brauchte, zum

Beispiel über die Nutzung des deutschen Territoriums und Luftraums, blieben der Öffentlichkeit verborgen.

4. Die diplomatische Vorbereitung – multilateral (Resolution 1441 des VN-Sicherheitsrats vom 8. November 2002)

Überlegungen in Washington

Im September 2002 kam Präsident Bush von seiner Ranch mit dem Entschluss zurück, die Vereinten Nationen einzuschalten. Darum hatte ihn sein Freund Blair schon vorher wiederholt gebeten, den Ausschlag gab aber wahrscheinlich Außenminister Powell mit seinem Vortrag vom 5. August, wo er dem Präsidenten zwar die Risiken einer Besetzung des Landes nicht näherbringen konnte, wohl aber die Vorzüge einer internationalen Unterstützung. Die Frage wurde am 7. September im Nationalen Sicherheitsrat diskutiert, mit den üblichen Fronten. Cheney betonte die Nachteile einer Internationalisierung; er fürchtete den Verlust der absoluten Kontrolle über das Verfahren. Bush entschied sich diesmal gegen seinen Vize und begann, die Staatschefs von China, Frankreich und Russland auf die Verhandlungen im Sicherheitsrat einzustimmen. Sein Freund Tony Blair kam tags darauf nach Washington. Ihm allerdings machte der Präsident klar, dass der Weg nach New York „wahrscheinlich" eine Etappe auf dem Weg zur militärischen Erzwingung sei, bei der er Großbritannien auf seiner Seite wollte.

Über den Text der Rede vor der Vollversammlung der Vereinten Nationen gab es einen der legendären Kompetenzkonflikte zwischen Powell und Rumsfeld: Die Ankündigung, den Sicherheitsrat einzuschalten, wurde abwechselnd vom Außenministerium eingefügt und vom Verteidigungsministerium herausgestrichen. In der 24. Version, die Bush in New York tatsächlich vortrug, fehlte dieser Satz, aber er fügte ihn aus der Erinnerung mündlich ein. Danach las er aus dem vorbereiteten Text wie folgt weiter:

„Aber die Absichten der Vereinigten Staaten sollten nicht zweifelhaft sein. Die Resolutionen des Sicherheitsrats müssen durchgesetzt werden. Die gerechten Forderungen auf Frieden und Sicherheit müssen erfüllt werden oder Taten werden unvermeidbar werden, und ein Regime, das seine Legitimität verloren hat, wird auch seine Macht verlieren."

Erste Konzepte, erste Gegensätze

Die Vereinigten Staaten haben, so der Gedankengang der Rede, schon jetzt ein Recht zum Einschreiten. Unterlässt der Sicherheitsrat – gewissermaßen pflichtwidrig – die Bestätigung und Durchsetzung dieses Rechts, werden die USA es allein in die Hand nehmen. Bush verfolgte „Cheneys Ziele auf Powells Weg".[114] Obwohl diese Taktik offen zutage lag, zogen es viele Regierungen vor, nur ihr multilaterales Element zu sehen, in der Hoffnung, dadurch ein Meinungsklima zu schaffen, von dem sich die USA später nur schwer lösen könnten. Auch Botschafter Ischinger beriet seine Regierung in diesem Sinn: Jetzt muss man Administration und Präsidenten ermutigen, auf dem VN-Kurs zu bleiben und nicht den Eindruck erwecken, als ob das nur eine Finte wäre, um das Ziel „regime change mit Militärschlag" doch noch zu erreichen. Der konservative Flügel werde nicht ruhen, genau dies durchzusetzen.

Allerdings war die Option des „regime change durch Militärschlag" keine „Finte" und mehr als ein Wunsch des konservativen Flügels. Das Ziel des Militärschlags schien immer wieder durch. Diesem Ziel diente die Einführung von „hidden triggers" („versteckten Abzugshebeln"), auch „Automatik" genannt; so nannte der Konferenzjargon Texte, die es in das Ermessen der Ratsmitglieder (im Klartext der USA und Großbritannien) stellten, ob der Irak seine Pflichten verletzt habe und wie das zu ahnden sei. Der britische Vertreter bei den Vereinten Nationen, Sir Jeremy Greenstock, sagte seinen europäischen Kollegen schon früh, die USA würden die Vereinten Nationen „herausfordern", ihre eigenen bisherigen Resolutionen endlich durchzusetzen. Es gebe aber wohl in diesem Jahr (2002) keine militärischen Aktionen gegen den Irak mehr.*

Am 30. September führten Briten und Amerikaner ihren Resolutionsentwurf ein.[115] Eine der wichtigsten Forderungen an den Irak war, binnen 30 Tagen eine Bestandserklärung abzugeben. Gefragt wurde nach allen Aspekten

---

* Die britische Diplomatie hoffte nie wirklich, Frankreich oder Deutschland auf eine Militäraktion der USA einzustimmen, der ihr Premierminister schon seit dem 6. September zugestimmt hatte.

seiner Programme für alle verbotenen Waffenarten sowie für alle denkbaren Trägerwaffen, insgesamt sieben Zeilen in Juristen-Englisch. Der Irak lieferte schließlich fristgemäß eine solche Erklärung auf 8.000 Seiten meist arabischen Textes ab.*

Neben weiteren Verschärfungen des Inspektionsregimes wollte der Entwurf Sonderrechte für die ständigen Sicherheitsratsmitglieder („G5"); sie sollten den Inspektoren Ziele und Zeugenvernehmungen vorschreiben und verlangen können, an ihrer Inspektion teilzunehmen. Außerdem sollte eine „Schutztruppe" die Inspektoren zur Erzwingung ihrer Möglichkeiten begleiten und dabei auch „Flug- und Fahrverbotszonen, Ausschlusszonen und/oder Boden- und Transitkorridore" einrichten, „die durch Sicherheitskräfte der Vereinten Nationen oder durch Mitglieder des Sicherheitsrats militärisch durchgesetzt würden". Diese Texte bezeichnete der russische Vertreter Lawrow als „illegal" und einer Besetzung des Landes gleichkommend. Sie überlebten nicht. In der Endfassung wird im Gegenteil die Neutralität und Unabhängigkeit der Inspektoren bestätigt. Aber die „Schutztruppe" tauchte als Gespenst in der Münchener Sicherheitskonferenz fünf Monate später auf und führte dort zu einem Mediendebakel für die Bundesregierung.

Ziffer vier des Entwurfs enthielt eine „Automatik" sogar in Form eines offenen (nicht versteckten) „Abzughebels". Jede falsche Erklärung und jeder neue Verstoß des Irak hätte „Mitgliedsstaaten" (im unbestimmten Plural) ermächtigt,

„alle notwendigen Mittel zu ergreifen, um Frieden und Sicherheit in der Region wieder herzustellen".

Diese Sprache ist für Ermächtigungen des Sicherheitsrats zu militärischen Interventionen üblich; sie hätte die vorweggenommene Genehmigung zum Krieg bedeutet. Das hatte bei Frankreich und Russland keine Chance.

---

* Das Amt des Vizepräsidenten sah in dieser Erklärung den zentralen Teil der neuen Resolution. Gebe Saddam in der Erklärung zu, Waffen oder Produktionsverfahren zu haben, dann hätte er zwölf Jahre gelogen.

Ein Dissens als Verhandlungsergebnis?

So fiel die amerikanische Diplomatie auf ihre Position zurück, dass sie eine Ermächtigung zur militärischen Erzwingung längst habe.* Sie wollte aber zusätzliche Aussagen, dass weitere irakische „schwerwiegende Verstöße" zu „ernsten Konsequenzen" führen könnten, die eigentlich längst fällig waren. Deshalb waren den amerikanischen Diplomaten möglichst viele Erwähnungen der Worte „schwerwiegende Verstöße" und „ernste Konsequenzen" im Text „heilig" (so ein Bericht der deutschen VN-Vertretung). Der Grund für das beanspruchte Interventionsrecht lag in amerikanischen Augen außerhalb des Resolutionstextes, dieser konnte mit solchen Formulierungen die amerikanische Legitimation nur psychologisch unterstützen. Folgerichtig konnte Botschafter Negroponte in seiner Abstimmungserklärung am 8. November erklären, dass die verabschiedete Resolution keine „verborgenen Abzugshebel" und keine Automatik enthalte. Aber, so fuhr er fort, der Irak werde auf die eine oder andere Weise entwaffnet.

„Wenn der Sicherheitsrat im Falle eines weiteren irakischen Rechtsbruchs nicht handeln würde, so würde die Resolution keinen Mitgliedsstaat davon abhalten, sich [...] zu verteidigen, [...] oder die entsprechenden Resolutionen der Vereinten Nationen durchzusetzen, um den Frieden und die Sicherheit der Welt zu schützen."

China, Frankreich und Russland hingegen wollten eine eindeutige Bestimmung, dass der Sicherheitsrat bei neuen irakischen Verstößen über die Konsequenzen „entscheiden" sollte. Aber mehr als eine „Prüfung" der Situation wollten die Angelsachsen nicht zugestehen. Deshalb legten die drei Länder ihre Auslegung ebenfalls in einer gemeinsamen förmlichen Erklärung nieder.

Wegen dieser Gegensätze ist bisweilen von einem „offenen oder versteckten" Dissens die Rede. Der Text der Resolution ist aber eindeutig. Er gibt keinem Staat ein Recht zur Gewaltanwendung. Es gibt auch keinen Dissens über seine Auslegung, sondern darüber, ob ein Interventionsrecht außerhalb der Resolution besteht.

---

* Sei es aus dem allgemeinen Recht der vorbeugenden Selbstverteidigung oder aus einer fortbestehenden Ermächtigung von 1991; vgl. Kap. VI.1.

5. Die innenpolitische Absicherung: die Resolution des US-Kongresses vom 12. Oktober 2002

Auch vor dem Kongress waren Saddam Husseins Waffen und seine Absichten das zentrale Thema. Aber während es für die hartgesottenen Konferenzdiplomaten des Sicherheitsrats auf die Ergebnisse der bisherigen und künftigen Inspektionen ankam, waren die Erkenntnisse der nationalen Geheimdienste das zentrale Thema auf dem Kapitol. Die Meinungen der Kongressabgeordneten und Senatoren hing von der innenpolitischen Stimmung ab. In den anstehenden „mid-term-elections" versprachen sich die Demokraten Stimmengewinne von wirtschaftlichen Themen; ein Krieg gegen den Irak fand damals in der Bevölkerung eine „lauwarme und abnehmende" Unterstützung.[116] Trotzdem sahen führende Demokraten in einer Kriegsablehnung mehr Risiken als Chancen. In der allgemeinen Terrorpsychose konnte die Regierung ihre Kritiker zu leicht als unpatriotische Weichlinge brandmarken. Sie war mit dieser Art von Kritik denn auch regelmäßig und schnell bei der Hand. So duldeten beide Häuser, dass sie in den Ausschüssen oberflächlich und lückenhaft informiert wurden. Senator John McCain bezeichnete ein „streng geheimes" Briefing des Verteidigungsministers als „Witz". Trotzdem gaben beide Häuser dem Präsidenten eine unbefristete, sofort wirksame Vollmacht zum militärischen Eingreifen ohne eingebauten zusätzlichen Prüfungsvorbehalt. Ein Beamter des Parlaments, Louis Fisher, dessen Lebensarbeit dem Verhältnis zwischen Kongress und Exekutive gilt, dokumentiert die enttäuschten Bemerkungen von Abgeordneten und Senatoren über die dürftigen Informationen. Er führt bittere Kritik darüber, dass

> „der Kongress unfähig schien, einen präsidentiellen Vorschlag zu analysieren und seine institutionellen Rechte zu wahren. Die Entscheidung für den Krieg warf einen dunklen Schatten über die Gesundheit der amerikanischen politischen Institutionen und das berühmte System der demokratischen Debatte und der checks and balances."[117]

So kam es zur Resolution des Kongresses vom 12. Oktober 2002, die den Präsidenten „ermächtigt, die Streitkräfte der Vereinigten Staaten einzusetzen, so wie er es für notwendig und angemessen hält, um die nationale Sicherheit der Vereinigten Staaten gegen die fortbestehende, vom Irak ausgehende Bedrohung zu verteidigen und alle einschlägigen Resolutionen des Sicherheitsrats der Vereinten Nationen durchzusetzen".

6. Die große Lücke: die Nachkriegsplanung

Das ganze Vorkriegsjahr durchzog eine amtliche und akademische Diskussion über die Nachkriegsplanung von der Intensität, die man von der amerikanischen politischen Szene erwarten konnte. James Fallows, der Korrespondent der liberalen Zeitschrift *The Atlantic Monthly*,[118] urteilt, die Regierung habe historische Schuld auf sich geladen, die Ergebnisse dieser Untersuchungen später absichtlich ignoriert zu haben.[119]

Die Untersuchungen gingen fast instinktiv von einer längeren Präsenz der USA im Irak aus. Die Regionalexperten beurteilten die Chancen einer schnellen Demokratisierung meist skeptisch. Militärische und zivile Experten verlangten einstimmig eine sofortige Einsatzbereitschaft der Truppen zur Aufrechterhaltung der Ordnung; ein massiver Einsatz von Militärpolizei müsse die Eroberung im Einzelnen begleiten.

Das Außenministerium begann im März 2002 ein Diskussionsprojekt namens „The Future of Iraq" für Exiliraker und amerikanische Experten. Die Ergebnisse, 13 Aktenordner, sind zum Teil überoptimistisch, aber voller Denkanstöße.[120]

In einer Serie von CIA-Planspielen sahen die Teilnehmer das Risiko von Unruhen und befürchteten eine schwierigere Lage als in Afghanistan. Ähnlich eine Planübung des Instituts für Strategische Studien, eine Einrichtung der Armee, im Oktober. Im Auswärtigen Ausschuss des Senats am 31. Juli warnte die Irak-Expertin Phebe Marr vor der Hoffnung auf einen „billigen Systemswechsel". Nötig seien Besatzungstruppen, Berater beim Aufbau neuer Institutionen und vor allem Zeit und politisches Engagement. Ein Exil-Iraker sagte voraus, am ersten Tag nach dem Kriege werde die Polizei, die Verwaltung und die Gerichtsbarkeit zusammenbrechen. Es werde ein Regierungs- und Verwaltungsvakuum geben.[121] Andere Exilanten sagten das Gegenteil. Auf sie wurde gehört.

Im Oktober erschien Fallows' erster Artikel „Der einundfünfzigste Staat?". Er machte den Aufbau zum Thema des Tages in der Hauptstadt. Im Dezember 2002 wollte der damalige Direktor des Council on Foreign Relations, Leslie Gelb, zwei Denkfabriken verschiedener Richtungen zusammenbringen und unter der Schutzherrschaft des Nationalen Sicherheitsrats ein kurzes Positionspapier erarbeiten – also keine voluminöse Sammlung wie das Projekt des State Department, sondern einen Leitfaden für die Besatzungsbehörden. „Das ist genau, was wir brauchen", sagte Condoleeza Rice. „Wir selbst haben keine Zeit dazu." Partner sollten das konservative American Enterprise Institute (AEI) und das liberalere Center for Strategic and International Studies (CSIS) sein. Am 15. November trafen sich die Präsidenten des AEI und CSIS bei Rice. Leslie Gelb beschrieb seine Vorstellungen. Da unterbrach ihn Chris De Muth vom AEI: „Warten Sie. Was ist das für ein Planen und Denken über Nachkriegs-Irak?" Er sagte dann zu Rice: „Es ist Nation Building, und Sie sagten, Sie seien dagegen. Im Wahlkampf sagten Sie das, und der Präsident sagte es. Weiß er, was Sie da tun? Weiß Karl Rove es?" Damit war die Sache gestorben. „Die glaubten, all diese Sachen würden es schwieriger machen, den Krieg zu führen", meinte ein Teilnehmer.[122]

So viel zu den „pluralistischen" Aspekten der Aufbauplanung, die amtliche Diskussion war einseitiger. Eine Diskussion der Kosten des Kriegs (und erst recht der Aufbauperiode) wurde den Beamten verboten, um zu vermeiden, dass sie zu einer Grundsatzdebatte über den Krieg selbst führe.[123] Wolfowitz erzählte dem Kongress noch im März 2003, die Kosten würden aus den Öleinnahmen getragen.

Soweit die Planung des Nachkriegs überhaupt amtlich diskutiert wurde, stießen zwei Prinzipien der Regierung Bush aufeinander. Einerseits die Demokratisierung des Irak, anderseits die Ablehnung von Nation Building. Die Demokratisierung machte wenigstens eine kurze militärische Präsenz fast denknotwendig. Um dieser Konsequenz zu entgehen, versuchte die Regierung verschiedene Argumentationslinien. Zentral war die Voraussage, dass die amerikanischen Truppen als Befreier begrüßt würden und dann eine starke Persönlichkeit aus dem Exil den Aufbau leiten könnte – in den Augen des Pentagon war dies Ahmad Dschalabi, der Leiter des irakischen Nationalkongresses, einer einflussreichen Emigrantengruppe. Er machte sich durch Informationen über die irakischen Waffenprogramme wichtig, die er angeblich von Flüchtlingen erhielt.[124] Man hatte einen bloßen Personenwechsel wie etwa in Chile bei der Ablösung des Präsidenten Allende durch General Pinochet vor Augen, der dann den Staatsapparat mit eigenen loyalen Helfern „säubern" konnte. Die amerikanischen Spitzenpolitiker wussten nicht, wie sehr die

Strukturen der Macht Saddam Husseins auf ihn selbst bezogen waren, sodass sie nach seiner Beseitigung zusammenbrechen mussten.*

Man verwies auf die mitteleuropäischen Staaten, die sich nach der Wende auch ohne äußere Hilfe demokratisiert hätten. Um den Vergleich plausibel zu machen, musste man die irakische Gesellschaft in ein günstiges Licht rücken, die verklärten Erinnerungen von Exilanten waren dabei nützlich. Die Fragmentierung der irakischen Bevölkerung und die Geschichte ihrer früheren Auseinandersetzungen waren Expertenwissen; die Spitzenpolitiker, sicherlich der Präsident, kannten die Gegensätze zwischen den einzelnen irakischen Gruppen nicht.

Die Regierung zog den Vergleich mit den Kriegen gegen Deutschland und Japan, die auch ohne Wenn und Aber geführt werden mussten, ohne vorher die Risiken und Kosten zu diskutieren. Das war nur dann logisch, wenn vom Irak eine ebenso schwere unmittelbare Gefahr drohte, wie damals von Japan. Dies behauptete die Regierung auch, überzeugte aber schon damals fast niemanden. Hitlers Krieg hat Dimensionen, an die tagespolitische Vergleiche nicht heranreichen.

Der Stellvertreter von Rice im Sicherheitsrat, Steven Hadley, hatte seit Anfang 2002 eigene „deputies luncheons" für die Diskussion der Irakpolitik eingerichtet. Der Teilnehmerkreis war begrenzt: Je zwei hohe Beamte des Außen- und Verteidigungsministeriums, je ein Vertreter von Cheneys Büro, der CIA und des Generalstabs.[125]

Zwei große Gegensätze durchzogen die Diskussionen. Der eine bezog sich auf den Aufbau demokratischer Institutionen. Rumsfeld wollte ihn nicht als Aufgabe festschreiben. Da hatte er allerdings sowohl den Präsidenten als auch Powell und Cheney gegen sich. Der andere Gegensatz betraf die Rolle der Exilpolitiker. Sie sollten nach Rumsfelds Wunsch schnell eine provisorische Regierung bilden.[126] Hingegen misstrauten das Außenministerium und der CIA den Exilpolitikern und vor allem Dschalabi. Sie wollten einen geduldigen

---

* Es war „despotische" und keine „infrastrukturelle" Macht im Sinne der von Toby Dodge eingeführten Unterscheidung; vgl. Toby Dodge, US-Intervention and possible Iraqi Futures, in: Survival, Jg. 45, Nr. 3, 2003, S. 103-122. Bei despotischer Macht wird der Staat durch willkürliche und häufige Gewaltanwendung am Leben gehalten, ohne eine Integration der staatlichen Institutionen in die Gesellschaft, die zu einer Legitimierung und dadurch freiwilliger Eingliederung der staatlichen Strukturen in die Gesellschaft führen würde.

Aufbau, aus lokalen Quellen kommend, gestützt auf eine amerikanische militärische Präsenz.

Während der Gegensatz über die Demokratie stillschweigend ignoriert wurde, beherrschte der Streit um die Rolle der Emigranten die amtliche Diskussion bis zum Kriegsende. Dabei konnte Rumsfeld eigentlich nicht bestreiten, dass eine amerikanische Truppenstationierung für eine vernünftige Zeit nötig war, noch konnte das Außenministerium für die erste Zeit auf Exilanten ganz verzichten. Hadleys Gruppe verbiss sich in dieses Scheinproblem und kam so nie zu einer Diskussion der wirklichen Probleme, wie Entbaathisierung, politischer Prozess, Wirtschaftsordnung, Verhältnis der Bevölkerungsgruppen untereinander. Bremer würde sie später übers Knie brechen. Bush wusste übrigens von diesem Streit nichts und glaubte Mitte Januar 2003, die Aufbauplanung sei weit gediehen. Bei einem Besuch des bekannten Exilpolitikers und Literaten Kanan Makiya fragte er Rice danach, die verlegen und ausweichend reagierte.

Am 20. Januar 2003 unterschrieb der Präsident die National Security Presidential Directive No. 24.[127] Sie gründet „für den Fall eines Kriegs gegen den Irak" ein „Office for Reconstruction and Humanitarian Aid (ORHA)", das dem Verteidigungsministerium unterstand. Es sollte im Fall eines Kriegs in den Irak verlegt werden, um den Kern einer Verwaltung zu bilden, „die für eine begrenzte Zeitdauer die Verwaltung des Irak unterstützen wird".

Generalleutnant Jay Garner, der Leiter von ORHA, veranstaltete am 21./22. Februar 2003 eine große Besprechung aller beteiligten Ämter mit über 200 Teilnehmern. Damit brachte er erstmals Transparenz in die Aufbaudiskussion.* Aber entscheidende Fragen blieben unbeantwortet, vor allem nach:

- der Gefahr von Bürgerkrieg und Chaos wegen der unzureichenden Sicherheitskräfte;
- den Finanzmitteln für die Aufbauphase;
- nach der Klärung von „governance" und „security";
- wiederholt erkennbaren „Tendenz zu einer grobschlächtigen imperialen Übernahme der verschiedensten Aufgaben".[128]

---

* Noch am 10. Februar hatte Feith im Streitkräfteausschuss des Senats für Unmut gesorgt, indem er alle Fragen zur Nachkriegsplanung stereotyp beantwortete: Gegenwärtig sei die Entwicklung im Fluss, Voraussagen könnten nicht gemacht werden.

Es ist schwer zu verstehen, warum die Briten ihre historischen Erfahrungen und ihre breite Expertise nicht einbrachten. Ihr damaliger Botschafter Christopher Meyer nennt das das „Schwarze Loch" in der angloamerikanischen Planung.[129] Er berichtete während des ganzen Jahres 2002 nach London, dass die Planung in Washington für die Verwaltung des Irak nach Saddams Sturz „rudimentär" sei. Er diskutierte mit seinen Kollegen in der Zentrale heftig darüber, ob Großbritannien Druckmittel hatte, eine solche Planung zu erzwingen. Meyer forderte harte Verhandlungen in dieser Kernfrage; die USA könnten es sich nicht leisten, ihren einzigen gewichtigen Verbündeten zu verlieren. London hat nichts derartiges versucht, obwohl doch Mitsprache und Einfluss der Hauptgrund für die britische Kriegsbeteiligung war.

Über diese Defizite gab es in Amerika eine breite Diskussion, geführt von den einfluss- und kenntnisreichen Journalisten James Fallows, Thomas E. Ricks, Seymour Hersh und anderen. Dabei wird viel an persönlichen Eigenschaften der Spitzenakteure festgemacht. Der Präsident mochte keine Detailplanung. Seine Vorstellung von Führung bedeutete Klarheit über die Ziele und Entschiedenheit sie zu erreichen, aber Delegation der Einzelheiten an Personen seines Vertrauens. Eine feste Überzeugung von der Güte amerikanischer Absichten und sein Bewusstsein der enormen militärischen Macht bestärkten ihn darin.[130] Die Nachkriegsprobleme, vor denen ihn Powell im August gewarnt hatte, betrachtete er als „taktische Fragen". Sein Verteidigungsminister wollte den Krieg vor allem um seine neue Kampfdoktrin zu beweisen. Er hielt nichts von Demokratisierung, konnte aber Regierungsbeschlüsse nicht vermeiden, die sie als Ziel festschrieben. Er ignorierte sie allerdings beharrlich. Douglas Feith bezeichnete ihn als „Todfeind von Voraussagen". Sein zentrales Thema sei die Ungewissheit und die Notwendigkeit mit ihr strategisch umzugehen. Er hätte jeden aus dem Büro geworfen, der ihm über Nachkriegsfragen vortragen wollte.[131] Tatsächlich glaubte Rumsfeld durchaus an Prognosen, wenn sie seine Absichten stützten, so namentlich die Versicherungen Dschalabis, dass alles hervorragend laufen würde und die Amerikaner als Befreier begrüßt würden. Im Übrigen hat es Clausewitz mit dem „Nebel des Kriegs" so nicht gemeint, dass man überhaupt nichts vorplanen könne, sondern er riet durchaus dazu, dass man sich über seine Kriegsziele klar werde und sich vorher versichere, ob man genügend Mittel habe, sie zu erreichen. Manche Prognosen konnte man nicht ignorieren, namentlich dass ein Land, das während seiner ganzen Geschichte despotisch regiert worden war, ohne eine genügende stabilisierende Militärpräsenz nicht demokratisiert werden konnte. Im Kosovo war das Konsens, allerdings in der Regierung Clinton. Und leider wurde „ABC" („Anything But Clinton") zu einem informellen Leitfaden der Regierung Bush. Als General Eric Shinseki vor dem Streitkräfteausschuss des Senats auf die hohen Truppenzahlen hinwies, die die Regierung Clinton die für Sicherung Bosniens oder des Kosovo für nötig hielt, verfolgte ihn der Zorn seines Ministers.

Entscheidend war schließlich die Vorstellung, auf der richtigen Seite der Geschichte zu stehen. Kleingläubige Bedenkenträger stören die Verfolgung großer Ziele. Risiken sind dazu da, überwunden zu werden. Amerika hat die Freiheit der Aktion, weil es das Gute will und unvergleichlich stark ist. Vor solchen Überzeugungen mussten landeskundliche Warnungen verblassen.

So viel zur Aufbauplanung. Allerdings wurde auch die Sicherung des Kriegserfolgs selbst vernachlässigt, nämlich Ruhe und Ordnung nach der Eroberung. Sie gehört nach militärischer Logik zur Operation selbst, die ja sinnlos ist, wenn ein erobertes Gebiet der Kontrolle des Eroberers entgleitet (hierzu Näheres unter Kapitel X.1).

VII. Deutschlands einsame Ablehnung

1. Volkes Stimme

Eine Million Menschen demonstrierten am 14. September 2001 vor dem Brandenburger Tor ihr Mitgefühl mit Amerika. Der Kanzler erklärte die „uneingeschränkte Solidarität" Deutschlands. Es gab Trauerzeremonien in Parlamenten, Kirchen und anderen Einrichtungen. Den Afghanistan-Krieg billigten die meisten Deutschen.* Ab März 2002 kamen in Europa Sorgen über einen amerikanischen Krieg gegen den Irak auf. Große Mehrheiten in traditionell pro-amerikanischen Ländern verurteilten solche Absichten.** Riesige Demonstrationen gab es schon im Februar 2002 in Madrid und Barcelona, aber auch in London. Die britische und spanische Regierung konnte trotz dieser Stimmungen den Krieg unterstützen.

Einige Kriege westlicher Staaten hat die deutsche Bevölkerung in der Nachkriegszeit ignoriert. Den Jugendprotest gegen den Vietnam-Krieg gab es überall im Westen. Der britische Falklandkrieg stieß auf Unverständnis, aber auf keine Erregung; das Gleiche galt für die amerikanischen Unternehmungen in Mittelamerika und der Karibik. Massendemonstrationen gab es gegen den Irak-Krieg 1991.

Die Ablehnung des zweiten Irak-Kriegs ab 2002 war ein Anliegen noch breiterer Schichten jedes Alters und aus allen Parteien. Unrichtig wäre die Annahme, die Bundesregierung habe diese Bewegung angefacht oder gesteuert. Sie begann ja schon ein gutes Jahr vor der öffentlichen Kriegsablehnung durch den Kanzler, zu einer Zeit, in der er das Irak-Thema noch in der Öffentlichkeit und auch gegenüber Washington vermied.

---

* Mit 65 Prozent, nach einer Umfrage des amerikanischen Pew Research Center.
** So 84 Prozent in Großbritannien, 77 Prozent in Frankreich, 80 Prozent in den Niederlanden 79 Prozent in Dänemark. Ähnliche Zahlen gibt es aus dem „neuen" Europa: 82 Prozent in Ungarn, 75 in Polen.

Die Maßnahmen der Regierung Bush im Rahmen des „Kriegs gegen den Terror" bewertet Constanze Stelzenmüller als ein „Erdbeben" für eine deutsche außenpolitische Kultur, die sich in vorsichtigen und überlegten Schritten vollzieht.[132] Überdies fiel die neue Kriegsgefahr mit der wiederbelebten Kriegserinnerung der Deutschen zusammen. Das gab ihr eine besondere Wucht. Ab 1995 wurde die Erinnerung an das Leid der Deutschen im Zweiten Weltkrieg enttabuisiert. In dieses Jahr fiel der 50. Jahrestag des Kriegsendes und all jener Katastrophen, die der Zusammenbruch für die Bevölkerung mit sich brachte, also vor allem die letzten Bombenangriffe und die Vertreibungen. Der Bombenkrieg kam damals zum ersten Mal in den Mittelpunkt des öffentlichen Gedenkens; zum ersten Mal gab es dafür einen nationalen Gedächtnisort: Natürlich Dresden, wo Roman Herzog eine bedeutende Rede hielt, in der die „Wiederversöhnung mit der Geschichte" das Schlüsselwort bildete. [133] In Herzogs Rede reflektierte die zerstörte Stadt die „Sinnlosigkeit des modernen Kriegs überhaupt". Diese Einschätzung des Bundespräsidenten wurde später relativiert durch die deutsche Beteiligung am Kosovo-Krieg, der ein reiner Luftkrieg war. Damals überwogen die humanitären und freiheitlichen Themen. Trotzdem haben die Deutschen auch diesen Krieg lange nicht verkraftet.[134] Es ist durchaus möglich, dass drei Jahre später die Gefühle verstärkt hervortraten, die damals unterdrückt wurden.

Die Regierung Bush stellte sich die Befreiung des irakischen Volkes als ideologische Aufgabe. Den Deutschen leuchtete das nicht ein. Die meisten verstanden den Krieg als neue Quelle der Leiden für das irakische Volk. Diese Leiden wurden schon seit längerem diskutiert. Der frühere CDU-Bundestagsabgeordnete und jetzige Publizist Jürgen Todenhöfer stellte sie medienwirksam am Beispiel zweier irakischer Kinder dar („Wer weint schon um Abdul und Tanaya"). In der Tat sind seit Anfang 1991 wegen mangelhafter Ernährung und medizinischer Unterversorgung rund 550.000 Kleinkinder gestorben.[135]

Das Tabu über das Leid der Flüchtlinge brach Günter Grass in seinem 2002 erschienenen Roman „Im Krebsgang". Dieser Titel beschreibt die Erzählmethode, die die Themen der Erinnerung, des Vergessenes und der Verantwortung zwischen dem Erzähler, das heißt Grass selbst, und den Akteuren verschiedener Generationen hin und her schiebt: Das Leiden, das erzählt werden will, die Verantwortung, die vergessen will, und die neue Radikalität, die das Tabu bricht, aber dabei neue Gewalt verübt. Der Roman löste eine Debatte aus, ob sich die Deutschen wieder als Opfer des Kriegs betrachten können, und ob das legitim ist.[136] Das Buch von Jörg Friedrich „Der Brand", ebenfalls im Jahr 2002 erschienen, löste eine Debatte über den alliierten Bombenkrieg aus. „Erstaunlicherweise", so findet Maja Zehfuss, „drang der Irak ständig in diese Debatte ein."[137] Hauptthemen waren der gerechte Krieg, die Verantwortung für Kriegsverbrechen, aber auch exzessive Gewalt und Kollateralschäden. Weiter verbreitet wurden diese Themen durch eine Serie des Nachrichtenmagazins *Der Spiegel* desselben Jahres, die später als Sammelband mit dem Titel „Als Feuer vom Himmel fiel" erschien.[138]

Viele Deutsche glaubten, dass es in einem zweiten Irak-Krieg wieder zu riesigen Flächenbombardierungen und später zu großen Flüchtlingswellen kommen werde. Das sagten auch die meisten Hilfsorganisationen voraus. Constanze Stelzenmüller analysierte in *Die Zeit*, dass Amerika im kommenden Krieg mehr Präzisionsbomben abwerfen werde als je zuvor und dass der Luftkrieg trotz aller Präzision nicht „klinisch sauber" werde, es werde „Schock und Entsetzen" geben.[139] Das Verständnis der Durchschnittsbürger repräsentiert wieder einmal Jürgen Todenhöfers mit seinem Aufsatz „Luftkrieg ist Massenmord an Kindern".[140]

„Schock und Entsetzen" aus dem Himmel ist das Trauma vieler Deutscher, die während des Kriegs in Städten lebten, also vieler Kinder, vieler Frauen und der Flak-Helfer. Wenn an Schröders Wählern zum Kanzler am 22. September die Frauen über 60 Jahren einen besonders großen Anteil hatten,[141] so belegt das die Wiederkehr des alten Traumas.

Die Trauma-Therapeutin Luise Reddemann bewertet diese Phänomene so:

> „Ich vermute, dass das (d.h. die Bewegung gegen den Krieg) tatsächlich sehr stark auf die vielen unverarbeiteten Dinge im Zusammenhang mit dem letzten Krieg zurückgeht. Man weiß aus der Forschung, dass die zweite und dritte Generation durchaus auch noch getroffen ist, also dass die Traumatisierung von Eltern, Großeltern weitergeht an die nächste Generation und auch an die Enkelgeneration. [...]"[142]

Auf den Einwand, dass doch jahrzehntelang Zeit war, sich damit auseinanderzusetzen, sagte Frau Reddemann:

> „Aus psychologischer Sicht kann man sagen, dass dies vielfach unterblieb, weil die Erinnerung zu schrecklich war und weil das Bewusstsein herrschte, dass wir das Tätervolk waren. [...] Jetzt sind wir in der Lage, uns den Ereignissen zu stellen."

Von einem anderen Standpunkt urteilt der israelische Intellektuelle Alan Posener:

> „Subkutan freilich, in den Familiengeschichten, vor allem in den Erzählungen der Frauen, lebte der Schrecken weiter. Und weil er nicht öffentlich geäußert und gebannt werden konnte [...] kehrt er, wie alles Verdrängte, als Neurose wieder; gegenwärtig etwa als blindwütige Angst vor einem möglichen Krieg gegen Irak, der immer noch gedacht wird in den Bildern von vor 60 Jahren, und einem kaum noch unterschwellig zu nennenden Antiamerikanismus."[143]

Letzteres Urteil fiel oft. Aber auf die Schrecken des Kriegsendes lässt sich ein deutscher Antiamerikanismus, so weit er existiert, wohl kaum zurückführen. Im Zentrum dieser Erinnerungen stehen das Leid des Kriegs und nicht die Staaten, von denen es ausging. Es ging auch nicht um die historische Täterrolle der Deutschen oder um ein politisches Kalkül der Aufrechnung. Vielmehr bestimmte Empathie mit dem irakischen Volk die Ablehnung des kommenden Kriegs. Die Menschen, die diese Gefühle teilten, erwarteten vom Kanzler eine öffentliche Ablehnung des Kriegs und haben ihn zum Teil deshalb gewählt. Viele ältere Wechselwähler des Mittelstandes blieben dem Kandidaten Schröder treu, obwohl sie sonst aus Eigeninteresse die CDU gewählt hätten.

Strategische Überlegungen spielten eine geringe Rolle, es ging nicht um die Vernichtungswaffen und die Verbrechen Saddam Husseins. Und da den Durchschnittsdeutschen die amerikanischen strategischen Begründungen für den Krieg nicht einleuchteten, fixierte sich der Verdacht auf das „billige Öl". Das war nicht der zentrale Grund für die amerikanischen Entschlüsse, die dem deutschen Publikum eben unverständlich blieben. Der „Wilhelmsburger Aufruf", der viele Unterschriften bekam, ist ein guter Beleg für deutsche Befürchtungen.* Als Folgen eines Kriegs sahen die Autoren erneutes Leid für die Iraker voraus, Chaos im Nahen Osten, weitere Aufrüstung, zusätzlichen Hass. „Bei einem neuen Krieg gegen den Irak geht es, unter welchem Vorwand er auch

---

* Veröffentlicht am 14. Mai 2002 in der Hamburger Morgenpost, ausgehend vom „Hamburger Forum für Völkerverständigung und weltweite Abrüstung e.V."; pazifistisch in Ursprung und Diktion, gibt er gleichwohl weiterreichende Stimmungen in der Bevölkerung wieder, wenn es z.B. dort heißt (Auszüge): „Im letzten Golfkrieg 1991 durchlitten die Menschen 42 Tage und Nächte pausenlose Bombardements. Mindestens 150.000 Menschen starben unter den angeblichen „sauberen, chirurgischen" Schlägen. Mehr als eine Million Opfer, vor allem Kinder, forderte das bis heute andauernde Embargo".

immer geführt wird, um die Vorherrschaft am Golf und den Zugriff auf billiges Öl."

2. Die deutsche Politik vor dem „Nein"

Schröder plante bei Amtsantritt keine Änderungen in der Westpolitik. Als er, mit dem Kosovo-Problem im Gepäck, im Oktober 1998 zum Vorstellungsbesuch nach Washington flog, wollte er zunächst die Aktion gegen Serbien in der herkömmlichen bundesdeutschen Staatsschlauheit lösen: Wir stellen uns einem Nato-Beschluss, der die Kriegsvorbereitungen einleitet, nicht entgegen, werden uns aber nicht mit Truppen beteiligen. Als die Amerikaner später sagen ließen, das reiche nicht, ging er den Schritt zur Beteiligung weiter. Er beugte sich der Notwendigkeit der atlantischen Kohäsion, allerdings unterstützt von einer starken humanitären Welle und wachsender Ungeduld mit Miloševićs verspätetem Nationalismus in der Öffentlichkeit.[144] Er lavierte damals souverän, gab sich auch so und ließ im Übrigen Fischer die diplomatische Friedensaktion mitgestalten, aber auch den Kopf gegen den deutschen Pazifismus hinhalten. Er bewährte sich später als der Mann schneller Entschlüsse, so, als er den Vermittlungsauftrag von Ahtisaari rettete, indem er ihm einen „europäischen Hut" aufsetzte. Ob und was er im Sommer 2002 auf der europäischen Ebene versäumte, werden wir untersuchen müssen.

Fischer war international kaum bekannt. Zu Beginn seiner Amtszeit führte er sich durch den spontanen Vorschlag eines Verzichts auf den Ersteinsatz von Nuklearwaffen unglücklich in die feine westliche Gesellschaft ein. Seine Experten hätten ihm sagen können, dass er damit eines der Statussymbole Frankreichs und Großbritanniens infrage stellte. Von da an hörte er auf seine Ratgeber und baute Misstrauen ab. In der Kosovo-Krise respektierte er den amerikanischen Primat in der Militärpolitik, war aber hochaktiv in der Suche nach der politischen Lösung, dabei immer eng im westlichen Verbund, vor allem mit Außenministerin Albright, die ihm sehr gewogen wurde. Der Stabilitätspakt war in der Konzeption und weitgehend auch in der Durchführung seine persönliche Leistung.

Ausgangspunkt seines Geschichtsbildes ist der Holocaust; Hitler wurde durch die Spaltung des bürgerlichen Europas möglich. Nur wenn der Westen geschlossen bleibt, können neue Totalitarismen vermieden werden. Ein stetiger Ausgleich mit den USA blieb für ihn deshalb eine zentrale Aufgabe. Er „respektierte, ja bewunderte die amerikanische Macht", sagte ein Parteifreund. Fischer suchte engen Kontakt zu Colin Powell in der Illusion, damit in Washington Gehör zu finden. Aber Powell gehörte nicht zum engeren Kreis.

Die neue Regierung Bush enttäuschte die rot-grüne Koalition sehr bald durch ihre Demontage der internationalen Rüstungskontrolle, von je an ein Herzstück deutscher Sicherheitspolitik. Die Bundesregierung kritisierte zunächst die Absicht, den Teststoppvertrag und vor allem den ABM-Vertrag aufzukündigen, jene „Grundsteine der internationalen Rüstungskontrollarchitektur", wie Verteidigungsminister Rudolf Scharping sie nannte. Wenig später erklärte Fischer allerdings, es stehe Deutschland nicht an, die USA zu kritisieren. Im Februar 2001 ergänzte Schröder, die Frage sei keine Konfrontation mit den USA wert. Und Fischer meinte nun, der ABM-Vertrag sei ein „bilaterales Problem" zwischen Russland und den USA.

Den Anpassungsvertrag zum Vertrag über die konventionelle Sicherheit in Europa (KSE-Vertrag) bezeichnete die Bundesregierung noch 2002 als „für die Sicherheit und Stabilität des gesamten europäischen Kontinents elementar", allerdings machte sie keinen Versuch, der Bush-Regierung entgegenzutreten, als diese im Jahr 2000 und 2002 begann, ein Junktim zwischen der Ratifizierung dieses Vertrages und dem Abzug der russischen Streitkräfte aus Moldawien und Georgien herzustellen. Zweifellos verpflichteten sowohl das Völkerrecht als auch frühere eigene Zusagen Moskau zum Abzug. Aber dieses Junktim verknüpfte „zwei subregionale Konflikte mit einem gesamteuropäischen Stabilitätsinstrument"[145] und stellte die ursprüngliche Verhandlungskonzeption auf den Kopf: Die Anpassung des KSE-Vertrags sollte gerade das Vertrauen schaffen, um die Probleme in Moldawien und Georgien durch verstärkte Stabilität zu lösen. Für Staaten wie Deutschland war die Anpassung des KSE-Vertrags weit wichtiger als diese subregionalen Probleme.

Nach einem Jahr war die Architektur der strategischen und konventionellen Rüstungskontrolle bis zur Nutzlosigkeit beschädigt.[146] Die letzten großen Konventionen, die dieser Demontage zum Opfer fielen, betrafen die biologischen und chemischen Waffen. Lange Jahre mühsamer Arbeit waren in diese

Vertragswerke umsonst investiert worden. Das führte zu großer Enttäuschung einflussreicher Kreise.

Es fällt leicht sich vorzustellen, wie Helmut Schmidt oder auch Helmut Kohl reagiert hätten, vor allem wie Hans-Dietrich Genscher derartige Tendenzen früh erkannt und gegengesteuert hätte. Wichtig war für Fischer die Kriegswaffenexportkontrolle (wo er auch auf keinen amerikanischen Widerstand stieß) und seine beiden „Pilotprojekte", das Kyoto-Protokoll und der Internationale Strafgerichtshof, zu deren Verteidigung er schließlich auch offen gegen die USA auftrat.

Die amerikanische Interventionspraxis war schon bei den rot-grünen Koalitionsverhandlungen ein Thema. Als die Abgeordneten Günther Verheugen und Gert Weisskirchen (für die SPD) und Angela Beer und Ludger Volmer (für die Grünen) im Oktober 1998 die Koalitionsvereinbarungen vorbereiteten, rechneten sie bereits damals mit einer humanitären Intervention gegen Serbien zugunsten der Albaner im Kosovo, die sie bejahten (freilich in der Hoffnung auf eine deutsche Abstinenz), kannten aber den offenen Brief der PNAC an Präsident Clinton vom Januar 1998 (vgl. Kapitel II.2), der bereits eine Absetzung Saddam Husseins mit militärischer Macht forderte. Solche Aktionen sollte die rot-grüne Regierung nicht unterstützen.

In einer Regierungserklärung vom 19. September 2001 erklärte sich Schröder bereit, das Kriegsrisiko in Afghanistan mitzutragen, allerdings lehnte er „Abenteuer" ab; solche Abenteuer fordere die amerikanische Regierung ja auch nicht; sie verfolge einen vorsichtigen Kurs. Außenminister Fischer traf am selben Tag in Washington den stellvertretenden amerikanischen Verteidigungsminister Paul Wolfowitz, der ihm sagte, „dass die USA eine ganze Reihe von Ländern von ihren terroristischen Regierungen notfalls auch mit Gewalt befreien müssten". Das war damals schon die Linie des harten Flügels der Regierung Bush, der den „Krieg gegen den Terror" als eine Serie militärischer Expeditionen ansah.*

Am 13. November verband Schröder das Votum des Bundestags über den deutschen Beitrag zum Afghanistan-Feldzug mit der Vertrauensfrage. Er

---

* So Fischer in seinem Interview, in: Der Spiegel, 24. März 2003. Bei anderen Gelegenheiten machte er kryptische Andeutungen über dieses Gespräch, das ihn offenbar tief beeindruckt hatte. Er sagte vertraulich, Wolfowitz habe damals schon den Krieg offenbar gewollt. Er spare sich die Enthüllung für seine Memoiren auf.

wollte die Zustimmung des Parlaments nicht mit den Stimmen der Opposition, die ihm weitgehend sicher waren, sondern mit der „Kanzlermehrheit". Er erhielt sie knapp. Weitere Feldzüge würden bei dieser Koalition noch weniger Verständnis finden. Die Verbitterung über die einsamen Entscheidungen des ersten Jahres der Bush-Regierung wirkte auch noch nach. So verfestigte sich unter den Parlamentariern der rot-grünen Koalition die alte Verständigung aus den Koalitionsgesprächen zu einer „roten Linie": An einem weiteren Krieg, etwa gegen den Irak, werde sie sich keineswegs beteiligen.* Dieser Linie entspricht der Satz im Bundestagsbeschluss vom 16. November: „Deutsche Truppen werden an Missionen gegen den internationalen Terrorismus außerhalb von Afghanistan nur mit Zustimmung der betroffenen Regierungen teilnehmen." Zusätzlich verärgerte dann, dass die USA das deutsche militärische Hilfsangebot, das so viel politische Anstrengung gekostet hatte, behandelten wie „Weihnachtsgrüße entfernter Verwandter",[147] das heißt, nur einen sehr selektiven Gebrauch davon machten, weil Verteidigungsminister Rumsfeld die größtmögliche Schlagkraft der Interventionstruppen unter einheitlichem Kommando wollte und bei der Truppenzusammenstellung keine politischen Rücksichten nahm.

Am 28. November 2001, in der Haushaltsdebatte des Bundestags, machte Fischer Andeutungen auch zu dieser Irak-Debatte in der Koalition. Er verurteilte es als „einfach verantwortungslos, bei der Entscheidung über die außenpolitische Orientierung neue Ziele zu suchen." Gemeint waren damit eben jene Erörterungen über eine rote Linie. Fischer fuhr fort, über den Irak gebe es in Washington „kontroverse Debatten" (also eine ergebnisoffene Debatte, und deshalb nichts, wovor man in Berlin schon „rote Linien" ziehen musste). Im Übrigen seien sich die Europäer einig, „dass wir [...] eine Ausdehnung auf den Irak mit äußerster Skepsis betrachten". Er endete, wie meistens, mit dem Aufruf, die Konflikte des Nahen Ostens politisch zu lösen.

---

* Über die Festlegung einer „roten Linie" informierte mich ein SPD-Abgeordneter. Sebastian Harnisch, German Non-Proliferation Policy and the Iraq Conflict, in: German Politics, Jg. 13, Nr. 2, 2004, S. 1-34, sieht die Zusammenhänge richtig, wenn er schreibt, Schröders Ablehnung des Irak-Kriegs sei auf die Bundestagsabstimmung über Afghanistan zurückzuführen. Es ging dem Kanzler allerdings weniger um einen neuen Entsendungsbeschluss. Er und erst recht sein Außenminister mussten vielmehr befürchten, die Unterstützung ihrer Fraktionen zu verlieren, wenn sie eine weitere Intervention der USA unterstützten.

Hier nutzte Fischer zum ersten Mal seine Beruhigungsmittel, die später zur Routine werden. Erstens: Es sei noch nichts entschieden; zweitens: Wir seien nicht allein. Die Absicht ist klar: Konflikte mit der amerikanischen Regierung im Vorfeld zu verhüten.

Ein Warnzeichen war eine der vielen Stabsübungen der Nato unter dem Codewort CMX 02 im Januar 2002. Die Nato-Planer denken sich für solche Übungen ein Szenario aus. Diesmal wurde ein Aufstand im Nordirak angenommen, gegen den das irakische Militär biologische und chemische Waffen einsetzte. Einige Verteidigungsministerien, darunter das deutsche, befürchteten, dass solche Annahmen eine unerwünschte Entwicklung verfestigen könnten. Die Übung wurde abgebrochen, um einen Zwist in der Allianz zu vermeiden.[148] Es gab in der Nato keine politische Debatte über das Für oder Wider eines Irak-Kriegs, sondern höchstens einen Austausch von Positionen.

Am 31. Januar 2002 machte der Bundeskanzler einen Kurzbesuch in Washington. Mit Präsident Bush sprach er im kleinen Kreis. Dieser bemerkte, es gebe keine konkreten Angriffspläne auf die Länder der „Achse des Bösen", auch auf den Irak nicht. Aber je entschlossener wir aufträten, desto wahrscheinlicher sei unser Erfolg (willensstarke Führung war ja ein fester Bestandteil seiner Rhetorik). Es gebe keine militärische Planung zum Irak (dabei war er schon vor einem Monat über ihre Umrisse informiert worden, vgl. Kapitel VI.2). Allerdings habe der Westen ein Interesse an der Beseitigung Saddams, das müsse klar sein. Er werde keinesfalls den Fehler früherer Präsidenten wiederholen, auf halbem Weg nach Bagdad innezuhalten. Wenn die Entscheidung einmal getroffen sei, werde die Sache zu Ende geführt werden. Schröder fragte vorsichtig, ob damit nicht die Anti-Terror-Koalition belastet würde. Damit berührte er einen entscheidenden Dissens: Für Bush war schon damals der Regimewechsel im Irak wichtiger Teil des „Kriegs gegen den Terror", während Schröder darin nur die afghanischen Aktionen sah. Bush öffnete dann den Blick auf die glänzende Zukunft einer gewaltsam wachgerüttelten Region: Er habe die Vision eines säkularen Irak, eines säkularen Pakistan, eines sich verändernden Saudi-Arabien und einer sich verändernden Lage in den Golfstaaten. Der Kanzler, wohl etwas geblendet durch diese Fülle der Gesichte, verwies etwas hilflos auf die Energieabhängigkeit des Westens, aber auch auf die Unterstützung, die die Terroristen von Saudi-Arabien erhielten.[149] Am Abend drückte Bush klar seine Absicht aus, Saddam gewaltsam zu stürzen. Schröder, gelockert nach einem Essen, eine Zigarre rauchend und das zweite Glas Rotwein genießend, sagte, wenn er das mache, solle er es nur möglichst schnell und entschieden durchziehen, um die Sache hinter sich zu bringen. Wahrscheinlich meinte er: ohne uns zu fragen und vor unserer Wahl.[150]

Der amerikanische Politologe Stephen F. Szabo hat hierzu andere Informationen.[151] Danach bezweifelte der Kanzler eine aktive Verbindung zwischen El Kaida und dem Irak. Ferner vermisste er eine Abzugsstrategie und schließlich ein VN-Mandat. Szabo meint, Schröder habe damit nicht klar genug „Nein" gesagt. Diese Bewertung teilt Gunter Hofmann.[152] Wenn Schröder wirklich all diese Einwände machte, kam er allerdings einem offenen „Nein" ziemlich nahe. Wahrscheinlich befürchtete er bereits, dass der Präsident es ernst meinte, aber er hoffte noch darauf, dass ein Krieg als letzte Konsequenz vermeidbar sei, zum Beispiel durch Widerstände in Amerika oder aber durch Saddams Einlenken. Bei solchen letzten Chancen wollte er wohl noch nicht „in die Vollen gehen". Gerade das wurde ihm später von deutschen Diplomaten angelastet. Er hätte das Berliner „Nein" nicht deutlich genug erklärt, und damit „Missverständnisse" ermöglicht.[153] Das sagt sich für einen Beamten leicht. Für Schröder war es ein schwerer Entschluss, sich der Supermacht offen in den Weg zu stellen. Nach der Bewertung von Stefan Aust und Cordt Schnibben sprach Bush seine Kriegsabsicht verschleiert aus, der Kanzler seine Ablehnung ebenso. Die Deutschen hätten Washington mit der Ahnung verlassen, dass Bush etwas gegen den Irak unternehmen wird.

> „Sie glauben, dass er mit ihnen reden wird, bevor etwas passiert. Und sie glauben, dass sie klargemacht haben, welche Haltung Deutschland im Falle eines Angriffs vertritt. Doch nichts ist beim amerikanischen Präsidenten angekommen."[154]

Nach seinen Memoiren will Schröder dem amerikanischen Präsidenten klar gemacht haben, „dass für den Irak das gleiche zu gelten habe wie für Afghanistan […] Dann, aber nur dann, hätten uns die USA an ihrer Seite."[155] Vorher hat er allerdings nie behauptet, er habe Bush auf seinen Widerspruch vorbereitet. Ein Sprecher des Weißen Hauses sagte nach dem endgültigen „Nein" im August 2002, Schröder habe Bush damals getäuscht. Das ist ebenso wenig beweisbar wie das Gegenteil. Die weinselige Bemerkung nach dem Essen konnte niemand als ernsthafte Zustimmung auffassen. Botschafter Ischinger jedenfalls gewann damals den Eindruck, dass der Kanzler sich auf eine Opposition gegen den Krieg einstellte. Denn er warnt ihn in einem Bericht vom 16. Februar, zwei Wochen nach dem eben geschilderten Gespräch, vor einem „Eingraben, wenn wir nicht ganz sicher sind, eine solche Position gegen die

USA längerfristig durchhalten zu können. Ein Rückblick auf unsere Missile Defense-Position von 2000/2001 ist lehrreich." (Anspielung auf die Kündigung des ABM-Vertrags)

Ischinger warnte Berlin in diesem Bericht, so genau, wie er es damals verantworten konnte: Es gebe noch keine Festlegungen, aber die militärische Option rücke näher. An der Entschlossenheit des Präsidenten und seiner Mannschaft, die „vom Irak ausgehenden Gefahren zu neutralisieren" und nach Möglichkeit Saddam zu stürzen, gebe es in Washington keinen Zweifel. Bevor dies erreicht ist, werde Bush nicht das Ende des Kampfes gegen den Terrorismus erklären. Mit diesem letzten Satz ging Ischinger auf ein Berliner Verständnisproblem ein: Dort hatte man sich nach Lektüre der Bush-Rede vom 29. Januar gefragt, was denn der Irak mit dem 11. September und mit El Kaida zu tun habe.[156]

Auf der Münchener Konferenz über Sicherheitspolitik am 1. und 2. Februar 2002 zeichneten sich „erstmals Washingtons Vorstellungen von der zweiten Phase des Anti-Terror-Kriegs ab".[157] Paul Wolfowitz beschuldigte Saddam Hussein, Terroristen zu beherbergen, mit ihnen zusammenzuarbeiten und bezeichnete ihn selbst als Terroristen. Senator McCain sagte, die nächste Front verlaufe gegen den Irak. Beide ließen keinen Zweifel daran, „dass die USA ihr weiteres Vorgehen im Krieg gegen den Terror nicht von der Zustimmung der Verbündeten abhängig machen würden. [...] Notfalls werde man die vorgesehenen Ziele auch allein verfolgen. Niemand ahnte damals in München, dass dies die genaue Beschreibung des amerikanischen Vorgehens bei Kriegseintritt gegen den Irak war", schreibt Schröder in seinen Memoiren.[158]

Bis Mitte März 2002 verlor auch der Bundeskanzler die letzten Zweifel an den Kriegsabsichten Washingtons.[159] Premierminister Blair erzählte ihm schon beim „Gipfel des Fortschritts" der sozialdemokratischen Regierungschefs in Stockholm im Februar 2002 von Bushs Plänen. Beim EU-Gipfel von Barcelona (11. bis 14. März) erzählte er ihm, wie ihm Vizepräsident Cheney die amerikanische Entschlossenheit zum Krieg „massiv vorgetragen" hatte.* Aber die offizielle deutsche Linie bestand noch lange in der Leugnung von Kenntnis, dem Vertrauen in die friedlichen Absichten der amerikanischen Regierung und ihre Zusage von Konsultationen. Ein Beispiel ist die Antwort

---

*   Die erste halböffentliche Äußerung Schröders zu solchen Kriegsplänen fiel auf einem Treffen mit Intellektuellen am 13. März. Er sagte damals, in diesem kleinen Kreis, seine Regierung werde keiner Intervention ohne VN-Mandat zustimmen.

der Bundesregierung vom 26. März 2002 auf eine kleine Anfrage der FDP-Fraktion vom Februar.* Danach sei es richtig, auf Saddam Hussein Druck auszuüben. Der amerikanische Präsident habe von der „grundsätzlichen Gefahr" gesprochen, dass Staaten Massenvernichtungswaffen an Terroristen weitergeben könnten. Er habe angekündigt, eng mit der Anti-Terrorismus-Koalition zusammenzuarbeiten. Die inneramerikanische „Debatte" über die Irakpolitik sei noch nicht abgeschlossen. Zum Gang dieser Debatte streuten deutsche Diplomaten Hinweise, wonach in Washington die Hardliner regelmäßig den öffentlichen Diskurs dominieren, aber die praktische Politik von Leuten wie Colin Powell gestaltet werde. Diese Illusion nährte Minister Fischer noch bis in das nächste Frühjahr.

In einem Bericht vom 31. März befasste sich Botschafter Ischinger mit zwei weiteren hinhaltenden Argumenten der Bundesregierung. Zur Konsultationszusage schreibt er, diese Konsultationen vollzögen sich bereits unaufhörlich. „Wir können also nicht in Ruhe abwarten. Sie laufen längst." Ischinger meinte damit die laufende politische und publizistische Diskussion in Amerika und die internationalen Treffen wie die Münchener Konferenz, an denen die Europäer (voran die Bundesregierung) ja nur teilnehmen müssten. Zur Wiederzulassung von Inspektionen der Vereinten Nationen meinte Ischinger, sie sei für Washington wichtig, da „legitimationsfördernd", aber nicht „problemlösend". Schließlich warnte er: Spätestens im Jahr 2003 müsse „die Sache durchgezogen sein". Es gebe nur ein Gegenargument, das zieht, dass nämlich ein Krieg gegen den Irak vom Kampf gegen die terroristischen Organisationen ablenken und das Risiko von Angriffen gegen die USA verstärken werde.

Höhe- oder Tiefpunkt der gegenseitigen Hinhaltepraxis war der Bush-Besuch in Berlin am 22. und 23. Mai 2002. In den diplomatischen Vorbereitungen war vereinbart worden, das Irak-Thema aus den Gesprächen herauszuhalten und in den öffentlichen Verlautbarungen über die Ergebnisse nicht zu erwähnen. Als Schröder dann doch die Rede auf den Irak brachte, stellte Bush fest, dazu gebe es nicht viel zu besprechen, weil er bisher keinen Plan auf dem

---

* Antwort der Bundesregierung vom 26. März 2002, Bundestagsdrucksache 14/8704. Die Anfrage war dadurch ausgelöst, dass Außenminister Fischer am 22. Februar im Parlament sich besorgt über mögliche Militärschläge gegen den Irak geäußert hatte und dass der Bundeskanzler daraufhin in einer Pressekonferenz erklärte, die Bundesregierung habe von Kriegsplänen der Vereinigten Staaten gegen den Irak keine Kenntnis.

Tisch habe. Sobald das der Fall sei, werde er auf Schröder zukommen. Schröder konnte mit dieser Auskunft und mit dieser Zusage damals gut leben. In der Pressekonferenz verhielt man sich wie vereinbart: keine Kriegspläne auf dem Tisch, Konsultationszusage. Sicher ist, dass Bush am Schluss sagte, „I keep you posted". Es gibt keine Hinweise dafür, dass Schröder versprach, das Thema aus dem Wahlkampf zu halten.[160]

Am 24. Mai 2002 schreibt Lothar Rühl:[161] Früher oder später werde die Bush-Administration gegen Bagdad losschlagen, auch ohne Zustimmung der Verbündeten. Die militärischen Vorbereitungen laufen. Rühl verschweigt nicht die Befürchtungen seiner Quellen (türkische Militärs und europäische militärische Beobachter im Mittleren Osten) vor den „ungewissen Folgen für Stabilität und Integrität der Nachbarländer, vor allem aber des Irak selbst". Das war der Kenntnisstand, den ein gut vernetzter deutscher Analytiker damals haben konnte.

Die Nachrichten aus Washington machten im Juni und Juli ein Abwarten immer schwerer. In seiner Rede in Westpoint am 1. Juni konzentrierte sich Bush auf die Schurkenstaaten, die Terroristen mit Vernichtungswaffen ausstatten könnten, mit Irak als klarem Ziel. Detaillierte Berichte der *New York Times* und der *Washington Post* über die militärische Planung wurden nicht dementiert. Aufgeschreckt durch diese Veröffentlichungen berichtet der deutsche Militärattaché-Stab in Washington fünf Tage später, am 10. Juli, dass die Presse „auf der Zeitschiene dramatisiert". Mit einem Angriff noch 2002 sei nicht zu rechnen. Militärische Eventualplanung sei ein normaler Vorgang. Konkrete Vorbereitungen gebe es aber nicht. Dabei hatte General Franks zwei Wochen vorher mit den Kommandeuren der Teilstreitkräfte in Ramstein die Planung durchgesprochen. Während deutsche Militärs im „Central Command" in Tampa/Florida freien Zugang zu den Stäben hatten, die sich mit Afghanistan beschäftigten, blieben ihnen die Gebäude verschlossen, wo der Irak-Einsatz geplant wurde. Schon das hätte die Annahme nahegelegt, dass hier mehr als „Eventualplanung" vorging.

Ende Juli wurden auch Einzelheiten aus den Anhörungen des Kongresses bekannt. Aber immer noch erklärte ein Sprecher des Auswärtigen Amtes, es gebe keine Hilfsanforderungen aus Washington und daher auch keine Notwendigkeit einer Entscheidung. Noch am 13. Juli 2002 berichtete die Botschaft Washington, die Administration bestätige die Konsultationszusage bei jeder Gelegenheit. Konsultationen könnten allerdings erst beginnen, wenn die

Entscheidungsprozesse weiter gediehen seien. Damit nahm Ischinger, aus welchen Gründen immer, seine berechtigte Warnung vom 31. März 2002 zurück und übernahm die gängige Berliner Hinhalteformel. In dem Bericht vom 13. Juli heißt es weiter, die Amerikaner seien unglücklich über die Diskussion in Europa. Condoleezza Rice hätte bei Ischinger geklagt, die deutsche Debatte befasse sich hauptsächlich mit Amerika und nicht mit Saddams Verfehlungen. Die Forderung nach einem „neuen" VN-Mandat sei nicht hilfreich, die Europäer sollen sich nicht in Positionen eingraben, von denen sie sich später nur schwer lösen können. Rice implizierte also, dass bereits Mandate für eine Intervention existierten, und sie äußerte die Erwartung, dass Deutschland sein „Nein" nicht durchhält. Das sollten Themen des politischen Kampfes der nächsten Monate werden. Am 23. Juli erzählte der polnische Präsident Kwasniewski nach einem Besuch in Washington dem Kanzler, Bush sei zum Krieg entschlossen. Schröder antwortete, er teile diese Einschätzung „aufgrund seiner letzten Gespräche mit Bush".

Der Kanzler musste sich langsam Sorgen machen, von der Entwicklung überrollt zu werden und die innenpolitischen Stürme dann nicht mehr kontrollieren zu können. Er verabredete für den 30. Juli ein Gespräch mit Fischer. In einem Vorbereitungspapier wiederholten seine Beamten die üblichen Klischees (keine amerikanischen militärischen Planungen bekannt, keine Anfragen um Unterstützung aus Washington); in allen deutschen Parteien gebe es zwar Vorbehalte gegen einen Krieg. Der Kanzler solle aber keine öffentliche Debatte anstoßen, „wegen der Stimmung bei uns, auch wegen des transatlantischen Verhältnisses". In dem Gespräch selbst, am 30. Juli morgens, spielten diese Warnungen keine Rolle. Fischer forderte Schröder auf, öffentlich Stellung zu nehmen, mit Formulierungen wie „du musst das hochziehen" oder „wir müssen uns aufstellen, bevor wir aufgestellt werden".[162] Seine Beamten warnten den Kanzler bis zuletzt vor der öffentlichen Ablehnung. Nach der Besprechung zwischen Schröder und Fischer bat ein Mitarbeiter des Kanzleramts telefonisch die deutsche Botschaft um eine Lageeinschätzung; sie fiel wesentlich zurückhaltender aus als die bisherigen Berichte. Sie übergewichtete die Bedenken der amerikanischen Generäle. Eine Entscheidung werde erst im März 2003 fallen.

Am selben Nachmittag flogen die beiden zum deutsch-französischen Gipfel in Schwerin. Schröder hoffte, Chirac auf ein „Nein" festzulegen. Der allerdings ging von Schröders Wahlniederlage aus und war nicht geneigt, mit ihm noch eine neue Front aufzubauen. Im Gespräch verwies der Bundeskanzler vorsichtig auf Spekulationen in der Öffentlichkeit über einen möglichen Zeitpunkt einer militärischen Intervention. Chirac sagte, hierfür sei ein Sicherheitsratsbeschluss unbedingt erforderlich. Die Entscheidung sei aber in Washington wohl noch nicht gefallen. Dort gebe es allerdings einzelne, sehr dezidierte Interventionisten. Premierminister Blair habe den USA jedoch bereits seine Zustimmung gegeben (interessant, dass Chirac das wusste). Immerhin lehnten beide vor der Presse eine militärische Intervention ohne VN-Mandat ab. Eine größere Resonanz hatte diese Aussage nicht.*

Die öffentliche Ablehnung des Kriegs deutete Schröder am 1. August in den ZDF-Abendnachrichten an. Er erwähnte, „dass wir beunruhigende Nachrichten aus dem Nahen Osten bis hin zur Kriegsgefahr haben".[163] Zur selben Zeit saß Franz Müntefering, damals Generalsekretär der SPD, mit dem Kanzleramtschef Steinmeier und dem Regierungssprecher Uwe Heye zusammen. Dabei führte Müntefering die Formel vom „deutschen Weg" ein. Bei der Eröffnung des SPD-Wahlkampfs am 5. August auf dem Opernplatz in Hannover verwendet der Kanzler diesen Ausdruck, allerdings als wirtschafts- und sozialpolitische Alternative zur amerikanischen Ausprägung des Kapitalismus. „Nach 23 Minuten"[164] war Schröder im Irak angekommen. Sein Kernsatz: Druck auf Saddam Hussein ja, aber Spielerei mit Krieg und militärischer Intervention – „davor kann ich nur warnen. Das ist mit uns nicht zu machen." Vorher schon sagte er, dass Deutschland unter seiner Führung für „Abenteuer nicht zur Verfügung stehe". Er monierte auch das Fehlen einer politischen Konzeption „dafür, wie es weitergeht". Obwohl er diese Position nicht in den „deutschen Weg" einbezog, sondern sie als Fortsetzung „der großartigen Tradition der Friedenspolitik von Willy Brandt und Helmut Schmidt" kennzeichnete, entstand der Eindruck einer nationalistischen Begründung der Kriegsablehnung, der Vorwurf vom „deutschen Sonderweg". In einem Artikel in der *Bild* vom 8. August unter dem Titel „Meine Vision von Deutschland" entwarf Schröder sein Idealbild der deutschen Gesellschaft. Den Außenbeziehungen

---

* Zur Vorbereitung des Gipfeltreffens hatten die Beamten des Kanzleramts geraten, die amerikanische Konsultationszusage hervorzuheben und daneben für einen gemeinsamen Druck auf Saddam einzutreten mit dem Ziel der Wiederaufnahme der Inspektionen. Eine öffentliche Kontroverse mit den USA solle auf jeden Fall vermieden werden. Einen amerikanischen Militärschlag werde es wohl „dieses Jahr nicht mehr" geben. Damit war der Grund schon angedeutet, warum Chirac sich jetzt noch nicht endgültig festlegen würde.

war darin nur einer von zwölf Absätzen gewidmet, in dem konkrete Krisen nicht erwähnt wurden. „Unser Deutschland genießt Respekt und Ansehen in der Welt. Weil wir Partner und Vorbild sind. Weil wir das Europa der Völker bauen und weltweit Frieden und Menschenrechte sichern und schützen helfen. Und weil wir deshalb unsere nationalen Interessen nicht verstecken müssen." Der Artikel in der *Bild* schließt mit den Worten: „Das ist unser deutscher Weg. Für diese Vision kämpfe und arbeite ich." Hier wird also auch in den Außenbeziehungen ein „deutscher Weg" gesucht, allerdings mit unbestimmten Wegmarken, die zu vielen Zielen führen könnten.

Am 12. August besuchte der amerikanische Botschafter Daniel Coats den damaligen Kanzleramtschef Frank-Walter Steinmeier und beklagte sich über die Äußerungen des Kanzlers. Steinmeier antwortete, der Kanzler könne als Chef der SPD, in der Fragen von Krieg und Frieden schon immer eine größere Rolle gespielt hätten als in der CDU, diese Diskussion „nicht wegdrücken", schon gar nicht im Wahlkampf. Das Gespräch „sickerte" in die deutsche Presse, woraufhin Ludwig Stiegler, der Vorsitzende der bayerischen SPD, den wackeren Coats mit dem früheren sowjetischen Botschafter in Ostberlin, Abrassimow, verglich. Später bewies er seine klassische Bildung durch einen Vergleich zwischen Bush und „Caesar Augustus", der allerdings nach Beendigung der Bürgerkriege das Reich im inneren friedlich konsolidierte. Es soll noch mehr solcher verbalen Exzesse gegeben haben, jedenfalls beruft sich ein unbenannter Beamter des Weißen Hauses darauf.[165] Den schlimmsten Fehler leistete sich die Justizministerin Herta Däubler-Gmelin, die Bush direkt mit Adolf Hitler verglich. „Adolf-Nazi" soll sie gesagt haben.[166] Das geschah in einer geschlossenen Versammlung, kam aber in eine Lokalzeitung und von dort in die deutsche und die Weltpresse. Das war das Ende von Däubler-Gmelins ministerialer Karriere, zu Recht, denn sie verstieß gegen zwei Hauptgebote für jeden anfangenden deutschen Politiker: Unter keinen Umständen je irgendjemanden oder irgendetwas mit den Nazis und ihrem Reich zu vergleichen und nie anzunehmen, dass solche Vergleiche geheim bleiben. Schröder wollte Bush anrufen, wurde aber nicht durchgestellt. Er schrieb dann einen Brief mit folgendem Wortlaut:

> „Ich möchte Dich auf diesem Wege wissen lassen, wie sehr ich bedaure, dass durch angebliche Äußerungen der deutschen Justizministerin ein Eindruck entstanden ist, der Deine Gefühle tief verletzt hat. Die Ministerin hat mir versichert, dass sie die ihr zugeschriebenen Aussagen nicht gemacht hat. Sie hat dies auch öffentlich erklärt. Ich möchte Dir versichern, dass an meinem Kabinettstisch

niemand Platz hat, der den amerikanischen Präsidenten mit einem Verbrecher in Verbindung bringt. Der Sprecher des Weißen Hauses hat mit Recht auf die besonderen und engen Beziehungen zwischen dem deutschen und dem amerikanischen Volk hingewiesen."

Frau Däubler-Gmelin hat in der Tat zunächst den Vergleich mit Hitler geleugnet. Schröder konnte mit seinem Brief nicht bis zur Klärung warten. Zwei Tage vor der Wahl konnte er die Ministerin aber nicht entlassen. Trotzdem hätte er entschiedenere Worte finden müssen, und auch die Versuche um ein persönliches Telefongespräch mit Bush weiter verfolgen sollen (Szabo will wissen, dass er das Telefongespräch erst gar nicht gesucht hat). Andererseits hätte man im Weißen Haus, wäre man versöhnlich gestimmt gewesen, den Brief auch als ungeschickten Versuch einer Entschuldigung werten können.

Soweit der Krieg der Worte bis zur Wahl. Nach der Wahl kommen die bekannten Zeichen der Geringschätzung von amerikanischer Seite, die die Medien beschäftigt haben.

Der Umgang zwischen den Spitzenpolitikern beider Länder bot dem deutschen Publikum das Bild tiefen Verdrusses, gelegentlich an Verachtung grenzend. Condoleezza Rice sprach von vergifteten Beziehungen. Minister Rumsfeld vermied bei einem Nato-Treffen der Verteidigungsminister am 24. September in Warschau eine Begegnung mit Minister Struck und verließ den Raum, als dieser seine Erklärung abgab. Angeblich sandte er später eine Botschaft an Struck, er habe aus anderen wichtigen dienstlichen Gründen den Saal verlassen müssen. Am 30. Oktober bereitete Fischer mit Powell ein Telefongespräch des Kanzlers vor, an sich schon ein unerhörter Vorgang zwischen den Chefs zweier verbündeter Staaten, die sich nach modernen Comment mit Vornamen anreden und sehr häufig miteinander telefonieren. Das Gespräch fand dann am 8. November statt und soll eisig verlaufen sein. Zum Nato-Gipfel in Prag am 21. und 22. November suchte das Kanzleramt um ein Treffen mit Bush von vornherein nicht nach, um sich keiner Ablehnung auszusetzen. Beim üblichen Gruppenfoto drehte sich der amerikanische Präsident dann um und gab Schröder die Hand, mit den Worten, „darauf warten jetzt alle". Auf solche kleinen persönlichen Gesten konzentrierten sich die deutschen Medien; dass es in Prag wichtige deutsch-amerikanische Besprechungen über die amerikanischen Hilfsanforderungen gab, entging der Presse. Alle, die von Amts wegen Beziehungen zu Amerika pflegen, berichten, dass die Tagesgeschäfte zwischen den beiden Regierungen ungestört weiterliefen. Fischer betonte immer wieder, er habe regelmäßige Gespräche mit

Powell.[167] Am 10. November übergab dann Botschafter Coats die Anforderungsnote über die deutschen Hilfsleistungen im Kriegsfall an Staatssekretär Scharioth – geschäftsmäßig, als ob nichts gewesen wäre. Um eine besondere Form des Kontakts nicht zu vergessen: Während der Beratungen im Sicherheitsrat über die zweite Resolution von Mitte Februar bis Mitte März 2003 beschwerte sich die amerikanische Botschaft fast täglich beim Kanzleramt und Auswärtigen Amt – an einem Tag in beiden Häusern – über die Amtsführung Botschafter Pleugers (vgl. Kapitel VIII.3 a. E.).

3. Innenpolitische Reaktion auf Schröders „Nein"

Auf die unbedingte Ablehnung jeder amerikanischen Kriegsabsicht, wie sie der Kanzler am 5. August aussprach, war die Opposition nicht vorbereitet. Ihr Kanzlerkandidat Stoiber wich dem Thema drei Wochen lang aus. Am 28. August sagte er, auch die Union werde einen militärischen Alleingang der USA „nicht akzeptieren", er sei aber auch unwahrscheinlich. Er vertraue nach wie vor auf eine engere Konsultation. Michael Glos, damals Sprecher der CSU-Landesgruppe im Bundestag, schloss eine deutsche Beteiligung „zum gegenwärtigen Zeitpunkt" aus. Ohne die Pläne für eine Zukunft für den Irak zu kennen, ohne Abstimmung in der EU und ohne VN-Mandat könne die Union einer Beteiligung deutscher Soldaten nicht zustimmen. Aber die „Drohkulisse" gegenüber Saddam müsse aufrechterhalten bleiben.

Intern unterstützten eine Reihe von Abgeordneten der CDU die amerikanischen Pläne zum Sturz Saddams. Stoibers Haltung sahen sie wahlkampfbedingt. „Wenn 75 Prozent der Wähler einen Angriff auf den Irak ablehnen, werden wir ihn nicht lauthals fordern", sagte einer.[168] Später überwog dann doch die Kritik an der Regierung. Sie kulminierte in der Haushaltsdebatte vom 13. September. Von wütenden Zwischenrufen unterbrochen, bestätigte der Kanzler die Ablehnung eines Kriegs und einer deutschen Beteiligung daran. Fischer ging in die Einzelheiten: Die Rede Bushs vor dem Sicherheitsrat in New York bedeute keine Entwarnung. Es bleibe fraglich, ob nach einer Befassung des Sicherheitsrats „die Drohung mit Krieg wirklich aus der Welt sein wird". Die diplomatische Zurückhaltung verbiete ihm, diese Frage zu beantworten. Das wirkte leicht geziert, denn der Präsident selbst hatte klar gesagt, dass die Unterstützung des Sicherheitsrats willkommen sei, dass er aber sein Ziel weiter verfolge, wenn der Sicherheitsrat „seinen Verantwortungen nicht nachkomme".

Zur „Bedrohungsanalyse", so fuhr Fischer fort, gebe es „keine wesentlich neuen Fakten" (im Klartext: Die USA könnten eine Bedrohung durch Saddams Waffen nicht beweisen). Eine „amerikanische Präsenz in Bagdad" bedeute, dass die USA „für Jahre und vielleicht Jahrzehnte die Verantwortung für Frieden und Stabilität in einer der gefährlichsten Regionen der Welt übernehmen müssen". Wenn „Brent Scowcroft [...] exakt die gleichen Positionen wie diese Regierung vertrete", dann könne sie nicht antiamerikanisch sein. Mehr noch: „Diejenigen, die in den USA eine Politik des Realismus, wie die, für die wir stehen, zu machen versuchen", hätten ihm (bei seiner eben beendeten Reise in New York) gesagt, es sei wichtig, dass „wir als großer Bündnispartner diese Position artikulieren". Fischer präsentiert sich also als Dialogpartner des „besseren" Amerika, während die dortige offizielle Politik nur durch einen – hoffentlich behebbaren – Irrtum gegenwärtig falsche Ziele verfolge. Fischer führte diese Argumentation konsequent fort, zum Beispiel in einer Bundestagsrede vom 14. Dezember: Das „regionale Risiko" und die Gefahr, dass eine „Strategie der konfrontativen Neuordnung im Nahen Osten [...] uns tatsächlich im Kampf gegen den internationalen Terrorismus schwächt [...] macht unsere Ablehnung aus. Mir muss da mal einer sagen, was daran antiamerikanisch ist".

Dem konnte die Union nur ihre sympathische Mischung von transatlantischer Solidarität, Vertrauen in Amerika und in die Völkerrechtsordnung entgegensetzen. Ihre Hauptargumente waren:

- Die Bundesregierung isoliere das Land angesichts globaler Gefahren, denen auch Deutschland („keine Insel") ausgesetzt sei;
- damit verweigere sie Amerika die geschuldete Solidarität;
- damit belaste sie das Bündnis und gefährde auch die deutsche Sicherheit;
- sie reiße eine Lücke in die „Drohkulisse", ohne die der Irak seinen Kurs nicht ändern werde (ein besonders häufig gebrauchtes Argument);
- wenn sie den Einsatz deutscher Truppen auch bei einem Mandat des Sicherheitsrats verweigere, schädige sie die Friedensordnung und verlasse den multilateralen Konsens.

Das konnte nur wenige Wähler überzeugen. Der hessische Ministerpräsident Roland Koch[169] definierte das Problem seiner Partei präzise: Wenn nach Meinungsumfragen zwei Drittel der Bevölkerung keine Dankbarkeit mehr gegenüber Amerika zeigten, könne sich die Regierung Schröder eine „unvernünftige" Politik gegenüber den USA innenpolitisch leisten. „Unvernünftig" sei die Irakpolitik der Bundesregierung, weil sie Amerika verärgere und das Land isoliere, ohne Nutzen zu bringen. Die Union müsse ihre Außenpolitik in Zukunft präziser führen, vor allem darüber, „warum unsere Interessen und unsere Freiheit an der Seite Amerikas am besten verteidigt und vertreten werden können".

In Wirklichkeit ging es der Union ebenso wie der Mehrheit der internationalen „strategischen Gemeinschaft": Sie wollte die amtlichen amerikanischen Argumente einfach glauben, so wenig wahrscheinlich sie auch damals schon waren.

4. Die Krise des deutschen Atlantismus

In seiner ersten Regierungserklärung am 13. Oktober 1982 erhob Bundeskanzler Kohl die Nato zum „Kernpunkt der deutschen Staatsräson".*

Die Entwicklungen, die zu diesem erstaunlichen Satz führten, sind bekannt. Aus dem Schutzbedürfnis der jungen Republik folgte die Bereitschaft zur Einordnung. Sie wurde begleitet von Vertrauen, gegründet auf einem Fundus von Sympathie und Dankbarkeit, aber auch Bewunderung. Der Hegemon übte seine Macht auf „sanfte" kooperative oder „partizipatorische" Weise aus. Man kann das damalige System als „Teilhaber-Hegemonie"[170] bezeichnen, in dem sich der Einfluss der Partner nach den Beiträgen zu den gemeinsamen Zwecken bemisst. Ein Gespräch zwischen den Außenministern Baker und Genscher Anfang der achtziger Jahre[171] beleuchtet das Verhältnis: Baker berichtete, die britische Premierministerin Thatcher dränge sehr auf die Modernisierung der Mittelstreckenraketen. Darauf Genscher: Die Briten stellen nur eine geringe Verteidigungsmacht. Die Bundeswehr stelle das größte konventionelle Kontingent. Man könne die Ministertreffen der Nato mit den Hauptversammlungen einer Aktiengesellschaft vergleichen, wo die großen Stimmenpakete den Ausschlag geben. Da stehe die Bundesregierung glänzend da. Aus Genscher sprach der damals verbreitete Stolz der deutschen politischen

---

* Es ist erstaunlich, wie wenig Aufmerksamkeit diese Aussage erregte, die ja die Staatsräson, also den Kern der Souveränität, vom Staat weg nach außen verlagert. Sie ist in der klassischen Definition von Friedrich Meinecke, „das Bewegungsgesetz des Staates"; vgl. Friedrich Meinecke, Die Idee der Staatsräson in der neueren Geschichte, München 1963. Zusammenfassend dazu: Matthias Zimmer, Die Staatsräson der Bundesrepublik Deutschland vor und nach 1989, in: Zeitschrift für Außen- und Sicherheitspolitik, Jg. 2, Nr. 1, 2009, S. 66-83. Es mag als derart grundlegende Handlungsmaxime des deutschen Staates gelten, außenpolitisch nur im Verbund zu handeln, aber schon heute, 20 Jahre nach Kohls Äußerung, ist die Nato dazu kein taugliches Instrument mehr, und wir suchen nach einem „modularen" Multilateralismus. Auf einer Tagung in Hamburg widersprach Bundespräsident von Weizsäcker später offen der Feststellung des Kanzlers. In einem Leitartikel Staatsräson weist Reinhard Müller in der Frankfurter Allgemeine Zeitung vom 22. April 2009 darauf hin, dass Bundeskanzlerin Merkel vor der Knesset die Sicherheit Israels zum Teil der deutschen Staatsräson erklärt hat. Damit wird der Begriff der Staatsräson endgültig verwässert. Denn so sehr uns die Sicherheit Israels am Herzen liegt, so wenig können wir für sie tun. Aus der Staatsräson wird ein Herzenswunsch.

Klasse auf den eigenen Verteidigungsbeitrag. Die Bundeswehr hatte einen klaren Auftrag und erfüllte ihn gut. Bekanntlich konnte sich schließlich die deutsche Position durchsetzen, die Modernisierung zurückzustellen.

Wie man sieht, gab es schon früher sicherheitspolitische Krisen zwischen der Bundesrepublik und dem Hegemon. Da gab es gelegentlich Misstrauen und ruppig ausgetragene Interessengegensätze; aber dass sie oft mit erheblichen Konzessionen des Hegemons endeten, belegt die damalige Partnerschaft. Stets war eine Einigung unter dem atlantischen Dach erreichbar. Deshalb ordnet Gregor Schöllgen die zwölf Fälle, in denen vor Schröders „Auftritt" Deutschland „über den Tische gezogen" wurde,* nicht ganz richtig ein.

Zahlreich waren die Schulen des Atlantismus: das Stipendium, das Praktikum, vor allem die Teilnahme an dem unvergleichlichen politischen Betrieb Amerikas mit seinen Denkfabriken und ständig neuen politischen Debatten. Die Diplomaten hatten laufend Konsultationen über alle denkbaren Themen, damals noch in der Nato. Kein hoher Offizier, der nicht durch ihre Einrichtungen gegangen wäre.

In dem jahrzehntelang gewachsenen Vertrauen wollten viele an eine amerikanische Bereitschaft zur Intervention nicht glauben, noch weniger an die Manipulation von Beweisen für ihre Notwendigkeit. „Sollte der Kanzler wirklich glauben", so fragte Berthold Kohler in der *FAZ*, „Amerika könnte, berauscht vom Selbstbewusstsein der letzten Supermacht, gedankenlos einen Krieg beginnen, der für jeden Laien erkennbar wenigstens den Nahen Osten und die Weltwirtschaft erschüttern würde? Wenn Schröder wirklich so wenig Vertrauen in die ‚checks and balances' des politischen Systems Amerikas und dessen Professionalität hätte, dann wäre es von ihm selbst grob fahrlässig ge-

---

* Gregor Schöllgen, Der Auftritt. Deutschlands Rückkehr auf die Weltbühne, München 2003, S. 110 ff. Im Einzelnen zu diesem „Sündenregister":
– Der Wechsel von einer Nuklearstrategie der „massiven Vergeltung" zur „flexiblen Antwort" war Nato-Konsens. Er bedeutete einen vernünftigen Kompromiss, gefunden nach intensiven Beratungen auf allen Ebenen, der die strategischen Interessen der Bundesrepublik voll abdeckte; vgl. Helga Haftendorn, Deutsche Außenpolitik zwischen Selbstbeschränkung und Selbstbehauptung, München 2001, S. 119 f.
– Unterzeichnung des Vertrags über die Einstellung der Kernwaffenversuche im August 1963: Gut, die Bundesrepublik wurde nicht konsultiert, es ging alles etwas schnell, aber die angelsächsischen Initiatoren konnten bona fide von einem geringen Sachinteresse der Bundesrepublik ausgehen.

wesen, den Amerikanern die ‚uneingeschränkte Solidarität' Deutschlands zuzusichern."[172] Immerhin hatte der Kanzler schon damals seinen Vorbehalt gegen „Abenteuer" angemeldet. Als Frau Merkel, damals noch CDU-Vorsitzende, bei ihrer Reise nach Washington Ende Februar 2003 mit Richard Cheney zusammentraf, imponierte ihr die „sehr klare Risikoanalyse des Vizepräsidenten besonders. Sie verstand auch, dass die USA bereit seien, „Dinge zu tun, die getan werden müssen".[173] Einen Monat später begann der Krieg ohne Mandat; vier Monate später erwies sich die Risikoanalyse als manipuliert. In der Zwischenzeit beschädigten die Kriegsvorbereitungen das transatlantische Vertrauen. Den Rest besorgten eine Serie bitterer Konflikte: Zwei Wahl-

– Der Nichtverbreitungsvertrag, 1966 unterzeichnet, ließ in Bonn in der Tat ein „ungutes Gefühl zurück, dass sie [die Bundesregierung] von der amerikanischen Administration über den Tisch gezogen worden sei." (Haftendorn, S. 112)
– Amerikanischer Bruch des Bretton Woods-Abkommens (Nixon-Schock vom 15. August 1971): Die damals verkündeten Maßnahmen, vor allem die Aufhebung der Konvertibilität des Dollar in Gold, betrafen alle westlichen Staaten.
– Benutzung der deutschen Stützpunkte zur Versorgung Israels mit Kriegsmaterial im Jom-Kippur-Krieg: Lässliche, aber ärgerliche Sünde. Politisch relevant als Beleg für eine unbedingte Unterstützung Israels durch Amerika (vgl. Unterkapitel 8).
– Bundeskanzler Helmut Schmidt setzt, gegen heftigen Widerstand auch in seiner Partei, die Lagerung von Neutronenbomben auf deutschem Boden durch, Carter verschiebt im April 1978 die Entscheidung über den Bau: Damals kochte ganz Bonn vor Wut. Aber das Problem war weniger amerikanische Rücksichtslosigkeit als die Führungsschwäche des Präsidenten Carter; vgl. Haftendorn S. 274.
– Belastungen für Helmut Schmidt durch Carters erratisches Verhalten bei der Durchsetzung des Nato-Doppelbeschlusses, sein schließlicher Rücktritt (Schöllgen S. 112): Schmidt wäre Manns genug gewesen, sich gegenüber den Amerikanern durchzusetzen, so wie Kohl es später tat. Er scheiterte nicht an Amerika, sondern an Widerständen in seiner Partei.
– Kurzstreckenraketen 1989? War ein langer, mit Kompromiss endender Abstimmungsprozess mit gutem Ende; vgl. Haftendorn, S. 304.
– Streit um das Nato-Oberkommando Süd 1997: War nicht unser Problem.
– Erdgasröhrengeschäft: Allerdings wurde ein erstes Geschäft 1962 auf amerikanischen Druck annulliert; vgl. Haftendorn, S. 485. Das zweite wurde zwischen 1981 und 1982 lange zwischen den USA und den Europäern (nicht nur uns) diskutiert, bis Erstere sich durchsetzten.
– Vergessen hat Schöllgen den Streit um den Reaktorexport nach Brasilien (ebenfalls mit Carter) und die Auseinandersetzungen mit Kissinger über sein „Jahr Europa" und die europäische politische Zusammenarbeit. Letztere endete mit dem Kompromiss von Gymnich 1972.

kämpfe, das Psychodrama der Brüsseler Türkei-Diskussion vom Januar 2003, der Mediengau der Münchener Sicherheitskonferenz im Februar, die bitteren Kontroversen im Sicherheitsrat im März. Dieser Dauerkonflikt traf die Überzeugung einer ganzen Schicht. Die „Zivilreligion" der alten Bundesrepublik geriet in eine Krise. Das erklärt manche Bitterkeit in der damaligen wissenschaftlichen und politischen Bewertung.

5. Hauptthesen der deutschen Kritik

Die Mehrheit der Wähler billigten Schröders Ablehnung des Kriegs, die Mehrheit der überregionalen Printmedien verurteilten sie. Das erklärt den Vorwurf des „Populismus".[174] Die Bundesregierung habe Deutschland in eine diplomatische Isolierung geführt.[175] Um sich aus ihr zu befreien, werde sie zwangsläufig ihren Kurs korrigieren, nach „Cannossa gehen müssen".[176] Bis dahin beschädige sie die „Drohkulisse" und stärke damit den Irak. Sie mache der EU eine einheitliche Haltung unmöglich; sie gehe einen „deutschen Sonderweg" mit den damit verbundenen historischen Gefahren; sie hat das Grundprinzip der Außenpolitik der Bundesrepublik, das Handeln im Verbund und in der transatlantischen Allianz, wenigstens zeitweise aufgegeben, wenn nicht einen Paradigmenwechsel vollzogen. Diese Vorwürfe erheben fast alle genannten Leitartikler; aus der wissenschaftlichen Kritik namentlich Hanns W. Maull und Gunther Hellmann.

Über manche dieser Thesen ist die Zeit hinweggegangen; zum Beispiel über den Vergleich Schröders mit Wilhelm II. Mit diesem Monarchen, der seine innere Unsicherheit und sein Unverständnis für die Entwicklungen seiner Zeit gelegentlich mit vorschnellen Urteilen und hohlen Phrasen überdeckte, hatte Gerhard Schröder nun wirklich nichts zu tun.

Der Vorwurf des „Populismus" ist immerhin relevant. Populist ist jemand, der eine Haltung einnimmt, die dem Wähler gefällt, aber dem Gemeinwohl schadet. Schröder würde in diese Kategorie fallen, wenn er Werte beschädigt hätte, die über dem Volkswillen stehen. Solche Werte gibt es, zum Beispiel die Freiheitsrechte des Grundgesetzes, deren „Wesensgehalt" nicht angetastet werden darf. Wäre das atlantische Bündnis immer noch der unersetzliche Garant unserer Unabhängigkeit und Verfassung gegen äußere Bedrohung, also, um Kohl zu zitieren, „die deutsche Staatsräson", dann hätte der Vorwurf Gewicht gehabt. Es war ein Vorwurf aus altem Denken.

Hanns W. Maull sah in der deutschen Weigerung, Zwangsmaßnahmen gegen den Irak zu unterstützen, selbst wenn der Sicherheitsrat der Vereinten Nationen[177] sie angeordnet hätte, ein Indiz für eine Abkehr vom Paradigma der Zivilmacht. Auch Volker Rittberger zieht – mit unverhältnismäßigem theoretischen Aufwand – aus einem „kategorischen Nein zu einer Beteiligung an einer militärischen Intervention im Irak" reichlich unrealistische Folgerungen.[178]

Es ist nicht sicher, ob die beiden Wissenschaftler vom wirklichen Szenario ausgingen. Die USA und Großbritannien strebten keine Truppen von Blauhelmen unter der Flagge der Vereinten Nationen an, sondern eine Ermächtigung zur militärischen Besetzung des Irak unter amerikanischem Kommando. Deutsche Truppen wollte das amerikanische Verteidigungsministerium nicht dabei haben. Auch gibt es in der VN-Praxis keinen Zwang für irgendeinen Mitgliedsstaat, sich an militärischen Missionen zu beteiligen, selbst wenn der Sicherheitsrat sie mandatiert hat und sie unter VN-Kommando stehen („Blauhelme"). Die Mitgliedsstaaten beteiligen sich nach ihren Präferenzen und Möglichkeiten; noch nie führten bisher solche Entscheidungen zu irgendwelchen Schlussfolgerungen über ihre politische Orientierung.

Gunther Hellmann sieht dieselben Vorgänge als „Rückkehr der Machtpolitik".[179] Er stellt fest, dass „die Bundesregierung den verbündeten USA nicht nur die Gefolgschaft verweigerte, sondern an entscheidender Stelle sogar den Widerstand gegen den US-Kurs organisierte". Das Ziel war, so folgert Hellmann, „die Optimierung der Gegenmachtbildung gegen die USA".[180] So war es wirklich nicht. Das deutsche Ziel war, die eigene Position durchzuhalten und zu diesem Zweck eine plausible friedliche Alternative zu entwickeln. Hellmanns Kritik, dass die Bundesregierung „eine harte Position ohne vorherige diplomatische Sondierungen mit der Bush-Administration" bezogen hat, teile ich. Aber das war kein Ausdruck von Machtwillen, sondern im Gegenteil, eher die Scheu vor einem Konflikt. Hellmann nimmt auch Anstoß an dem Ausdruck „deutscher Sonderweg". Franz Müntefering und seine Mitstreiter hatten nicht bedacht, dass sie auf der Suche nach einem schmissigen Wahlkampfthema die Büchse öffneten, die Pandora für die Deutschen seit 1945 bereithält. Nun flogen die Elemente durch die Luft: Identitätsdebatte,

Historikerstreit, „Griff nach der Weltmacht" (in der von Hellmann modernisierten Form der „machtpolitischen Positionierung"). In den Medien und im Parlament wurden Beziehungen zum „deutschen Sonderweg des Kaiserreichs und der Weimarer Republik" gezogen. Der SPD-Abgeordnete Weisskirchen rief der CDU in einer Debatte zu, das sei ihre Geschichte, nicht die der SPD.

6. Was wirklich fehlte: das feste Krisenmanagement

Zwei Fragen bleiben: Warum kam die deutsche Ablehnung erst Anfang August, und warum wurde die amerikanische Regierung vorab nicht unterrichtet? Dem Altbundeskanzler selbst schien später erklärungsbedürftig, warum er dies in den Berliner Gesprächen des Mai 2002 unterließ: Er habe sich auf die Konsultationszusage verlassen, er habe zu Bush Vertrauen gehabt (ein Grund mehr, ihn rechtzeitig einzuweihen), die amerikanische Delegation habe in Berlin den Eindruck einer „neuen Nachdenklichkeit vermittelt" (die man offenbar nicht stören wollte), und man wollte den Bericht von Hans Blix abwarten, der seine Tätigkeit erst im November 2002 aufnahm.[181] Erst nach Bushs Besuch im Mai 2002 mehrten sich, so Schröder, die Signale, die auf eine unbedingte Kriegsbereitschaft deuteten. Allerdings hatte Bush dem Kanzler schon Ende Januar in Washington ein „solches Signal" gegeben. Ab März war sich der Kanzler der Kriegsgefahr bewusst. Trotzdem wich er im Mai dem Thema aus, weil er einen „Bruch" mit Amerika und eine „Spaltung" der EU fürchtete, „wobei die Verantwortung dafür natürlich bei dem Kriegsgegner gesucht" würde.[182] Allerdings konnte er eine Stellungnahme nur verschieben, nicht aber ihr entgehen. An einer Billigung des Kriegs wäre seine Koalition zerbrochen und eine Ignorierung des Kriegs (etwa nach dem Vorbild seiner skandinavischen Kollegen) war schon wegen des Sitzes im Sicherheitsrat ab dem 1. Januar 2003 nicht möglich (er soll unangenehm überrascht gewesen sein, als er daran erinnert wurde). Es war keine weise Taktik, das Problem vor sich her zu schieben und die Amerikaner im Unklaren zu lassen. Auch hätte die Ablehnung in ein umfassendes politisches Alternativkonzept verpackt werden müssen, etwa nach folgendem Muster:

- Forderung nach völliger Transparenz über die irakischen Waffenbestände; Abgleichung der Erkenntnisse der wichtigsten westlichen Geheimdienste, vielleicht auch des russischen.
- Feststellung, dass alle Entscheidungen dem Sicherheitsrat vorbehalten sind. Dieser müsse nach folgenden Leitlinien entscheiden: keine erweiterte Prävention, sondern Mandat zum Eingriff nur nach Feststellung einer konkreten Gefahr für andere Staaten;
- ein Militäreinsatz müsse verhältnismäßig sein, also keine flächenmäßige Bombardierung, keine Besetzung des ganzen Landes.

Ab Februar 2003 erarbeitete die deutsche Diplomatie zusammen mit Frankreich ein solches Konzept und arbeitete dann konsequent und ohne Fehler. Aber Schröder und Fischer waren eben keine eiskalten Manipulierer und hatten keine Erfahrung mit atlantischen Krisen dieses Ausmaßes.

VIII. Vorkriegsmanöver

1. Die Koalition der Kriegsgegner

Am 16. Oktober 2002 sagte mir ein hoher deutscher Diplomat, die „Idealvorstellung" wäre, die USA agierten allein, ohne Mandat des Sicherheitsrats, „mit ein paar Briten im Schlepptau". Dann seien sie alleine verantwortlich und wir zu nichts verpflichtet. Im Dezember entwickelte das Auswärtige Amt die Theorie von der „Bandbreite" der Resolution 1441. Dieser Text lasse mehrere Auslegungen zu, darunter auch die, dass die USA ohne weitere Befassung des Sicherheitsrats zum Militärschlag berechtigt sei, wenn sie in eigener Verantwortung eine erneute „schwerwiegende Verfehlung" feststellte. Damit wäre die deutsche Ablehnung des Kriegs ebenso legal gewesen wie eine amerikanische Intervention.

Diese Auslegung ist juristisch unhaltbar, war aber als Kompromissangebot an Washington politisch nützlich.* Peter Rudolf beschreibt die politischen Auswirkungen dieser Zweideutigkeit: Die Befürworter des Kriegs konnten sie in ihrem Sinne deuten; sie enthielt immerhin „kleine Abzugshebel" und sah eine zweite Resolution nur zur „Befassung" und nicht „Entscheidung" vor.
183

---

* Der Gedanke, den Streit um die Legalität des Irak-Kriegs durch ein „agree to disagree" über die Tragweite der Resolution 1441 zu neutralisieren, kam noch öfter ins Spiel. Politisch hätte er nützlich sein können. Völkerrechtlich gilt etwas anderes. Wenn die Resolution von zwei ständigen Mitgliedern des Sicherheitsrats in öffentlichen Erklärungen anders ausgelegt wird als in den – ebenfalls öffentlichen – Erklärungen der drei anderen Vetomächte, so sind nicht beide Auslegungen gültig, sondern es liegt ein offener Dissens vor. Er bewirkt, dass, soweit er reicht, überhaupt keine inhaltliche Einigung erzielt würde. Also enthält die Resolution 1441 keine rechtswirksamen Aussagen über die Folgen neuer „schwerwiegender Verfehlungen" des Irak. Also gelten für diese Frage die allgemeinen Vorschriften der VN-Satzung mit ihrem Gewaltverbot. Der Dissens betreffs deren Auslegung (vgl. Kapitel VI.4 a.E.)

Fischer und seine Beamten wollten noch im Dezember 2002 Kontroversen über den Irak im Sicherheitsrat vermeiden, zumal sie mit ihrer unbedingten Kriegsablehnung noch isoliert waren. Das Amt hielt vom Stehvermögen Russlands nie viel, und Frankreichs Haltung war noch offen. In *Der Spiegel* vom 30. Dezember 2002 ließ Fischer offen, wie Deutschland im Sicherheitsrat abstimmen werde, wenn sie auf die Tagesordnung käme. Sein Intimus, Gunter Pleuger, ab Jahresbeginn deutscher Vertreter bei den VN, propagierte die Vorstellungen von der „Bandbreite" in einem Interview mit der *New York Times* am 10. Januar 2003. Der Kanzler, der eine unbedingte Ablehnung haben wollte, konnte jetzt den Tendenzen seines Außenministers widersprechen, ohne ihn beim Namen zu nennen. Er kritisierte Pleugers Äußerungen in einer Fraktionssitzung der SPD, ließ sie durch seine Beamten als „wenig hilfreich" bezeichnen und erklärte schließlich am 21. Januar 2003 in Goslar bei einer Wahlveranstaltung öffentlich, dass Deutschland im Sicherheitsrat einer „den Krieg legitimierenden Resolution nicht zustimmen werde".

Noch Mitte November definierte das Auswärtige Amt die französische Haltung so: „Ähnlich wie D-Position, schließt aber Einsatz militärischer Aktionen als letztes Zwangsmittel nicht aus." Präsident Chirac warnte in seiner „Predigt von Prag" am 21. November 2002 dringend vor einer solchen Intervention, ließ sie aber als allerletztes Mittel offen. Saddam könne einen Fehler machen und den Amerikanern einen Grund zum Eingreifen liefern. Er sei „immer für eine Dummheit gut", soll ein französischer Diplomat gesagt haben. In einem solchen Fall wollte vor allem die französische Generalität den Briten nicht die Rolle des einzigen europäischen Teilnehmers gönnen. Am 16. Dezember besuchte deshalb der oberste Planer des Generalstabs, Jean-Patrick Gaviard, die zuständigen Militärs im Pentagon, um eine französische Beteiligung zu sondieren. Dort horchte man auf: Die französische Luftwaffe hatte im Krieg um das Kosovo den wichtigsten europäischen Beitrag geleistet. Auch in Afghanistan arbeitete man mit den Franzosen gut zusammen. Gaviard musste allerdings klarstellen, dass die Beteiligung von der Entscheidung des Präsidenten abhänge. Eindeutige Beweise seien erst mit dem Bericht der Inspekteure am 20. Januar 2003 zu erwarten. Dann sei eine Einfügung eines französischen Kontingents aber kaum mehr möglich, meinten die amerikanischen Generäle; aber wenn es die zivile Führung aus politischen Gründen wolle, müsse man einen Weg finden.*

Am 12. Januar 2003 schickte Präsident Chirac seinen außenpolitischen Chefberater, Maurice Gourdault-Montagne, unter Kollegen „MGM" genannt, nach Washington, um endgültige Klarheit zu erhalten. Bei Condoleezza Rice versuchte er ein Plädoyer für die französische Haltung. Rice verwarf ein Argument nach dem anderen, im Stakkato, mit wegwerfender Handbewegung: „Wurde geprüft; wurde verworfen." Schließlich sagte sie dem französischen Diplomaten, er könne sich seine Beredsamkeit sparen, ihr Präsident habe den Krieg endgültig beschlossen.[184] So erfuhr Präsident Chirac, dass der Krieg entschieden war.**

Von nun an bekämpfte Frankreich den Krieg als überflüssig und verfrüht und bestritt dessen Legitimität. Als Monatspräsident des Sicherheitsrats lud der französische Außenminister de Villepin zu einer Ratssitzung auf Ministerebene am 20. Januar 2003 zum Thema der Terrorbekämpfung ein. An diesem Gedenktag für Martin Luther King hatte Colin Powell, als ranghöchster Schwarzer in der amerikanischen Regierung, andere Verpflichtungen, die er aber seinem Freund de Villepin zuliebe zurückstellte. Dieser hatte sicherlich mit Fischer verabredet, auch die neue gemeinsame Linie zum Irak medienwirksam vorzutragen. Fischer tat es schon im Rat. Es war seine erste Ablehnung im internationalen Rahmen. De Villepin hielt sich in der Sitzung zurück. Als Ratsvorsitzender gab er allerdings danach eine Pressekonferenz, in der sich die Journalisten auf das aktuelle Thema des Irak konzentrierten. Villepin verteidigte, sei es vorgedacht, sei es impulsiv, die neue französische Haltung

---

* Beschreibung nach Henry Vernet/Thomas Cantaloube, Chirac contra Bush. L'autre guerre, Paris 2004, S. 135-139. Ein französischer Beamter bezeichnete mir gegenüber die Beschreibung als zutreffend. Allerdings wollen Philip H. Gordon/ Jeremy Shapiro, Allies at War. America, Europe and the Crisis Over Iraq, New York 2004, S. 172, wissen, dass Douglas Feith den Besucher aus Paris so beschieden habe: „Wir wollen euch nicht dabei haben! Ihr glaubt wohl, ihr könnt zwei Monate lang Saddams Rechtsanwalt spielen, ohne dass das Konsequenzen hätte!" Diese Haltung passt durchaus zu Feith und der neokonservativen Gruppe, die er angehörte. Ob sie sich aber im Ernstfall durchgesetzt hätte, ist durchaus fraglich. Immerhin hatten der amerikanische und französische Außenminister bis zum 8. November über die Sicherheitsratsresolution 1441 ausgezeichnet zusammengearbeitet.
** Zufällig wurde neben den französischen Besuchern der saudische Botschafter am gleichen Tag offiziell vom Entschluss zum Krieg unterrichtet.

mit der ihm eigenen Beredsamkeit. Das Echo in den amerikanischen Medien war riesig: Powell sei in einen „Hinterhalt" gelockt worden; er wurde je nach Standpunkt kritisiert, oder, beinahe noch schlimmer, bedauert. Seine konservativen Kritiker sahen in dem Vorfall die Quittung für eine leichtgläubige Politik, die eine neue Inspektionsrunde akzeptiert und damit dem Irak eine Atempause verschafft hatte.

Am 21. Januar machte Schröder die Ablehnung in Goslar perfekt. Tags darauf feierte er mit dem französischen Präsidenten in Versailles den 40. Jahrestag des Elyseé-Vertrages. Sie verabredeten, dass ihre außenpolitischen Chefberater, für Frankreich „MGM" und für Deutschland seit dem 1. Januar Ministerialdirektor Bernd Mützelburg, eine gemeinsame Argumentation und Taktik ausarbeiten sollten. Nach einer schlimmen Panne, der sogenannten Blauhelmaffäre in München, führte diese Arbeit am 10. Februar zu einer deutsch-französisch-russischen Erklärung, die die Haltung dieser drei Staaten für die nächsten stürmischen sechs Wochen bestimmen sollte.

Dass Russland zu dieser Gruppe stieß, war das Ergebnis vieler Gespräche auf höchster Ebene: „In wechselnden Gesprächen zwischen uns gewann diese Dreierkonstellation immer mehr politische Dynamik", schreibt Schröder.[185] Putin besuchte, zusammen mit seinem Außenminister Iwanow, Berlin zu offiziösen Gesprächen im Gästehaus der Bundesregierung in Berlin-Dahlem; er flog dann weiter nach Paris, wo die Dreiererklärung offiziell verkündet wurde. Das war eine Überraschung. Noch im Oktober 2002 war sich ein hoher deutscher Diplomat sicher, die USA könnten mit Putin „einen Handel schließen". Der amerikanische Druck auf Putin war außerordentlich, auch in persönlichen Chef-Telefonaten. Gedroht wurde mit der Aufkündigung der „globalen Partnerschaft", mit dem Ausschluss vom Nachkriegsgeschäft mit dem Irak oder mit der einseitigen Streichung der irakischen Schulden durch eine Nachkriegsregierung.[186] Am Schluss mag Putin dieser ständige Druck verdrossen haben. Vielleicht lockte auch die Möglichkeit, sich für die Gelegenheiten zu revanchieren, in denen der Westen unter amerikanischer Führung russische Interessen vernachlässigt hatte. Trotz allem fiel ihm die Entscheidung nicht leicht. Entscheidend war wahrscheinlich die Rücksicht auf die eigene muslimische Bevölkerung.

2. Vorkriegspolemik

Übersicht

In den Monaten Januar und Februar beherrschte amtliche Polemik die transatlantischen Beziehungen. Sie begann mit einer in ihrer Schärfe präzedenzlosen Diskussion im Brüsseler Nato-Hauptquartier über einen militärisch unnötigen „Schutz der Türkei" und kulminierte in einem Mediendesaster auf der Münchener Sicherheitskonferenz, die der Bundesregierung die bisher herbste Pressekritik einbrachte. Für die deutschen Medien hatte die Bundesregierung abgewirtschaftet.

Nato-Diskussion zum „Schutz der Türkei"

Paul Wolfowitz kam am 4. Dezember in das Nato-Hauptquartier, um mögliche Beteiligungen der Organisation an den Irak-Aktionen zu sondieren. Der Nato-Generalsekretär Robertson hätte gerne die Relevanz der Organisation unterstrichen. Der erste Kandidat für solche Gesten ist regelmäßig die AWACS-Luftflotte, 18 umgebaute Boeing 707 für die Kontrolle des Luftraums, das einzige Großgerät unter der Kontrolle der Nato als Organisation. Die Flugzeuge sind in Geilenkirchen bei Aachen stationiert, mit einem deutschen Mannschaftsanteil von 300 Soldaten. So regte Wolfowitz erst einmal Patrouillen dieser Flugzeuge an der türkisch-irakischen Grenze an. Wenige Tage darauf meldete der Brüsseler Korrespondent der *Frankfurter Allgemeinen Sonntagszeitung*, in der Nato werde die Beteiligung deutscher Soldaten am Irak-Einsatz diskutiert. Das löste eine heftige Diskussion aus: Einsatz auch ohne VN-Mandat? Der Kanzler bezeichnete sie als „Kakophonie". Der Außenminister wollte über einen Krieg ohne Mandat nicht einmal reden, gemäß der Tradition seines Hauses, Dinge zu tabuisieren, die man vermeiden will. Er ließ seinen Pressesprecher erklären: „Anzunehmen, dass der Weg der Lösung des Irak-Konfliktes über den Sicherheitsrat verlassen werde, wäre das Falscheste, was man tun kann."[187] Am 7. und 8. Dezember taten die Grünen auf einem Parteitag aber gerade das: Sie machten auch die bereits konzedierten Überflugrechte und die Nutzung der Stützpunkte von einem Mandat des Sicherheitsrats abhängig. Die *FAZ* wies tags darauf auf die Absurdität dieser Debatte hin: Die amerikanischen Streitkräfte nutzten den deutschen Luftraum schon seit Wochen für den militärischen Aufmarsch am Golf. So sorgte eine bloße amerikanische Anregung in Deutschland wochenlang für Aufregung.

Die amtliche Initiative (Amerikas, nicht der Türkei), die im Januar folgte, sollte der Beruhigung der türkischen Parlamentarier dienen, die aber ganz andere Sorgen hatten. Jetzt verlangten die USA einen förmlichen Auftrag des Nato-Rats an den internationalen Stab, die Verlegung von AWACS-Flugzeugen und Raketenabwehrsystemen vom Typ „Patriot" in die Türkei zu „planen". Es folgten tägliche amerikanische Vorstöße, ab 15. Januar offiziell im Nato-Rat. Am 16. und 17. Januar meldeten amerikanische Agenturen aus Brüssel den deutschen und französischen Widerstand gegen die „Vorsorge" für die Türkei. In einer Ratssitzung vom 17. Januar machten der deutsche Gesandte Erdmann und der französische Botschafter d'Abboville ihre Bedenken geltend: Zentrales Forum sei der VN-Sicherheitsrat, die Inspektionen seien im Gang. In zehn Tagen werde der erste Bericht von Hans Blix erwartet, eine friedliche Entwaffnung sei möglich. In dieser Lage sei eine „Nato-Rolle in einem Irak-Konflikt das falsche Signal". Am 24. Januar telefonierte Präsident Bush mit Nato-Generalsekretär Robertson. Dieser drängte von da ab mit den Druckmitteln der Konferenzdiplomatie, zum Beispiel mit falschem Zeitdruck (der Beschluss müsse vor der Münchener Sicherheitskonferenz am 8. und 9. Februar vorliegen); oder ständig neuen Entscheidungsentwürfen, die er dann revidierte und erneut verteilte. Am 6. Februar stellte er in einer besonders dramatischen Sitzung seinen neuen Entwurf unter „Verschweigungsfrist".* Im „private luncheon" erzählte er, er habe mit den beiden Ministern Fischer und Villepin telefoniert und sie darauf hingewiesen, dass die Kommentare in der Presse desto deutlicher würden, je länger sich der Prozess hinziehe. In einer Sondersitzung am 12. Februar abends, einer besonders hässlichen Auseinandersetzung, warnte er erneut vor einer Medieneskalation. „If you choose to vandalize it" (d.h. die Nato), könne er nicht schweigen. Der Vorsitzende des Militärausschusses der Nato, der deutsche General Kujat, konzentrierte den Druck auf die eigene Regierung: Der Irak besitze Scud-

---

* Das heißt: Die Gegner des Entwurfes müssen sich bis zu einem bestimmten Zeitpunkt äußern, sonst gilt er als angenommen. Das wollen die Mitglieder in der Regel vermeiden, um nicht als Störer dazustehen.

Raketen zum Abschuss von konventionellen und B-C-Sprengköpfen* mit einer Reichweite von 900 Kilometern. Die Nato-Stäbe bräuchten zwei Wochen für eine Planung, und die Patriot-Raketen müssten von Holland zur See transportiert werden, was drei Wochen dauere. Wenn die Sache den Amerikanern so wichtig war, hätten sie allerdings Großraumflugzeuge bereitstellen können.

Der Bundeskanzler bekam die Angelegenheit schließlich leid. Am 12. Februar konferierte Außenminister Fischer mit seinem französischen Kollegen und mit Präsident Chirac über die Freigabe der Planung. Man verfiel auf den Ausweg, den Ausschuss für Verteidigungsplanung (Defense Planning Committee, DPC) zu befassen, an dem Frankreich nicht teilnimmt. Am 19. Februar fasste das DPC seinen Beschluss. Am selben Tag flog Robertson nach Washington. Er wurde von Bush, Powell, Rumsfeld und Rice mit stehendem Applaus empfangen. Er habe die Nato durch die „schwierigste Situation ihrer Geschichte geführt". Dieser Empfang war ihm denn doch peinlich. Er betonte, die Reise sei längst geplant gewesen und habe persönliche Gründe gehabt. Aber viele mit der Angelegenheit befasste Deutsche erinnern sich an sein Verhalten.

Von nun an geriet das Drama zur Farce. Die militärischen Stäbe hatten am 26. Februar (also doch nach einer Woche) „ihre Planung" abgeschlossen. Am 3. März kam in Mons eine „Truppenstellerkonferenz" zusammen. Bei ihr waren Großbritannien und Frankreich nicht, die USA nur durch einen Oberst vertreten. Deutschland stimmte zu, dass vier der 18 AWACS-Flugzeuge eingesetzt würden und dass die deutsche Besatzung teilnehmen könne. Außerdem stellte Deutschland 40 Patriot-Flugkörper, die Niederländer dazu die notwendigen Abschussvorrichtungen. Die Türkei, die es anging, versprach 75

---

* Das heißt biologische und chemische Sprengköpfe. Mit dieser Behauptung überinterpretierte Kujat die Aussagen der amerikanischen nationalen Nachrichteneinschätzung (National Intelligence Estimate, NIE; vgl. Endnoten 56 und 57 in diesem Text), die zu dem Thema sagt: „Irak unterhält eine kleine Raketenstreitkraft und verschiedene Entwicklungsprogramme, einschließlich für eine Drohne, die wahrscheinlich biologische Kampfstoffe verschießen soll." Das NIE fährt dann fort: „Lücken in der irakischen Rechnungslegung an UNSCOM lassen vermuten, dass Saddam einen versteckten Vorrat von bis zu einigen Dutzend abgewandelten SCUD-Kurzstreckenraketen mit Reichweiten von 650 bis 900 Kilometer behalten hat." Das NIE spricht also nicht von chemischen oder biologischen Sprengköpfen auf Raketen (die technisch enorm schwer herzustellen sind) und vermutet die Existenz solcher Raketen nur.

(!) Soldaten, die Tschechische Republik ebenso viele B-C-Abwehrspezialisten, Polen auch einige davon, Spanien sechs Jagdflugzeuge.

Bald patrouillierten die AWACS entlang der friedlichen türkisch-irakischen Grenze. Die Türkei blieb neutral. Aber die Patrouillen liefen, bis der Einsatzbefehl am 16. April offiziell aufgehoben wurde. Der Name der Operation war übrigens „Abschreckung gewährleisten" („display deterrence").

Es gibt einen Präzedenzfall für eine wirklich wichtige Planung ohne förmlichen Beschluss: Als Serbien im April 1999 im Kosovo-Konflikt nach wochenlangen Bombenangriffen immer noch standhielt, dachten schließlich auch die USA, die lange gezögert hatten, an eine Bodenoffensive. Dazu war wirklich eine Planung nötig. Der Chef des Generalsstabs Reston bestellte sie bei General Wesley Clark, dem Nato-Oberkommandeur, mit einem Telefonanruf. Der Nato-Rat wurde nicht befasst. Der damalige Generalsekretär Solana erklärte am 23. April 1999 nur nebenher vor der Presse, er habe die Nato-Stäbe autorisiert, „to do an assessment of its ground intervention plans".[188] Auch damals hätte sich Deutschland mit einem offiziellen Beschluss des Nato-Rats schwer getan. Weil aber die Planung politisch und militärisch gebraucht wurde, wählte man einen formlosen Ausweg.

Schon das geringe Interesse an der Truppenstellerkonferenz am 3. März zeigte die Überflüssigkeit der Aktion. Die USA haben 33 AWACS unter nationalem Kommando, Großbritannien sieben. Einige von diesen Flugzeugen waren ständig über den beiden irakischen Flugverbotszonen eingesetzt. Wenn sie über die nördliche Zone flogen, kontrollierten sie die türkische Grenze automatisch mit. Außerdem sah General Franks Aufmarschplan – natürlich – eine Kontrolle des irakischen Luftraums durch amerikanische AWACS und eine Raketenabwehr durch amerikanische „Patriots" vor. Diese Maßnahmen hätten den türkischen Grenzraum abgedeckt. Ferner: Die wenigen „SCUDs",* die der Irak noch hatte, hatten eine Reichweite von höchstens 300 Kilometern. Damit hätten sie türkisches Gebiet nur am Rand erreicht.

---

* SCUD ist der Nato-Codename für die sowjetische Kurzstreckenrakete SS-1. Sie ist veraltet. Die Reichweite der SCUD vom Typ „B" ist 300 Kilometer. Nach der Schätzung des International Institute for Strategic Studies (IISS), Strategic Survey 1990/1991, London 1991, S. 72 f. sind die meisten davon im ersten Golfkrieg verschossen worden, und zwar 39 auf Israel und über 40 auf Saudi-Arabien, einige auch auf Bahrain und Katar. Ihre fahrbaren Abschussgeräte sind schwer zu finden, aber es waren nach der Annahme des IISS, Military Balance 2002/2003, London 2004, S. 106 höchstens sechs davon übrig.

Briefe und Gehässigkeiten

In den damals ablaufenden „wütenden Werbefeldzug"[189] passen der Brief der „Acht" vom 30. Januar und die Erklärung der „Wilna-Gruppe" vom 5. Februar. Ein Redakteur des *Wall Street Journals* bat zunächst Berlusconi um einen Meinungsartikel, der dann andere Regierungschefs zur Mitunterzeichnung aufforderte. Der Text (Solidarität mit Amerika und Beschwörung gemeinsamer Werte) kam aus der spanischen Kanzlei. Aznar und Berlusconi waren über die Sonderstellung verärgert, die die Élysée-Erklärung eine Woche vorher für deutsch-französische Zusammenarbeit beansprucht hatte. Offizielle Stellen der EU wurden nicht informiert; vor den Kriegsgegnern Deutschland, Frankreich, Belgien und Luxemburg wurde die Initiative geheim gehalten. Der Brief dokumentierte die europäische Spaltung.

Die „Wilna-Gruppe" bestand aus den sieben mittel- und südosteuropäischen Ländern, die in Prag zum Beitritt in die Nato aufgefordert worden waren, und zusätzlich noch Albanien, Kroatien und Mazedonien. Hier wurde ein amerikanischer Lobbyist aktiv, der gute Beziehungen zu den Botschaftern dieser Länder in Washington hatte. Es handelt sich um eine Ergebenheitsadresse an Amerika ohne Substanz. Obgleich sie schon einige Stunden vor der New Yorker Rede Colin Powells veröffentlicht wurde, erklärte sie diese vorab für „überzeugend". Chirac kanzelte den Brief später als unverantwortlich, ja sogar unerzogen ab, was bewies, wie blank damals jedermanns Nerven lagen.

Minister Rumsfeld befasste sich mit Europa auf seine Weise. Die Élysée-Erklärung kommentierte er vor der Presse am 22. Januar, das sei das „Alte Europa", jetzt gebe es ein „Neues Europa", bestehend aus der Gruppe der „Acht". Wenige Amerikaner verstehen, warum diese Aussage gerade die Deutschen verbittert hat; hier wurde ihr Grundverständnis von der europäischen Einigung getroffen, die sie als einen geschichtlichen Neubeginn sehen, eine Umwälzung der Grundlagen der europäischen Staatenwelt von nationalen Egoismen zu regionaler Zusammenarbeit. Rumsfeld freilich teilte die Europäer schlicht nach amerikanischen Interessen ein: Alt sind die Staaten, die Amerika nicht folgen, neu sind die, die es tun. Frank Schirrmacher, Herausgeber und Feuilletonchef der *FAZ*, bezeichnete dies als eine „amerikanische Provokation" und sammelte Kurzkommentare von 20 deutschen und französischen Intellektuellen dazu.[190] Die meisten dieser Kommentare sehen Europa an einem neuen geschichtlichen Ufer. Sie fragen auch, ob nicht eigentlich eine verbrauchte Machtphilosophie, wie sie in Europa überwunden sei, eher alt aussehe. Habermas spielt hierzu virtuos mit der Ideengeschichte:

> „In der Kritik seiner europäischen Freunde begegnen ihm (Rumsfeld) die preisgegebenen eigenen, die amerikanischen Ideale des 18. Jahrhunderts. Aus dem Geist dieser politischen Aufklärung sind ja die Menschenrechtserklärung und die Menschrechtspolitik der Vereinten Nationen, sind jene völkerrechtlichen Innovationen hervorgegangen, die heute in Europa eher Anhang zu finden scheinen als in der ziemlich alt aussehenden Neuen Welt."[191]

Am 6. Februar 2003 verletzte Rumsfeld die deutsche Kollektivseele erneut, indem er erklärte, nur vier Regierungen unterstützten die USA überhaupt nicht: Kuba, Libyen, Syrien und Deutschland. Dass Rumsfeld die ihm wohlbekannte deutsche Unterstützung verschwieg, wurde dabei weniger beachtet als die Gleichsetzung mit drei exotischen Diktaturen. Sabine Christiansen wies ihn in einem Interview am folgenden Tag auf diese Unterstützung hin, ebenso Minister Struck im persönlichen Gespräch. Er wollte dann nur gesagt haben, dies seien die Länder, die öffentlich ihre Opposition erklärt hätten. Heute erstaunt es, dass derartige Seitenhiebe die deutsche Öffentlichkeit so beschäftigen konnten. Sie war eben eine derartig langandauernde Verärgerung Amerikas nicht gewohnt; die Polemik nervte das Publikum schon ein halbes Jahr. Dass hinter dem Spektakel der verweigerten oder gegebenen Handschläge und außerhalb der Sticheleien eines befehlsgewohnten Superministers weiter sachliche Politik gemacht wurde, fiel nicht auf.

Die Panne mit den „Blauhelmen"

Ab 23. Januar stimmten Ministerialdirektor Mützelburg und sein französischer Kollege „MGM" eine gemeinsame Linie ab. Mützelburg informierte zwei Redakteure des *Spiegel* über diese Gespräche. Dabei erwähnte er nebenbei auch eine kurzlebige französische Idee, den Inspektoren im Irak Sicherheitstruppen der Vereinten Nationen, also „Blauhelme", beizugeben, damit sie sich in Konflikten mit irakischen Sicherheitskräften besser durchsetzen könnten. Diese Idee kam aus dem ersten angloamerikanischen Entwurf der Resolution 1441. Sie war damals von Frankreich und Russland abgelehnt worden. Jetzt wollten die Franzosen vielleicht durch ihre Übernahme Konzilianz zeigen. Aber die Arbeitsgruppe verwarf die Idee gleich wieder. Die Argumentationslinie war ja, dass die Inspektionen erfolgreich angelaufen seien und schon jetzt gute Ergebnisse erhoffen ließen. Auch wollte Hans Blix keinen derartigen Polizeischutz.

Einer der *Spiegel*-Redakteure bestätigte Mützelburg später, dass er in seinem Bericht die Überlegungen der Diplomaten auch so beschrieben hatte. „Da hat ein Chefredakteur das Ergebnis anreichern wollen."[192] Tatsächlich dominierten die „Blauhelme" den Aufmacher in *Der Spiegel* Nr. 7 vom 10. Februar 2003.[193] Allerdings beschreibt der Spiegelartikel die Überlegungen so detailliert, dass sie kaum der Fantasie der Redaktion entsprungen sein können. Frank Schirrmacher schreibt sie dem Kanzler selbst zu, der „am Donnerstagabend (das heißt am 6. Februar) mit Redakteuren des Spiegel getafelt habe". Er folgert: „Wenn auch die Redaktion in Hamburg darauf hinweist, viele verschiedene Quellen zu haben und vom Ergebnis eigener Recherchen spricht, so weiß doch jeder in Berlin und anderswo, dass Schröder der Informant in eigener Sache war."[194] Schirrmacher vergleicht den Vorgang mit der „*Daily Telegraph*-Affäre". Er zieht alle Register seines glänzenden Stils, um der Fehlinformation, die er Schröder anlastet, eine weltgeschichtliche Dimension zu verleihen.

Ein Vorausexemplar des *Spiegel*-Magazins kam am Samstag, den 8. Februar, in die Hände des amerikanischen Ministers, der seinen deutschen Kollegen anherrschte, was das nun wieder für ein Vorschlag sein sollte. Struck wusste, naturgemäß, von nichts. Die Diplomaten des Auswärtigen Amts, die im Saal waren, auch nicht, Mützelburg war nicht sofort greifbar. In der besonderen Atmosphäre der Wehrkundetagung, wie man sie immer noch nennt, mit über 200 Experten auf engstem Raum, die meisten von ihnen Atlantiker der ersten Stunde, darunter die Sicherheitsexperten der großen Tageszeitungen, beherrschte das Thema nach 30 Minuten alle Wandelgänge. Die Uranstäbe waren geschmolzen, der GAU war da. Die Bundesregierung bot ein geradezu besorgniserregendes Bild, den „Eindruck eines beispiellosen Zusammenbruchs diplomatischer Professionalität".[195]

Mützelburg war noch nicht dazu gekommen, beide Ministerien über seine Gespräche mit den Franzosen zu unterrichten. Er hätte wohl auch die Idee der „Blauhelme" nicht besonders hervorgehoben. Aber jetzt sahen alle den Vorabdruck des *Spiegel*-Magazins. Fischer beschwerte sich tags darauf beim Kanzler erregt darüber, in zentrale Fragen der Außenpolitik nicht eingeweiht zu werden. Dass bei diesem Gespräch geschrieen wurde, bestritten später ihre Pressesprecher.

Wie Joseph Fitchett, ein Sicherheitsexperte des *International Herald Tribune*, aus München berichtete, waren die in München versammelten amerikanischen Amtsträger und Abgeordneten wütend über einen erneuten Beweis für die „systematische Obstruktion" aus Paris gegen „irgendwelche Versuche der USA und anderer Alliierten, einen Golfkrieg vorzubereiten".[196] Der Zweck der deutsch-französischen Beratungen war in der Tat genau der, einen Krieg durch eine friedliche Lösung zu ersetzen. Diesen Zweck hatte *Der Spiegel* genau beschrieben, was immer er über die Mittel berichtete. Es war der Zweck, der Anstoß erregte. Der *Spiegel*-Bericht war nur Auslöser für die aufgestauten Gefühle im „Bayerischen Hof". Der altgediente Sicherheitsexperte der *FAZ*, Karl Feldmeyer, beschreibt die Atmosphäre:

> „Erstaunen, Fassungslosigkeit, kalte Wut und bitterer Sarkasmus sind in allen Schattierungen anzutreffen. Wenn es einen Tenor der Bewertungen gibt, so lautet er auf der deutschen Seite so: ‚50 Jahre Bemühungen um Vertrauen, alles für die Katz.' Und am Schluss zitiert er Senator Liebermann: ‚Es tut weh, dass zwei unserer engsten Verbündeten, Deutschland und Frankreich, sich dem Wunsch um Hilfe widersetzt haben.' Das seien Sätze, die in diesem Kreis nie vorstellbar waren."[197]

Stefan Kornelius, der Außenpolitiker der *Süddeutschen Zeitung*, stellt die zentrale Frage: Die 250 Experten im Bayerischen Hof seien von den amerikanischen Darstellungen auch nicht alle ganz überzeugt. Aber die meisten verstünden etwas von Interessenpolitik. Diese Experten fragten jetzt, „was die Deutschen denn reite, einen Kampf zu führen, den sie nicht gewinnen werden".[198] Aber es ging nicht mehr um den transatlantischen Schulterschluss, sondern um die Legitimität des Kriegs.

Fischers Auftritt

In der Tagung selbst wiederholte Rumsfeld die bekannte amerikanische Linie: Saddam ist eine Gefahr, er verletzt die Anordnungen des Sicherheitsrats, er hat gefährliche Waffen, er konspiriert mit Terroristen. Es wundere ihn, wie irgendjemand bei dieser Beweislage noch zögern könne, gegen ihn energisch vorzugehen.

Fischer erwiderte, nicht „pazifistische Illusionen", sondern strategische Überlegungen leiteten die rot-grüne Bundesregierung. Ein militärischer Einsatz müsse von „politischer Perspektive und politischem Angebot" begleitet werden. So sei es im Kosovo und in Afghanistan gewesen, im Fall Irak vermisse man dies. Eine Intervention gegen dieses Land schwäche den Kampf gegen den Terror in Afghanistan, der noch lange nötig bleibe. Der Nahost-Friedensprozess werde durch einen Krieg im Irak nur gestört. Demokratie im Irak von außen einzuführen erfordere ein langfristiges Engagement. Sei die amerikanische Bevölkerung dazu bereit? (Das sollte im Jahr 2008 die entscheidende Frage werden.) Eine Ausbreitung des Islamismus im Irak könne für Europa und Israel gefährlich werden. Die Vereinten Nationen würden für die künftigen Weltprobleme immer mehr gebraucht, gerade auch für die Bekämpfung des Terrorismus, seiner Ideologie und seiner Finanzierung. Man dürfe sie nicht schwächen. Schließlich natürlich das prozedurale Argument: Sind wirklich alle anderen Mittel erschöpft, soll sich das jetzige schärfere Inspektionsregime nicht erst einmal auswirken? Nötig sei eine Diskussion „für alle im Bündnis, nicht bloß in Washington". Diesen Punkt wiederholte Fischer mehrmals.

Fischer sprach engagiert, bot aber durchaus kein „Schauspiel seiner Verzweiflung". Er fiel für ein paar Sätze ins Englische; das „excuse me, I'm not convinced" wurde die mediale Kurzform seiner Ausführungen. Keineswegs war er „aggressiv" oder gar „arrogant", wie ihn einige amerikanische Journalisten in der nachfolgenden Pressekonferenz mit Rumsfeld bezeichneten.[199] Tatsächlich stand er damals unter enormem Druck: Das Grunddilemma, das ihn seit September beschäftigte – einerseits Ablehnung des Kriegs, andererseits die Sorge um Deutschlands Isolierung und Beschädigung der Freundschaft mit Amerika –, war jetzt öffentlich zugespitzt. Die Partnerschaft mit Frankreich musste sich erst bewähren. Und zu guter Letzt hatte er einen Kompetenzkonflikt mit dem Kanzler am Hals. Seine Körpersprache entsprach diesen Spannungen. Aber er formulierte zum ersten Mal vor der internationalen Öffentlichkeit ein schlüssiges Konzept, das er dann bis zum Schluss durchhielt. Neben seinem Einsatz für die Balkan-Stabilitätskonferenz nach dem Kosovo-Krieg war dies ein Höhepunkt seiner Laufbahn als Außenminister.*

---

* Schröder war bei der Nato-Tagung in Prag 14 Tage vorher weniger umfassend und überzeugend, er bemühte hauptsächlich sein Standardargument, dass ein Krieg gegen den Irak vom Kampf gegen den Terrorismus ablenke; vgl. Gerhard Schröder, Entscheidungen. Mein Leben in der Politik, Hamburg 2007, S. 232.

In der Bundestagsdebatte vom 13. Februar hatte Fischer dann letzte Zweifel überwunden und verteidigte die endgültig definierte Linie mit Nachdruck und Geschick. Endlich konnte er sich wieder auf einen „internationalen Partner" berufen. Mit diesem Konzept schickte er seinen Staatssekretär Scharioth nach Washington, der dort zwischen dem 11. und 13. Februar die Sicherheitsberaterin Frau Rice, den stellvertretenden Außenminister Armitage und den beamteten Unterstaatssekretär Marc Grossman traf. Schröder gibt in seinen Memoiren den Sprechzettel des Staatssekretärs ausführlich wieder.* Scharioth brachte alle vorbereiteten Argumente an. Zu den angefügten Kriegsrisiken erhielt er die stereotype Antwort: Wir haben das geprüft, wir halten das für beherrschbar. Nur das Argument, dass nach einer Militärintervention ein langes Engagement im Irak erforderlich sei, was die Geduld der amerikanischen Bevölkerung vermutlich überfordere, brachte einen Ansatz zum Gespräch. Aber kein Gesprächspartner wollte zugeben, dass ein solches langjähriges Engagement nötig sei.

Scharioth bekam Kritik zu hören: Wegen der laufenden Diskussion in Brüssel über den „Schutz" der Türkei, aber auch über den deutschen Vertreter bei den Vereinten Nationen, Botschafter Pleuger, der eine Verschwörung („ganging up") gegen die amerikanischen Bemühungen in New York betreibe. Deutschland und Frankreich hätten den Sicherheitsrat gespalten und damit Saddam Hussein den Rücken gestärkt. Damit werde eine friedliche Lösung unwahrscheinlicher und ein amerikanischer Militäreinsatz nötiger. Zwei Wochen vor Beginn der New Yorker Verhandlungen suchte man also schon Sündenböcke für deren Scheitern; gleichzeitig führte man das Dauerthema der sabotierten „Drohung" in die Diskussion ein.

---

* Vgl. Schröder, Entscheidungen. Auf den Seiten 220-222, allerdings etwas arg egozentristisch dargestellt: „Ich ließ wiederholen, was ich [...] in Prag gesagt hatte", „als Gründe ließ ich nennen". Hier spricht der Koch zu seiner Kellnerschar. Wahrscheinlicher ist, dass Beamte des Kanzleramtes und des Auswärtigen Amtes in einer Arbeitssitzung die jetzige Linie zusammenstellten, die sich eben nicht auf Schröders Prager Hauptargument (Priorität von Afghanistan) beschränkte.

3. Vorkriegsdiplomatie: das Ringen um die zweite Resolution

Letzte Bush-Rede

Präsident Bushs Rede zur Lage der Nation am 28. Januar 2003 sollte die Amerikaner auf den Krieg vorbereiten. Der Präsident führte ihnen in einem alarmierenden Ton noch einmal alle Schrecken aus Saddams Giftküche vor, diesmal auch konkrete nukleare Gefahren. Dazu gehörte die Behauptung, der Irak habe Uran in der Republik Niger gekauft.* Er kündigte detaillierte Beweise in einer Rede seines Außenministers vor dem Sicherheitsrat am 5. Februar an. Dabei ließ er noch offen, ob der Sicherheitsrat Powell nur anhören oder später auch eine Entscheidung treffen solle. Keineswegs sollten Powells Informationen in den laufenden Inspektionsprozess fließen. Er sollte das große Schlussplädoyer halten; er sollte überwältigende Beweise vorlegen, sodass der Sicherheitsrat nicht anders konnte als den „Angeklagten" schuldig zu sprechen, wenn das formal überhaupt nötig war. Dass eine amerikanische Militärintervention nicht von Entscheidungen anderer, also auch nicht des Sicherheitsrats, abhängen werde, wiederholte der Präsident auch in dieser Rede mehrmals.

Trotzdem interpretierten die Beamten des Bundeskanzleramts die Rede optimistisch: Noch gebe es Chancen für eine friedliche Lösung, wenn der Irak jetzt seine Verpflichtungen erfülle. Der Sicherheitsrat müsse das letzte Wort haben. Deshalb sei zu begrüßen, dass Bush weiterhin den Sicherheitsrat als maßgeblich handelndes Forum behandelt. Die Rede „bekräftigt unsere Einschätzung, dass der Krieg nicht unvermeidbar ist. Powells Auftrag zum Vortrag entspricht unserer Linie: die Inspektionen zu unterstützen". Damit wurde die Lage verschönt, um die eigene Linie zu begründen.

Ministerpräsident Berlusconi sagte in einem Telefongespräch mit Schröder am 28. Januar, er habe aus seinem Gespräch mit Bush den Eindruck gewonnen, dass dieser fest entschlossen sei und nicht mehr auf Rat höre. Es sei für Bush beinahe eine religiöse Mission. Er, Berlusconi, überlege sich, Bush als gemeinsamen europäischen Standpunkt (Italien hatte die Präsidentschaft der EU) mitzuteilen: keine Beteiligung an Militäraktionen, aber am späteren Wie-

---

* Die entsprechende Meldung wurde kurze Zeit später als erfunden erkannt. Technisch war sie ohnehin unsinnig, da der Irak das Uran nicht anreichern konnte.

deraufbau des Irak. Der Kanzler erwiderte, das bedeute ja, dass man sich mit der Militäraktion abgefunden hätte! Er bat, solche Überlegungen nicht an die Öffentlichkeit zu tragen. Er einigte sich mit Chirac in einem Telefonat vom 3. Februar darauf, eine Festlegung zu verhindern und den Inspektoren eine weitere Chance zur Überprüfung zu geben. Die „Erkenntnisse" Powells sollten in die bestehenden Kanäle gelenkt werden; sie sollten im Bericht von Blix, der für den 14. Februar angesetzt war, bewertet werden. Man muss sich vorstellen, wie eine solche Haltung auf Machtmenschen wie Cheney und Rumsfeld wirken musste: Die Feststellungen der Supermacht, in ihrem Namen feierlich vorgetragen, sollen von kleinen internationalen Experten unter der Führung eines skandinavischen Bürokraten „überprüft" werden!*

Powells Plädoyer am 5. Februar 2003

Das Auswärtige Amt bereitete das Ereignis sorgfältig vor, zumal Minister Fischer den Vorsitz im Sicherheitsrat hatte. Die Deutschen bildeten drei Expertenteams, eines in der Pullacher BND-Zentrale, eines in der deutschen VN-Vertretung in New York und eines im Sitzungssaal. Die drei Gruppen waren elektronisch gut vernetzt, sodass sie dem Minister schon zwanzig Minuten nach Ende der Darstellung eine Bewertung vorlegen konnten: Powell hat nichts Neues gebracht. Schon bald nach der Sitzung war für die multilaterale Diplomatie klar: Powell konnte nicht, wie Adley Stevenson 1962 in der Kuba-Krise, den eindeutigen Beweis für eine nationale Bedrohung führen, so sehr er auch mit Dia-Projektionen von Fabriken, mobilen Geräten und Konstruktionsplänen arbeitete. Dabei hatte er in tagelanger Arbeit das Material der Geheimdienste vorher selbst gesichtet und die schwächsten Stücke schon ausgesondert – unter drastischen Ausdrücken über ihren Wert. Das amerikanische Publikum beeindruckte er tief. Fast alle Fernsehsender übertrugen seinen Vortrag „live". Die Umfragewerte für den Krieg stiegen dramatisch. Vor allem hatte Powells Vortrag die erwünschte Wirkung auf zwei Lager von Skeptikern: Die Generalität und die Spitzenjournalisten.[200] Sein Ansehen in gemäßigten

---

* Der deutsche Kanzler telefonierte auch mit Premierminister Blair. Der beschränkte sich auf die Hoffnung, Powells Bewertungen könnten Paris und Berlin veranlassen, in der Nato die Planung „zum Schutz der Türkei" freizugeben. Kooperative Festlegungen waren mit diesem Partner schon lange nicht mehr möglich.

und liberalen Kreisen wirkte sich aus. Seine Integrität und die Sicherheit seines Auftretens überzeugten. Dass er in der Sache nichts Neues brachte, erkannten die amerikanischen Nachrichtendienste ebenso wie der BND.[201]

In den späteren Verhandlungen des Sicherheitsrats über eine Resolution spielten seine Darlegungen keine Rolle. Gerade die amerikanischen und britischen Delegierten argumentierten dort, es komme jetzt auf Einzelinformationen und Einzelüberprüfungen nicht mehr an, sondern nur noch auf die „tätige Reue" Saddam Husseins.

Powells Auftritt bewirkte also international nichts. Auf nationaler Ebene sicherte er den Interventionsbeschluss zusätzlich ab. Seine massiven Behauptungen und der prominente Schauplatz machten eine amerikanische Umkehr vollends unmöglich,[202] aber sie hatten auch keinen Einfluss auf den politischen Kampf im Sicherheitsrat. In seinen Memoiren wird Powell später jenen Tag als den Tiefpunkt seiner amtlichen Laufbahn bezeichnen.

Exkurs: Ein deutscher Beitrag zu Powells Rede?

Berühmt wurden die angeblichen mobilen Laboratorien zur Herstellung von biologischen Waffen, die Powell stark hervorhob. Die Informationen stammten von einem Informanten des BND mit dem Decknamen „Curveball" (ein angeschnittener, schwer zu treffender Ball beim Baseball-Spiel).[203] Es handelte sich um einen irakischen Flüchtling, der in Deutschland um Asyl suchte und vom BND von 2001 bis Sommer 2002 laufend vernommen wurde. Seine Behauptung, der Irak habe seine Biowaffenproduktion auf fahrbare Laboratorien verlagert, leitete der BND an den amerikanischen, britischen und israelischen Geheimdienst weiter, ohne sie allerdings je voll zu indossieren. Er betonte stets, die Aussage könne nicht endgültig verifiziert werden. Er wies auch darauf hin, dass über die Produktionsweise dieser Labors nichts gemeldet wurde.

Ende 2002 bat der Direktor der CIA, Tenet, den BND um eine Überstellung der Quelle zur Befragung durch die CIA und um Genehmigung eines Fernsehauftritts in den USA. Der damalige BND-Chef beantwortete diese Bitten in einem Brief vom 20. Dezember ablehnend, stellte aber seinem Kollegen frei, die Informationen zu verwenden, obgleich sie nicht bestätigt werden könnten und nochmals durch die Inspektoren vor Ort überprüft werden sollten. Eine hochrangige Sitzung unter Vorsitz des Kanzlers hatte diese Linie festgelegt: Man wollte Amerika durch eine vollständige Ablehnung nicht brüskieren.[204]

Der Spiegel zitiert den früheren Kabinettschef von Außenminister Powell mit den Worten, „ihr Deutschen tragt zumindest eine Mitschuld". Er zitiert auch den bekannten Experten David Kay mit harten Vorwürfen an den BND, vor allem, weil dieser die Quelle der CIA nicht überstellt hat. Das war allerdings ein völlig unübliches Verlangen. Thomas Ricks berichtet, vor Powells Rede habe ein CIA-Angestellter moniert, Powell stütze sich zu sehr auf die unzuverlässigen Behauptungen von „Curveball". Aber der stellvertretende Leiter der „Arbeitsgruppe Irak" der CIA schrieb zurück: „[…] dieser Krieg kommt, egal was Curveball sagte oder nicht sagte, und die Großen unseres Landes sind wahrscheinlich nicht schrecklich interessiert daran, ob Curveball weiß, worüber er redet."[205]

Die zweite Resolution – Ausgangslage

Tony Blair brauchte eine zweite Resolution des Sicherheitsrats aus innenpolitischen Gründen. Er hatte im Dezember 2002 vor dem Unterhaus erklären müssen, er könne einen Krieg nur mit Zustimmung des Sicherheitsrats unterstützen – oder „wenn der Geist der VN-Resolution durch ein unvernünftiges Veto gebrochen würde".[206] Noch als er am 31. Januar 2003 Washington aufsuchte, um Bush zu einer solchen Resolution zu überreden, erklärte dieser vor der Presse: „1441 ermächtigt uns, ohne irgendeine zweite Resolution voranzugehen, und Saddam Hussein muss einsehen, dass er im Interesse des Friedens abrüsten muss, weil sonst wir, zusammen mit anderen, kommen und Saddam Hussein abrüsten werden." Später gab er dem britischen Drängen doch nach.

Die deutsche Regierung konnte nicht zurück und hätte nichts dadurch gewonnen. Sie hatte zwei Partner mit Veto-Macht. Für die Franzosen war der Krieg töricht und nicht wert, legitimiert zu werden. Präsident Chirac selbst genoss die Rolle als Stimmführer einer breiten internationalen Ablehnung. Er konnte seiner Leidenschaft zu impulsiven, belehrenden und werbenden Telefongesprächen in alle Weltgegenden frönen.[207] Dass Schröder sein begehrtester Telefonpartner war,* bestärkte den Eindruck, dass sich Deutschland hinter einer französischen Führung „versteckte". Mitglieder des deutschen Teams im Sicherheitsrat bezeichnen das Verhältnis eher als „ausgewogen" und heben vor allem das Gewicht und Geschick Botschafter Pleugers hervor, dessen Einfluss bei den Nichtständigen („E-10") die französische Veto-Macht in etwa aufwog. Pleuger hatte sich schon bald nach seiner Ankunft in New York im Januar auf eine Kontroverse um den Irak vorbereitet. Nach den Kunstregeln der multilateralen Diplomatie suchte er eine „Hausmacht". EU und Nato waren gespalten. So nutzte er das Informationsbedürfnis der „Nichtständigen" und ihren versteckten Groll über die „Ständigen", die ihnen stets vorbesprochene Entscheidungen vorsetzten. Er richtete ständige Sitzungen der „E-10"** ein; die beiden Gefolgsstaaten der USA, Bulgarien und Spanien, meldeten zwar alle dortigen Diskussionen umgehend an die Amerikaner, Pleuger gewann aber dennoch ein Instrument der Einflussnahme. Daraus der ständige Vorwurf des „ganging up". Französische Diplomaten in New York und Washington stimmen überein, dass sie ohne die deutsche Unterstützung die Krise kaum durchgehalten hätten.

Dem Kanzler sagten seine Mitarbeiter voraus, Russland werde sich um einen Kompromiss bemühen, der das Gesicht aller Seiten wahrt und bis dahin Festlegungen im Sicherheitsrat vermeidet. Die Partnerschaft mit den USA sei für Russland zentral; es sei „unwahrscheinlich, dass es (Russland) sich am Ende den USA offen (Veto) entgegenstellt". Der Kanzler hatte von Putin dann einen anderen Eindruck. Dieser stehe fest, erzählte er Chirac, als dieser ihn wieder einmal anrief; er wolle nur nicht eines Tages isoliert sein. (Chirac darauf: Kann ich verstehen; hätte zunächst nicht geglaubt, dass Putin durchhält). Schröder weiter: Putin sei den ständigen Druck der USA leid geworden. Er wolle den „Freibrief für die USA" nicht „notariell machen", das heißt, die Zustimmung zu einer willkürlichen Forderung beurkunden und damit anerkennen, dass die USA alles machen können. In seinen Augen wollten die Angelsachsen den Sicherheitsrat „hijacken".

Unerwähnt blieb das harte innenpolitische Risiko Russlands: Der mögliche Zorn des muslimischen Bevölkerungsanteils, der schon vier Jahre vorher ein

---

* Ich habe für die 22 Tage der New Yorker Verhandlungen elf deutsch-französische Chef-Gespräche gezählt, fast alle auf Initiative von Chirac.

** „E" steht hier für „elected", also die zehn nicht-ständigen Ratsmitglieder.

Hauptgrund für Jelzin war, Milošević im Kosovo-Krieg schließlich fallen zu lassen.[208]

Es spricht für das gewachsene Gewicht Chinas, dass niemand je an der Ernsthaftigkeit einer Ablehnung zweifelte und niemand einen Grund sah, warum dieses Land amerikanischem Druck nachgeben sollte. So bestand das Ablehnungslager aus drei ständigen Ratsmitgliedern, China, Russland und Frankreich sowie Deutschland und dem arabischen Mitglied Syrien. Dem großen Spiel der beiden Lager waren die sechs „unentschiedenen" gewählten Mitglieder ausgesetzt: Pakistan, die zwei lateinamerikanischen Länder Mexiko und Chile und die drei Afrikaner Angola, Guinea und Kamerun. Sie heißen in den deutschen Berichten die „E-6", in der amerikanischen Literatur meistens „U-6" (undecided six).

Jean David Levitte, der neue französische Botschafter in Washington, hatte am 20. Februar 2003 einen Empfang bei Vizepräsident Cheney, der ihn verstörte. Er sagte später, er hätte eine Betonmauer vor sich gehabt.[209] Am nächsten Tag begab er sich, angeblich auf Weisung seines Präsidenten, zum stellvertretenden Sicherheitsberater Hadley, um ihm zu empfehlen, Amerika solle auf eine zweite Resolution verzichten, um eine Konfrontation im Sicherheitsrat zu vermeiden. Die Resolution Nr. 1441 sei zweideutig. Die USA könnten sich auf ihre Auslegung berufen, wonach sie ein Recht zur Intervention enthalte. So könnten beide Seiten ihr Gesicht wahren. Da war sie wieder, die Theorie von der „Bandbreite", juristisch falsch, aber als Versteck politisch nützlich! Hadley bekundete Verständnis; Bush sei aber jetzt dem britischen Premier im Wort.

Dieser eigenartige Vorfall ist gut belegt.[210] Klar ist, dass die französischen Diplomaten eine risikoreiche Konfrontation erwarteten. Sie fürchteten vor allem, dass doch Waffen gefunden würden, „dann sind wir alle tot", spöttelte einer von ihnen. Exakt am selben Tag führte Chirac allerdings eines seiner seelsorgerlichen Telefongespräche mit Schröder, in dem er ihn über den Erfolg der gemeinsamen Position beruhigte. Levittes Demarche war jedenfalls nicht mit Berlin abgesprochen. Beide Seiten zogen es später vor, den Vorfall zu ignorieren.

Die zweite Resolution – Verhandlungen

Der amerikanisch/britisch/spanische Ausgangsentwurf zu Beginn der Verhandlungen am 24. Februar 2003 war ein eigenartiges Dokument. Es enthielt elf Präambelparagraphen, die die Abrüstungspflichten des Irak und seine Verfehlungen gegen diese Pflichten ausführlich beschreiben, darauf folgt ein einziger operativer Satz:

> „[Der Sicherheitsrat] entscheidet, dass es der Irak versäumt hat, die letzte Chance zu nutzen, die ihm in der Resolution 1441 aus dem Jahre 2002 eingeräumt war."

Der Entwurf enthielt also keine ausdrückliche Genehmigung einer Intervention. Aber die Massierung der bisherigen Schlüsselbegriffe in der Präambel („schwerwiegende Verfehlung", „ernsthafte Konsequenzen", „Gefahr für die internationale Sicherheit", „Verfehlung der letzten Chance") machten überaus deutlich, dass „gerade dies der Resolutionszweck ist" (Bewertung der deutschen VN-Vertretung). Der Text setzte voraus, dass seine Einbringer bereits jetzt ein Recht zum Eingreifen hatten, das sie sich, gewissermaßen aus Höflichkeit, nur noch einmal bestätigen lassen wollten.* Jetzt führte diese Konstruktion zurück zur alten Kontroverse über die „Automatik".

Der amerikanische Vertreter Negroponte überließ die Überzeugungsarbeit hauptsächlich seinem Kollegen Sir Jeremy Greenstock. Allerdings war der harte Text schwer zu verharmlosen. Auch sammelten die Iraker durch verstärkte Zusammenarbeit Punkte, wie ihnen Chefabrüster Hans Blix in einer Anhörung vor dem Rat am 14. Februar bescheinigte. Das sei nicht genug, sagte Greenstock. Die Welt erwarte vom Irak, sich „sofort, bedingungslos und aktiv all seiner Massenvernichtungswaffen zu entledigen". So sei die Resolution 1441 vom November des Vorjahres zu verstehen. Sie habe keineswegs ein „Detektiv- oder Zwangsprogramm einrichten wollen". Man habe vielmehr das südafrikanische Beispiel vor Augen gehabt, wo die neue Regierung die Programme und Bestände der früheren Apartheidsregierungen von sich aus offenlegte.

Das überzeugte niemanden. Im Oktober 2002 war von Südafrika keine Rede gewesen. Zentrales Thema war damals die Stärkung der Effizienz der In-

---

* Dies war ja in der Tat das stets betonte Verständnis gerade der beiden angelsächsischen Mächte, und einer der Gründe, warum die amerikanische Diplomatie eine zweite Resolution eigentlich nicht wollte.

spektionen, bis hin zu der bekannten amerikanischen Überlegung, sie mit eigenen bewaffneten Truppen auszustatten. Schon in der Ost-West-Rüstungskontrolle hatte die „Verifikation" immer ein Element der Aufklärung gegen den Willen der Gastregierung. Die Inspektionen der UNSCOM im Irak bedeuteten von 1991 bis 1998 ein ständiges Ringen gegen zähen irakischen Widerstand. Hans Blix' Erinnerungen daran[211] lesen sich wie ein Detektivroman.

Ein französisches Memorandum vom 12. Februar betonte, dass die Inspektionen ein „intrusiver Prozess" waren und bleiben, und dass es seit Jahren, auch im November 2002, darum gegangen sei, das Instrument als Zwangsinstrument gegen irakischen Widerstand zu verbessern. Der Irak müsse gezwungen werden, eine internationale Inspektion friedlich zu dulden.

Eine Feinheit war der Zeitrahmen für die Inspektoren. Die neuen Prozeduren und Organisationen der Inspektionen wurden im November 2002 (durch Resolution 1441) zwar verstärkt, ihr Zeitplan war aber schon im April 1999 (durch Resolution 1284) festgelegt. Damals wurde bestimmt, dass Blix (für die neu geschaffene UNSCOM) und El Baradei (für die Atomorganisation IAEO) „alle drei Monate" dem Rat berichten sollten, und zwar vom Datum der damaligen Resolution an. Blix und Baradei kündigten folgerichtig am 9. Januar 2003 ihren nächsten Bericht für April 2003 an. Das bestürzte die amerikanische Diplomatie. Frau Rice beeilte sich, Blix am 14. Januar aufzusuchen, um die Frage im amerikanischen Sinn zu klären. Das nährte den Verdacht, dass der Termin die Kriegspläne störte. Deshalb nutzten die Kriegsgegner den „Zeitrahmen der Resolution 1284" eine Zeit lang für Sticheleien.

Die Wucht der Diskussion der nächsten drei Wochen rückte diese Finessen beiseite. Die intensivste Diskussion fand in zwei inoffiziellen Treffen der „E-10" statt. Sie trafen sich einmal mit den „P3" (China, Frankreich, Russland) und einmal mit den „P2" (USA und Großbritannien). Greenstock warb stets mit großem Einsatz. Saddam Hussein müsse begreifen, dass sein Spiel vorbei sei. Vielleicht könnte er unter dem Druck eines einigen Sicherheitsrats seine Programme und Waffen ausliefern. Nicht alle Ratsmitglieder nahmen ihm diese Darstellung ab. Der Mexikaner sagte: „Es wurde uns klar gesagt, dass wir nichts zu entscheiden haben, dass die Entscheidung bereits getroffen wurde und dass wir nur die Frage zu beantworten haben, ob wir mitmachen oder nicht." Auch der Chilene sah das Ziel der Resolution darin, den Sicherheitsrat mit der Perspektive eines Kriegs in knapp zwei Wochen unter Druck zu setzen und ihm dadurch keine Alternative zu lassen.

John Negroponte argumentierte anders: Eine drastische Haltungsänderung Saddams, wie Greenstock sie als letzte Möglichkeit, aber eben doch als Möglichkeit, darstellte, sei nicht zu erwarten. Der Moment zur Entscheidung stehe bevor. Die Resolution Nr. 1441 habe schon ausgedrückt, dass es „genug sei" und Präsident Bush habe klar gemacht, dass die USA auch ohne die Autorisierung des Sicherheitsrats vorgehen würden.

Anfang März kam die Krise. Die Außenminister der Troika veröffentlichten eine Erklärung, in der sie „immer ermutigendere Ergebnisse" der Inspektionen feststellten und folglich ankündigten, sie würden „keinen Resolutionsentwurf passieren lassen, der eine Gewaltanwendung genehmigen würde". Im nächsten Satz deuteten sie bereits ein Veto an: „Hierbei werden Russland und Frankreich als ständige Mitglieder des Sicherheitsrats ihre volle Verantwortung wahrnehmen."

Mit dieser Erklärung sollte den „unentschiedenen Sechs" die Angst genommen werden, dass sich Frankreich und/oder Russland in letzter Minute der Stimme enthalten und damit die kleineren Staaten im Regen stehen ließen, wenn sie mit Nein stimmten. Jetzt zählten nur noch Druck und Gegendruck, Macht und Gefolgschaft. Bush sah es ebenso. Er sagte am 6. März öffentlich, er wolle jetzt das Ende der Verhandlungen: „Ganz gleich, was das Ergebnis ist, wir verlangen die Abstimmung." Dann müssten die Staaten des Sicherheitsrats zwischen ihm und Saddam Hussein wählen:

> „Wir wollen sehen, wie die Leute aufstehen und was ihre Meinung über Saddam Hussein und die Nützlichkeit des Sicherheitsrats der Vereinten Nationen ist. Und dann werden wir sehen. Es ist Zeit für die Leute, ihre Karten zu zeigen und der Welt offen zu sagen, wo sie stehen, wenn es um Saddam geht."

Am 7. März legten die drei Länder einen neuen Entwurf vor. Der Anlass waren britische Bemühungen um eine Gnadenfrist für Saddam Hussein. Sie fiel mit zwei zusätzlichen Arbeitswochen (Stichtag war der 17. März) reichlich knapp aus. Dieser geringe Zeitgewinn wurde durch verschärfte Anforderungen erkauft, denn nach diesem Datum hätte der Irak,

> „es versäumt, die ihm mit Resolution 1441 (2002) eingeräumte letzte Chance zu nutzen, sofern der Rat nicht am oder vor dem 17. März 2003 zu dem Schluss kommt, dass Irak volle, bedingungslose, sofortige und aktive Zusammenarbeit gemäß seinen Abrüstungsverpflichtungen [...] bewiesen hat [...]."[212]

Um Klarheit zu erreichen, hätte die Frist um mindestens sechs Wochen verlängert werden müssen. Überdies nahm der neue Text einen Schuldspruch vorweg, den der Sicherheitsrat später nur mit Mehrheit wieder hätte aufheben können. Das bedeutete die Zustimmung zum Krieg und musste die Unentschiedenen verstimmen. Trotzdem präsentierte der britische Außenminister Jack Straw den neuen Text am 7. März als letzte Chance. Natürlich, so sagte er, könne bis zum 17. März nicht alles bewiesen, geklärt und vernichtet sein, aber die zentralen Probleme müssten erledigt werden, und Saddam müsste seine „strategische Entscheidung" zur völligen Abrüstung in Worten und Taten bewiesen haben. „Messlatten" („benchmarks") müssten diese strategische Entscheidung beweisen. Das freilich stand nicht im neuen Text, dieser forderte im Gegenteil im beflissenen Juristenenglisch bis zum 17. März den vollständigen Vollzug der Abrüstung. Die britische Diplomatie verschönte den Text, um ihn akzeptabel zu machen. Dem mittlerweile völlig erschöpften Botschafter Jeremy Greenstock konnte es aber nicht gelingen, ein Ultimatum in eine Sammlung von „Messlatten" umzudeuten, zumal sein amerikanischer Kollege kühle Distanz zu diesen Bemühungen hielt.

Die „Messlatten" widersprachen dem amerikanischen Ziel (Krieg mit oder ohne Ermächtigung noch im März) ebenso wie dem Ziel der Friedenspartei (keine Vorverurteilung, keine „Automatik", realistische Zeitrahmen). Immerhin wurden die „Messlatten" zum Spielmaterial der letzten Woche: „Hätten die Deutschen und Franzosen nur den konstruktiven kanadischen Vorschlag angenommen!" Oder: „Hätte man nur die britischen Bemühungen der letzten Minuten etwas ermuntert!"

Am Samstag, den 8. März, arbeiteten die „E-6" an einem Kompromisspapier. Der mexikanische Botschafter Adolfo Zinser und der chilenische Botschafter Gabriel Valdés machten sich Sorgen. Würden Frankreich und Russland als ständige Mitglieder wirklich mit „Nein" stimmen, was ein Veto bedeutet, oder würden sie, wie in solchen Fällen häufig, sich der Stimme enthalten? Frankreich und Russland hatten zwar in der Erklärung vom 5. März ihr Veto bereits ausdrücklich angekündigt, würden sie aber die Nerven dazu behalten? Die Diplomaten arbeiteten unter schweren Belastungen. Botschafter Zinser erfuhr wenige Tage später, dass Washington seine Regierung aufgefordert hatte, ihn wegen profranzösischer Haltung abzuberufen. Präsident Fox deckte ihn; er rief aber seinen Kollegen Chirac an und bat um eine öffentliche Klärung. Chirac ließ ein Fernsehinterview für Montag vorbereiten. Er telefonierte auch erneut mit Schröder. Dieser berichtete über sein letztes Gespräch mit Putin, der ihm gesagt habe, er sehe keine Veranlassung für einen Krieg gegen den Irak. Bush und Blair übten großen Druck auf ihn aus. Er habe ihnen aber klar erklärt, dass Russland leider „Nein" sagen müsse. Dies sei von Anfang an die russische Position gewesen.

Der nächste Schritt im Wettbewerb jener Tage war Villepins Afrika-Reise, schon logistisch ein Kraftakt. Zwischen dem 9. und 11. März besuchte er die Hauptstädte der drei afrikanischen Ratsmitglieder, Luanda (Angola), Jaunde (Kamerun) und Conakry (Guinea). Überall hatte die angelsächsische Diplomatie schon in ihrem Sinne gearbeitet, mit hochrangigen Telefongesprächen und Besuchen, verbunden mit sehr freigiebigen wirtschaftlichen und finanziellen Versprechungen.[213] Trotzdem unterstützte schließlich kein afrikanischer Ratsvertreter die angelsächsische Resolution; sie scharten sich um die Kompromissvorschläge der Lateinamerikaner und Pakistaner.

Am Montag, den 10. März, gab Chirac sein Fernsehinterview. Schon im zweiten Satz fragte der Reporter nach dem „Veto". Über viele Fernsehminuten vermied der Präsident das konfliktbeladene Wort und sagte nur, Frankreich werde auf jeden Fall mit „Nein" stimmen. Schließlich entrutschte es ihm doch. Das nahm den Druck von den „E-6". Sie konnten jetzt unbeschwert zwischen zwei Gegenpolen vermitteln. Russland und Frankreich hatten zwar schon am 5. März dasselbe gesagt. Aber eine weltweit übertragene Fernsehansprache eines Staatspräsidenten ist etwas anderes als ein Konferenzpapier. Tony Blair hatte die Hälfte seines Alibis. Sein Medienapparat und seine Diplomatie wurden fortan nicht müde, den französischen Präsidenten persönlich für die Sabotierung einer noblen Initiative verantwortlich zu machen. Logisch war das alles nicht, aber es bediente historische Ressentiments in England.

Blair suchte jetzt persönlich nach „Messlatten". Er rief Montagmorgen Hans Blix an: Er brauche fünf bis sechs Punkte, mit denen der Irak seinen Willen beweisen könnte, das Arbeitsprogramm der UNMOVIC zu erfüllen.[214] Das Ergebnis dieses Gesprächs war ein britisches „Non-Paper" zu dem Thema der „benchmarks". Es enthielt einige Sachfragen und zwei Verfahrensforderungen. In der Sache forderte das Papier Aufklärung über:

- den Verbleib der Milzbranderreger und der chemischen Kampfstoffe,
- die endgültige Zerstörung der restlichen Raketen mit verbotener Reichweite,
- das Drohnenprogramm,
- die angeblichen mobilen Produktionsstätten für chemische und biologische Waffen.

Die Verfahrensforderungen waren einerseits die Verhöre irakischer Wissenschaftler, die mit ihrer ganzen Familie begleitet werden und auf neutralem Boden stattfinden sollten, und ferner, als Abschluss, eine Fernsehansprache von Saddam Hussein, in der er seinem Volk und der Welt erklären sollte, er habe bisher Waffen verborgen und werde nun alles zerstören.

Die zweite Resolution: Schlussbewertung

Waren diese Fragen und Forderungen einen Krieg wert? Eine Befragung irakischer Wissenschaftler ohne Furcht vor Repressalien war eine vernünftige, schon lange diskutierte Forderung, die der Irak jetzt auch erfüllen wollte. Vor dem Beginn der Militärintervention wurden irakische Experten mit ihren Familien nach Zypern ausgeflogen. Welchen Wert könne eine öffentliche Erklärung von Saddam haben, so wurde in den Konsultationen gefragt, nachdem er bisher monatelang als notorischer Lügner gebrandmarkt wurde.

Die Fragen zu den Waffenprogrammen zeigten nur, welche geringe militärische Bedeutung die verbliebenen Unklarheiten hatten. Allerdings war eine restlose Aufklärung in einer Woche nicht zu schaffen. Gut gemeinte Vorschläge mit praktikablen Fristen wurden von Amerika stets umgehend abgelehnt, so einer, den Präsident Lagos von Chile persönlich machte und der drei zusätzliche Wochen vorschlug. Der Sprecher des Präsidenten, Ari Fleischer, sagte dazu nur, „it was a nonstarter then, it is a nonstarter now".

Mit jeder Wendung der Diskussion verloren die angelsächsischen Vorschläge an Plausibilität und wurde die dahinterstehende Kriegsabsicht offenkundiger; so verloren sie schließlich auch die Unterstützung der ärmsten und schwächsten Mitgliedsstaaten des Sicherheitsrats. Öffentlich diskutierten jetzt Militärexperten die Auswirkungen von verlängerten Fristen auf den Beginn der Invasion. Schon der Endpunkt des 17. März schien der amerikanischen Regierung zunächst zu nah an der heißen Wetterperiode im Irak. Bei weiteren Verzögerungen hätte man wegen der beginnenden Hitze und der Sandstürme die Invasion in den Herbst verlegen müssen. Britische Generäle beeilten sich, dies als Alternative darzustellen: Die Waffen könnten an Ort und Stelle bleiben, die Truppen könnten rotieren. Kanada, das mit Kompromissvorschlägen in den Sicherheitsrat eingriff, schlug schließlich eine Frist von vier Monaten mit anschließender „Automatik" vor: Vier Monate also warten und nach Waffen suchen, nach Ende dieser Frist könnten Staaten, die den Irak im Verzug betrachteten, nach eigenem Ermessen zu den Waffen greifen. Dieser Vorschlag war wegen seiner „Automatik" der deutsch/französisch/russischen Ablehnung sicher. Aber Amerika lehnte ihn schon vorher ab. Es lieferte damit den letzten Beweis, dass es einem militärischen und keinem diplomatischen Kalender folgte.

Am 14. März nahm Greenstock den Antrag auf eine Resolution des Sicherheitsrats zurück. In einer geschickten parlamentarisch-publizistischen Rettungsoperation konnte Tony Blair den innenpolitischen Schaden begrenzen. Die Mehrheit des Unterhauses, voll Bedauern über die Verkennung der Absichten ihrer Regierung und über die Manöver der Kontinentalen, billigte Großbritanniens Beteiligung an der Militäraktion.

Es kam das Azorentreffen am Sonntag, die Fernsehansprache des amerikanischen Präsidenten und sogar noch eine Sitzung des Sicherheitsrats auf Ministerebene am 19. März. Diese Ereignisse läuteten den Krieg ein.

Wie konnte es kommen, dass einem Antrag der Supermacht nur vier von 15 Mitgliedern zustimmten?

Erstens war der Antrag nachlässig vorbereitet. Während James Baker 1991 die notwendigen Schritte im Sicherheitsrat monatelang in allen denkbaren Hauptstädten vorkonsultierte, besuchte Powell keines der unentschiedenen Mitglieder. Bevor der Entschließungsentwurf am 24. Februar eingereicht wurde, kannte niemand seine Forderungen. Zu den Hauptthemen, namentlich der „Automatik", den „Messlatten" und dem Zeitrahmen, hatte Washington keine einleuchtenden Argumente. In den Schlussverhandlungen ergab sich die Peinlichkeit, dass die Vielfalt der Bedrohungen, die Powell fünf Wochen vorher mit Videos, Sattelitenfotos, mitgeschnittenen Telefonaten und vielen Grafiken aufgebaut hatte, nun zu drei oder vier unbedeutenden Fachfragen zusammenschrumpften. Nicht dass der Sicherheitsrat absichtlich betrogen werden sollte: Die amerikanischen Diplomaten waren von der Bedrohung felsenfest überzeugt. Sie hatten sich selbst betrogen. Aus einem „Diktator aus der Blechbüchse" („tinpot dictator"), wie er früher gelegentlich genannt worden war, wollten sie den Anstifter neuer internationaler Katastrophen machen.

Dazu kommt zweitens die Gereiztheit und Unduldsamkeit der amerikanischen Diplomaten gegenüber Andersdenkenden. Versuche, den Widerstand gegen die Resolution zu organisieren, galten als „Verschwörung" („ganging up"). Villepin erregte mit seiner Blitzreise nach Afrika heftigen Anstoß, obgleich beide Regierungen die gleichen Mittel anwandten. London hatte die Staatsministerin im Foreign Office, Valerie Amos, eine dunkelhäutige Politikerin aus Britisch Guyana, nach Jaunde geschickt. Powell rühmte sich, dass er regelmäßig vor der Ankunft de Villepins die dortigen Präsidenten schon in seinem Sinne beeinflusst hatte. Walter Kansteiner, der Abteilungsleiter für Afrika im State Department, residierte während des französisch-afrikanischen Gipfels im Februar 2003 in einem Pariser Hotel, gleich neben dem Präsidentenpalast, und telefonierte von dort aus mit den Präsidentenberatern der drei afrikanischen Staaten, die im Sicherheitsrat vertreten waren.*

Es wurde drittens zu viel gedroht. Ein amerikanischer Diplomat äußerte in der Zeitschrift „Economist", die Mexikaner riskierten den „patriotischen Zorn" der amerikanischen öffentlichen Meinung. Präsident Bush machte eine ähnliche Bemerkung in einem Telefongespräch mit Vincente Fox. Ein „Feuersturm" in den mexikanischen Medien war die Folge. Schließlich verlangte das State Department die sofortige Abberufung des mexikanischen Vertreters. Putin musste hören, er setze die strategische Partnerschaft mit den USA aufs Spiel. Der Chefabrüster Hans Blix wurde Ende Oktober 2002 von Vizepräsident Cheney gewarnt, die Administration werde nicht zögern, ihn zu diskreditieren, wenn sie seine Ergebnisse als Fehleinschätzungen bewerten müsse. In den ersten Märztagen wurde er durch eine „Informationskampagne" in den konservativen Medien „verleumdet, verteufelt, als Dummkopf hingestellt [...]."[215] Ihm wurde unter anderem vorgeworfen, er habe den Fund einer Drohne und einer Streubombe nicht als „rauchende Revolver" angesehen, was sie denn auch wirklich nicht waren. Über Botschafter Pleuger beschwerte sich die amerikanische Botschaft fast jeden Tag beim Auswärtigen oder beim Kanzleramt. Die Deutschen fragten dann in New York nach, was denn wieder passiert sei. Wegen des festen Vertrauens seines Außenministers stand Pleuger das durch.

---

* Dabei wurde jetzt viel versprochen: Angola wurde die Hilfe zur Aufnahme im Weltwährungsfonds zugesagt, und die früheren Hemmnisse für private Investitionen aus der Bürgerkriegszeit wurden gestrichen. Dem Präsidenten von Kamerun wurden die Eröffnung eines Büros, USAID, und Investitionsförderung zugesagt. Noch wichtiger war wohl eine Einladung zum Abendessen ins Weiße Haus am 6. März; vgl. dazu Vernet/Cantaloube, Chirac contre Bush, S. 241 f. Für Mexiko ging es um die Verabschiedung eines Gesetzes über die illegalen Immigranten in den USA (die der Kongress schließlich aus anderen Gründen ablehnte), für Chile um die Gewährung der Meistbegünstigungsklausel.

Viertens entsprach die angelsächsische Argumentation dem Gewicht ihrer Forderung in keiner Weise. Negroponte konnte nur stets wiederholen, genug sei genug. Da niemand eine gefährliche Waffe fand (neben den Inspektoren waren auch schon vor dem Krieg geheime Teams der Angelsachsen unterwegs), musste man die irakischen „Verfehlungen" im Inspektionsprozess selbst finden, etwa in falschen Angaben oder in verweigerten Durchsuchungen. Dann war aber nicht einzusehen, warum diese Verfehlungen im Inspektionsprozess nicht nachgebessert werden konnten. Die Verifikation ist ergebnis- und nicht gesinnungsorientiert. So lief die Argumentation darauf hinaus, dass die amerikanische Führung die Geduld mit Saddam Hussein wegen seines schlechten Charakters verloren habe.

Schuldfrage: In politischen Gesprächen wurde Deutschland gelegentlich beschuldigt, es sabotiere den politischen Druck auf Saddam Hussein. Das mache eine militärische Intervention erst erforderlich. Beim Abschiedsbesuch von Gebhart von Moltke, dem deutschen Nato-Botschafter während der Türkei-Krise, sagte ihm Daniel Fried, damals Abteilungsleiter für Europa im Nationalen Sicherheitsrat, die deutsche Haltung mache Saddam glauben, dass er die internationale Debatte gewinne. Deutschland unterstütze Frankreich mit seiner völlig anderen Agenda. Opposition gegen eine Militäroperation sei akzeptabel; der Versuch, diese für die USA politisch und militärisch so teuer wie möglich zu machen, verbittere jedoch.

Auch die britische Regierung schob in intensiver Öffentlichkeitsarbeit die „Schuld" auf andere. Als Beweis diente die französische Veto-Ankündigung und der Misserfolg mit der Idee der „Messlatten", die mangelnde Bereitschaft zu Fristverlängerungen. Beispiele dafür sind die Artikel von James P. Rubin[216] und Lawrence Freedman.[217] Freedman kommt zu folgendem Schluss:

> „Vorschläge eines längeren Zeitplans, mit klaren Messlatten für die Einhaltung der Verpflichtungen und der Möglichkeit eines VN-mandatierten Kriegs am Schluss, mussten wegen der kategorischen französischen und deutschen Verweigerung scheitern, Gewalt auch nur in Betracht zu ziehen. Ob Blair hätte Bush überreden können, einer weiteren Verschiebung zuzustimmen, konnte nie wirklich ausgelotet werden [...]."

Sicherlich trifft der letzte Satz nicht zu: Washington wurde von vielen Seiten bestürmt, die Fristen zu verlängern und weigerte sich jedes Mal entschieden. Richtig ist, die Deutschen und Franzosen (und Russen und Chinesen) lehnten in der Tat jede Automatik ab, auch nach noch so langen Fristen. Sie waren nicht unbedingt gegen militärischen Zwang, aber seine Genehmigung sollte dem Sicherheitsrat vorbehalten bleiben. Die Bewertungen Freedmans sind freilich nicht nur faktisch ungenau; politisch fragwürdig ist vor allem sein Ausgangspunkt, dass die Resolution wünschbar war, dass also die internationalen Beziehungen besser verlaufen wären, wenn der Sicherheitsrat den Krieg legitimiert hätte. Tatsächlich aber war der Krieg falsch und unerwünscht. Seine Verhinderung war das richtige Ziel. Der Sicherheitsrat drückte die Weltmeinung aus. Er hat seine und die Stellung der Vereinten Nationen gestärkt. Das meinte Sir Kieran Prendergast, der höchste politische Beamte des VN-Sekretariats, als er sagte, eine Resolution, der die „innere Wahrhaftigkeit („internal credibility") gefehlt hätte, wäre das schlimmste Ergebnis gewesen.[218]

Eine wirklich tödliche Gefahr für Amerika, also ein gerechter Kriegsgrund, wäre der Welt nicht verborgen geblieben und hätte den Sicherheitsrat selbstverständlich zu allen nötigen Maßnahmen veranlasst. So sollten Druck und Drohung Beweise und Überzeugung ersetzen. Die militärischen Vorbereitungen mit einem Truppenaufbau von über 100.000 Mann mit dem nötigen Angriffsgerät machten klar, dass es auf die Zustimmung nicht ankam. Vom amerikanischen Präsidenten bis zum Botschaftsrat glaubte die amerikanische Diplomatie felsenfest an Saddams tödliche Gefährlichkeit. Ein britischer Beobachter nannte diesen Glauben „biblisch". Man fühlte sich zur Führung berufen, weil Amerika kraft seines überlegenen Willens und seiner gerechten Prinzipien das Richtige will. Widerstand gegen Amerikas Einsichten kann nur ein vorübergehender Irrweg sein; am Ende werden die Partner sich dem Willen und der Einsicht der Führungsmacht unterordnen.* Das führt uns zum Verhältnis zwischen „Mars und Venus".

---

* Ivo H. Daalder/James M. Lindsay, America Unbound. The Bush Revolution in Foreign Policy, Washington 2003, nennen das den „fünften Lehrsatz des hegemonialen Glaubens", führen dies auf S. 50 sowie 73 aus und bringen ein gutes Beispiel auf S. 81. Dort wird beschrieben, wie ein europäischer Staatsmann Bush empfahl, er sollte die Vorbereitungen auf den Einsatz gegen Afghanistan breit konsultieren, auf die Ratschläge anderer hören und die amerikanische Haltung auf diese Ansichten und Interessen abstimmen. Darauf antwortete Bush: „Das ist interessant. Mein Glaube ist nämlich, dass der beste Weg, diese Koalition zusammenzuhalten, darin besteht, klare Ziele zu setzen und klar zu machen, dass wir entschlossen sind, sie zu erreichen. Man hält eine Koalition durch starke Führung zusammen, und die werden wir ausüben." Diese Äußerung fiel während der Vorbereitung des afghanischen Feldzugs, also mitten im wirklichen Kampf gegen den Terrorismus.

4. Keine Liebe zwischen Mars und Venus – Europaschelte der Vorkriegspublizistik

Viele Amerikaner betrachten die Verweigerung der Resolution weniger als Niederlage, sondern als Bestätigung der Nutzlosigkeit des VN-Systems und der Dekadenz der Europäer – oder, um Dana Allin zu zitieren, als „die Apotheose der Kultur und der Praktiken des europäischen Appeasement".[219]

Weil die eigenen Absichten nur wohltätig und gut sein konnten, musste ihren Kritikern die nötige Willensstärke oder der „moralische Kompass" (Richard Perle) fehlen.[220] Der größte Teil dieser Kritik ist heute vergessen. Zitatesammlungen machen wenig Sinn. Auch der Vorwurf des Antisemitismus blieb nicht aus. Am geschmacklosesten formulierte ihn der Leitartikler Michael Kelly in der *Washington Post* nach Fischers Auftritt bei der Wehrkundetagung:

> „Sie waren selbst kein Terrorist, aber Sie waren ein guter und aktiver Freund von Terroristen, nicht wahr, Herr Fischer? [...] Sie waren einer, für den München nicht genug war (bezieht sich auf Fischers frühere Unterstützung der PLO, trotz ihres Anschlags bei den Olympischen Spielen in München; d. Verfasser). Der Mann, der Entebbe brauchte, um zu begreifen, dass der Mord an Juden unrecht ist. [...]."[221]

Auf diesem Niveau wurde Fischer, der den Holocaust und die Verhinderung seiner Wiederkehr in das Zentrum seines politischen Denkens stellt, in einer der besten amerikanischen Zeitungen angegriffen! Es waren leidenschaftliche, schlimme Zeiten.

Robert Kagans Aufsatz „Power and Weakness"[222] bleibt bis heute denkwürdig. Dies nicht nur, weil Kagan als der „wichtigste außenpolitische Theoretiker der neokonservativen Bewegung" gilt,[223] sondern auch, weil sein Aufsatz damals zur Pflichtlektüre der deutschen politischen Klasse wurde.

Nach dem Zusammenbruch der Sowjetunion hatte Kagan zunächst im Fahrwasser von Krauthammer die Nutzung der neugewonnenen unipolaren Machtstellung zur Verbreitung von Freiheit und Demokratie und zur Abschaffung der letzten demokratiefeindlichen Systeme (etwa in Pjöngjang, Bagdad, aber auch in Peking) gefordert. Ein anderer Kurs bedeute „Feigheit und

---

Das Missverhältnis zwischen Willen und Plausibilität ergab sich letztlich aus der Überzeugung der amerikanischen Führung, dass der Irak-Krieg als Teil des „globalen Kriegs gegen den Terrorismus" nötig war, während wenig andere Regierungen diese Überzeugung teilten.

Ehrlosigkeit", nötig sei eine Wiederherstellung eines „Sinns für das Heroische".[224]

An seinem Aufsatz zu „Macht und Schwäche" fällt zunächst auf, dass er mit „Europa" und den „Europäern" nur jene Bewohner des Kontinents im Visier hat, die den Irak-Krieg ablehnen. Die offizielle deutsche Ablehnung kam erst einige Wochen nach seinem Aufsatz. Auch später lehnte nur eine Minderheit der europäischen Regierungen den Krieg ab. Trotzdem haben Kagan und viele andere amerikanische Publizisten den Pazifismus und die Kriegsablehnung als die typische europäische Haltung bewertet.

Kagans zentraler Bezugspunkt ist die militärische Macht. Alle anderen denkbaren Quellen der Macht beachtet er nur, soweit sie sich in militärische Macht umsetzen. Diese wiederum misst er in materiellen Faktoren wie Haushaltsausgaben, Mannschaftsstärke, Gerät und Feuerkraft. Der Gegensatz zwischen amerikanischen Strategie der Neugestaltung durch militärischen Zwang und der europäischen Strategie des Ausgleichs und der Kooperation beruht in seinen Augen nicht auf Personen, ihren Erfahrungen, Neigungen oder auch Traditionen, sondern entspricht ausschließlich den Rollen, die ihnen die „Verteilung der Ressourcen" zuweist. Er untersucht nirgends die zentrale Frage, ob diese Ressourcen und die darauf beruhende militärische Macht geeignet sind, die gesetzten Ziele auch zu erreichen. Im Gegenteil, bei ihm ist es der Körper, der sich in Umdrehung von Schillers Sentenz, den Geist baut: Der enorme militärische Abstand zwischen „den Europäern" und den USA führt zu gegensätzlichen Sichtweisen. Wer höher steht, hat einen weiteren Blick. So dachte schon Madeleine Albright. Schon der zweite amerikanische Präsident Henry Adams fand Spott für diese imperiale Sicht. Die USA haben militärische Optionen, die den Europäern verschlossen sind. Deshalb neigen sie dazu, diese zu nutzen. Die Europäer wiederum werden durch ihre Schwäche verleitet, Bedrohungen herunterzuspielen. Aber Amerika ist wegen seiner militärischen Stärke auch objektiv größeren Bedrohungen ausgesetzt: Staaten, die die „Pax Americana" stören, „Schurkenstaaten" eben, kommen notwendig mit den USA in Konflikt, während die schwächeren Europäer solchen Konflikten ausweichen können. Um schlagfähig zu sein (was Teil ihrer Leistungsfähigkeit und damit ein Grund für ihre Macht sei), vertrage die amerikanische Hegemonialmacht keine institutionellen Einschränkungen. An solche aber glauben die Europäer, wenn sie die Hegemonialmacht im Sicherheitsrat einbinden wollen.

Kagan zieht eine geschichtliche Parallele: Als die europäischen Staaten noch stark waren, glaubten sie „an militärische Stärke und kriegerische Größe", während die USA in ihrer damaligen Schwäche eine Strategie des Ausweichens und des Abwägens betrieben. Jetzt, nachdem die USA mächtig sind, verhalten sie sich, „wie mächtige Staaten es tun". Dieser Vergleich ist schon militärgeschichtlich anfechtbar: Seit 1814 waren die USA in jedem ihrer Kriege militärisch überlegen. Sie hatten immer so viel militärische Macht, wie sie für ihre jeweiligen expansiven Ziele brauchten.

Den Nutzen, den die amerikanische militärische Übermacht bringen soll, definiert Kagan ungenau. Sie dient ihm einerseits zum Schutz gegen die Aktivitäten Saddam Husseins, andererseits gegen China,[225] schließlich entspricht sie der „Schwungrichtung der amerikanischen Geschichte", das heißt einer „stetigen nationalen Expansion".[226] Diese „Schwungrichtung" wird jetzt zu einer amerikanischen Ordnung im Nahen und Mittleren Osten führen. Daneben stellt Kagan auch die Theorie der „öffentlichen Güter": Die Ordnungsmacht Amerika erlaubt den Europäern erst ihren inneren Frieden und ihre äußere Sicherheit. Daraus ergebe sich die Legitimität der amerikanischen Hegemonie.[227]

Kagan stützt seine Analyse auf Robert Coopers Unterscheidung zwischen „prämodernen", „modernen" und „postmodernen" Gesellschaften.* „Prämodern" ist die staatsleere Welt der versagenden Staaten mit ihrer ständigen unkontrollierbaren Gewalt; „moderne" Staaten sind zum Beispiel Russland, Indien und China, die das interne Gewaltmonopol erreicht haben, aber in ihren Außenbeziehungen noch im Hobbesschen Naturzustand leben; „postmoderne" Staaten haben diesen im Verhältnis zueinander durch kooperative Regeln überwunden. Europa lebe in den Netzwerken der Postmoderne, die USA nehmen die Probleme der modernen und der prämodernen Welt auf sich, wo die militärische Gewalt noch die einzige Machtwährung ist. Die USA stehen also außerhalb der drei Klassen Coopers, sie sind „ein Ungeheuer mit einem Gewissen".

---

* Robert Cooper, ein britischer Diplomat, hat gewissermaßen als Hofjurist von Premierminister Blair Gewaltanwendung und doppelte Standards (Friedenspflicht innerhalb der postmodernen Welt, Interventionsrecht gegenüber der prämodernen Welt) für nötig erklärt. Er tat dies in zahlreichen Schriften, zum Beispiel auch im *Observer* vom 7. April 2002 aus Anlass des Irak-Einsatzes.

Kagan stellt die „postmoderne" Welt Europas durchaus einsichts- und respektvoll dar. Es ist eine Kunstwelt, die Verständnis verdient, aber einen mächtigen Protektor braucht. So leben die Europäer auf der Venus, die Amerikaner auf dem Mars. Schon wegen dieses eingängigen Schlagwortes wird man sich an Robert Kagan erinnern. Er hat den mythologischen Vergleich freilich falsch gewählt. Denn Mars und Venus sind in der antiken Vorstellung ja ein Liebespaar, und Mars ist der Gott des schrecklichen Kriegs, ein „Ungeheuer" aber ohne Gewissen. Er ist der Spezialist unter den Göttern, zuständig nur für die Schlacht, also mit einem reichlich engen Horizont und vermutlich geringem Intelligenzquotienten. Für das „nation building" nach dem Krieg ist er sicher nicht zuständig. Er und seine Freundin geraten in ein eisernes Netz ihres rechtmäßigen Ehemanns, des Schmiedegotts Vulkan, offenbar eines Handwerkers, der an rechtliche Grenzen glaubt und die beiden in flagranti vor die belustigte Versammlung der übrigen Götter schleppt. Ein Autor mit Kagans Selbstbewusstsein müsste seine Nation mit Jupiter vergleichen, dem Gott, der Gunst austeilt und wieder entzieht, der zwar launisch ist und die Welt zum Erzittern bringt, sie aber auch zusammenhält.

Kagan irrte nicht nur in der Mythologie. In der Geschichte gibt es auf beiden Seiten des Atlantiks Beispiele für Appeasement. Es ist nicht nur „die zweite Natur der Europäer, die nie auf einen Tyrannen stießen, den sie nicht mit Konzessionen beschwichtigen wollten".[228] Der amerikanische Isolationismus von 1921 bis 1942 bedeutete ein kontinuierliches Appeasement und machte dasjenige Frankreichs und Großbritanniens erst unvermeidlich. Roosevelt hat mit seinen Beschwichtigungen Stalins die Teilung Deutschlands und Europas mitzuverantworten. Erst danach hielten Europäer und Amerikaner 40 Jahre lang gemeinsam dem sowjetischen Totalitarismus stand.

Kagan irrte sich auch militärisch. Der Irak-Krieg zeigte die Beschränkung der militärischen Optionen Amerikas.

Seine soziologische Beurteilung ist ebenfalls falsch, denn auch die Amerikaner sind im postheroischen Zeitalter angekommen. Ihre Reaktionen auf den 11. September zeugen nicht nur von kriegerischem Zorn, sondern auch von Angst über den Verlust der Unverwundbarkeit des eigenen Landes. Schon die Zahl von 3.000 gefallenen amerikanischen Soldaten genügte, um den Krieg zu diskreditieren. Das ist human und verständlich, aber eben im Sinne Coopers nicht „heroisch" – der Missbrauch des Begriffs ist nicht von mir, ich lehne diese Vorstellungen ab und halte sie für die Verunglimpfung eines kulturellen Fortschritts. Der britische Autor Geoffrey Wheatcroft argumentiert ähnlich: [229]

Welchen Sinn mache „Mars und Venus" angesichts des Preises, den die einzelnen europäischen Länder im letzten Jahrhundert zahlten? Frankreich hatte im Ersten Weltkrieg doppelt so viel Gefallene wie Amerika in seiner ganzen Kriegsgeschichte. Manche Länder verloren in diesem Krieg an einem Tag 20.000 Soldaten. Im Zweiten Weltkrieg war die Wehrmacht zweifellos die kampfstärkste Armee, furchterregender als die amerikanischen und britischen „Bürger in Uniform". Sollen sich beide Länder dafür schämen, soll sich Deutschland schämen für seine Transformation, die jetzt in Afghanistan Anstoß erregt? Bolschewismus, Faschismus und Nationalsozialismus waren direkte Folgen der intensiven Gewalt, die Europa in der ersten Nachkriegszeit vergiftete. Der erstaunlich friedliche Zusammenbruch des sowjetischen Blocks, 70 Jahre später, spiegelt den Niedergang der Gewalttätigkeit wider, der inzwischen die Politik überall in Europa verwandelt hatte.

Zum „europäischen Versagen" in den jugoslawischen Wirren der frühen 1990er Jahre bemerkt Wheatcroft, Washington habe sich damals die Arbeitsteilung so vorgestellt, dass Amerika die Luftunterstützung, die Westeuropäer die „Frontschweine" („poor bloody infantry") stellen. Amerika sei selbst eigentlich kein kriegerisches Land, es hatte nur Glück mit seinen Gegnern, es brüstet sich billiger Siege auch gegen das strategisch und materiell weit unterlegene Japan, auch gegen das von Russland stark geschwächte Deutschland.

Kagan hat seine Vorstellungen mittlerweile revidiert. In seinem letzten Buch[230] gibt er die Vorstellung von einer einsamen Supermacht, ihren besonderen Erkenntnismöglichkeiten und Verantwortungen völlig auf und findet nun, dass „der Zusammenbruch des Kommunismus nur zu einer Pause in dem endlosen Wettbewerb zwischen großen Mächten geführt hatte, der das 21. Jahrhundert beherrschen wird". In einem weiteren Aufsatz[231] führt er die Meinungsverschiedenheiten zum Irak-Krieg auf unterschiedliche Interessen zurück: Für die Europäer ging es nicht „um ihre Sicherheit, ihre Geschichte, ihre Moral. Irak war eine andere Angelegenheit". In Amerika hingegen gab es einen breiten Konsens für einen Regimewechsel im Irak. Dazu gehört auch der Leitartikler Thomas Friedman, der damals den „europäischen Zynismus und Wankelmut, der sich als moralische Überlegenheit hinstellt", für „unerträglich" hielt. Es waren eben schlimme Zeiten und die große Frage ist, ob das damals so mächtige Misstrauen wirklich ohne Spuren abgebaut ist. Die Vorurteile, die Kagan am griffigsten ausgedrückt hat, können wieder hochkommen. Deswegen ist sein Buch mehr als nur ein Dokument der Zeitgeschichte.

Deutschland und der Krieg

1. Politische Aspekte des Kriegs

Nichts konnte die Besetzung des Landes noch aufhalten. Die aufgestellte Kampfmaschine von 150.000 Soldaten mit all ihrem Material* von drei Flugzeugträgerflotten und insgesamt 1.800 Flugzeugen entwickelte ihre Eigendynamik. Weder ein Staatsstreich gegen Saddam noch sein Exil hätten den Einmarsch abhalten können. Denn nach einem Staatsstreich hätte die amerikanische Regierung von den neuen Machthabern Garantien für eine demokratische Entwicklung gefordert und zur Absicherung das Land trotzdem besetzt.[232] Auch die halbherzigen Exilpläne, an denen sich die jordanische, saudische und auch türkische Diplomatie versuchten, hätten die Besatzung nicht aufgehalten.** Bush selbst forderte den irakischen Diktator am 17. März auf, mit seinen Söhnen binnen 48 Stunden den Irak zu verlassen. Aber es war ihm kein sicheres Exil angeboten. Bush forderte in derselben Ansprache die irakischen Streitkräfte auf, sich den einrückenden Koalitionstruppen zu ergeben

---

* Es handelt sich im Wesentlichen um die schwerbewaffnete dritte Infanteriedivision, die 101. Fallschirmjägerdivision, leichter bewaffnet, aber mit vielen Hubschraubern ausgestattet, sowie zwei Infanteriebrigaden, dazu Sonderkommandos. Ferner ein Kontingent von 60.000 Marineinfanteristen und die britische Erste Panzerdivision mit rund 20.000 Mann.

** Im Auswärtigen Amt hörte man im September 2003 Vorwürfe an die arabische Seite, sie hätte die Alternative des Exils nicht zielstrebig verfolgt und damit den Krieg mit verursacht. Aber ein Exil hätte vielleicht die Kriegshandlungen beim Einmarsch verhindert, aber nicht den Einmarsch selbst und wohl kaum die nachfolgenden Unruhen. Einen bloßen Personentausch an der Spitze („Baathismus ohne Saddam") wollten die Amerikaner nicht. Die Armee wäre dann zwar nicht durch den Krieg zerstört worden, aber möglicherweise entlang der religiösen Bruchlinien zerbrochen; intakte Reste hätten wohl am Bürgerkrieg teilgenommen. Die Amerikaner hätten dieselbe Wahl gehabt wie in der Wirklichkeit des Mai 2003: Abziehen oder Ordnung nach den eigenen Vorstellungen schaffen.

und mit ihnen zusammenzuarbeiten. Kurz, der Einmarsch war nicht aufzuhalten. Er war kein widerrufbares Druckmittel für friedliche Lösungen.

Obwohl nur die Briten einen wichtigen militärischen Beitrag leisteten,[*] legt der amtliche Sprachgebrauch Wert darauf, dass eine „Koalition" Saddam Hussein besiegt habe. Nach der Statistik zählt sie 40 Mitglieder. Dazu gehören auch Mikronesien, die Salomon- und die Marschall-Inseln. Alle Mitglieder des früheren Warschauer Pakts werden genannt, auch einige Nachfolgestaaten der Sowjetunion.

Voraussetzung für die schnelle Eroberung war eine absolute Luftüberlegenheit. Kein irakisches Kampfflugzeug kam je vom Boden. So konnten die Flugzeuge und Hubschrauber ungehindert die Bewegung am Boden vorbereiten. Die Stellungen der beiden Divisionen „Hammurabi" und „Medina", die die Verteidigungsfront südlich von Bagdad bildeten, wurden zehn Tage lang, pausenlos, Tag und Nacht, vom Boden und vor allem aus der Luft mit Präzisionswaffen beschossen. Als sie zum ersten Mal in Kontakt mit den angreifenden Marines kamen, waren sie bereits auf 18 Prozent (Medina) und 40 Prozent (Hammurabi) zusammengeschrumpft („degraded"). Das bedeutet ungefähr 15.000 Gefallene.[**] Als die dritte Brigade der 3. Infanteriedivision am 6. Mai 2003 ihren Vorstoß zum Flugplatz von Bagdad vorbereitete, vernichtete sie auf dem Weg zum Flughafen und wieder zurück alle lebenden Ziele. Nach Schätzung der beteiligten Soldaten wurden 1.000 irakische Soldaten getötet.[233] Noch eine statistische Ableitung: Die Luftwaffe griff 19.000 Einzelziele an. Davon waren 15.000 irakische Truppeneinheiten, oder Panzer und anderes Gerät.[234] Weil dabei weitgehend Präzisionsmunition benutzt wurde, sind zwei Tote per Angriff eine vorsichtige Schätzung. Das ergibt

---

[*] Die australischen Spezialkommandos sollen sich gut geschlagen haben, ihr Beitrag war aber nicht entscheidend. Das britische Kontingent bewies seinen großen Professionalismus gegenüber der Zivilbevölkerung und die Eroberung Basras wurde geschickt durchgezogen. Bis Mitte 2006 hielten die Briten in ihrem Abschnitt Ruhe, indem sie die lokalen Machthaber gewähren ließen. Dann entglitt ihnen das Ruder völlig: In Basra herrschte der Terror rivalisierender Milizen. Schließlich resignierte die britische Militärverwaltung und zog ihre Truppen auf die befestigte Stellung beim Flugplatz von Basra zurück, wo die letzen Einheiten jetzt auf ihren Abtransport warten.

[**] „Medina" hatte ursprünglich einen Bestand von 15.000 und „Hammurabi" von etwa 8.000 Mann.

30.000 gefallene Irakis. Diese Zahl nannte auch General Franks dem Präsidenten am 9. April.[235]

Dass Saddam Hussein eine Guerillatruppe mit dem Namen „Fedajin" unter dem Kommando seines Sohnes Udai einsetzte, war vorhergesagt,[236] überraschte aber die amerikanischen Kommandeure. Die Fedajin hielten in Nadschaf, schon während des offiziellen Feldzuges, die Amerikaner mehrere Tage auf, dann wieder einige Tage später in Kerbala. Dort hatte eine amerikanische Truppe von 7.000 Mann mit allem nötigen Gerät einige Mühe, die Fedajin zu vertreiben. Reguläres irakisches Militär griff nicht mehr ein.[237] Der Partisanenkampf brutalisierte den Krieg. Der Kommandeur der 3. Infanteriedivision sagte das klar: „Wir sind in der Hoffnung hergekommen, dass wir die Kollateralschäden und die Gewalt gegen Zivilisten auf ein Minimum beschränken könnten. Aber das lassen die Iraker nicht zu."[238] Je mehr die Fedajin verdeckt kämpften, desto mehr fühlten sich die amerikanischen Truppen genötigt, freies Schussfeld zu schaffen und auf Verdacht Gefangene zu nehmen, wenn nicht zu töten.

Vor der Einnahme Bagdads wurde der internationale Flughafen erobert. Von da an hatten die Amerikaner eine bequeme Basis für den Nachschub aus der Luft. Die Stadt wurde von der Versorgung abgeschnitten: Im Osten durch die Marineinfanteristen, im Süden und Südosten durch die 3. Infanteriedivision, die auch den Flugplatz sicherte, und im Norden durch Spezialkommandos. Die befürchteten Häuserkämpfe unterblieben. Es gab nur noch Schießereien um die Präsidentenpaläste in der „grünen Zone". Im Übrigen patrouillierten die Fahrzeuge auf den großen Durchfahrts- und Ausfahrtsstraßen und schossen von dort aus in die dicht besiedelten Wohngebiete, wenn sich Widerstand rührte.

Am 10. April 2003 stand der Sieg fest. Die 4. Infanteriedivision, die von der Türkei aus eine Nordfront aufbauen sollte, war per Schiff umgeleitet und kam zu spät. Sie hatte anschließend großen Anteil an der Partisanenbekämpfung.

Unter militärischen Aspekten findet der Feldzug meist das Lob der Experten; ein Modell für die Zukunft ist er nicht unbedingt, weil eine derartig absolute Luftkontrolle nicht immer erreichbar sein wird, weil die irakische Armee durch zwei vorherige Kriege bereits entscheidend geschwächt und das Land ausgeblutet war. In Iran mit seinen zerklüfteten Gebirgsgegenden und seinen großen Massen fanatischer Widerstandskämpfer könnte ein solch rapider

Vormarsch mit derart verdünnten Nachschublinien höchst gefährlich werden. Aber Rumsfelds Militärdoktrin ist ohnedies Geschichte.

Thomas E. Ricks vermisst einen Zusammenhang „zwischen dem erklärten strategischen Ziel, die politischen Verhältnisse im Irak und Nahen Osten umzuwandeln, und der Beschränkung des Einsatzplans auf das weit engere Ziel einer Entfernung des Regimes von Saddam Hussein".[239] Mehr hat allerdings Minister Rumsfeld, Franks' unmittelbarer Weisungsgeber, nie gewollt. Im ministeriellen Papierkrieg trat er immer für einen engen Erfolgsbegriff und für enge Kriegsziele ein. Dagegen hatte der Oberbefehlshaber, Präsident Bush, in vielen öffentlichen Erklärungen die Demokratisierung des Irak und den Reformschub im Nahen Osten zum Ziel erklärt. Powell unterstützte dieses Ziel mit einem „Wenn schon-Argument": Wenn dieser Krieg schon geführt werden muss, dann wenigstens mit diesen Reformzielen, die aber eine lange amerikanische Präsenz nötig machen.

Diese Gegensätze wurden im interministeriellen Prozess mit Leerformeln überdeckt (in der unnachahmlichen amerikanischen Bürokratensprache „papered over"). Rumsfeld hatte in Kenntnis dieser Gegensätze einen Feldzug geplant und durchgeführt, der seinen eigenen engen Kriegszielen entsprach. Offenbar glaubte er, dass eine schnelle Regierungsbildung und ein weiterlaufender Regierungsapparat ihm recht geben würden. Demokratie hatte er nie versprochen. Nach der Ernennung Paul Bremers und den gleichzeitigen radikalen Weisungsänderungen erwies sich die militärische Präsenz als zu niedrig und die personelle Aufstellung (Militärpolizei, Gefängnisverwaltung und vieles mehr) als unzureichend. Von da an war auch Franks' Kriegsplan falsch. Er hatte es ja abgelehnt, für „Phase IV", also für die Zeit nach der Eroberung, zu planen.* Die „Schuldigen" an dieser Fehlentwicklung kann man sich aussuchen: Den Präsidenten, weil er sich nicht genug um die Befolgung seiner Vorgaben kümmerte, oder die Sicherheitsbeauftragte, Condoleezza Rice, weil sie ihn nicht darauf aufmerksam machte, oder den Vizepräsidenten aus dem gleichen Grund, vielleicht auch Powell, der den Präsidenten zwar vor dem Feldzug vor solchen Entwicklungen gewarnt hatte, während und nach dem Feldzug aber schwieg.

Die Operation forderte 134 amerikanische und 34 britische Gefallene (noch weniger als 1991). Das ergibt ein Verhältnis zwischen eigenen einge-

---

* Gegen Feiths Proteste, aber er konnte ihm keine Weisungen geben. Feith alarmierte Rumsfeld, der sich nicht kümmerte.

setzten Kräften und eigenen Verlusten von 480:1; in Vietnam und im Zweiten Weltkrieg waren es jeweils 15:1. Vergleicht man die eigenen Verluste mit denen des Irak (mindestens 30.000, wie oben erwähnt), so ergibt sich ein Opferverhältnis von 180:1.

Während der CNN-Berichterstattung über die Bombardierungen der irakischen Stellungen hörte man gelegentlich die Bemerkung eingeblendet: „They got what they deserve". Das beweist zunächst, dass ein Bedürfnis nach Rechtfertigung empfunden wurde. Man muss dann aber die kollektive Verantwortung für Saddams Schreckensherrschaft sehr weit ziehen: Umfasst sie auch den einfachen Berufssoldaten? Den schiitischen Wehrpflichtigen? Gehören sie nicht zu dem Volk, das befreit werden soll? Das Ethos des Kriegers, der um einer Sache willen tötet, aber bereit ist, auch getötet zu werden, verblasst, wenn die Vernichtung des Gegners zur Routine ohne eigenes Risiko entartet. Solche Siege haben nichts mit denen zu tun, nach denen das „Alte Europa" seine Straßen und Plätze benannte. Stolz kann da nur noch auf den eigenen Stand der Technik aufkommen, obwohl der amtliche Betrieb das herkömmliche heroische Vokabular verschwenderisch benutzt. Derart leichte Siege verführen zur Wiederholung. Dem entsprach die Ankündigung „you are next", die Hardliner oft benutzten, bevor die Ernüchterung begann. Auf die „Kollateralschäden" komme ich zurück.

2. Deutsche Beteiligung

Im Rahmen der deutschen Unterstützung von Operationen in Afghanistan („Operation Enduring Freedom") standen deutsche Marineverbände in der Straße von Gibraltar und am Horn von Afrika. Die amerikanische Marine konnte ihre eigenen Schiffe im Golf nutzen. In Kuwait standen schon seit 2002 einige ABC-Spürpanzer vom Typ „Fuchs", ohne klaren Zweck: Hätten sie im Bedarfsfall nach Afghanistan verlegt werden sollen? Glaubte man an einen Entlastungsangriff Saddams für die Taliban? Als sich im Sommer 2002 die Diskussion über einen amerikanischen Irak-Angriff verdichtete, wurden sie Gegenstand einer aufgeregten und geschwätzigen Diskussion.* Die Bundesregierung stellte schließlich klar, dass sie jedenfalls nicht für einen Irak-Einsatz abkommandiert würden. Rumsfeld soll Struck gesagt haben, er solle die Panzer lieber heimholen, damit sie im Ernstfall „nicht im Weg stehen".[240]

Am 15. Oktober 2002 übergab der amerikanische Botschafter Coats dem Staatssekretär im Auswärtigen Amt, Scharioth, die amerikanische Anforderung um Unterstützung. Die Bundesregierung war einer von 50 Adressaten. In einer für alle Empfänger gleichen Einleitung nennt die Note das irakische Regime eine „einzigartige und fortwirkende Bedrohung für Frieden und Sicherheit in der Welt". Wenn der Sicherheitsrat nicht tätig würde (er hatte eine Woche vorher die Resolution Nr. 1441 verabschiedet), sei Amerika „entschlossen, eine Koalition zur Abrüstung des Irak anzuführen". Dazu sei eine militärische Planung notwendig. Dafür suche die USA die Unterstützung einer möglichst breiten Koalition. Darauf folgte die jeweilige Anforderung.

Zum Vergleich fasse ich zunächst die wichtigsten Leistungen anderer Länder zusammen:

Bei Großbritannien darf neben den Kampftruppen nicht die logistische Unterstützung vergessen werden, vor allem durch die Stützpunkte auf Diego Garcia und auf Zypern, die neben Ramstein logistische Drehkreuze bildeten. Australien ordnete Einsatzkommandos von Afghanistan nach Irak ab. Die kleinen Kontingente von Estland bis Georgien füllten erst später die Besatzungskräfte auf. Kuwait war als Aufmarschplatz unersetzlich. Alle anderen Golfstaaten stellten Stützpunkte. Die Befehlszentrale war bekanntlich in Katar. Die Flugstützpunkte Saudi-Arabiens sicherten die unbedingte alliierte Luftherrschaft, seine Erhöhung der Erdölförderung glich die ausfallenden irakischen Exporte aus. Jordanien ließ amerikanische Sonderkommandos von Flugplätzen im Südosten des Königreichs operieren, die von dort aus einen Flughafen in der westirakischen Wüste besetzten und dort eine kleine Nordostfront aufbauten. Natürlich erlaubte auch Israel den Überflug, ebenso Ägypten, das auch die Nutzung des Suezkanals gestattete, wozu es völkerrechtlich nicht verpflichtet gewesen wäre, soweit militärische Transporte durchfuhren.

---

* Man muss sich bei dieser wie bei der Diskussion über die AWACS die Größenordnung vor Augen halten. Die Amerikaner wollten keine deutschen Einsatztruppen. Sie forderten diese Spezialgeräte an, weil sie ihnen wenigstens etwas nutzten. Die USA verfügten über 95 eigene ABC-Spürpanzer.

In Frankreich schließlich verursachte die Zirkularnote Befremden: Man kann uns doch nicht wie Neuseeland behandeln, hieß es im Generalstab.²⁴¹ Die französische Haltung war damals offen. Wenn der Sicherheitsrat Abrüstungsverstöße festgestellt hätte, wollte Frankreich mindestens einen ebenso großen militärischen Beitrag leisten wie Großbritannien. Noch Anfang Januar richtete Präsident Chirac an seine Generäle die ominöse Warnung, sich „auf alle Eventualitäten vorzubereiten", um am 14. Januar zu erfahren, dass der Zug ohne ihn abgefahren war. Aber er hat während der Kriegszeit und danach amerikanischen Militärflugzeugen stets den Überflug gestattet, mit der entwaffnenden Begründung, Frankreich sei ein gastfreundliches Land. Von Deutschland forderte die amerikanische Zirkularnote Folgendes:

- Überflugrechte,
- Transitrechte zu Land,
- Nutzung der amerikanischen Militäreinrichtungen für Nachschub, Versorgung und Verstärkung,
- Schutz dieser Einrichtungen durch deutsches Wachpersonal zur Einsparung amerikanischer Soldaten,
- ABC-Abwehr,
- Raketenabwehr,
- Militärpolizei für die Besatzungszeit,
- Beteiligung am Wiederaufbau.

Die beiden letzten Forderungen wiesen die Deutschen schnell zurück: Ihr Ziel bleibe die Verhinderung des Kriegs. Auch mit der Abwehr von ABC-Waffen und Raketen wollten sie nichts zu tun haben. Über die Nutzung des deutschen Territoriums, des Luftraums und der Stützpunkte sowie deren Schutz durch deutsche Kräfte konnte man aber reden. In diesem Sinne besprach sich Struck mit Rumsfeld, und Fischer mit Powell im November während des Prager Nato-Gipfeltreffens, von dem die deutsche Öffentlichkeit nur einen Händedruck wahrnahm.

War die deutsche Unterstützung auch wichtig? Auf dem Flugplatz Ramstein wurden täglich 100 Missionen abgefertigt. Über ihn lief ein großer Teil des Nachschubs. Alle amerikanischen Verwundeten wurden (und werden bis heute) zunächst ins Krankenhaus Landstuhl gebracht, dort medizinisch stabilisiert und erst dann in die Staaten zurückgeflogen. Durch die Bewachung der Einrichtungen wurden 5.000 amerikanische Soldaten frei, das entspricht dem Anteil an Kampfsoldaten einer Heeresdivision. Die vierte Panzerdivision, die zunächst die Nordfront bilden sollte, wurde in Grafenwöhr kampffertig gemacht. Sie konnte sich dort eine Woche im Scharfschießen üben. Sie wurde anschließend samt ihrem Gerät durch Einrichtungen der Bundeswehr zur Einschiffung nach Emden und Bremerhaven transportiert. Ein beteiligter deutscher General ging so weit, diese Unterstützung als „kriegsentscheidend" zu bezeichnen. Sicherlich war er neben den Beiträgen Kuwaits, Saudi-Arabiens und Großbritanniens mit entscheidend.

Obwohl diese Unterstützungen schon ab Ende Oktober auf vollen Touren liefen, erwähnten sie die Amerikaner in den Auseinandersetzungen der folgenden Monate mit keinem Wort, sie setzten im Gegenteil Deutschland in der Nato wegen der „Vorsorgeplanung" für die Türkei härtester Kritik aus. In einem berühmten Zwischenfall leugnete Minister Rumsfeld die deutsche Hilfe sogar, Deutschland täte neben Libyen und Kuba gar nichts.

Eine Besprechung im Bundeskanzleramt am 14. März 2003 galt der deutschen Haltung für den Fall eines amerikanischen Angriffs. Staatssekretär Scharioth forderte, die Öffentlichkeitsarbeit müsse die „richtigen Akzente" setzen: keine antiamerikanischen Töne, keine Bewertung als völkerrechtswidrig. Eine solche Kritik hätte die deutschen Hilfsmaßnahmen in ein falsches Licht gerückt. Man nahm sich vor, auf nahestehende Parlamentarier einzuwirken. Das gelang vortrefflich. Der Artikel 26 des Grundgesetzes, der Angriffskriege ächtet, wurde im öffentlichen Diskurs meist sorgfältig umgangen. Nur Bundestagspräsident Thierse und die beiden Pensionäre Egon Bahr und Helmut Schmidt bezeichneten den amerikanischen Einsatz als „Angriffskrieg". Der Kanzler und sein Außenminister vermieden diese Bewertung konsequent. Schröder sagte am 18. März nur, dass das Ausmaß der Bedrohung den Krieg „nicht rechtfertigt". Später sprach er von einer „falschen Entscheidung". In einer großen Abschlussdebatte des Sicherheitsrats am 30. und 31. Mai 2003 sagte Fischer, die Politik einer militärischen Intervention habe „keine Glaubhaftigkeit". Auch Frankreich hielt sich, vielleicht auf deutsche Bitten, zurück. Russland, China und der Generalsekretär der Arabischen Liga bezeichneten die amerikanische Invasion offen als Verstoß gegen die VN-Charta und das Völkerrecht. Später erklärte auch Generalsekretär Kofi Annan sie für „illegal", was ihm die USA bitter verübelten.

Aber eine juristische Diskussion in Deutschland konnte nicht ganz vermieden werden. Ausgangspunkt ist der schon erwähnte Artikel 26 des Grundgesetzes, dessen erster Absatz lautet:

„Handlungen, die geeignet sind und in der Absicht vorgenommen werden, das friedliche Zusammenleben der Völker zu stören, insbesondere die Führung eines Angriffskriegs vorzubereiten, sind verfassungswidrig. Sie sind unter Strafe zu stellen."

Diesem Auftrag entspricht der Artikel 80 des Strafgerichtsbuchs (StGB). Beim Generalbundesanwalt wurde der Bundeskanzler und seine Regierung wegen der Verletzung dieser Vorschrift angezeigt, weil sie Überflug- und Transportrechte für einen Angriffskrieg gewährten. Der Generalbundesanwalt lehnte (natürlich) die Einleitung eines Ermittlungsverfahrens ab. Er begründete seine Entscheidung aber sehr sorgfältig.[242]

Die Frage, ob die Bundesregierung, gewissermaßen als Komplizin eines Angriffskriegs, das nationale oder das Völkerrecht verletzt hat, ist also von Amts wegen – und in der Lehre natürlich auch – diskutiert worden. Für den politischen Diskurs ist die Frage wichtiger, ob sie zu dieser Hilfe rechtlich verpflichtet war. Die Regierung hätte dies gerne behauptet, aber die relevanten Verträge belegen keine derartige Rechtspflicht. Am gründlichsten wird dies in einem Urteil des 2. Wehrdienstsenates des Bundesverwaltungsgerichts untersucht. Das Urteil betraf einen Berufssoldaten, der den Krieg ablehnte und aus Gewissensgründen seinen Dienst verweigerte, um dadurch nicht „mittelbar" den Krieg zu unterstützen. Hier interessieren nur die Ausführungen des Gerichts darüber, ob die Bundesrepublik aus dem Nato-Vertrag, dem Truppenstatut und dem Aufenthaltsvertrag rechtlich verpflichtet ist, die amerikanische Intervention zu unterstützen. Das verneint das Urteil in Übereinstimmung mit der Mehrheit der Fachliteratur.[243] Eine Unterstützungspflicht ergebe sich

- weder aus dem Nato-Vertrag, da kein Bündnisfall vorliegt
- noch aus dem Nato-Truppenstatut und dem dazu vereinbarten Zusatzabkommen in seiner Fassung von 1994 (die den stationierten Truppen im Allgemeinen Bewegungsfreiheit und Nutzung ihrer Militärstützpunkte gewähren, aber nur im Rahmen eines „Nato-Auftrags" und nur zu „Verteidigungspflichten"),
- noch aus dem Aufenthaltsvertrag (der sich nur auf Truppenbewegungen von und in Nato-Ländern bezieht).

Die Bundesregierung hat sich schließlich auch nicht auf eine Rechtspflicht berufen. Die beteiligten Staatssekretäre verabschiedeten am 14. Mai 2003 ein „Punktationspapier",[244] wonach die Bundesregierung ihren politischen Verpflichtungen Rechnung getragen habe, die sich aus dem Nato-Vertrag und den

Folgeabkommen ergeben. Unsere Bündnispartner hätten die Sicherheit Deutschlands jahrzehntelang gewährleistet. Deshalb werde die Bundesregierung „ihre Verpflichtung zur Solidarität zu ihren Partnern im Geiste des Nato-Vertrags und der daraus abzuleitenden politischen Verpflichtungen weiter nachkommen." Es gelang der Regierung, die politische Diskussion im Wesentlichen ruhig zu stellen. Schließlich überwog das politische Maßgefühl.* Aber die Lage der Bundesregierung blieb delikat. Sie meisterte nur mit Mühe den Konflikt zwischen den beiden Eckpfeilern der deutschen „Zivilmacht" – der unbedingten Kriegsablehnung einerseits und der transatlantischen Einbindung andererseits. Sie leistete einen wesentlichen Beitrag zum Krieg, konnte damit aber nicht öffentlich argumentieren, auch nicht gegenüber den amerikanischen Vorwürfen.

Manche Stimmen tadeln die Bundesregierung dafür, dass sie ihre Mitwirkung nicht völlig verweigerte.[245] Nur dann wäre ihr Widerspruch ernst zu nehmen gewesen. Man kann das heute nach dem Fiasko im Irak so sehen. Damals hätte ein solcher Schritt die Bundesregierung überfordert; schließlich waren die Deutschen in Streitigkeiten dieses Kalibers mit dem Hegemon noch nicht geübt. Die politische Wirkung ihres Widerspruchs war als Akt der Emanzipation und als Stärkung des VN-Systems trotzdem bedeutend.

3. Deutsche geheimdienstliche Beteiligung?

Ende Dezember 2008 diskutierte ein Untersuchungsausschuss des Bundestags, ob zwei BND-Agenten die amerikanische Kriegsführung im Irak unterstützt haben. Diese beiden Männer wurden am 11. Februar 2003 in den Irak geschickt. Es waren erfahrene Agenten, frühere Offiziere. Sie schickten etwa 130 Nachrichten nach Pullach. Die dortige Zentrale hatte einen „Deal" mit der CIA geschlossen. Diese bekam ausgewählte Berichte der beiden Deutschen, dafür durfte ein BND-Mann in der Kommandozentrale in Katar residieren. Was er dort erfuhr, ist nicht bekannt. Was Pullach im Gegenzug nach

---

* Ludger Volmer: „Das wäre einfach zu viel gewesen", Gernot Erler: „Schließlich wollten wir ja nicht die Nato zerstören", beide in Informationsgesprächen mit dem Verfasser.

Katar schickte, ist ebenfalls unklar. *Der Spiegel* weiß von einigen Meldungen mit militärischem Inhalt, wie „Sandsackstellungen, MG-Nester und einen Offiziersclub der Luftwaffe".[246] Im Auswärtigen Ausschuss folgerten einige Abgeordnete, die Regierung Schröder habe sich mindestens mittelbar am Krieg beteiligt. Das erinnert an frühere Diskussionen von ähnlichem Gewicht, in denen die Händedrücke bei Gipfeln gezählt, die drei AWACS-Flieger über der Türkei oder die vier Spürpanzer in Kuwait zur Kriegsbeteiligung hochgerechnet wurden, was vor den historischen Dimensionen des Irak-Kriegs arg provinziell wirkte. Es fällt schwer zu glauben, dass die Mitteilungen aus Pullach den amerikanischen Feldzug noch kürzer und vernichtender gemacht hätten.

Die *Spiegel*-Journalisten haben mit über 20 Offizieren aus den militärischen Dienststellen in Doha und Bagdad gesprochen. Der prominenteste unter ihnen war offenbar Generalmajor James Marks, der während der Invasion im Hauptquartier in Doha die Bodenaufklärung unter sich hatte und heute Geschäftsführer einer der zahlreichen Zulieferfirmen des Pentagon ist. General Marks' Bewertungen sind zum Teil falsch. Abenteuerlich ist seine Behauptung, das Centcom habe zunächst die Eroberung des Bagdader Flughafens mit Sondereinsatzgruppen und Fallschirmjägern der 83. Luftlandedivision aus der Luft geplant. Selbstverständlich ging Centcom mit oder ohne Informationen des BND davon aus, dass die Iraker diesen Flugplatz mit starken Flak-Stellungen geschützt hatten. Selbstverständlich war eine Eroberung aus der Luft viel zu riskant; sie hätte den amerikanischen Kampftraditionen widersprochen.* Dabei könnten es Stefan Aust und Cord Schnibben besser wissen, denn die wirkliche Planung beschreiben sie in ihrem Buch von 2004.[247] Danach war von Kriegsbeginn an die 1. Brigade der 3. Infanteriedivision für die Einnahme des Flugplatzes eingeteilt. Sie besetzte den Flugplatz am 3. April nach zweiwöchigem Bombardement, das sicherlich nicht der BND lenkte. Sie hatte dabei fast keine Verluste. Es trifft also nicht zu, wie General Marks jetzt sagt, dass die BND-Leute das Leben amerikanischer Soldaten gerettet hätten.

Eine ähnlich gewagte Behauptung des Generals lautet, die deutschen Agenten hätten über irakische Vorbereitungen zum Abfackeln oder über Sprengungen von Ölquellen berichtet und damit bewirkt, dass die amerikanische

---

* General Marks erzählt weiter, das Centcom habe diese Planung geändert, nachdem die beiden BND-Männer am 24. Februar (also fünf Wochen vor Einnahme des Flughafens) über Roland-Raketen auf dem Flugplatz und Ölgräben (um Rauchschleier zu legen) berichtet hätten.

Regierung den Bodenkrieg einen Tag früher beginnen ließ. General Franks (und nicht der Truppenkommandeur McKiernan) entschied nach Rücksprache mit dem Präsidenten und dem Verteidigungsminister, tatsächlich einen Tag früher loszumarschieren. Der Grund waren allerdings keine Einzelmeldungen, sondern das Gesamtbild der Feindaufklärung.[248] Die Sicherung der Ölproduktion lag der Planung von Anfang an besonders am Herzen. Alle Anstalten der Iraker in der Förderung, Verarbeitung und im Transport des Öls wurden genau beobachtet. Hier Sabotagen zu verhindern, war auch ein Hauptzweck der extremen Beschleunigung des Vormarsches.[249]

Man fragt sich, welchen Interessen solche Falschinformationen dienen können und wen sie treffen sollen. Der damalige Chef des Bundeskanzleramts, Steinmeier, gab jedenfalls die richtigen politischen Vorgaben: Keine Weitergabe von Nachrichten, die eine „taktisch-operative Unterstützung von Luftangriffen oder Einsätzen von Bodentruppen darstellen könnten".[250] Es bleibt der Eindruck einer wenig sinnvollen Geschäftigkeit des BND. Es ist nicht bekannt, dass der französische oder der russische Geheimdienst sich auf diese Weise beschäftigte. Sinnvolle Beiträge hätten die Vorbereitungen des späteren Aufstandes, seine möglichen Wurzeln und das Untertauchen von Strukturen der Baath-Partei zum Thema gehabt. Dazu waren die beiden Agenten aber zu kurz im Lande und wohl auch nicht ausgebildet. Gehört hätte aber auch dann niemand auf sie.

X. Diplomatie der Besatzung (Resolution 1483 des VN-Sicherheitsrats vom 22. Mai 2003)

1. Von Eroberung zu Besatzung

Als Jay Garner am 21. April 2003 in Bagdad ankam, herrschten dort schon Chaos, Plünderungen und politische Rachemorde. Die Tausenden von Verbrechern, die Saddam vor der Invasion aus den Gefängnissen entlassen hatte, begingen Einbrüche, Vergewaltigungen und Entführungen. Alle irakischen Sicherheitsorgane „schmolzen in den letzten Tagen des Regimes dahin. Die Grenzsoldaten gingen heim. Die reguläre Polizei [...] verließ meistens ihre Posten. Die Schutztruppen für die Fabriken oder Regierungsgebäude verließen ihre Posten oder schritten gegen die Plünderer nicht ein."251

Die amerikanischen Truppen hatten keinen Auftrag zum Eingreifen. Sie waren auf Ordnungsaufgaben auch nicht vorbereitet. Sie hatten viel zu wenig Militärpolizei oder Gefängnispersonal.252 Am 24. April flehte Garners militärischer Beigeordneter, Oberst Tom Balthazar, den Truppenkommandeur, General McKiernan, an: „Sie müssen dem ein Ende machen. Wir können hier nichts aufbauen, wenn alles zerstört wird." McKiernan antwortete: „Das möchte ich nie wieder von Ihnen hören. Das ist nicht mein Auftrag."* Maßnahmen zur Aufrechterhaltung von Recht und Ordnung im besetzten Land hätten in die Phase IV des Kriegsplans gehört, den es nicht gab.

Wie konnte es zu einer solchen Lücke kommen? Dass militärische Interventionen in schwachen Staaten zu einem Sicherheitsvakuum führen können, ist eine häufige Erfahrung. Im Kosovo verhinderte eine sorgfältige Planung

---

* Zitiert nach Bob Woodward, State of Denial. Bush at War Part II, New York 2006, S. 179. Die ursprünglichen Einsatzvorschriften (rules of engagement) hatten es den amerikanischen Truppen verboten, auf irgendwelche Zivilisten zu schießen. Sie wurden später, nachdem irreguläre Kämpfer in zivilen Kleidern aufgetaucht waren, dahin geändert, dass auf solche Kombattanten geschossen werden durfte. Aber unbewaffnete Plünderer waren davon nicht abgedeckt.

im Jahr 1999 dieses Vakuum. Die Nato-Truppen folgten unmittelbar auf die abziehenden serbischen Kräfte. Der Erfolg jeder Besatzung hängt davon ab, dass die Bevölkerung von Anfang an unbedingten Respekt vor der Stärke und Entschlossenheit der einrückenden Truppe hat.* Die Blamage für die amerikanischen Truppen verschlimmerte sich dadurch, dass in Bagdad schon vor Kriegsbeginn eine Menge Foto- und Fernsehjournalisten tätig waren, die die Ereignisse von Anfang an festhalten konnten. So ging ein Strom erschreckender Bilder aus Bagdad in die Welt.

Das Problem war im Pentagon erkannt und erörtert worden, allerdings ohne praktische Folgen. Schon im Oktober 2002 schrieb eine Arbeitsgruppe des Generalstabs, es sei nötig, nach der Besetzung im Land sofort für Ruhe und Ordnung zu sorgen. Franks ignorierte das. Douglas Feith schildert den internen Ablauf abgekürzt wie folgt: Wir haben es gewusst und ein schönes Papier darüber gemacht. Aber die CIA ist schuld, weil sie vorhersagte, die irakische Polizei werde funktionstüchtig bleiben. Im Übrigen war General Franks zuständig. Wir wollten ihn auch daran erinnern, aber schonend, damit er sich nicht wieder über uns ärgert.[253]

Rumsfeld deckte später seinen General und riss vor der Presse Witze über die Fernsehbilder von der Plünderung des Nationalmuseums („Wie viele Vasen haben die da eigentlich?"). Gleichzeitig zeigte das Fernsehen einen bemannten Panzer neben dem Museum, aus dem Plünderer die Antiquitäten abschleppten. Rumsfeld sprach von „Sachen, die passieren", „Freiheit, die unordentlich ist" und von „freien Menschen, die auch Fehler machen". Es ging allerdings nicht nur um Vasen, sondern auch um die Entstehung von Milizen und anderen Gruppierungen des Bürgerkriegs. Die Bevölkerung verlor in wenigen Tagen das Vertrauen und den Respekt vor der amerikanischen Macht. Dies, und nicht einzelne spätere Entscheidungen bildete die Wurzel allen Übels, das den Irak und seine Besetzer später befiel.

In seiner politischen Arbeit suchte Garner Kontakt mit allen erreichbaren politischen Führern, das hieß zunächst den Kurden und den Emigranten. Er

---

* Das ist der Konsens aller Experten; vgl. Toby Dodge, Iraq's future, S. 9, mit Nachweisen. Nun könnte man einwenden, dass Rumsfeld ja eben keine Besatzung wollte. Er kann aber auch nicht gewollt haben, dass der politische Prozess, so wie er ihn von Anfang an einleiten wollte, direkt von schweren Unruhen kompromittiert wird.

plante, zusammen mit Botschafter Zalmay Khalilzad,* eine „Zeltversammlung" im Juni, auf der eine möglichst repräsentative Versammlung von Irakern eine vorläufige Verfassung beschließen sollte. Aber am 24. April teilte ihm Minister Rumsfeld mit, er werde durch Botschafter Paul Bremer abgelöst. Er verließ nach kurzer Übergabezeit das Land. Er wurde in Washington vom Präsidenten verabschiedet. Der fragte ihn beim Hinausgehen, auf die Schulter klopfend, ob er nicht „den Iran machen" wollte. Garner antwortete, er und seine Leute hätten sich das schon überlegt, sie würden lieber auf Kuba warten. Der Rum und die Zigarren seien dort besser und die Mädchen hübscher. Bush lachte: „Ihr habt es. Ihr habt Kuba". So scherzen die Götter auf dem Olymp, würde Robert Kagan sagen.[254]

Bremers Ernennung bedeutete eine politische Wende. Die USA übernahmen jetzt auch förmlich die oberste Gewalt. Sie übten diese oberste Gewalt durch die „vorläufige Autorität der Koalition" (CPA) aus.** Die Frage nach „governance" war gelöst. Die Truppenpräsenz Amerikas und seiner Helfer, jetzt also der „Koalition", bildeten nunmehr auch im amerikanischen Verständnis eine Besatzungstruppe. Als solche sollte der Sicherheitsrat sie anerkennend zur Kenntnis nehmen, aber nicht „einsetzen". Der Aufbau des irakischen Staates sollte langsam reifen. Die Idee einer umgehenden provisorischen Regierungsbildung unter Federführung der Exilanten wurde aufgegeben. Neu war auch der Vorsatz, die Struktur des Landes auf vielen Gebieten zu reformieren; das hätte die Gesellschaftsordnung des Irak umgewälzt und

---

* Zalmay Khalilzad, ein amerikanischer Diplomat afghanischer Abstammung, führte als „Abgesandter des Präsidenten" Konsultationen mit Exilpolitikern und örtlichen Oppositionellen, bis Bremer seine Abberufung forderte; vgl. Woodward, Denial, S. 175 und S. 183 sowie Roger Cohen, How the Mess was made, in: International Herald Tribune, 27. August 2007.
** Hierzu zwei terminologische Bemerkungen:
– Von nun an wird im amtlichen Sprachgebrauch stets das Wort „Koalition" für die amtliche Tätigkeit der Besatzungsmacht benutzt. Großbritannien und einige andere Koalitionspartner waren in der CPA auch vertreten, hatten aber geringen Einfluss (was zwischen Bremer und dem ersten britischen Vertreter der CPA, Sir Jeremy Greenstock, auch zu Reibungen führte); alle Aspekte der Politik waren amerikanisch dominiert, sodass in meiner Analyse häufig von „Amerika" statt der „Koalition" die Rede ist.
– Das Wort „authority" ist schlecht zu übersetzen. Es ist mehr als eine Behörde und etwas anderes als eine Regierung. Es bedeutet die höchste Autorität im Lande. Ich behelfe mich hierbei meistens mit der Kurzformel CPA.

damit den Begriff des „regime change" sehr weit ausgelegt, die Regeln des Kriegsvölkerrechts, vor allem des IV. Genfer Abkommens, noch viel mehr.

2. Die Verhandlungen in New York

Erwartungen der Partner:

Deutschlands Haltung beschreibt ein Beamter der VN-Vertretung wie folgt:
> Wir waren erschreckt über das Vergangene, hofften auf einen neuen Anfang, suchten nach einer Rolle der Vereinten Nationen und wollten unter dieser Rolle alle Kräfte der Staatengemeinschaft für den Aufbau des Irak vereinen. Aber die Vereinigten Staaten öffneten sich keineswegs für einen multilateralen Ansatz, wollten die Kontrolle nicht mit den Vereinten Nationen teilen, sondern ihre Rolle im Gegenteil möglichst beschränken. Von dritten Staaten wollten sie Beiträge, aber keine freiwillige Kooperation und Mitsprache.[255]

Da auch Frankreich und Russland die Nachkriegsfragen zur Bestätigung ihres multilateralen Ansatzes nutzen wollten, setzte sich die Zweckgemeinschaft der drei kontinentalen Sicherheitsratsmitglieder ohne Absicht, sogar gegen den Willen des Auswärtigen Amtes, fort.

Wolfowitz erklärte vor dem Senat des Streitkräfteausschusses am 10. April: „Keineswegs haben die USA den Irak erobert, um ihn einer multilateralen Verwaltung durch die Vereinten Nationen auszuliefern." Aber die Besatzungsmacht brauchte den Sicherheitsrat, um die Relikte der Vergangenheit aufzuräumen: Die internationale Kontrolle der UNMOVIC und IAEO war jetzt überflüssig. Die Sanktionen störten den Wiederaufbau. Und schließlich gingen die gesamten Öleinnahmen des Landes durch das „Öl für Nahrungsmittel-Programm" („Oil For Food", OFF),* einer Einrichtung der Vereinten Nationen. Es musste aufgehoben werden, um die Einnahmen für die Kosten der Verwaltung und des Aufbaus zu nutzen. Vor allem Wolfowitz hatte vor dem Krieg die Überzeugung geschürt, dass diese Kosten durch die irakischen Öleinkünfte gedeckt würden.**

Die Rolle Amerikas als Besatzungsmacht und der CPA als treuhänderische Inhaberin der obersten Gewalt sollte international abgesichert werden. Die Regierung wollte dafür keine „Genehmigung", wohl aber eine billigende Kenntnisnahme. Auch versprach sie sich von einem Aufruf des Sicherheitsrats eine massive Verstärkung der Besatzungstruppen, die vor allem Rumsfeld dringend wollte.

Diesen Wünschen entsprach der Vorschlag, den die USA und Großbritannien am 8. Mai 2003 vorlegten: Der Sicherheitsrat sollte die amerikanisch-britischen Maßnahmen zur Kenntnis nehmen, das OFF-Programm endgültig aufheben und zur militärischen Unterstützung auffordern.

Erste Reaktionen

Die meisten übrigen Ratsmitglieder wollten eine schnelle irakische Selbstbestimmung, in der Zwischenzeit eine maximale Rolle der VN, eine ausdrückliche Bindung der Besatzungstruppen an das humanitäre Völkerrecht, ferner eine unparteiische Kontrolle der Verwaltung der irakischen Finanzen.

* Ursprünglich verhängte der Sicherheitsrat durch die Resolution Nr. 687 von 2001 ein Ausfuhrverbot für irakisches Erdöl. Mitte der neunziger Jahre trafen Mitleid mit dem irakischen Volk und Sorge um die sichere Ölversorgung zusammen, um das Programm durch eine Sicherheitsratsresolution zu schaffen. Danach ging der Exporterlös des irakischen Erdöls in Treuhandkonten des VN-Sekretariats, das damit die Rechnungen für Bestellungen der irakischen Regierung bezahlte. Die einzelnen Bestellungen wurden von einem Sanktionsausschuss des VN-Sicherheitsrats überprüft. Bei seinem enormen Umsatz führte das Programm fast zwangsläufig zu Missbräuchen, die bekannt wurden, als es politisch unerwünscht geworden war und die Meldungen über korrupte Praktiken im VN-Sekretariat dessen Stellung und den Ruf seines Generalsekretärs schwächen konnten.

** Als Beispiel ist seine Aussage vor dem Verteidigungsausschuss des Repräsentantenhauses am 27. Februar 2003: Er erwarte Ölexporte im Wert von 15 bis 20 Milliarden Dollar, was Nettoerträge für die Staatskasse von rund zwei Milliarden bedeute.

In den ersten Diskussionen bedauerte auch der britische Vertreter Greenstock die schwache Rolle der Vereinten Nationen. London hätte sich auch einen schnelleren Weg der Selbstbestimmung gewünscht, durch eine „Petersberg-Konferenz" mit einer anschließenden Übergangsregierung und baldigen Wahlen bis zu einer demokratisch-legitimierten Regierung.* Aber in diesen Fragen herrsche in Washington völlige Unordnung („They are making a mess of it at the moment"). Der jetzige Vorschlag sei der kleinste gemeinsame Nenner zwischen den amerikanischen Ministerien. Es gebe daher keinen Spielraum. Der Rat solle den Vorschlag möglichst rasch annehmen, damit die Vereinten Nationen wenigstens etwas zu sagen hätten.

In den ersten Verhandlungen bezeichnen Pleuger und sein französischer Kollege de la Sablière „fast übereinstimmend", wie er schreibt, die VN-Rolle als zu schwach. Ferner müsse die internationale Aufsicht über die Öleinnahmen verstärkt werden. Das Prinzip, dass die Bodenschätze dem irakischen Volk zustehen, müsse voll zur Geltung kommen. Die russische Delegation unterstützte das. Pakistan konzentrierte sich auf die Bindung der Besatzungsmächte an das Kriegsvölkerrecht (Haager Landkriegsordnung, IV. Genfer Abkommen). Mexiko irritierte seinen großen Nachbarn erneut durch kritische Haltung, während sich der chilenische Vertreter diesmal zurückhielt. Die amerikanischen Demarchen in seiner Hauptstadt wirkten nach.

Berliner Überlegungen

So entwickelte sich über die Nachkriegsfragen ein neuer transatlantischer Gegensatz mit der gleichen Kräfteverteilung wie im Februar/März. Berlin hatte das nicht gewollt. In der schon erwähnten Arbeitsgruppe „Sicherheitskabinett" vom 14. April meinte Mützelburg, die Priorität sei jetzt humanitäre Hilfe. Die militärische Stabilisierung sei die Sache der Koalition. Eine Bundeswehr- und Nato-Rolle sehe er kritisch. Staatssekretär Scharioth entgegnete, diese Frage werde morgen im „private luncheon" besprochen. Man solle eine „Nato-Option unter VN-Dach" nicht ausschließen, auch um in der Nato nicht erneut in die Defensive zu geraten.

---

* Im Jahre 2002 fand unter Federführung der Vereinten Nationen eine Versammlung von Vertretern der verschiedenen afghanischen politischen Richtungen, die einen Fahrplan zur Selbstbestimmung erarbeiteten, auf dem Petersberg statt.

Am 24. April veranstaltete Minister Fischer eine große Irak-Besprechung. Ein interner Leitfaden des Auswärtigen Amtes definierte die Hauptziele. Zur Sicherheitspräsenz hieß es darin, sie sei „für uns nur unter VN-Dach denkbar". Diese Passage strich der Außenminister eigenhändig aus dem Papier. Über dieses Thema wollte er noch nicht einmal etwas lesen. Als sein Staatssekretär Scharioth wenig später dieses Thema ansprach, verbat er es sich in erregten Worten. Seitdem blieb es bei der Ablehnung einer deutschen Truppenpräsenz. Nur Nebenthemen wie die Ausbildungshilfe waren verhandelbar. Die übrigen Hauptziele des Leitfadens waren:

- Vorrang für Hilfe für die Bevölkerung vor den „Fragen der Legitimation und der Institutionen". Das hieß: Abstinenz in Fragen des politischen Prozesses. Auch sonst kam in den deutschen Überlegungen das Selbstbestimmungsrecht der Iraker zu kurz;
- Stärkung der VN; die „Handlungsfähigkeit des Sicherheitsrats" soll erhalten bleiben. Das Inspektionsregime ebenso. UNMOVIK arbeite gut, ihr Mandat gelte weiter;
- Einheitliche Haltung der EU (dieses Ziel verfolgte das Auswärtige Amt immer wieder; es wurde aber weder in New York noch in anderen Foren erreicht);
- „Unterstützung der Multilateralisten in US-Verwaltung".

Der letzte Satz spiegelt die Illusionen des Auswärtigen Amtes wider, einerseits, dass Powell großen Einfluss habe, andererseits, dass er und sein Ministerium multilateralen Vorstellungen verpflichtet seien. Man hätte es inzwischen besser wissen können: Die Druckmethoden während der Verhandlungen im Februar/März wurden von Powell persönlich geleitet und in New York mit großem Eifer vollzogen. Sehr bald wird die amerikanische Diplomatie eine Resolution vorlegen, die die Rolle der Vereinten Nationen auf ein Minimum beschränkt.

Abstimmung in der Troika

Außenminister Powell besuchte Berlin am 15. Mai, um Druck zu machen. Er sagte dem Kanzler, Amerika habe die erforderlichen neun Stimmen im Sicherheitsrat. Das erzählte Schröder am nächsten Tag dem französischen Präsidenten. Er meinte, es mache Sinn, Powell zu unterstützen. Anders als Rumsfeld und Cheney wolle er die VN wenigstens im Spiel lassen.* Auch sei der Öffentlichkeit kaum zu vermitteln, dass um das Gewicht des VN-Koordinators, um die Kontrolle der Öleinnahmen und um den Zusammenhang zwischen Sanktionen und Abrüstung gestritten werde. Chirac erwiderte heftig, die USA hätten höchstens die Hälfte der Stimmen. Powell repräsentiere niemanden. Er sei jetzt nützlich als Vorzeigetaube. Aber die Falken entscheiden. Frankreich könne nicht zustimmen. Die Arbeiten zur Verbesserung müssten weitergehen. Es könne nicht eine Nation festlegen, wie der Frieden aussehen soll. Schröder warf mehrmals ein, dass die deutsche Öffentlichkeit eine Ablehnung oder Enthaltung nicht verstehen würde. Chirac legte dann noch eins drauf: Außenminister Fischer neige wohl zum Nachgeben, um seine Chancen als Außenminister der Europäischen Union zu verbessern. Schröder bestritt natürlich den Zusammenhang. Er lasse auch nicht zu, dass Deutschland und Frankreich auseinanderdividiert würden. Das habe er auch Powell gesagt (was zutraf). Aber in Deutschland würden Abweichungen von den USA leichter kritisiert als in Frankreich. Die beiden verwiesen die Fragen schließlich an die Abstimmungen vor Ort.

Am nächsten Tag fragte der Kanzler Präsident Putin, „ob sich weiterer Krach mit den USA lohne". Putin antwortete, eine Konfrontation mit den USA müsse verhindert, aber über einige Punkte müsse noch nachgedacht werden. Er listet dann dieselben Punkte wie die Franzosen auf. Schröder wiederholte, eine Haltung gegen den Krieg sei der Öffentlichkeit zu vermitteln gewesen; eine andauernde Konfrontation aber nicht.

Amerikanische Konzessionen und Ergebnis

Zur Überraschung in Berlin und zur Genugtuung in Paris und Moskau kamen die USA ihnen entgegen. Ein neuer amerikanischer Entwurf mit weiteren Retuschen wurde ohne viele weitere Änderungen als Resolution 1483 am 22. Mai verabschiedet. Das Ergebnis war:

---

* Man erinnert sich: Die Akkommodierung gewisser Wünsche zum Zweck der Stützung der moderaten Kräfte in Washington ist eine Denkfigur, die in amtlichen deutschen Überlegungen häufig eine Rolle spielt.

- Eine verbesserte Rolle der Vereinten Nationen; ihr Vertreter hatte jetzt wichtige Funktionen; der oP 8* berechtigte ihn zur Mitwirkung am politischen Prozess der Selbstbestimmung und beim Schutz der Menschenrechte; daneben war er für den wirtschaftlichen und gesellschaftlichen Aufbau zuständig. Die humanitären Aufgaben sollte er voll übernehmen;
- eine (wenn auch schwache) Anbindung der CPA an den Sicherheitsrat in der Form einer moralischen Berichtspflicht: oP 24 „ermutigt" die beiden Träger der CPA, Amerika und Großbritannien, den Rat regelmäßig über ihre Anstrengungen unter dieser Resolution zu unterrichten. Mehr war nicht zu erreichen, aber die Hardliner in Washington hatten jede Beziehung der Besatzungsbehörde zu den internationalen Instanzen abgelehnt;
- eine Perspektive für die irakische Selbstbestimmung durch die Erwähnung der „IIA" (irakische Interimsbehörde), bei deren Bildung der Vertreter der Vereinten Nationen auch mitwirken sollte (op9), was de Mello bis zu seinem Tod im August 2003 energisch tat (die Resolution spricht übrigens nie von „demokratischer", sondern nur von „repräsentativer" Regierung);
- Das OFF-Programm sollte abgewickelt werden und die Öleinnahmen zukünftig in einen „Entwicklungsfond für Irak" fließen, den die CPA verwaltet (op12 und 13); es soll aber ein „internationaler Beratungs- und Überwachungsausschuss" eingerichtet werden (op12).
- Dazwischen finden sich die für die USA wichtigen Appelle an die Welt zur Mithilfe, vor allem mit Truppen (op 1), zur finanziellen Unterstützung im Allgemeinen und durch eine Umschuldung im Besonderen (op 22).**

Die Auswirkungen

Sie waren zunächst beschränkt. Die so hart umkämpfte „Berichtspflicht" der CPA wurde später von der amerikanischen Delegation genutzt, um deren Leistungen und die Fortschritte im Lande zu propagieren. Der „internationale

---

* "oP" (operative Paragraph) ist die übliche Einteilung des Inhalts einer Resolution des Sicherheitsrats.

** Allerdings werden die kuwaitischen Ansprüche wegen der Besetzung des Landes vom Winter 1991 weiterhin ausgenommen; für den entsprechenden Entschädigungsfonds soll der Irak weiter fünf Prozent seiner gesamten Öleinnahmen abführen (op21), ich behandele das Thema zusammen mit der Umschuldung.

Beratungs- und Aufsichtsausschuss" über den irakischen Entwicklungsfonds legte erst Ende 2004 seinen Bericht vor, selbst dann ohne Bilanzdaten. Er begründete das mit der schlechten Kontrolle über die Daten, weil lokale Machthaber ihre Hände im Spiel hätten; es gebe vor allem keine Ausschreibungen für die Verträge, die aus dem Fonds finanziert würden.* Schließlich war es der Amerikaner David Kay und nicht der internationale Beamte Hans Blix, der die Abwesenheit von Vernichtungswaffen auf irakischem Boden amtlich feststellte. Das war ein Glücksfall, denn Blix wäre sicherlich in ein Kreuzfeuer von Beschuldigungen und Anzweifelungen geraten.

In Berlin blieb nicht verborgen, dass sich harte und geschmeidige Verhandlungen doch lohnten. Gegen deutsche Absicht war die „Troika" wieder das wichtigste Fahrzeug der Konsultationen. Gegen deutsche Befürchtungen bestrafte dies Washington nicht mit weiterem Liebesentzug.

---

* Dieses Problem bestand noch lange. Die Unsicherheit im Lande erschwerte die Transparenz und Konkurrenz. Jeder Auftrag, den der irakische Staat vergab (häufig ohne öffentliche Ausschreibung und unter massivem Druck der USA), enthielt einen 40-prozentigen Aufschlag für Sicherheitsmaßnahmen für die ausländischen, privaten Sicherheitsfirmen. So kostete die Unsicherheit im Land den Irak einen beträchtlichen Teil an seinen natürlichen Reichtümern.

XI. Diplomatie der Lastenteilung (Resolution 1511 des VN-Sicherheitsrats vom 16. Oktober 2003 und andere Beschlüsse)

1. Der „51. Staat" und seine Regierung

Das „provisorische Regierungsamt der Koalition" (CPA) war die treuhänderische Regierung des Irak. Sie war keine Militärregierung, denn sie hatte nicht das Kommando über die Truppen. Wenn ihre Anweisungen auf irakischen Widerstand stießen, musste sie die Truppenkommandeure um die Erzwingung bitten, was auch in wichtigen Fällen abgelehnt wurde.* Dieser Grundfehler schwächte die Konstruktion. Die Washingtoner Regierungsstellen hatten angenommen, dass die CPA über eine funktionierende einheimische Polizei gebieten würde.

Obwohl Bush anfangs zu Bremer sagte, „wir bleiben, bis die Aufgabe erfüllt ist",[256] war die CPA doch von Anfang an als Provisorium gedacht. Bremer selbst sprach von einer Laufzeit von zwei Jahren. Das Personal war ohne Vorbereitung zusammengewürfelt. Garner hatte einige tüchtige Leute zusammengebracht, die Bremer meist übernahm. Dann suchte er in wenigen Tagen der Vorbereitung noch einmal ein paar alte Vertraute zusammen.[257] Den Rest der vorgesehenen 2.000 Posten sollten die verschiedenen Regierungsstellen quotenmäßig besetzen. Im März 2004 waren nur 1.000 besetzt.[258] Die meisten dieser Leute blieben nur drei Monate, wenige sechs Monate und ganz wenige für unbegrenzte Zeit. Auch Bremer wollte nur ein Jahr bleiben. Vielen der Kräfte fehlte es an Qualifikation und Erfahrung. Manche höhere Posten gin-

---

* Erst in einer Telefonkonferenz mit Rumsfeld, General Abizaid und General McKiernan konnte Bremer eine allgemeine Weisung an alle Truppen erreichen, gegen Plünderungen vorzugehen und für Recht und Ordnung zu sorgen; vgl. L. Paul Bremer III/Malcolm McConnell, My Year in Iraq, New York 2006, S. 30.

gen an persönliche Freunde oder Wahlhelfer des Präsidenten oder anderer Spitzenpolitiker.

Viele Angestellte verloren die Bodenhaftung. Sie lebten und arbeiteten miteinander in der „grünen Zone", in einer immer perfekter ausgestalteten Kopie einer amerikanischen Garnisonsstadt mit ihren Kettenrestaurants, Sporteinrichtungen und ihrer klimatisierten Luft. Einer von ihnen entwarf eine neue Straßenverkehrsordnung nach dem Muster seines amerikanischen Heimatstaats, komplett mit Beschwerdeverfahren gegen die Strafzettel der Polizei; die jungen Juristen, die die provisorische Verfassung entwarfen, waren stolz über den ausführlichen Menschenrechtsteil: „Das wird ein Modell für den Mittleren Osten", sagte einer von ihnen einem amerikanischen Korrespondenten. Von dem fürchterlichen Selbstmordanschlag in der Imam Kadi-Moschee hatte er, vertieft in sein Demokratieprojekt, nichts mitbekommen.[259]

Bremer war von Rumsfeld ausgewählt worden. Er war 23 Jahre lang im Auswärtigen Dienst, zum Schluss als Botschafter in Norwegen, dann Sonderbotschafter für die Terrorismusbekämpfung. Als Zögling von Henry Kissinger war er zehn Jahre Direktor seiner Beratungsfirma. Ab 2000 war er Direktor einer nationalen Kommission gegen den Terrorismus. Bremer war von erstaunlicher Durchsetzungs- und Arbeitskraft. Er forderte viel von seinen Leuten, gab aber selbst noch mehr, sodass sie ihn mochten. Er war ein Mann der schnellen Entscheidungen, der ähnlich schnellen Vollzug erwartete. Es fehlte ihm an nichts ... nur an etwas Weisheit und Empathie. Für die orientalischen Sozialtechniken des Finassierens, der stillen Verweigerung, des geduldigen Abwartens, hatte er kein Organ. Seine amerikanischen Vorgesetzten wusste er zu nehmen. Rumsfeld bewunderte ihn. Als Meister der bürokratischen Verfahren beschaffte er sich Ermächtigungen: Zunächst ein Schreiben des Präsidenten, das ihn zum „Bevollmächtigten des Präsidenten im Irak mit voller Befehlsgewalt über alle amerikanischen Regierungsangestellten, ihre Aktivitäten und Haushaltsmittel" machte, und dann eine Verfügung des Verteidigungsministers, die ihn als den Administrator der CPA bestätigte und ihn mit „allen ausführenden, gesetzgebenden und richterlichen Funktionen" im Irak ausstattete.[260]

In einem Vieraugengespräch bei Bush hatte er die Abberufung von Botschafter Khalilzad erreicht, der Führungskräfte für den neuen Irak zusammenführen sollte. Bremer wollte ein einheitliches Kommando, wenigstens im zivilen Bereich. Damit schnitt er freilich den Konsultationsstrang ab, der im

Sommer 2003 in London begonnen und im Februar zu einer Emigrantenversammlung im kurdischen Arbil geführt hatte. Danach gab es Notabeln-Versammlungen nach afghanischem Muster, in Nour bei Nassiria und eine in Bagdad. Garner wollte diesen Prozess bis zu einer großen Versammlung im Juli weiterführen. Bremer desavouierte ihn rücksichtslos. Den sieben Exil-Politikern, die Garner als Kern einer künftigen Regierung ausgesucht hatte, erklärte er am ersten Tag seiner Amtszeit, sie seien nicht repräsentativ genug; er brauche seine eigene Gruppe, das werde einige Zeit dauern. So hatte er in wenigen Tagen die von Cheney, Wolfowitz und Feith genährte heilige Kuh geschlachtet, dass der schnelle Weg zu einer irakischen Regierung über die Emigranten führen müsse. Er hatte einen strategischen Schwenk der Irak-Politik definiert und vollzogen, der zwar in der Luft lag, aber ohne seine Entschlossenheit gemäßigter ausgefallen wäre. Es war der erste von mehreren Strategiewechseln der amerikanischen Nachkriegspolitik.

Berühmt sind die beiden ersten Dekrete Bremers: Nummer 1 vom 16. Mai 2003 über die „Entbaathifizierung der irakischen Gesellschaft" und Nummer 2 vom 23. Mai über die „Auflösung von Einheiten" (das bedeutete hauptsächlich die Armee, das Verteidigungsministerium und dessen Unterorganisationen). Nach der in Amerika herrschenden Meinung spielten diese Dekrete „eine wichtige, wenn nicht die zentrale Rolle beim Ausbruch des Aufstands und der Entwicklung des Bürgerkriegs von 2006/2007".[261] Die Unruhen entstanden aber wohl eher im Machtvakuum der ersten Wochen. Der Aufstand war schon in vollem Gang, als die Dekrete erlassen wurden.

Maßnahmen gegen die beiden Werkzeuge der früheren Diktatur waren nötig für demokratische Reformen. Eine demokratisch gewählte Regierung mit schiitischer Mehrheit hätte ohnedies keine Verwaltung geduldet, die weiter von Baathisten gelenkt worden wäre. Ebenso hätte das sunnitisch geprägte Offizierskorps der alten Armee zu ständigen Reibungen geführt. Der Fehler lag in der schematisierenden Radikalität der beiden Maßnahmen.

Das erste Dekret wird als ein zu harter Einschnitt kritisiert, es habe die Spaltung der Gesellschaft vertieft und Heere von Arbeitslosen geschaffen. Schlagartig wurden 10.000 bis 15.000 Lehrer, aber auch viele Ärzte und wichtige Techniker auf die Straße gesetzt, also die Reste des Mittelstands, die für Demokratie und Zivilgesellschaft unerlässlich gewesen wären. Durch diese überstürzten Maßnahmen verschärfte die Besatzungsmacht die Gegensätze* und zog den Hass der Betroffenen auf sich.

Bremer und sein militärischer Hauptberater Slocombe wiesen immer wieder darauf hin, dass die alte Armee bei der Eroberung bereits aufgelöst war. Allerdings hatten Garners Mitarbeiter bereits die Computerlisten der alten Armeeverwaltung gefunden. Sie hatten Kontaktmöglichkeiten zu knapp 100.000 früheren Offizieren und Soldaten. Die amerikanische Armeeführung rechnete mit der Nutzung irakischer Truppenteile für Nachkriegsaufgaben, nicht nur für Räumarbeiten, sondern sogar zur Aufstandsbekämpfung.[262] Jetzt nahm ihnen Bremer die Hoffnung auf eine solche schnelle Entlassung. Auf die Idee, ihre Pläne mit dem zivilen Chef der Besatzungsmacht abzustimmen, waren sie allerdings nicht gekommen. Bremer seinerseits behauptet, er habe sein Dekret mit dem örtlichen General McKiernan „diskutiert".[263] Er berichtet nicht, wie dieser reagiert hat. Er hat sein Dekret jedenfalls mit dem Verteidigungsminister und dessen zivilem Leitungsstab (Wolfowitz und Feith) abgestimmt. Diese vermieden ebenfalls, die militärische Führung zu konsultieren, obwohl sie damals schon die Generäle ständig drängten, irakische Truppen auszubilden.

Bremer war also politisch gedeckt, ist aber seitdem ständiger Kritik der Generäle ausgesetzt, die seine Maßnahmen für alle späteren Missgeschicke verantwortlich machten.

Tatsächlich war das Ende der beiden Herrschaftsinstrumente des alten Regimes politisch gewollt. „Regime-Change" bedeutet ja gerade das. Aber der Wechsel betraf nicht nur ein „Regime", sondern historisch tief verwurzelte Machtstrukturen. Eine fremde Besatzungsmacht, die sich nicht als Sieger, sondern als Befreier versteht, sollte solche Einschnitte in die Geschichte und Weichenstellungen für die Zukunft den Einheimischen überlassen. Sie sollte sich auf die Rahmenbedingungen konzentrieren, in denen diese dazu fähig

---

* Eine gründliche und überzeugende Diskussion dieser Frage bringen L. Paul Bremer III/James Dobbins/David Gompert, Days in Iraq: ‚Decisions of the CPA', in: Survival, Nr. 4, 2008, S. 21-54. Sie weisen dabei auch auf das Urteil des Politikers Ali Allawi hin, das erst nach diesem Zeitpunkt der Entbaathifizierung-Prozess, wirklich den Parteienstreit verschärfte. Die Entbaathifizierung betraf knapp 85.000 Leute, nur 9.000 davon wurden später durch eine Überprüfungskommission „begnadigt", ihr Vorsitzender war niemand anderes als der extreme Baathisten-Gegner Dschalabi. Er sorgte für eine restriktive Praxis.

werden. Die Besatzungsmacht sollte Maßnahmen vermeiden, die das besetzte Volk spalten, sondern versuchen, Frieden zu stiften. Das war der Grundfehler.

Bremers wichtigste Leistung ist, dass er in einer Telefonkonferenz mit Rumsfeld und den zuständigen Generälen am 14. Mai eine endgültige Anweisung an die amerikanischen Streitkräfte erwirkte, die Ordnung im Land mit allen Mitteln zu sichern. Dass dieser Beschluss schwer zu erreichen war, gibt allerdings zu denken. Bremer zeigte viel Zivilcourage bei seinen Warnungen vor den Plänen des Pentagon einer vorzeitigen und umfangreichen Truppenreduzierung.* Er hat auch früh und unerschrocken vor der Praxis einiger amerikanischer Kommandeure gewarnt, bei ihren Razzien erst einmal viele Gefangene auf Verdacht zu machen und sie dann in Lager oder im notorischen Gefängnis Abu Ghraib abzuliefern, wo sie lange und ohne Haftprüfungen festgehalten wurden. Von den Folterungen wusste er noch nichts. Sein Kampf um eine Verstärkung der amerikanischen Truppen blieb erfolglos.**

* Vgl. Bremer III/McConnell, My Year, insbesondere S. 157, für eine besonders offene Auseinandersetzung mit Rumsfeld. Für das Pentagon stellte sich das Problem so dar: Nach den amerikanischen Einsatzregeln für Auslandsstreitkräfte hätte mindestens ein Drittel der im Irak stationierten Truppen im Frühjahr 2004 ausgewechselt werden müssen. Der Ersatz wäre nur durch Rückgriff auf die Reserve und die Nationalgarden möglich gewesen (wodurch er schließlich auch möglich gemacht wurde). Rumsfeld sah aber innenpolitische Reibungen voraus (die auch eintrafen). Verfangen in der Illusion eines Empfangs mit Blumen und einer schnellen Übernahme der Regierung durch die Iraker, sah er in der Rückführung der Truppen kein Problem. Später verfiel er auf den Ausweg, irakische Armee- und Polizeieinheiten aus dem Boden stampfen zu lassen und sie nach völlig unzulänglicher Kurzausbildung als ebenbürtigen Ersatz der abziehenden Amerikaner hinzustellen – eine Selbsttäuschung, die Bremer immer wieder detailliert und ungescheut aufdeckte. Später wollte das Verteidigungsministerium die bevorstehende Lücke durch Truppen dritter Staaten füllen. Zu diesem Zweck wurde eine neue Sicherheitsratsresolution angestrebt.

** Während seiner Vorbereitungszeit traf Bremer in Washington den früheren Botschafter James Dobbins, der sich in der Washingtoner Filiale der renommierten Sicherheitsdenkfabrik RAND vornehmlich mit „nation building" vergleichend-analytisch befasst. Dobbins zeigte ihm ein Papier, das er auch dem Verteidigungsminister zugeleitet hatte, wonach zur Stabilisierung eines besetzten und von außen neu aufzubauenden Staates mindestens zwanzig Soldaten pro tausend Einwohner nötig sind. Daraus ergäbe sich für den Irak mit seinen 26 Millionen Einwohnern ein Minimum von 500.000 Soldaten. Das ist ungefähr die Zahl, die General Shinseiki genannt hatte. Bremer schickte dieses Papier erneut an den Verteidigungsminister, erhielt aber nie eine Antwort; vgl. seine Memoiren, S. 9.

Bremer ist noch heute stolz auf die modernen Gesetze, mit denen er die Wirtschafts- und Steuerpolitik nach neo-liberalen Überzeugungen reformieren wollte: freier Kapitalverkehr, Investitionsfreiheit für Ausländer (statt dem bisherigen Investitionsverbot), modernes Handelsrecht und gewerblicher Rechtsschutz, eine flache Progression der Einkommensteuer als Anreiz für Auslandsinvestitionen. Aber solange die Sicherheitslage Produktion und Handel blockierte, waren diese Gesetze keinem Test ausgesetzt. Bremer streitet Pläne ab, die staatlichen Betriebe zu privatisieren und deren Subsidien abzuschaffen.[264] Das amerikanische Finanzministerium hatte aber zusammen mit der Hilfsbehörde USAID einen 101 Seiten starken Plan mit genau diesen Zielen ausgearbeitet, und der Abteilungsleiter der CPA, Peter McPherson, Präsident der Michigan State University, verfolgte sie mit Eifer.[265] Aber offenbar wurde Bremer klar, dass eine derartige Umwälzung alle politischen Absichten vereiteln würde.*

Die Resolution 1483 bescherte Paul Bremer ab Juni 2003 einen Sonderbeauftragten der Vereinten Nationen. Es war Sergio de Mello, ein hochgeachteter brasilianischer Diplomat mit großen Erfahrungen in politischen Aufbauprozessen von Timor bis Bosnien, einer der besten in Kofi Annans Stab. Bremers Machtinstinkt sah zunächst den möglichen Rivalen; er wollte, dass „unsere Koalition, nicht die Vereinten Nationen – mit ihren finsteren politischen Absichten – die Führung im politischen Prozess" behielt.[266] Vermutlich zum beiderseitigen Erstaunen kam er mit de Mello gut aus, und die beiden machten sich auf die Suche nach passenden Mitgliedern eines „Provisorischen Regierenden Rats" (Interim Governing Council, IGC). Dieses Gremium trat am 13. Juni zusammen. Bremer konnte zunächst einmal sagen, den politischen Prozess in Gang gebracht zu haben. Die Emigranten waren in dem IGC in der Minderheit. Das neokonservative Rezept eines Neubeginns durch die Emigranten war endgültig vom Tisch.

Im August endete Bremers glückliche Zeit. Als er Anfang August 2003 dem machthungrigen und gewaltbereiten Schiitenführer Muktada al Sadr Grenzen aufzeigen wollte, solange dieser noch nicht zu mächtig war, ließen ihn die

---

* Es lohnt sich, Rajiv Chandrasekaran, Imperial Life in the Emerald City: Inside Iraq's Green Zone, New York 2007, mit teils belustigenden, teils befremdlichen Einzelheiten zu lesen, einmal wegen der Realitätsferne derartiger Absichten, andererseits, weil hier zum einzigen Mal von den völkerrechtlichen Schranken einer Besatzungsbehörde die Rede ist.

Streitkräfte im Stich.* Am 7. August detonierte die erste Autobombe vor der jordanischen Botschaft und tötete vier Polizisten und sieben Passanten. Am 19. August wurde die Vertretung der Vereinten Nationen durch einen Selbstmordanschlag zerstört und 22 Menschen getötet, darunter der Leiter der Vertretung, de Mello. Und am 29. August töteten Bomben in einer Moschee in Nadschaf 95 Menschen.

2. Die Verhandlungen im Sicherheitsrat

Die Vorgeschichte der neuen Resolution

Zur selben Zeit wurde klar, wie verzweifelt die irakischen Finanzen aussahen. „Die frühere Annahme, dass der Irak durch seine Ölexporte selbst für seinen Wiederaufbau aufkommen könne, erwies sich jetzt als Fata Morgana."[267] Tatsächlich erbrachten die Ölausfuhren vom Juni bis Dezember 2003 höchstens drei Milliarden Dollar. Die Ursachen waren der Zustand der Infrastruktur, Sabotageakte an den Ölleitungen, der Schmuggel in die Türkei und nach Kuwait und die Schwierigkeit bei der Beladung von Tankern wegen der schwankenden Stromversorgung. Die Versorgungslücken störten wiederum die

---

* Muktada al Sadr, Sohn eines prominenten schiitischen Ajatollah, hatte damals noch eine kleine Bande von bewaffneten Gefolgsleuten, mit denen er in schiitischen Armutsvierteln, sowohl in Bagdad und im Süden, Einflussgebiete schaffen wollte. Ein irakischer Richter in Nadschaf wollte diesen Muktada al Sadr verhaften lassen, wegen des Verdachts des Mordes an einem anderen Ajatollah. Der Haftbefehl konnte offensichtlich nur mit Unterstützung amerikanischer Truppen ausgeführt werden. Zuständig wäre die in Nadschaf stationierte Marineinfanterie gewesen. Aber diese Einheit sollte in drei Wochen den Irak verlassen und durch polnische Truppen ersetzt werden. Das Kommando der Marineinfanterie setzte alle Hebel in Bewegung, um den Auftrag zu verhindern. Auch Bremer wandte sich an Rumsfeld: Man könne keinen irakischen Richter daran hindern, irakisches Recht anzuwenden. Der Fall sei „zentral für unser Ziel, Recht und Ordnung im Irak herzustellen. Wir müssten Muktada stoppen, bevor er noch stärker würde"; vgl. Bremer III/McConnell, My Year, S. 131-136, Zitat auf S. 135. Aber es kam keine Weisung. Der Vorfall schwächte die Kontrolle der amerikanischen Streitkräfte.

Stromproduktion (die Kraftwerke arbeiteten alle mit Dieselöl oder Erdgas). Weil auch nicht alle Raffinerien arbeiteten, gab es Schlangen vor den Tankstellen. Das verstärkte den Zorn gegen die Besatzung. Diese musste monatlich für rund 250 Millionen Dollar zusätzlichen Kraftstoff in Kuwait und der Türkei kaufen. Das belastete den Staatshaushalt mit jährlich drei Milliarden Dollar.[268]

Für 2004 rechnete die CPA mit höchstens 12 Milliarden Dollar Öleinnahmen, was allenfalls für die laufenden Ausgaben ausreiche. Sie verfolgte daneben aber ein ehrgeiziges Modernisierungsprogramm; es enthielt Ausgaben von 4,2 Milliarden Dollar für Armee und Polizei, je eine Milliarde für Krankenhäuser, für Transportwege und den „Aufbau einer Zivilgesellschaft". Der größte Posten, 5,7 Milliarden, war für Kraftwerke vorgesehen. Für insgesamt 20,4 Milliarden Dollar sollte das Land von Grund auf modernisiert werden.

Die amerikanische Regierung nahm diesen Betrag in einen Zusatzhaushalt auf, der für die beiden Kriege in Afghanistan und im Irak nötig geworden war; er belief sich auf insgesamt 87 Milliarden Dollar. Der Kongress bewilligte ihn schließlich Mitte Oktober mit geringen Abstrichen, allerdings nach scharfen Diskussionen, in denen die Demokraten der Regierung vorwarfen, sie fordere finanzielle und militärische Beiträge bei dritten Länder nicht energisch genug ein. Das Weiße Haus musste solche Anstrengungen nachweisen. Diesem Zweck sollte eine neue VN-Sicherheitsratsresolution dienen.

In einer Sitzung des Nationalen Sicherheitsrats am 23. Juli 2003, in der es hauptsächlich um diesen Nachtragshaushalt und die Finanzen der CPA ging, regte Außenminister Powell in New York eine neue Resolution an, die andere Staaten nochmals auffordern würde, Kampftruppen in den Irak zu schicken. Vielleicht könnte ein solcher Text die Inder überzeugen. Das Weiße Haus unterstützte dieses Vorhaben energisch.

Ablauf und Diskussionen

Briten und Amerikaner präsentierten ihren neuen Text den anderen Ratsmitgliedern am 21. August. Er rief zu Beiträgen von Truppen und Geld auf, „ohne am rechtlichen Rahmen von Resolution 1483 beziehungsweise an der politischen Rolle der VN etwas zu ändern" (so die Bewertung der deutschen VN-Vertretung). Der amerikanische Vertreter Negroponte präsentierte die Vorschläge in forderndem Ton: Die internationale Gemeinschaft müsse sich im Kampf gegen den Terrorismus solidarisch zeigen. Die deutsche Vertretung bezeichnet das amerikanische Verhalten als „geprägt vom dringenden Wunsch nach verstärkter Unterstützung, ohne sich aber beim Wiederaufbau hineinreden zu lassen".

Aber Mitsprache war genau der Wunsch der Ratsmehrheit. Der französische Vertreter de la Sablière erklärte: Gewiss seien die Besatzungsmächte für die Sicherheit verantwortlich, dafür seien aber nicht nur polizeiliche und militärische Mittel nötig, sondern besonders politische: Die Rückgabe der Souveränität nach einem beschleunigten Fahrplan. Diesen Prozess könnten nicht die Besatzungsmächte steuern, sondern nur die Iraker selbst, unterstützt von den Vereinten Nationen. Nur diese hätten dazu die Legitimität und Erfahrung. Der Schlusssatz des französischen Vertreters wog schwer: Der Irak sei zu einer Spielwiese für Terroristen geworden; es bleibe die schreckliche Frage, ob man heute an dieser Stelle stünde, wenn im Irak von Anfang an ein partnerschaftlicher internationaler Ansatz unter Führung der Vereinten Nationen gewählt worden wäre.

Dass eine solche Frage überhaupt gestellt wurde, sagt viel über den Verfall des amerikanischen Ansehens. Es musste zu Widerspruch reizen, wenn die Besatzungsmächte jetzt von der internationalen Gemeinschaft Geld und Truppen forderten, gleichzeitig aber die Geschicke des Irak weiterhin alleine lenken wollten, nachdem die Unglücke vom August 2003 offengelegt hatten, wie es mit dieser Kontrolle bestellt war.

Die Stellung der Vereinten Nationen

Im VN-Sekretariat hatte man sich schon früher eine etwas größere Distanz zwischen de Mello und Bremer gewünscht. Man fühlte sich grausam bestätigt. Niemand konnte jetzt eine stärkere Unterstützung der Besatzung durch die VN erwarten. Kofi Annan wurde die bestimmende Figur. Bei einem Treffen mit den Botschaftern des Sicherheitsrats war er kompromisslos: Sein Sekretariat werde keine untergeordnete Rolle mehr spielen. Im jetzigen amerikanischen Entwurf führe die CPA den politischen Prozess; dieser müsse in Zusammenarbeit mit einer provisorischen Regierung und dem VN-Sekretariat geführt werden, mit den Elementen einer nationalen Versammlung, die eine

Übergangsregierung konstituiert, eine Verfassung ausarbeitet und dann Wahlen abhält. Die Austarierung dieser verschiedenen Prozesse, die in der Zukunft eine wichtige Rolle spielen sollte, unterließ Kofi Annan damals wohlweislich. Er könne kein Mandat annehmen, das hinter diesen Anforderungen grundsätzlich zurückbleibe. Er könne nicht verantworten, das Leben wertvoller Mitarbeiter für Aufgaben zu riskieren, die es nicht rechtfertigen. Er warne davor, eine solche Resolution zur Abstimmung zu bringen.

Ergebnisse

Am Ende wurde weniger die Unterstützung der amerikanischen Besatzung, sondern die politischen Fragen ihrer Beendigung diskutiert. Damit war der Zweck der amerikanischen Initiative in den Hintergrund gedrängt. Die Diplomatie der Besatzungsmächte rettete ihre Absichten nur durch Konzessionen. Ein neuer Entwurf vom 4. September ging stärker auf die Wünsche nach konkreten Aussagen zum irakischen politischen Prozess und zur Rolle der VN ein. In einem neuen Papier vom 11. Oktober folgten weitere Konzessionen, woraufhin die Resolution am 16. Oktober verabschiedet wurde.

Am 13. und 14. Oktober scheint die amerikanische Diplomatie ein „Umfassungsmanöver" nach Moskau gemacht zu haben. Als die USA am 15. November noch eine dritte Revision mit weiteren kosmetischen Verbesserungen vorlegten, lobte der russische Botschafter Lawrow sie als große Konzessionen und kündigte die Zustimmung Russlands an. Im Rat kursierte das Gerücht, Putin sei mit Versprechungen von neuen Erdölkonzessionen geködert worden. De la Sablière und Pleuger hatten es schwer, auch nur eine Verschiebung der Abstimmung auf den nächsten Tag zu erreichen, für den eine Telefonkonferenz zwischen Chirac, Schröder und Putin geplant war. Diese Konferenz brachte die Troika dann doch wieder auf eine gemeinsame Linie: Die drei Delegationen sollten zustimmen, aber verbunden mit einer enttäuschten Stimmabgabeerklärung, in der sie feststellten,

> „dass die Resolution, dank ihrer Vorschläge, jetzt „einen Schritt in die richtige Richtung der Wiederherstellung des Irak mit der Beteiligung der Vereinten Nationen" bedeute. Allerdings hätte die Resolution die Rolle der Vereinten Nationen, vor allem im politischen Prozess, noch mehr stärken und die Regierungsverantwortung noch zügiger dem irakischen Volk zurückgeben sollen. Auf diese Weise sind für uns keine Bedingungen hergestellt, die uns zu irgendeiner militä-

rischen Verpflichtung und zu zusätzlichen finanziellen Beiträgen, die über unsere jetzigen Zusagen hinausgehen, veranlassen könnten."

Damit hatten die drei leistungskräftigsten Staaten Kontinentaleuropas für sich selbst die Ziele abgelehnt, denen die Resolution dienen sollte.

Auch sonstige militärische Unterstützung brachte die Resolution nicht. Indien, Pakistan, Bangladesh und die Türkei waren Länder, die das State Department hier im Auge hatte. Sie hatten vorher alle erklärt, zur Truppenentsendung sei ein formelles Mandat des VN-Sicherheitsrats nötig. Dieses Mandat lag jetzt in oP 13 der neuen Resolution vor. Der folgende Absatz (14) ruft alle Mitgliedsstaaten auf, solche Streitkräfte zu entsenden. Aber kein Land folgte dem Ruf.

Die politischen Abschnitte der Resolution bezeichnen das Besatzungsregime mehrfach als treuhänderisch und zeitlich begrenzt. Das VN-Sekretariat selbst sah seine Stellung nicht als gestärkt. Es befürchtete aber, bald von Amerikanern und Briten in Anspruch genommen zu werden.

Bald sollten andere Kräfte auf das diplomatische Spiel einwirken. Die Befreiungsrhetorik, mit der Amerika jetzt seine Intervention begründete, nachdem ABC-Waffen nicht gefunden wurden, vertrug sich nicht mit Bremers Haltung als Herr im Hause. Und der rasch wachsende Aufstand beschleunigte neue Tendenzen in Washington.

3. Diplomatie der Lastenteilung in anderen Foren

Deutsche Planungen zur wirtschaftlichen Aufbauhilfe

Erste Überlegungen im Auswärtigen Amt gingen Anfang Mai 2003 davon aus, dass die Besatzungsmächte die Ordnung schnell herstellen würden. Unterstützung wurde als denkbar bezeichnet bei friedenserhaltenden Maßnahmen, Katastrophenvorsorge, Minenräumung, Polizeiaufbau und Formulierungshilfe bei der Verfassungsgebung. Demokratisierungshilfe und Kulturarbeit könnten die Grundlagen für eine demokratische Zivilgesellschaft schaffen. So sollte mit wohlklingenden Zielen von der damaligen Finanzknappheit abgelenkt werden. Die Annahme, die Besatzungsmacht könne eine deutsche Mitwirkung im Kern des politischen Prozesses gestatten, war allerdings unrealistisch.

Das Entwicklungs-Ministerium bewertete die Lage anders. Seine Ministerin Wieczorek-Zeul richtete am 15. Mai einen formellen Brief an den Bundeskanzler, in dem sie eine maßgebliche Rolle der Vereinten Nationen bei der Regierungsbildung und beim Wiederaufbau forderte. Eine einseitig von der Besatzungsmacht eingesetzte Verwaltung sei kein Partner für die internationalen Finanzinstitute wie den Internationalen Währungsfonds und die Weltbank.

Die Opposition hatte einen umfassenderen Ansatz: „Den politischen Neubeginn und Aufbau des Irak mitgestalten" war der Titel einer großen Anfrage der CDU vom 20. Mai 2003.[269] Schon früh war allerdings bei allen Parteien klar, dass sich Deutschland im Irak nie so engagieren würde wie in Afghanistan.

Internationale Kontakte

Auf dem Treffen der „G-8"* in Evian am Genfer See vom 1. bis 3. Juni 2003 registrierte die Öffentlichkeit noch, dass Bush sich mit dem Gastgeber Chirac zu einem separaten Gespräch traf, was die Höflichkeit schließlich forderte; das Gespräch war kurz genug. In den Berliner Ministerien herrschten keine Illusionen über eine spektakuläre Versöhnung am Genfer See. In einem Vorbereitungsgespräch mit Mützelburg sagte Staatssekretär Tacke vom BMF voraus, der amerikanische Präsident werde die Spannung weiterhin pflegen. Wir sollten uns unsicher fühlen, deshalb werde es auch keine Einzelgespräche geben. Powells Blitzbesuch vom 15. Mai 2003 diente aktuellen Zwecken und war deshalb kein Gegenbeispiel. So war der Sinn derartiger Gipfeltreffen, durch vertrauliche Gespräche Problemlösungen vorzubereiten, von vornherein vereitelt. In den Gesprächen selbst wollten alle Teilnehmer neue Auseinandersetzungen vermeiden, hatten aber nicht das Vertrauen, Lösungen zu finden. Präsident Bush flog vorzeitig ab. Schröder konnte ihm mehrmals die

---

* Jährliches Gipfeltreffen der acht stärksten Wirtschaftsnationen, eine von Giscard d'Estaing vor knapp 20 Jahren gegründete Konferenzserie zur informellen – aber natürlich längst formalisierten – Erörterung finanzieller, wirtschaftlicher und inzwischen auch weltpolitischer Fragen.

Hand reichen – „und das glich einem jener Ereignisse, die sonst nur in Ländern wie Island und Andorra die Weltpolitik bedeuten".[270]

Als Außenminister Fischer dann im Juli 2003 nach Washington kam, hatte er schon ein freundliches Gespräch mit Vizepräsident Cheney und mit wichtigen Senatoren. Dabei wurden alle aktuellen Probleme angesprochen, als Schwerpunkt natürlich die deutsche militärische und finanzielle Hilfe für den Irak. Vor allem der Vizepräsident war um ein gutes Gesprächsklima bemüht. Cheney stellte keine konkreten Bitten.

Als während der sogenannten „Ministerwoche" der VN-Vollversammlung im September auch ein Treffen zwischen dem Kanzler und dem Präsidenten in New York bevorstand, reisten sogar Steven Hadley und Robert Blackwill, die beiden maßgebenden Beamten im Nationalen Sicherheitsrat, am 8. September nach Berlin. Zu den Gründen dieses Besuchs berichtete die Botschaft Washington, man mache sich im Nationalen Sicherheitsrat Sorgen über die benötigte militärische und finanzielle Hilfe für den Irak und die dazu nötige Sicherheitsratsresolution (später Nr. 1511, wie soeben beschrieben). Man wolle keine neuen Debatten über die alten Themen, vor allem nicht über die Legitimität des Kriegs. Hadley und Blackwill würden den Deutschen sagen, Amerika respektiere jetzt ihre Ansichten, hoffe aber auf Zurückhaltung.

In seinem Treffen mit Präsident Bush am 26. September 2003 vermied Schröder jede Kritik, machte aber auch keine Zusagen. Darüber war Bush vorgewarnt; er sagte anschließend der Presse, die Gegensätze zu Deutschland seien ausgestanden. Der politische Sinn des Treffens bestand in einer Demonstration einer Aussöhnung als Vorbereitung von Einzelgesprächen über deutsche Beiträge. Bush wolle „das Kriegsbeil begraben", hatte ein Sprecher des Weißen Hauses vorhergesagt. Schröder kommentierte, er habe ja keine Beile herumgewirbelt. Die Presse habe die persönlichen Differenzen übertrieben. Er kenne George Bush als einen rationalen Politiker. Amerikanische Verhandler haben später dieses Treffen als Neubeginn der guten Beziehungen gewürdigt. So schnell kann sich die große Politik auf neue Interessen einstellen.

In seiner Erklärung vor der Vollversammlung vermied Schröder eine Rückschau. Er sagte nur, dass über den Einsatz militärischer Gewalt nie einseitig, sondern immer durch die Organe der Weltgemeinschaft entschieden werden müsse. Der Terror könne nicht durch Militär und Polizei allein bekämpft werden, seine Ursachen müssen gleichzeitig politisch bekämpft werden.

Die Geberkonferenz in Madrid am 23./24. Oktober 2003

Der Konferenz lagen Schätzungen des UNDP und der Weltbank vor, wonach der zivile Wiederaufbau 35,6 Milliarden Dollar erfordere. Die Schätzungen der amerikanischen Regierung waren höher: 50 bis 75 Milliarden Dollar. Die Konferenz erbrachte Zusagen in einer Gesamthöhe von 33 Milliarden Dollar. Ob wirklich so viel Mittel abrufbar waren, blieb unsicher. So blieb oft unklar, ob ein Zuschuss oder ein Kredit angeboten wurde, ob bilaterale und multilaterale Beiträge doppelt gezählt wurden, ob die Kosten militärischer Einsätze aufgerechnet wurden. Kuwait bot knapp 1,5 Milliarden Dollar an, Saudi-Arabien eine Milliarde. Die verschiedenen wohlhabenden Emirate des Golfes gaben zusammen 670 Millionen Dollar. Die EU-Kommission sagte insgesamt eine Milliarde Dollar zu. Dazu kamen Zusagen einzelner EU-Mitglieder.* Abgeflossen ist von all diesen Zusagen nur wenig. Die amtliche amerikanische Statistik verzeichnet ausländische Zusagen von rund 16 Milliarden Dollar.

Die EU hatte weder Interesse noch Chancen für umfangreiche Unterstützung. Sie identifizierte einige Projekte der Wahl- und Demokratiehilfe und des politischen Dialogs und verband sie mit volltönenden Erwartungen für eine friedliche Zukunft des Irak. Der europäische Rat verabschiedete das Ergebnis als „mittelfristige Strategie zum Irak" im Juli 2004. Das Volumen von 200 Millionen Euro konnte in Washington kein Interesse wecken. Die Besatzungsmacht hatte vom Mai 2003 bis Juni 2004 9,3 Milliarden Dollar aufgewandt. Aus irakischem Vermögen flossen vom Tag der Besetzung bis Anfang 2008 insgesamt 50 Milliarden Dollar in den Wiederaufbau. Die verschiedenen amerikanischen Hilfsprogramme beliefen sich auf 47 Milliarden Dollar.[271] Selbst wenn ein Teil dieser Summen von der Korruption abgezweigt wurde und durch die Sicherheitsmaßnahmen überteuert war, war das europäische Angebot daneben unbeachtlich. Präsident Bush Senior wurde in „seinem"

---

* UK: 1,5 Milliarden Dollar, Spanien: 270 Millionen, Italien: 273 Millionen Dollar; vgl. dazu O´Hanlon/Campbell, Iraq Index, S. 44. Alle dortigen Angaben basieren auf den amtlichen amerikanischen Zahlen. Die deutsche Zusage wurde von den amtlichen Stellen auf 162 Millionen Euro, also damals etwa 200 Millionen Dollar, schöngerechnet. Davon sind 67 Millionen Euro der deutsche Anteil an der Hilfe der EU und ca. 35 Millionen Euro (44 Millionen Dollar) der deutsche Anteil an einem Kredit der IDA (International Development Agency). Die echten bilateralen deutschen Neuzusagen beliefen sich auf 54 Millionen Euro.

Irak-Krieg ganz anders unterstützt, Deutschland zahlte damals mindestens 17 Milliarden DM, Saudi-Arabien und Japan jeweils 22 Milliarden Dollar.

Madrid war die letzte internationale Großveranstaltung über den Irak, die in den Medien Interesse fand. Kofi Annan, der erst nicht kommen wollte, erschien nach dringenden amerikanischen und britischen Bitten doch und eröffnete die Konferenz. Am Schluss schuf er wieder Distanz: „Meine Anwesenheit hier hat nichts mit der Meinung zu tun, die ich über die Rolle der VN im Irak habe."[272]

Schuldenerlass

Dieses Thema führte Paul Wolfowitz im April 2003 im Streitkräfteausschuss des Senats ein. Deutschland, Frankreich und Russland hätten dem Irak Anleihen gegeben, die Saddam Hussein dazu benutzt habe, „Waffen zu kaufen, Paläste zu bauen und die Instrumente der Unterdrückung zu verfeinern". Frankreich und Russland waren tatsächlich vor dem Golfkrieg von 1991 die wichtigsten Handelspartner des Irak mit jeweils etwa acht Milliarden Dollar Außenständen; Deutschland hatte davon knapp vier Milliarden Dollar, etwa gleich viel wie die Vereinigten Staaten.

Das Thema konnte nicht gut vom Verteidigungsministerium weiter verfolgt werden. Die Beschränkung auf drei Gläubigerstaaten erschien willkürlich. Dass sie Saddam früher besonders unterstützt hätten, war für die Zeit vor 1990 höchst anfechtbar. Washington konnte an einer Diskussion über dieses Thema kaum interessiert sein. Es wurde zum internationalen Finanzproblem versachlicht. Im sogenannten Pariser Club wurden die irakischen Schulden am 9. Dezember 2003 unter zwanzig anderen Fällen besprochen. Wenig später behandelte der Internationale Währungsfonds das Thema. Er stellte Gesamtschulden von 120 bis 160 Milliarden Dollar (einschließlich Zinsen) fest. Deutschland erklärte Verhandlungen mit einer „legitimierten Regierung" für nötig. Die amerikanische Regierung wollte aber einseitige Verpflichtungen. Der frühere Außenminister James Baker sollte dazu auf dem Kontinent werben.

Nach einigen Aufregungen* war das Ergebnis der Baker-Reise eine dreiseitige Erklärung Amerikas, Deutschlands und Frankreichs vom 16. Dezember 2003: Der Pariser Club soll im nächsten Jahr einen erheblichen („substantive") Nachlass beschließen, die drei Regierungen werden sich gemeinsam um dieses Ziel bemühen. Es gab dann gelegentlich Mahnungen von amerikanischer Seite, zum Beispiel in einem Telefongespräch zwischen Frau Rice und Kanzlerberater Mützelburg vom 4. Juni 2004. Schließlich endete die Affäre unauffällig im üblichen Verfahren. Im Juni 2005 vereinbarte die provisorische irakische Regierung mit Deutschland einen Schuldenerlass in Höhe von 80 Prozent.

Anmerkungen zum Gläubigerstaat Kuwait

James Baker hatte dem Kanzler von sich aus angedeutet, dass auch die Forderungen Kuwaits aus der Besetzung von 1990 neu geregelt werden sollten. In Artikel 25 des amerikanisch-irakischen Abkommens vom 17. November 2008 über die Truppenstationierung verspricht die amerikanische Regierung ihre Unterstützung bei der Aufhebung der Reparationszahlungen an Kuwait.

Der Sachverhalt ist folgender: In der Resolution 661, die den Waffenstillstand mit dem Irak regelt, verpflichtete der Sicherheitsrat den Irak, einen gewissen Prozentsatz seiner Öleinnahmen an die Vereinten Nationen abzuzweigen, um die Schäden aus der Invasion Kuwaits zu ersetzen. Diese Regelung ist immer noch gültig; gegenwärtig werden fünf Prozent der Öleinnahmen an diesen Fonds abgezweigt. Bisher hat der Irak auf diese Weise 23,4 Milliarden Dollar geleistet. Die individuellen Gläubiger und die privaten Erdölgesellschaften sind voll befriedigt, nicht allerdings der Staat Kuwait, dessen Forderungen noch ungefähr 25 Milliarden Dollar betragen.

Über die amerikanisch-kuwaitischen Gespräche ist nichts bekannt. Wir wissen nur, dass Amerika wiederholt versprochen hat, sich in dieser Frage für den Irak zu verwenden, bisher ohne Ergebnis. Offenbar fühlt sich die kuwai-

---

* Am 11. Dezember 2003 gab das Pentagon die Ausschreibungen für die Großprojekte heraus, die aus dem Zusatzhaushalt finanziert werden sollten (vgl. Kap. XI.2). Als Anbieter waren nur die Staaten der Koalition zugelassen. Das sorgte für Aufsehen in den Medien und verschaffte Bundeskanzler Schröder taktische Vorteile in seinen Gesprächen mit dem Sonderbeauftragten James Baker.

tische Regierung gegenüber den USA in einer stärkeren Stellung als deren europäische Verbündete.²⁷³

Militärischer Beitrag

Neue Entsender von Truppen suchte das Pentagon in rastlosen Bemühungen, aber auf bilateralen Wegen. Die Nato kam mit zwei Themen ins Spiel: Zuerst ging es um die logistische Unterstützung des polnischen Kontingents, später um eine Ausbildung irakischer Truppen.

Schon Mitte April 2003 berichtete die Nato-Vertretung, die Mehrzahl der Botschafter spreche sich für eine Rolle der Organisation aus. Für die meisten sei ein VN-Mandat wünschenswert, für viele aber nicht die Voraussetzung. Die Vertretung warnte vor einer „Stimmung, die zum Orkan anschwellen kann", mit dem Tenor: Wenn wir schon bilateral so zahlreich dabei sind, warum nicht gemeinsam?

Die amerikanische Regierung bot Polen eine eigene Besatzungszone im Norden und einen Vertreter in der CPA an. In Warschau sprach man zunächst von einer „Stabilisierungstruppe" von rund 7.000 Mann. Aber dazu reichten die finanziellen und organisatorischen Mittel Polens nicht aus. So brachte Verteidigungsminister Jerzy Szmajdziński ausgerechnet die Deutschen ins Spiel. Wörtlich sagte er: „Wir wollen deutsche Truppen, denn dann hätten wir eine einsatzfähige Kommandostruktur." Sein deutscher Kollege Peter Struck stellte fest, er habe von dieser Idee aus der Presse erfahren.

Schließlich übernahm Washington die finanzielle Unterstützung für die inzwischen auf 1.500 Mann zusammengestrichene polnische Truppe. Für die Kommandostruktur bot sich die Nato an. Sie hatte bereits das sogenannte „ISAF III-Modell" entwickelt, nach dem sie in Afghanistan ähnlich strukturschwache Streitkräfte mit Spezialisten und Gerät unterstützte. Aber Deutschland und Frankreich wollten vermeiden, dass diese Unterstützung im Irak optisch erkennbar wurde; im Brüsseler Jargon hieß das: kein „Nato-footprint". Darauf ließen sich schließlich auch Amerika und Großbritannien ein, um einen Anfang zu machen. Frankreich forderte noch, dass die neue Struktur nicht dem amerikanischen Kommando unterstellt werden, sondern unter der Kontrolle des Nato-Rats bleiben sollte. Das war vor Ort freilich nicht machbar.*

Im Nato-Hauptquartier sprach man über den Irak seit Januar 2004 erneut; von der Sitzung der Verteidigungsminister Anfang Februar in München erwartete man Diskussionen dazu („Aber nur nicht wieder so einen Eklat wie letztes Jahr wegen der Türkei", meinten deutsche Beamte). Außenminister Fischer lehnte die Entsendung von Truppen weiter ab, ebenso der Bundeskanzler beim G-8-Gipfel im amerikanischen Badeort Sea Island. Bush bestand dann nicht mehr darauf. Auf dem Nato-Gipfel in Istanbul vom 28./29. Juni 2004 übte der Generalsekretär noch einmal Druck auf Ausbildungshilfe aus, ohne nennenswerten Erfolg.** Danach verlor das Verfahren den politischen Schwung. Deutschland begann zur Entlastung mit der Ausbildung irakischer Polizisten im Scheichtum Abu Dhabi. Die Nato-Instanzen entsandten dann Mitte August den niederländischen Generalmajor Hilderink mit 50 Soldaten, um die „besten Methoden für die Ausbildung irakischer Sicherheitskräfte innerhalb und außerhalb des Landes" zu erkunden. General Jones, der damalige Nato-Oberbefehlshaber, rechnete vor dem Gipfel mit einer Mission von 3.000 Mann. Im Dezember 2004 glaubten die amerikanischen Behörden, 300 Nato-Soldaten seien ausreichend. Im Januar 2005 fuhren sie das Programm auf 159 Mann herunter. Schließlich stellten die Bündnispartner, die überhaupt zu Entsendungen bereit waren, ganze 103 Mann ab. Diese Leute arbeiteten aus Sicherheitsgründen in der „grünen Zone". Ein Drittel sollte dort ausbilden, ein Drittel sollte Programme ausarbeiten, ein weiteres Drittel sollte die Arbeit der anderen verwalten. Später sollten sie einmal beim Aufbau einer Militärakademie außerhalb Bagdads helfen. Die übriggebliebenen Nato-Offiziere „berieten" noch lange das irakische Militär.

Trotz dieser beschränkten Möglichkeiten drängte die amerikanische Regierung mit der Unterstützung von Nato-Generalsekretär de Hoop Scheffer in den Nato-Gremien ständig auf eine – real gar nicht mögliche – Verstärkung.

---

* Nach der Resolution Nr. 1511 des Sicherheitsrats vom Oktober wurde die polnische Einheit Teil der „multilateralen Truppe", die unter „einheitlichem", das heißt amerikanischem Kommando stand.

** Der Gipfel fiel mit dem Amtsantritt des provisorischen Ministerpräsidenten Allawi zusammen. Dessen Brief an den Nato-Generalsekretär, datiert vom 28. Juni, muss sein erster Brief gewesen sein. Der Generalsekretär, eifrig wie immer, zirkulierte den Brief gleich zusammen mit dem Entwurf einer zustimmenden Gipfelerklärung.

Die amerikanische Diplomatie unterstützte das durch Demarchen in Berlin mit großem Nachdruck, sodass es gelegentlich zu „Schreigefechten" kam. Schließlich verbat sich Fischer auf der Außenministertagung im Dezember 2004 eine weitere Auseinandersetzung. Das stieß noch mal auf Kritik von Powell („die Geschlossenheit und Glaubwürdigkeit wird untergraben") und die des Generalsekretärs de Hoop Scheffer („das geht an den Kern der Solidarität"), aber anders als im Türkei-Drama im Jahr zuvor fand diese Kritik kein Echo.

So endeten die Bemühungen der amerikanischen Diplomatie um Lastenteilung in den vielen Gipfeltreffen vom Juni 2004.* Die Regierung Bush stellte von jetzt ab ihre Werbung um Unterstützung allmählich ein. Nur in der Nato drängte sie noch einige Monate weiter, bis die Unsicherheit im Lande dies endgültig ausschloss. Amerika isolierte sich immer mehr mit seinen Problemen. William Pfaff, der Erzvater unter den außenpolitischen Leitartiklern Amerikas, hatte dieses Ergebnis vorausgesagt: Die Bush-Regierung, die dringend Hilfe für ihre Anstrengungen im Irak gewollt hätte, finde sich jetzt isoliert. Die internationale Entrüstung über Washingtons Irakpolitik mache jetzt einer internationalen Interesselosigkeit Platz [...]. Man müsse zwar amerikanische Besorgnisse ernst nehmen, weil Amerika mächtig ist, aber eine politische Auseinandersetzung mit Washington über grundsätzliche politische Fragen betrachte man als überflüssig.[274]

---

* Die G-8 in Sea Island am 8. und 9. Juni, die EU mit dem amerikanischen Präsidenten in Dromoland Castle (Irland), und schließlich die Nato am 28. und 29. Juni in Istanbul.

XII. Diplomatie der halben Souveränität (Resolution 1546 des VN-Sicherheitsrats vom 8. Juni 2004)

1. Iraks Schrecken, Washingtons Nöte, Bremers Pläne

Am 2. August 2003 stellte Botschafter Ischinger fest, Amerika stehe vor einer Krise: Weder die Sicherheitslage noch die wirtschaftlichen Probleme im Irak seien beherrschbar. Es gebe zwar immer noch Optimisten, die sich an Hoffnungen festhalten, vor allem an einer Festnahme Saddams; aber es überwiege die Furcht vor weiteren schweren Attentaten, die den Irakern Lust und Mut nehmen könnten, mit der Besatzung zu kooperieren. Bis weit in die politische Mitte wachse die Überzeugung, dass ein „Weiterwursteln" auf der bisherigen Rechtsgrundlage und den bisherigen Strukturen (unter Bremer) keinen Erfolg bringen könnte. Ischinger zitiert John Hamre, den Präsidenten des CSIS, der das (noch) federführende Pentagon für „strukturell unfähig erklärte, die Zeichen zu erkennen und umzusteuern".

Aber wohin hätte man auch steuern können? Nur eine Verstärkung der Kampftruppen hätte die militärische Lage verbessern können, während die politische Spitze des Pentagon nur das Ziel kannte, diese Truppen möglichst rasch abzuziehen. Eine schnelle politische Lösung hätte der schiitischen Mehrheit die Kontrolle überantwortet, ohne Minderheitenschutz und ohne Ausgleich zwischen den Bevölkerungsgruppen. Die Diskussion von Lösungen wurde auch durch die ständigen Aufforderungen des Präsidenten verdeckt, den „Kurs zu halten", die er, quasi rituell, am Ende vieler der zahlreichen Lagebesprechungen etwa so ausdrückte: „Ich glaube an das angeborene Gute im irakischen Volk. Es hat ein grundlegendes Verlangen, im Frieden zu leben, unter dem Zeichen jener universellen Werte, die über der Tagespolitik stehen. [...] Jedermann soll wissen, dass wir den Kurs halten und dass ich entschlossen den Erfolg suche."[275] Niemand nahm es auf sich, dem Präsidenten klar zu machen, dass es nicht darum ging, den Kurs zu halten, sondern ihn zu verändern.

Im Lande ging das Gemetzel weiter. Am 29. August 2003 wurden in einer Moschee in Nadschaf 95 schiitische Pilger in die Luft gejagt. Am 27. Oktober starben durch vier koordinierte Selbstmordattentate 43 Menschen und über 200 wurden verwundet. Anfang November wurden nacheinander zwei amerikanische Hubschrauber abgeschossen, insgesamt 20 Tote. Noch wagte der Präsident die Schlussfolgerung, die „Verzweiflung des Widerstands beweist, dass wir gewinnen",[276] und sein Verteidigungsminister bezeichnete die Aufständischen als „Verlierer, ausländische Terroristen und Verbrecher".[277] Aber gleichzeitig, am 10. November, berichtete der Leiter der CIA-Vertretung in Bagdad – mit Billigung Bremers –, die Durchschnittsiraker hätten das Vertrauen in die Besatzungsmacht und den „Regierenden Rat" verloren. Es handele sich um einen echten Volksaufstand. Die Bereitschaft zur Gewalt könne von den Sunnis auch auf die Schiiten übergreifen. Dies geschah bald darauf.

Als der Direktor der CIA diese Einschätzung seines örtlichen Vertreters zwei Tage darauf in einer Washingtoner Chefbesprechung vortrug, stieß sich Rumsfeld an dem Ausdruck „Aufstand". Er bemerkte später, er habe diesen Begriff in einem militärischen Handwörterbuch nachgeschlagen. Danach sei die Definition anders. Bush verbat sich die Benutzung des Wortes in der Regierungsarbeit.[278] Er verdrängte die Wirklichkeit.

Dass das armselige Land, das der amerikanische Fernsehzuschauer jetzt täglich zu Gesicht bekam, schon vor dem Krieg keine Gefahr darstellen konnte, erwies sich von Woche zu Woche mehr. Im Juni kam zutage, dass der Irak in der afrikanischen Republik Niger nie Uran eingekauft hatte. Ein früherer amerikanischer Botschafter im Niger, Joseph Wilson, der zusammen mit seiner Frau in diese Affäre verwickelt war, schrieb das in einem Zeitungsartikel. Bush selbst hatte diesen Ankauf in seinem Bericht zur Lage der Nation am 28. Januar 2003 erwähnt.* Jetzt war zum ersten Mal eine präsidentielle Behauptung über Saddams Vernichtungswaffen als falsch bloßgestellt.

---

* Der Satz lautete: „Die britische Regierung hat erfahren, dass Saddam Hussein kürzlich erhebliche Mengen von Uran aus Afrika kaufen wollte." Die Geschichte ist frei erfunden und kommt aus einer zweifelhaften Quelle. Sie hätte nie in eine amtliche Erklärung des Präsidenten aufgenommen werden dürfen. Die Literatur über den Vorfall (die sogenannten „18 Worte") ist uferlos; vgl. statt allem die leidenschaftslose Untersuchung der Carnegie-Stiftung: Joseph Cirincione/Jessica Tuchman Mathews/George Perkovich/Alexis Orton, WMD in Iraq, Evidence and Implications, Carnegie Endowment Report, Washington 2004. Der Zwischenfall weitete sich aus: Hohe Regierungsbeamte „rächten sich" an Botschafter

David Kay, ein prominenter amerikanischer Spezialist für Waffeninspektionen, unterstützte ab Mai 2003 im Auftrag der CIA die Truppen, die den Irak nach Vernichtungswaffen durchkämmten. Er nutzte alle seine Erfahrungen und Verbindungen, um biologische und chemische Kampfstoffe und Trägerwaffen zu finden. In gewissenhafter Arbeit überzeugte er sich schließlich, dass sie nicht existierten. Schon Ende Juli informierte er Bush und die zuständigen Ausschüsse beider Häuser, er habe keinen „rauchenden Colt" gefunden. In einem „Zwischenbericht" vor diesen Ausschüssen am 2. Oktober 2003 sagte er, er habe solche Waffen „noch nicht gefunden". Die öffentliche Meinung verstand dies richtig dahin, dass es sie nicht gebe. Es begann eine monatelange Diskussion über die berühmt gewordene Frage: „Warum wurden wir so getäuscht?"*

Im August 2003 holte sich Frau Rice Robert Blackwill in den Nationalen Sicherheitsrat. Blackwill hatte zuletzt als Botschafter in Indien seinen Ruf als Problemlöser bestätigt. Nach einigen Kurzbesuchen im Irak fasste er seine Eindrücke so zusammen: „Wir verlieren die Schlacht um Herz und Seele des Irak." Frau Rice antwortete, das zentrale Problem liege nicht im Irak, sondern in Washington, nämlich bei der funktionsunfähigen amerikanischen Regierung.[279]

Rumsfeld verfolgte bei seinem Blitzbesuch am 4. September weiter sein wichtigstes Ziel, die Ablösung der amerikanischen durch irakische Truppen. Bremer beschreibt den „ungesunden Druck", den er dabei ausübte.[280] Der Präsident hingegen bezeichnete drei Tage später im Fernsehen wieder die Umwandlung des Irak als amerikanische Aufgabe. Diese Widersprüche konnten nicht mehr lange überkleistert werden. Bremer selbst brachte die Debatte

---

Wilson, indem sie seine Frau als CIA-Agentin enttarnten und verwickelten sich darüber in Widersprüche, die schließlich zur Verurteilung eines engen Mitarbeiters des Vizepräsidenten, Lewis „Scooter" Libby, führten. Das hielt die Erinnerung an die unbeabsichtigte falsche Aussage des Präsidenten wach.

* Douglas J. Feith, War and Decision. Inside the Pentagon at the Dawn of the War on Terrorism, New York 2008, S. 471 behauptet, die Regierung habe nie von zählbaren „Beständen" gesprochen, sondern stets nur von „der Geschichte, den Absichten, den Fähigkeiten und den Programmen des Irak". An dem falschen Eindruck sei die CIA Schuld, die freilich auch zur Regierung gehört. Die Verantwortung trifft jedenfalls die Spitzenpolitiker, die die Meldungen zu apokalyptischen Bedrohungen („Atompilz") hochgeredet haben.

in Gang: Er veröffentlichte am 8. September in der *Washington Post* folgenden Stufenplan für den politischen Prozess:[281]

- Zunächst arbeitet eine verfassungsgebende Versammlung aus benannten, nicht gewählten, Vertretern eine Verfassung aus;
- eine Volksabstimmung verabschiedet sie;
- ein Parlament wird gewählt;
- dieses wählt eine endgültige Regierung;
- erst dann, etwa im Herbst 2005, wird die CPA aufgelöst, der Irak wird souverän.

Bremer will damit besten Glaubens die Haltung des Präsidenten wiedergegeben haben, während Feith kritisiert, er hätte seinen Artikel abstimmen sollen, und eine so lange Besatzungsregierung widerspreche dem Konsens der Regierung. Deshalb habe Rumsfeld den Stufenplan schließlich korrigiert.[282] Bremers Hauptargumente waren, dass die Verfassung am Anfang stehen müsse, um den politischen Prozess zu steuern. Dieser müsse von Amerika politisch inspiriert und militärisch stabilisiert werden. Freie Wahlen bräuchten eine gründliche Vorbereitung. Feith argumentiert dagegen, wie immer reichlich formal, mit den „Entscheidungen" des Nationalen Sicherheitsrats, die aber wegen ihrer Widersprüche jeder Teilnehmer in seinem Sinn auslegen konnte. Frau Rice hatte recht: Das wahre Problem lag in Washington.

Die irakischen Politiker waren enttäuscht, dass die Besatzung noch zwei Jahre dauern sollte. Die meisten schiitischen Gruppen und vor allem ihr politisch-religiöser Mentor, Ajatollah Ali al Sistani, wollten Wahlen sowohl für die verfassungsgebende Versammlung als auch für die provisorische Regierung, beides gleichzeitig mit der Beendigung der Besatzung. Faire Wahlen erforderten aber mindestens acht Monate Vorbereitung. Es gab keine Volkszählung, keine Wahlkreise, kein Wahlgesetz und keine in Wahlangelegenheiten erfahrene Verwaltung. Sistanis Forderung nach sofortigen Wahlen bedeutete anfechtbare Wahlen und eine Verfassung mit Legitimitätsmängeln. Aber das war dem alten Herrn und seinen Anhängern lange Zeit nicht klarzumachen.

Seit September 2003 fand Bremers Politik Widerspruch auch im Regierungslager, auch in der republikanischen Partei. Der immer noch einflussreiche frühere Sprecher des Abgeordnetenhauses, Newt Gingrich, sagte am 30. September dem Leiter des Präsidialamts, Carl Rove, und dem stellvertretenden Leiter des Nationalen Sicherheitsrats, Steven Hadley: „Bremer kann euch die Wahl kosten." Er hielt dessen Strategie für weltfremd und perfektionistisch.[283] Am 6. Oktober entschied der Präsident, dass der Nationale Sicherheitsrat die Zuständigkeit für die CPA übernehmen solle. Das sicherte den Primat der Politik über Bushs „Verdrängungen", Rumsfelds Fixierung auf den Truppenabbau und Feiths sterile Rechthaberei. Allerdings war es der Primat der Innenpolitik: Der Wahlkampf für die zweite Amtszeit des Präsidenten begann im Sommer 2004. Der derzeitige Status des Irak sei innenpolitisch kein weiteres Jahr durchzuhalten, sagte Frau Rice zu Bremer am 7. Oktober.[284] Schon forderten einflussreiche Zeitungen der Ostküste einen Strategiewechsel.[285]

Am Ende von drei Wochen intensiver Beratungen in Washington, zu denen Bremer zweimal aus Bagdad einflog, mit mehreren Sitzungen auf Ministerebene und zwei Plenarsitzungen des Nationalen Sicherheitsrats unter Bushs Vorsitz, fasste dieses Gremium am 12. November folgenden Beschluss:

1. Im Juni 2004 tritt eine Übergangsversammlung („transitional assembly", meist „caucus" genannt) zusammen, die in einer Art Rätesystem entstehen sollte. Das bedeutete einen Kompromiss zwischen der Forderung nach geordneten Wahlen einerseits und der nach baldiger Übergabe der Souveränität andererseits.
2. Diese Versammlung wählt eine Übergangsregierung; ihr wird am 30. Juni 2004 die oberste Gewalt im Lande („Souveränität") übertragen. Die CPA wird aufgelöst; die USA und der Irak nehmen diplomatische Beziehung auf.
3. Im Jahr 2005 folgen drei wichtige Schritte:
   – Im März Wahl zu einer verfassungsgebenden Versammlung,
   – im August dann eine Volksabstimmung über ihren Verfassungsentwurf,
   – Ende 2005 Wahlen zu einem Parlament.
4. Um der provisorischen Regierung bis zum Inkrafttreten der Verfassung eine demokratische Richtschnur zu geben, soll der „regierende Rat" bis 1. März ein vorläufiges „Verwaltungsgesetz" („Temporary Administrative Law", TAL) erlassen.
5. Zur Entlastung der amerikanischen Truppen sollen verstärkt irakische Truppen ausgebildet und befreundete Truppen eingefordert werden.

Der Präsident beendete jede dieser Sitzungen mit feierlichen Erklärungen, dass das Ziel der Demokratisierung weiter gelte und Vorrang habe vor zeitlichen oder finanziellen Bedenken.[286] Tatsächlich wurde der Kurs entscheidend korrigiert. Die Absicht einer stetigen, amerikanisch gelenkten Entwicklung wurde unter innerem und äußerem Druck aufgegeben.

Ischinger bewertet dieses Ergebnis in einem Bericht vom 6. Dezember ziemlich kritisch. Die Administration lebe konzeptionell von „der Hand in den Mund". Es gelingen keine sinnvollen Lösungen: Einerseits herrschen Besorgnisse, dass die Beschleunigung des Prozesses die Macht in undemokratische Hände bringt, andererseits wird möglichst schnell Entlastung gesucht. Der Präsident und andere hielten an der Transformationsidee fest. „Unter diesem Deckmantel werden sich über kurz oder lang wahrscheinlich aber doch eher diejenigen durchsetzen, die eine noch stärkere Reduzierung des US-Engagements befürworten."

Niemand in Washington hatte sich während dieser Diskussionen die Mühe gegeben, die Iraker, etwa den „Regierenden Rat", zu konsultieren. Jetzt sollte Bremer den Stufenplan von Washington in einem Schnellverfahren von zwei Tagen „irakisieren", das heißt, der „Regierende Rat" sollte ihn in einem Vertrag mit der CPA anerkennen. Dies gelang Bremer allerdings nicht ohne Verwundungen. Im „Bagdad-Abkommen" vom 15. November 2003 billigte der „Regierende Rat" den Plan.[287]

Bald verlangten die Herren vom „Regierenden Rat" die Kontrolle über die Zusammensetzung der künftigen „Übergangsversammlung". Also lehnten die Sunniten und die radikalen schiitischen Gruppen, die im „Rat" unterpräsentiert waren, diese Versammlung von vornherein als fremdgesteuert ab. Ajatollah Ali al Sistani verlangte nach wie vor Wahlen vor der Bildung irgendeiner Einrichtung und ließ für diese Forderung im Januar 2004 riesige Demonstrationen in Basra und Bagdad veranstalten.

Ab Mitte Dezember 2003 sprach Blackwill mit Lakhdar Brahimi, dem angesehenen früheren Außenminister Algeriens und Vertreter Kofi Annans für den politischen Prozess in Afghanistan, über eine Vermittlung der Vereinten Nationen im Irak. Erneut machte die amerikanische Politik einen Schwenk: Vom Ausschluss der Vereinten Nationen zu ihrer zentralen Rolle. Allerdings zögerten die VN-Funktionäre zuerst, Brahimi aus grundsätzlicher Ablehnung des Irak-Kriegs, Kofi Annan aus seiner Furcht, in den politischen Prozess hineingetrieben und bald wieder abserviert zu werden. Aber Blackwill, kräftig unterstützt von der britischen Diplomatie, gab nicht auf. Beide Regierungen sahen keinen eigenen Weg mehr, das verworrene irakische Kräftespiel zu ordnen. So wurde Brahimi am 3. Februar 2004 in Washington von Präsident Bush empfangen und bekam alle Zusagen amerikanischer Flexibilität, wenn nur die Souveränität am 30. Juni 2004 übertragen würde. Kieran Prendergast, der zweithöchste VN-Beamte, sagte damals: „Bush ist Multilateralist – für den Augenblick." Annan und Brahimi machten klar, dass sich das VN-Sekretariat nicht an die Bagdad-Vereinbarung vom 15. November gebunden fühle. Die Iraker sollten von der Unparteilichkeit der VN überzeugt sein. Brahimi bestätigte, dass „einigermaßen glaubhafte Wahlen"[288] bis zum 30. Juni 2004 nicht organisiert werden könnten. Auch seine Spezialisten hielten acht Monate für ein Minimum, und auch dann nur nach reinem Verhältniswahlrecht für eine einheitliche Landesliste. In geduldigen Gesprächen konnte Brahimi Ajatollah Ali al Sistani von diesen Sachzwängen überzeugen.

In seinem Bericht an den Sicherheitsrat vom 22. Februar setzte Brahimi seine Eckpunkte fest:

- Alle Iraker, mit denen er gesprochen hat, wollen die Souveränität zum 30. Juni.
- Alle wollen möglichst baldige Wahlen.
- Aber „glaubhafte Wahlen" brauchen zuerst einen „rechtlichen und institutionellen Rahmen". Er könnte bis Mai 2004 vereinbart werden (das „TAL", das diesen Rahmen liefern sollte, ignorierte Brahimi).
- Die praktischen Wahlvorbereitungen erfordern acht Monate. Wahlen sind also frühestens im März 2005 möglich.
- Kein Iraker schätzt das „Räte"- oder „caucus"-System.

Brahimi begründete alle Vorschläge mit den Wünschen und Interessen der irakischen Vertreter. Diese Methode war neu, trug aber Früchte. Zunächst einmal wurde er von allen Seiten kritisiert. Amerikanische Spitzenpolitiker begannen zu bereuen, die Kontrolle so schnell aufgegeben zu haben.[289]

Rice drängte Bremer, das „TAL" voranzubringen, um dem Präsidenten sagen zu können, dass für die demokratische Entwicklung gesorgt sei. Es konnte schließlich am 8. März 2004 verabschiedet werden. Der Islam war danach die „Grundlage des Staates", aber die Scharia war keine Rechtsquelle. Die Kurden hatten eine Sperrminorität, da drei Provinzen zusammen ein Veto gegen Gesetzesentwürfe einlegen konnten (es gibt drei Provinzen mit kurdischer Mehrheit). Das missfiel den Schiiten von Anfang an. Kaum wurde das TAL beschlossen, kritisierten es schiitische Gruppen durch eine Handzettelkampagne als undemokratisch und als Diktatur der Minderheiten.[290] Bald nach Übergang der Souveränität wurden die Grundrechte des TAL suspendiert. Ein Garant der demokratischen Entwicklung wurde es nicht.

In einem gemeinsamen Brief vom 17. März 2004 an Kofi Annan forderten Bremer und der Präsident des „Regierenden Rats" die Unterstützung Brahimis, um bei der nächsten Aufgabe im politischen Aufbau zu helfen: Der Bildung einer „vorläufigen irakischen Regierung, auf die am 30. Juni 2004 die Souveränität übertragen wird".* An dieser Aufgabe arbeitete Brahimi zusammen mit Blackwill und Bremer von Mitte März bis Ende Juni 2004 fast ununterbrochen.** Das Ergebnis war eine provisorische Regierung mit Scheich Ghasi al Jawar (einem traditionellen sunnitischen Stammesführer) als Präsident, mit dem Ministerpräsidenten Ijad Allawi (einem weltlichen Schiiten aus dem Londoner Exil, dem Wunschkandidat der tonangebenden Washingtoner Kreise) und mit nicht weniger als 31 Ministern, davon sechs Frauen. Brahimi hatte nach unverbrauchten Kräften gesucht, aber Blackwill und Bremer sorgten für einen dreifachen Proporz zwischen Schia und Sunni, Kurden und Arabern, Nord und Süd. Das brachte einige alte Routiniers zurück. Die Auswahl ist umstritten.[291] An den Personen lag es aber nicht, dass diese Regierung die Lage später nicht in den Griff bekam.

---

* Zitat aus diesem Brief – Der französische und der russische Außenminister, de Villepin und Iwanow, hatten am 23. Januar 2004 eine internationale Konferenz über die Zukunft des Irak unter dem Dach der Vereinten Nationen vorgeschlagen. Sie sollte die Souveränität des Irak bestätigen, die bis dahin gebildete Übergangsregierung legitimieren und die künftige politische Entwicklung des Landes unter das Dach der VN im regionalen Rahmen stellen. Das Auswärtige Amt sah unsere Haltung dazu wie folgt: Es gebe keinen Handlungsbedarf, die deutsch-französisch-russische Allianz solle nicht wiederbelebt werden, im Gegenteil sei eine EU-Strategie nötig. Mit seinem Wunsch, die deutsch-französisch-russische Allianz zu beenden, setzte sich das Auswärtige Amt nicht durch, vor allem, weil Großbritannien wie bisher mit den USA auf das engste kooperierte, sodass eine gemeinsame europäische Linie von vornherein nicht entstehen konnte.

** Bremers Beschreibung des Vorgangs gibt wahrscheinlich den Ablauf mit all seinen Intrigen, Wendungen, Interessen und Widerständen korrekt wieder; vgl. Bremer III/McConnell, My Year, S. 310-377.

2. Die neue Sicherheitsratsresolution 1546

Amerikanische Überlegungen

Die drei großen Themen der Resolution waren: der weitere Weg der irakischen Selbstbestimmung, die irakische Souveränität und die multinationale Truppe im Irak. Warum die amerikanische Regierung diese Themen in den Sicherheitsrat brachte, war nicht völlig klar. In der Tat war der Gang nach New York in Washington umstritten.* Völkerrechtlich nötig war die Einschaltung des Sicherheitsrats nicht. Der Besatzer kann die Souveränität, die er treuhänderisch ausgeübt hat, am Ende der Besatzungszeit zurückgeben, so im Generalvertrag der drei Mächte mit der Bundesrepublik Deutschland vom 26. Mai 1952. Wie ebenfalls damals praktiziert, können Besatzungstruppen im Land bleiben und durch den Vertrag für einen neuen Zweck, den der gemeinsamen Verteidigung, „umgewidmet" werden. Im Zwei-Plus-Vier-Vertrag von 1990 gaben die Vier Mächte schließlich ihre Vorbehaltsrechte in Bezug auf Deutschland als Ganzes an das wiedervereinigte Deutschland zurück, wieder ohne Einschaltung des Sicherheitsrats.

Aber eine Art notarieller Verbriefung erschien hier nützlich. Es gab ja im amerikanisch/irakischen Verhältnis nur die Bagdad-Vereinbarung vom 15. November 2003 und das eben fertiggestellte „TAL". Beide Dokumente waren im Irak umstritten. Dem Lösungspaket konnte etwas internationale Respektabilität guttun, sowohl zur Einwerbung zusätzlicher internationaler Unterstützung als auch zur Beruhigung der eigenen Öffentlichkeit, etwa nach dem Motto: „Unser Weg trifft auf örtlichen Widerstand, aber die Welt billigt ihn." Auch Premierminister Blair war wieder in innenpolitischen Nöten und brauchte eine zusätzliche Legitimierung seines Engagement im Irak.

---

* Das Pentagon meinte für einige Zeit, die Resolution 1511 reiche aus; sie enthalte bereits eine Autorisierung für die „multinationale Streitkraft", wie sie dort genannt wurde.

Die Verhandlungen

Brahimi stieß mit einem neuen Bericht vom 14. April 2004 eine weitere Debatte im Sicherheitsrat an. Diese Diskussion identifizierte die Probleme im „Beziehungsgeflecht USA-Irak-VN"; es wurde betont, „dass zunehmende Verschlechterung der Sicherheitslage nur durch glaubwürdigen politischen Prozess begegnet werden könne" (so der Bericht unserer VN-Mission). Amerikaner und Briten verteilten einen ersten Resolutionsentwurf am 20. Mai. Erneut nutzte die amerikanische Diplomatie das Mittel eines Briefwechsels (zwischen dem frisch eingesetzten provisorischen Ministerpräsidenten Allawi und Außenminister Powell), um durch einen vorgegebenen Text den Kern des Problems aus den Verhandlungen herauszunehmen. Es zeigte sich rasch, dass die USA die Ereignisse auch künftig unter strikter eigener Kontrolle halten wollten und sich mit einer Transparenz und einer internationalen Beteiligung am politischen Prozess ebenso schwer taten wie mit Beschränkungen ihrer militärischen Aktionsfreiheit. Pleuger nannte das eine „paternalistische Haltung". Die britische Delegation unterstützte sie, sodass die vom Auswärtigen Amt erhoffte, gemeinsame europäische Linie erneut nicht zustande kam. So gab es letztlich dann doch wieder nur die deutsch-französische Partnerschaft. Die Russen waren diesmal vorsichtiger.

Beim Thema der Selbstbestimmung wurde eine Stärkung der Rolle der Vereinten Nationen erreicht. Der oP 7 der Resolution gibt den Vereinten Nationen im politischen Prozess einen weiten Spielraum – fast Handlungsfreiheit. Er konnte wegen des Bürgerkriegs nie getestet werden.

Die Truppenstationierung

Die rechtliche Grundlage und die Befugnisse der multinationalen Truppe wollte der amerikanische Entwurf einfach regeln: Der neue provisorische Ministerpräsident des Irak sollte ihrer weiteren Präsenz in einem Brief zustimmen; diesen Brief sollte der Sicherheitsrat „begrüßen". Als die Resolution eingebracht wurde, war dieser Brief noch nicht einmal geschrieben. Kaum war Allawi am 2. Juni in sein Amt eingeführt, „konsultierten" ihn Beamte der CPA über seinen Inhalt.[292] Schließlich wurden zwei Briefe, einer von Allawi und eine Antwort von Powell, beide mit Datum vom 5. Juni 2004, in New York nachgeliefert. Genauere Einsatzregeln für die MNF enthalten beide Briefe nicht; dafür sehen sie Konsultationen in verschiedenen bilateralen Ausschüssen vor.

Das war nicht ganz die „Zäsur" oder die „Neugründung" der MNF von einer Besatzungs- in eine Verteidigungsstreitkraft, wie sie vor allem den Deutschen vorschwebte; aber ihre Erfahrungen vom Übergang des Besatzungsstatuts zum Truppenstatut waren eben doch anders. Im Irak waren die amerikanischen Streitkräfte, egal wie sie in den einzelnen Dokumenten hießen, seit einem Jahr fortwährend im Einsatz und sollten es weiter bleiben. Genaue Einsatzregeln, wie sie ursprünglich auch die Briten wollten, scheiterten am hier wirklich eisernen Widerstand der USA, die den Kern ihrer Militärdoktrin beeinträchtigt sahen.

Christian Schaller[293] bezweifelt mit guten Gründen die völkerrechtliche Kompetenz einer Übergangsregierung zu derart weitreichenden Konzessionen. Die Übergangsregierung war nicht demokratisch legitimiert, und die Entstehung des Briefes drei Tage nach Amtsantritt lässt Zweifel an seiner Freiwilligkeit zu. Es handelt sich eher um ein In-sich-Geschäft der scheidenden Besatzungsmacht, das der Sicherheitsrat allerdings anschließend in den oP 10 und 11 rechtswirksam bestätigte. Es bleiben jedenfalls Zweifel an der politischen Legitimität des Unternehmens. Der neue Außenminister der irakischen Regierung, Hoschiar Sebari, erklärte in New York, seine Regierung billige den Koalitionsentwurf. „Das werden dessen Urheber jetzt den anderen Verhandlern, die Änderungen wollen, vorhalten", berichtet die deutsche Vertretung. An genaueren Einsatzregeln für die MNF zeigte sich Sebari nicht interessiert, worauf Pleuger resignierte: Man könne nicht irakischer sein als die Iraker.* Insgesamt ist es weder den USA gelungen, den Einsatz ihrer Truppen rechtlich voll abzusichern, noch konnten die kritischen Ratsmitglieder wie Frankreich und Deutschland Regelungen für deren Einsätze durchsetzen.

---

* In einem Punkt war Sebari konkret: Die Resolution solle das „vorläufige Verwaltungsgesetz TAL" ausdrücklich billigen. Das war ein Anliegen seiner Gruppe, der Kurden.

Die Souveränitätsfrage

In der Praxis blieb es bei einer umfassenden amerikanisch-britischen Handlungsfreiheit; sie führt zu der Frage, ob der Sicherheitsrat nicht sehenden Auges die Unwahrheit feststellte, wenn er im oP 2 „begrüßt", dass der Irak „seine uneingeschränkte Souveränität geltend machen wird".

Die Besetzung eines Staates beendet seine Souveränität nur in Ausnahmefällen.* Die des Irak ging im April 2003 nicht unter, sie wurde von den Besatzungsmächten treuhänderisch ausgeübt und am 28. Juni 2004 dem Irak zurückgegeben. Das ist in einer Fülle amtlicher Erklärungen und auch in der jetzigen Resolution festgestellt.[294]

Nun sind die Konturen des Souveränitätsbegriffs in einer Welt vielfältiger Abhängigkeiten unklar und umstritten; Ähnliches gilt auch für die souveräne Gleichheit, dem Grundbegriff der Charta der Vereinten Nationen (vgl. Kapitel V.1). Sicherlich muss jedenfalls „Gleichheit unter Gleichen" gemeint sein; der Irak hatte bis Ende 2008 weit weniger äußeren und inneren Gestaltungsraum als seine Nachbarn Syrien und Jordanien. Die Regierung hatte keine Kontrolle über die Bewegungen einer großen ausländischen Militärmaschine. Ihr politisches Programm wurde von amerikanischen Vorgaben mitbestimmt. Ihre Verwaltung wurde von einer Menge „eingebetteter" Experten beraten. In der Provinz al Anbar und anderswo organisierte das amerikanische Militär mit den „Erweckungsräten" eine neue autonome Verwaltung und besoldete bis Ende 2008 deren Privatarmeen, die „Söhne des Irak" (vgl. Kapitel XIII.2). Diese Zustände widersprechen auch der vorsichtigsten Auslegung des Souveränitätsbegriffs.

Andererseits wird dieser Begriff nun einmal in der Resolution verwandt. Da diese nach Kapitel VII der VN-Charta erlassen wurde, schafft sie Recht, und zwar so, wie sie im Rahmen der Resolution auszulegen ist. In diesem Rahmen ist die Souveränität ein noch unerfülltes amerikanisches Versprechen und ein noch unerfüllter Wunsch der internationalen Gemeinschaft. Der Sicherheitsrat schuf für die gegebene Situation einen Programmbegriff der Souveränität. Er wollte keine Illusion festschreiben, sondern einen Maßstab für die weitere Entwicklung vorgeben.

---

* Ein solcher war das Deutsche Reich 1945 nach der Meinung der Vier Mächte, die die deutschen Behörden nie teilten.

Die Auswirkungen der Resolution

Am 7. Juli suspendierte Allawi einen großen Teil der Freiheitsrechte des „TAL" wegen des Notstands. Dieses Gesetz wurde nicht der erhoffte Wegbegleiter zur Freiheit, sondern ein Streitgegenstand. Schon während der New Yorker Verhandlungen richtete Ajatollah Ali al Sistani einen Brief an den Generalsekretär Kofi Annan, in dem er jede Erwähnung des „TAL" in der Resolution ablehnte. Es sei von einem nicht-gewählten Organ unter dem Einfluss der Besatzungsmacht geschaffen. Sein Text dürfe die künftige Politik nicht beeinflussen. Etwas früher schickten die beiden Kurdenführer Massud Barsani und Dschalal Talabani einen Brief an Präsident Bush: Die Kurden würden nicht länger einen zweitklassigen Status im Irak akzeptieren, es gebe im Irak zwei Nationen, das „TAL" mit seinen Schutzbestimmungen für die nationalen Minderheiten müsse bestehen bleiben.

Die irakische Nationalkonferenz, Brahimis zentrale Idee, trat am 15. August 2004 zusammen und wählte einen „Nationalrat" ohne versöhnende Auswirkungen auf die konfessionellen und regionalen Konflikte. Von Brahimi kamen danach keine Impulse mehr. Die allgemeinen Wahlen fanden plangemäß am 5. Januar 2005 ohne die befürchteten Störungen statt. Da die Vorbereitungszeit nicht reichte, um Wahlkreise einzurichten und die Verwaltung zu schulen, wurden die Abgeordneten aus einer einzigen Landesliste in Verhältniswahl gewählt. Die Wähler wählten Parteien und keine Personen.

Eine enge Zusammenarbeit über militärische Fragen zwischen den Irakern und der Besatzungsmacht war bei dem gewaltigen Kräfteunterschied und bei dem amerikanischen Führungsstil, der politische Rücksichten zugunsten eines massiven Kräfteeinsatzes zurückstellt, nicht zu erwarten; sie war aber versprochen. Es gibt Klagen irakischer Politiker über gewisse, ihre eigenen lokalen Interessen störende „sensible Operationen", aber vielleicht waren sie auch froh, vorab nicht konsultiert worden zu sein. Erst spät, zum Beispiel in Basra und Sadr City gegen die Milizen von Sadr, unterstützten amerikanische und britische Truppen irakische Einsätze. Bei der Haftprüfung in schwerwiegenden Fällen sprechen irakische Politiker mit.

Das Ende der multilateralen Phase

Die Resolution 1546 markiert das Ende der politischen Debatte im Sicherheitsrat über den Irak. Amerika hat ihn immer nur dann eingeschaltet, wenn es in Schwierigkeiten war. Es gestattete immer nur so viel Multilateralität, wie unbedingt nötig war. Deshalb fühlte sich auch kein dritter Staat in die Pflicht genommen. Nach seiner Wiederwahl im November 2004 bewertete Bush seinen Wahlerfolg auch als Mandat für die Irakpolitik. Für eine internationale Legitimierung sah er umso weniger Bedarf.

Zu einer gemeinsamen europäischen Haltung konnte es trotz aller deutschen Vorsätze nicht kommen, weil Großbritannien und die USA von Anfang an als Einheit auftraten. Defizite hatte der Sicherheitsrat im humanitären Völkerrecht, nicht bezüglich Guantanamo, dessen Probleme international hinreichend diskutiert wurden, auch ohne Thema der New Yorker Diskussionen zu sein; aber von den Zehntausenden Häftlingen des Bürgerkriegs in irakischer und amerikanischer Hand und ihrem Schicksal weiß die Weltöffentlichkeit zu wenig. Mit einer Diskussion dieser Probleme hätte der Sicherheitsrat das Leid der Menschen – einer viel größeren Zahl leidender Menschen als in Guantanamo – bekannt machen und Regeln aufstellen können, auf die sich die humanitären Hilfsorganisationen hätten berufen können.

XIII. „Wer es zerbricht, dem gehört es"

1. Aufstand und Bürgerkrieg im „souveränen" Irak bis Ende 2006

Einstweilen waren die Auswirkungen der Resolution gering. Bremer übergab die Regierungsverantwortung zwei Tage früher als vereinbart, am 28. Juni 2004. Dies sollte als Erfolg verkauft werden: nicht nur rechtzeitig, sondern sogar früher.[295]

In Wirklichkeit fürchtete man Attentate auf sein Flugzeug. Deshalb wurde er auch zur Tarnung von seinem Flugzeug in ein weiteres durchgewinkt, das ihn dann außer Landes brachte. Seine Abschiedsansprache übertrug das irakische Fernsehen vom Band.[296]

Bremer hatte Glück, dass seine Mission wegen der militärischen Probleme vorzeitig abgewickelt wurde. Falsch konzipiert und schlecht ausgestattet wie sie war, hatte sie keine Chance. Bei aller Energie und Begabung fehlte ihm die Einsicht, dass ein ruinierter Ölrentnerstaat nicht von außen in eine liberale Demokratie umgewandelt werden kann. Da sein Präsident aber diese Illusion teilte, zeichnete er ihn im Juni mit der „Medal of Freedom" aus.

Die ersten entscheidenden Konfliktherde waren die Städte Falludscha und Nadschaf. Nadschaf ist eine heilige Stadt der Schiiten; ihr erster Imam Ali soll dort begraben sein, viele ihrer Gelehrten wohnen dort, namentlich der politische Vordenker Ali al Sistani. Falludscha, eine Stadt im „sunnitischen Dreieck" (zwischen Ramadi, Tikrit und Mossul) gelegen, galt früher als besonders fromme Stadt. Ihre Notabeln hatten die amerikanischen Truppen beim Einmarsch respektvoll begrüßt. Später tolerierte sie die Bevölkerung missmutig. Nach dieser Zeit des ungemütlichen Nebeneinanders wandelte sich das Verhältnis im März 2004 in blanken Hass, als eine neue Truppe, diesmal von der Marineinfanterie, in großen Razzien systematisch nach Widerstandsnestern und Waffenlagern suchte. Am 31. März 2004 geriet ein Konvoi des privaten Sicherheitsunternehmens Blackwater in einen Hinterhalt. Die Bilder von vier verstümmelten Leichen, die an einer Brücke hingen, gingen um die Welt. Die Marineinfanteristen erhielten den Befehl zu einem massiven Strafangriff, der „ersten Schlacht von Falludscha". Aber der Widerstand war zäher als gedacht, die Bilder von den Kämpfen störten den delikaten Prozess der Bildung einer provisorischen Regierung. VN-Vermittler Brahimi drohte mit seinem Rücktritt. Lokale irakische Politiker und amerikanische Verantwortliche (ob von der CPA oder den örtlichen Kommandeuren, ist unklar) fanden einen bizarren Ausweg: Eine Brigade aus irakischen Kämpfern unter dem Befehl eines ehemaligen Generals der Republikanischen Garden wurde aus dem Boden gestampft. Sie sollte für Ordnung sorgen, aber viele ihrer Männer gingen zu den Aufständischen über. Das Fernsehen zeigte den General in seiner alten Uniform. Wie andere Städte im sunnitischen Dreieck blieb die Stadt bis Oktober 2004 in den Händen der Aufständischen. Gleichzeitig breitete sich die Kontrolle Muktadas Al Sadrs und seiner Mahdi-Milizen von Nadschaf her aus. Bremer schlussfolgerte im April 2004: „Jemand muss sie, auch Muktada und den Führer der sunnitischen Radikalen, al Sarkaui, aufhalten, bevor das Gift sich verbreitet."[297]

Bremer hatte anfangs einen eher juristischen Blick auf die Dinge: Muktada ist ein Rechtsbrecher, ihm muss das Handwerk gelegt werden. Generalleutnant Ricardo Sanchez, der Kommandeur der amerikanischen Truppen im Irak, hielt ihn hin. Er hatte keinen Befehl zum militärischen Durchgreifen. Der Präsident hingegen beendete jedes Lagegespräch mit einem Aufruf zu einem entschlossenen Festhalten am eingeschlagenen Kurs. Ein gutes Beispiel ist eine Sitzung des Nationalen Sicherheitsrats in Washington am 17. April 2004, über die Bremer berichtet.[298] Zunächst gab General Abizaid, der Leiter des Centcom und Vorgesetzter von Sanchez, eine geschönte Darstellung der Lage. Bremer widersprach lebhaft, Powell unterstützte ihn, Rumsfeld schwieg. Der Präsident schloss: „Wir müssen jetzt härter als die Hölle sein. Das amerikanische Volk will wissen, dass wir die Bösewichter verfolgen. Wir müssen offensiv werden und offensiv bleiben." „Jetzt hatten wir alle unsere Marschbefehle", schreibt Bremer. Aber nach ein paar Tagen musste er selbst die Generäle Abizaid und Sanchez bitten, in Falludscha still zu halten. Er befürchtete eine Verärgerung sunnitischer Politiker und damit eine Störung des politischen Prozesses.

Eine gute Strategie der Aufstandsbekämpfung verlangt, dass militärischer Zwang und politische Einflussnahme Hand in Hand gehen. Hier blockierten sich die beiden Elemente gegenseitig. Weil die Streitkräfte zuerst zögerten, verstärkten sich die Unruhen; deshalb wuchs der Zwang zu überstürzten Verhandlungen; diese wiederum behinderten jetzt die nötigen militärischen Aktionen. In seinem Schlussbericht schrieb Bremer, ihm sei klar geworden, dass „wir zu viele Fronten mit zu geringen Kräften abdecken wollen. Wir wollen die Grenzen kontrollieren, die befriedeten Ortschaften verteidigen und die Infrastruktur schützen". Die irakischen Ölexporte seien wegen der fehlenden Sicherheit gefallen. Ein Jahr nach der Befreiung sei die Straße zum Flugplatz Bagdad nicht sicher. Die meisten örtlichen Vertretungen der CPA im Süden würden nachts von Muktadas Miliz beschossen. Es sei dringend nötig, zwei zusätzliche Divisionen in den Irak zu senden. Bremer erhielt keine Antwort mehr.[299]

Seit Mai 2003 bezeichnete der Präsident die Aufstandsbekämpfung im Irak als Teil des „globalen Kriegs gegen den Terror". Aber trotz dieses hohen politischen Stellenwerts wurde der Krieg im Irak stets nur mit halber Kraft und ohne einheitliche Linie geführt. Bremer selbst fasst es in einem späteren Aufsatz gut zusammen: „Amerika ging mit einem maximalistischen Reformprogramm und einem minimalistischen Einsatz von Geld und Menschen in den Irak."[300]

Der Kommandeur vor Ort, General Ricardo Sanchez, überließ die einzelnen Truppenführer weitgehend sich selbst. Sie verfolgten unterschiedliche Taktiken.[301] Die 101. Luftlandedivision unter Generalleutnant Petracus versuchte in der Nordregion ein Gleichgewicht zwischen militärischer Aktion und sozialem Aufbau. Auch andere Einheiten bemühten sich um das Vertrauen ihrer Umgebung, doch häufig wurden sie, wenn sie begannen, Erfolg zu haben, von frischen Truppen abgelöst, die dann wieder keine Ahnung vom Land hatten. Wieder andere, wie die 4. Infanteriedivision unter General Odierno, hielten an den Kampftaktiken fest, die das amerikanische Heer zur besten Kampfmaschine in herkömmlichen Kriegen machen, nur dass hier kein solcher Krieg stattfand. Im Oktober 2004 wurde dann ein Generalangriff auf das „sunnitische Dreieck" befohlen, um ein sicheres Umfeld für die Parlamentswahlen im Januar 2005 zu schaffen. Die Stadt Samarra wurde am 1. Oktober genommen, Falludscha nach heißen Kämpfen am 8. November. Diese „zweite Schlacht von Falludscha" war die härteste des ganzen Konflikts, wahrscheinlich die härteste seit den Schlachten des Vietnam-Kriegs.[302] Die Stadt war danach dem Erdboden gleich. Verlässliche Zahlen über die zivilen Opfer gibt es nicht; nach einer vorsichtigen Schätzung waren es siebenhundert. Eintausendeinhundert Aufständische sollen gefallen sein. Wahrscheinlich ist ein noch größerer Teil rechtzeitig untergetaucht.

Die Operation sicherte immerhin die Wahlen. Aber die Truppenzahl reichte nicht aus, um das Gelände zu halten und zu befrieden. Die Rebellen sickerten später wieder ein. Gerade hier konnten die radikalen Islamisten ihre „Emirate" bilden. Die amerikanischen Truppen konzentrierten sich in festen Stützpunkten mit hoher technischer Sicherheit; die Abgrenzung von den Einheimischen schuf den Eindruck kolonialer Besatzung und des Misstrauens. Dazu kamen die bekannten Suchmethoden, bei denen Panzer die Mauern eindrückten, Türen aufgesprengt und Häuser durchwühlt wurden, die Intimsphäre der Frauengemächer verletzt wurde (wo blieben da eigentlich die Soldatinnen, die es doch reichlich gab) und beim geringsten Verdacht die Männer festgenommen wurden.[303]

Der Durchschnittssoldat konnte ohne gründliche Schulung die kulturelle Fremdheit zu den Irakern nicht überwinden. Viele flüchteten in eine Mischung aus Angst und Verachtung. Das Ergebnis war ein früher und häufiger, gezielter Gebrauch der Waffen oder wahllose Festnahmen. Britische Beobachter kritisieren die Tendenz der unvorbereiteten Heeressoldaten, alle Iraker als „bad boys" einzustufen.[304] So hatten die Aufständischen mehr Zulauf als Verluste.

Den Tiefpunkt, vielleicht aber auch Wendepunkt, bildete die „Schlacht von Haditha". An diesem Ort, etwa 200 Kilometer nordwestlich von Bagdad, wurde ein Zug Marineinfanteristen Opfer einer Straßenbombe. Einer von ihnen starb, worauf einige Soldaten 24 Iraker erschossen, darunter einen Greis im Rollstuhl, viele Frauen und Kinder und vier junge unbeteiligte Männer in einem Pkw, der zufällig auf den Unfallort zufuhr. Die Führung der Marineinfanterie versuchte den Vorfall zu vertuschen. Aber die Bürger der Stadt erzählten Journalisten von dem Vorfall, bis schließlich das *Time Magazine* im März 2006 eine große Reportage darüber brachte.[305]

Mit Ausnahme der Briten waren die Koalitionstruppen eher hinderlich. Viele sahen sich unter falschen Voraussetzungen im Land: nur für friedenserhaltende Aufgaben, nicht mit einem Kampfauftrag. Ihre Einsatzbestimmungen („rules of engagement") erlaubten meistens nur Wachdienst und den Gebrauch der Waffe nur zur Selbstverteidigung.[306] Dass die Ukrainer die von ihnen „geschützte" Provinzhauptstadt al Kut vor einem offenen Angriff von Mahdi-Milizionären räumten, erbitterte Bremer außerordentlich,[307] ebenso, dass die Spanier nicht bereit waren, das CPA-Büro in Nadschaf gegen diese Leute mit Waffen zu verteidigen. Obwohl diese Truppen also für wirksame Einsätze eher hinderlich waren, hielt das amerikanische Verteidigungsministerium an ihnen fest und wollte durch zusätzliche Truppen, vor allem der Nato, den Eindruck der Erleichterung schaffen.

Der Aufstand war weder ein Werk des internationalen Dschihad-Terrorismus noch der iranischen Führung, obwohl die amtliche amerikanische Propaganda beides gelegentlich behauptete. Schon die Praxis der amerikanischen Truppen ging vom Gegenteil aus, da sie ja jedem waffenfähigen Iraker misstrauten und große Mengen von ihnen lange zur Befragung gefangen hielten. Sie haben nie wirklich versucht, die Grenzen zu Syrien und Iran abzuriegeln. Ihre Diplomatie legte den Nachbarstaaten die Pflicht zur Grenzsicherung auf und beschuldigte sie immer wieder der Förderung des Nachschubs von Kämpfern und Waffen. Die Zahl der ausländischen Kämpfer im sunnitischen Dreieck und auch bei den Selbstmordanschlägen war allerdings nie hoch. Die amerikanische Armee schätzte sie auf 500 bis 2.000.[308] Im März 2004 waren von den 10.000 Häftlingen des amerikanischen Militärs im Irak nur 150 Nicht-Iraker. Im Januar 2005 waren es 335.[309] Eine treibende Kraft ist ein irakischer Nationalismus. Dies gilt sowohl für Muktada al Sadrs Miliz als auch für die Kämpfer im sunnitischen Dreieck. Die Reststrukturen der Baath-Partei und der Geheimdienste sind lockere Koalitionen mit diesen islamischen Nationalisten eingegangen. Nicht zu vergessen ist die organisierte Kriminalität, die sich heute gelegentlich als „ehrbare" politische Miliz tarnt, um so an den Gewinnen aus Schmuggel und Transport von Erdöl teilzunehmen. Aufstand und Bürgerkrieg sind also insgesamt keine Schöpfung „finsterer islamo-faschistischer" Kräfte.* Allerdings spielte „El Kaida in Mesopotamien", die zunächst von einem Jordanier namens al Sarkaui geführt wurde (inzwischen ist er umgekommen), eine besonders mörderische Rolle im Bürgerkrieg: Im Februar 2006 zerstörte sie die al-Askari-Moschee in Samarra. Von da an beschleunigte sich

---

* Jochen Hippler unterscheidet vier verschiedene Kriegsdimensionen: 1. Aufstand von sunnitischen, später aber auch schiitischen Gruppen gegen die Besatzungsmacht; 2. Bürgerkrieg zwischen schiitischen und sunnitischen Gruppen und Milizen, auch gegen die jeweilige Bevölkerung; 3. „Dschihad" der Extremisten gegen die Besatzung mit dem Ziel einer neuen Gesellschaft; 4. Machtkämpfe innerhalb der Gruppen; vgl. Jochen Hippler, Ende in Sicht? Das sinkende Gewaltniveau im Irakkrieg und die Chancen einer dauerhaften Stabilisierung, in: Friedensgutachten 2009, Münster 2009, S. 73-84, S. 75.

das Massenmorden: In Bagdad allein stieg die Zahl der Gewalttaten um 90 Prozent, und so blieb es das ganze Jahr durch. In der Gegend von Ramadi richtete diese Gruppe „islamische Emirate" ein, mit Herrschaft der Scharia und besonders strengen „islamischen" Vorschriften nach dem bekannten Muster der Taliban. Damit leiteten sie – vielleicht – eine Wende ein.

Während dieser Zeit bedrängte der Verteidigungsminister den örtlichen Kommandeur, jetzt General George Casey, den Aufbau der irakischen Polizei und Armee zu beschleunigen und optimistische Berichte darüber zu machen. Casey verfolgte dieses Konzept hartnäckig: Im Juni veröffentlichte er einen Drei-Phasen-Plan, wonach im Jahre 2009 die irakischen Kräfte auf eigenen Füßen stehen und die Amerikaner endgültig abrücken sollten. Das machte große und hastige Trainingsprogramme nötig. Im Oktober 2006 behauptete Casey, die Koalition habe diese Programme zu 75 Prozent erfolgreich durchgeführt.[310]

Währenddessen erhielt die Welt nur schlechte Nachrichten. Die amerikanischen Zeitungen waren voller pessimistischer Kommentare.* Im März 2006 konstituierte sich die „Iraq Study Group" unter dem Doppelvorsitz des früheren Außenministers James A. Baker (Republikaner) und des früheren Vorsitzenden des Auswärtigen Ausschusses des Repräsentantenhauses, Lee Hamilton (Demokrat). Ihre drei Expertengruppen (Wirtschaft und Wiederaufbau, Militär und Sicherheit, politische Entwicklung) bildeten eine prominente Auswahl aus den Universitäten und Denkfabriken Amerikas.

---

* Hier eine Auswahl: Wesley K. Clark, The next offensive, in: International Herald Tribune, 7.12.2005. Der frühere Nato-Kommandeur verlangte eine drastische Änderung der Strategie im Irak und warnte vor dem „Desaster", wenn am Ende Iran der wirkliche Gewinner werde. James Dobbins, Iraq: Winning the unwinnable war, in: Foreign Affairs, Jg. 84, Nr. 1, 2005, S. 16-25, forderte eine völlig neue, politisch dominierte Strategie. Die jetzige Militärkampagne könnten die Vereinigten Staaten nicht gewinnen. Sie hätten das Vertrauen des irakischen Volks verloren. Im Verhältnis der Bevölkerungszahlen verliere der Irak jeden Monat mehr Menschen als Amerika am 11. September. „Leider machen die Irakis den amerikanischen Krieg gegen den Terrorismus wahrscheinlich ebenso für diese Verluste verantwortlich wie die Terroristen selbst." Der Altmeister der deutschen militärischen Analyse, Lothar Rühl, zog schon im November 2004 eine „überwiegend negative strategische Bilanz"; vgl. Lothar Rühl, Professioneller Widerstand, in: Frankfurter Allgemeine Zeitung, 27. November 2004. Im Juli 2006 urteilte er: „Die amerikanische Kampfführung im Irak dreht sich im Kreis"; vgl. derselbe, Der Ring schließt sich, in: Frankfurter Allgemeine Zeitung, 29. Juli 2006.

Im Juni 2006 musste der Präsident einräumen, dass die Situation in Bagdad „entsetzlich" war. Casey zog 7.000 zusätzliche amerikanische Soldaten in der Hauptstadt zusammen, die Regierung in Bagdad konnte ihm nur 1.000 Soldaten überstellen. Einige irakische Bataillone widersetzten sich ihren Marschbefehlen, irakische Minister, vor allem der frühere Kommandeur der Badr-Milizen und jetzige Finanzminister Bajan Jabr, fielen den amerikanischen Kommandeuren in den Arm, wenn sie Aufbauarbeit in den sunnitischen Stadtvierteln Bagdads leisten wollten.[311] Eine grundsätzliche Kursrevision war nötig.

2. Wechsel der Strategie Ende 2006

Ab März 2006 protestierten verschiedene pensionierte Generäle gegen die Fehler in der Kriegsführung, die sie Rumsfeld und seinen gefügigen militärischen Beratern zuschrieben.[312] Der Bericht über die „Schlacht von Haditha" im *Time Magazine* vom März 2006 (vgl. unten, „Opfer der Iraker") heizte die Diskussion weiter an.

Im Herbst 2006 begannen die Medien, Vergleiche mit Vietnam zu ziehen. Im November brachten die Zwischenwahlen demokratische Mehrheiten in beiden Häusern des Kongresses. Im Dezember 2006 erschien der Bericht der „Irak-Studiengruppe" mit dem Eingangssatz: „Die Lage im Irak ist schlimm und wird wahrscheinlich noch schlimmer werden". Empfohlen wurde kein Kurs auf einen „Sieg", sondern eine möglichst glimpfliche Herauslösung: Verringerung der amerikanischen Truppen, ihr schrittweiser Abzug aus den Kampfzonen; ein innerirakischer Ausgleich unter amerikanischer Anleitung, eingebettet in eine regionale Kooperation, ähnlich dem Balkanstabilitätspakt. Wahrscheinlich unterschätzten diese Empfehlungen die tiefen Gegensätze im

Irak. Aber sie zeigten, dass der amerikanische Konsens damals auf „disengagement" hinauslief.*

Der Präsident ernannte Robert Gates, einen früheren CIA-Direktor, im Dezember 2006 zum Verteidigungsminister. Sein politisches Ziel blieb ein „Sieg" im Irak, wo immer noch der „Krieg gegen den Terror" ausgefochten werde. So wie der demokratische Präsident Harry Truman und sein republikanischer Nachfolger Dwight Eisenhower den Kalten Krieg kontinuierlich geführt hätten, so solle man auch jetzt überparteilich für den Sieg zusammenarbeiten. Er entschied sich gegen die Empfehlungen der Studiengruppe, aber auch gegen Rumsfelds und Caseys Reduzierungspolitik. Er billigte eine neue Strategie, die eine Verstärkung der Kampftruppen um fünf Brigaden oder 30.000 Mann vorsah; daher nannte sie die Öffentlichkeit „surge" („Woge", vielleicht „Aufschwung"). Mittelpunkt der neuen Strategie war Bagdad, Hauptziel dort die Beendigung der religiösen Säuberungen. Die Sunnis sollten sich in Bagdad wieder sicher fühlen, um damit zur Versöhnung der beiden Konfessionen beizutragen. Die Truppen sollten heraus aus ihren bisherigen Festungen am Stadtrand und verteilt werden auf 28 Kleinfestungen überall in der Stadt. Betonmauern trennten einzelne Stadtviertel, mit amerikanischen Wachtrupps an den Toren. Außerdem sollten die amerikanischen Truppen die unruhigen Gebiete rings um Bagdad befrieden, in denen bisher die sunnitischen Aufständischen Teile der Provinz Dijala und um al Anbar (östlich bzw. westlich von Bagdad) kontrollierten.

Die Entstehung dieses Planes ist ein Beispiel für die Zufälligkeiten der damaligen Entscheidungsfindung. Die Apparate des Weißen Hauses und vor allem des Pentagon sind so groß, dass man in ihnen unbemerkt einen Krieg umplanen kann. Die Autoren Thomas E. Ricks und Bob Woodward erzählen die Vorgänge detailliert, Ricks mit Fokus auf die Generäle, Woodward auf den Präsidenten und dessen Vertraute.[313] Verteidigungsminister Rumsfeld wusste von der Revision der Strategie, ließ sie aber an sich vorbeilaufen. Eine wichtige Rolle spielte der pensionierte General Jack Keane, der sehr gute politische

---

* „Der Bericht hätte als überparteilicher ‚Deckel' für die schrittweise Beendigung eines gescheiterten nationalen Unternehmens dienen können: Hart zu schlucken für viele Republikaner, wesentlich langsamer, als viele Demokraten es wollten; aber wegen der Autorität seiner Verfasser möglicherweise ein Ansatz für die Beendigung des verletzenden Parteienstreits", so das IISS im Strategic Survey 2007, S. 88.

Beziehungen hatte. Er erreichte beim Generalstabschef Peter Pace die Einsetzung eines Überprüfungskomitees, später „Rat der Obersten" genannt. Er sollte seine Überprüfung mit folgender Analyse beenden: „Wir verlieren, weil wir nicht gewinnen und die Zeit gegen uns spielt. Das kommt daher, dass wir die Natur des Kriegs nicht erkennen wollten. Es ist ein ernster Bürgerkrieg, der sich immer weiter verschärft."[314] Über die Konsequenzen war sich der „Rat der Obersten" uneinig. Die Alternativen lauteten in ihrem Jargon: „Go big, go long, go home." Schließlich veranstaltete der Militärexperte des American Enterprise Institute, Frederick W. Kagan (aus der neokonservativen Dynastie, zu der auch sein Vater Donald und sein Bruder Robert gehören), ein Symposium im Dezember 2006, an dem General Keane, einige Offiziere mit Erfahrung im Irak und einige Vertreter aus dem „Rat der Obersten" teilnahmen. Dieses Symposium entwarf den ersten Plan des „surge". Gleich darauf hatte Keane Termine beim Präsidenten und seinem Vize, die von seinen Überlegungen gehört hatten. Keane kritisierte schonungslos die bisherige Strategie, stellte die Alternative des „surge" vor und empfahl einen Personalwechsel.[315] Der Präsident wurde schließlich überzeugt und verkündete die neue Strategie in einer Rede am 10. Januar 2007. Sie war am normalen Instanzen-Zug vorbei entwickelt worden und widersprach der bisherigen Politik des Pentagon. „Warum versagte das amerikanische militärische Establishment so, dass ein pensionierter General und die Denkfabrik AEI seine Aufgaben übernehmen mussten? Das ist ein vernichtendes Urteil."[316]

Die verantwortlichen Generäle wurden ausgetauscht. Der Befehlshaber vor Ort war ab Dezember 2006 General Raymond Odierno, der am Anfang der Besatzung die 4. Infanteriedivision kommandierte und der damals mit der Bevölkerung eher hart und willkürlich umgegangen war.[317] Jetzt ignorierte er die klaren Weisungen seines Vorgesetzten General Casey[318] und stationierte seine Truppen mitten in den Krisengebieten mit dem Auftrag, die Gebiete zu kontrollieren. Er bereitete die Doktrin von Petraeus vor.

David H. Petraeus hatte sich seit seinem ersten Divisions-Kommando im Irak theoretisch und praktisch mit Aufstandsbekämpfung befasst. Dazwischen war er Kommandeur der entsprechenden Trainingseinrichtung des Heeres. Nach seinem Eintreffen auf dem irakischen Kriegsschauplatz machte er allen seinen Untergebenen klar: Die Truppe muss das Vertrauen der Bevölkerung suchen. Ihre Sicherheit sei das Ziel. Ihr müsse man helfen. Sie stehe im Mittelpunkt und müsse das spüren. „Sie ist Partner in allem was ihr tut."

Zum ersten Mal stellte er die wichtigste Frage der Aufstandsbekämpfung: Wer ist der Feind? Mit welchen der Rebellen ist eine Verständigung möglich, mit wem nicht? Seine Aufklärer sollten die Gegensätze herausfinden, die genutzt werden konnten, um den Feind zu schwächen. Damit revidierte er die bisherige unterschiedslose Bekämpfung aller Aufständischen („capture or kill").

Seit September 2007 gingen die Zahlen der Gewalttaten, der amerikanischen Gefallenen und der irakischen Opfer stark zurück. Es wurden auch mehr Waffenverstecke gefunden.[319] Die neue Strategie wurde von drei Ereignissen begünstigt: Erstens dem Waffenstillstand, den Muktada al Sadr seinen Mahdi-Milizen im Mai 2006 befahl, und den diese während des Jahres 2008 im Großen und Ganzen einhielten; zweitens der traurigen Tatsache, dass es für die schiitischen Milizen in Bagdad nicht mehr viel „zu säubern" gab, weil die Zahl der Sunniten schon drastisch gefallen war (und die Reste jetzt in ummauerten Ghettos bewacht wurden); drittens der Entwicklung in der Provinz al Anbar. Dort hatte „El Kaida in Mesopotamien" vorher eigene Emirate errichtet. Den herkömmlichen Scheichs missfiel deren islamistischer Lebensstil, aber auch der Verlust ihrer eigenen Macht. Sie begannen (übrigens schon seit Sommer 2005), den Amerikanern eine Zusammenarbeit anzubieten. Sie organisierten sich in „Erweckungskomitees", gingen mit ihren Kämpfern zu den Amerikanern über und bildeten Bürgerwehren (später bekannt als „Söhne des Irak"), die von den Amerikanern ausgerüstet und bezahlt wurden. Die Erfolge waren verblüffend. Gegenden im Norden des Irak oder auch die Stadt Ramadi, wo sich früher weder Regierungsbeamte noch amerikanische Soldaten blicken lassen konnten, wurden wieder ruhig und voller Aufbautätigkeit.

Aber der endgültige Erfolg wird davon abhängen, ob die Iraker selbst die Haltung einnehmen, die Paetreus seinen Soldaten vorlebte. Die Regierung al Maliki hat bis heute nur wenige dieser „erwachten" Krieger übernommen.* Wenn die Amerikaner im Laufe des Jahres 2009 aufhören, die übrigen 80.000 zu bezahlen, bilden sie wahrscheinlich erneut die Gewaltreserve radikaler sunnitischer Politiker. Die gegenwärtig günstigen Gewaltstatistiken beweisen nur eine Kampfpause im Bürgerkrieg, der jederzeit wieder aufflammen kann, solange sich die Parteien nicht gegenseitig akkommodieren (das Wort „versöhnen" setzt vermutlich zu hohe Maßstäbe). Auch Anthony Cordesman urteilt noch im November 2008, der Krieg sei weder beendet, noch gewonnen.[320]

---

* Nach dem Stand von Oktober 2008 5.200 von fast 100.000; 2.300 Fälle wurden noch überprüft. 15.000 Männer fanden andere Arbeit.

Reform von oben (benchmarks)

In Washington waren sich Regierung und Opposition seit dem Baker-Hamilton Bericht einig, dass sich militärische und politische Fortschritte gegenseitig bedingen. Die politischen Fortschritte sollten durch irakische Gesetze eingeleitet werden. Die amerikanische Debatte führte zu einer Reihe von Forderungen an die irakische Politik, die den Irakern als „Messlatten" (benchmarks) des Fortschritts präsentiert wurden. Dazu gehörte:

- Verteilung der Öleinnahmen und des Steueraufkommens auf alle Provinzen
- neue Wahlgesetze
- Wahlen zu den Provinzialvertretungen mit Minderheitenschutz und Bildung von Wahlkreisen (um Persönlichkeitswahlen zu ermöglichen)
- nationale Versöhnung, insbesondere Amnestie für gefangene Aufständische
- Milderung der Entbaathifizierung für „Mitläufer"
- Auflösung der Miliz
- Berücksichtigung sunnitischer Anliegen (Irak als arabischer Staat, Sperrminorität für sunnitische Provinzen);
- Übernahme der „Söhne des Irak" als Hilfstruppen und ihre Bezahlung aus irakischen Mitteln.

Dieser Forderungskatalog ist das Ergebnis einer ernsten Diskussion in Washington, geführt in der Überzeugung zu wissen, was fremden Völkern guttut.

Nur wenige dieser Maßnahmen wurden Wirklichkeit. Entweder ging es der irakischen Regierung von vornherein darum, den mächtigen Partner hinzuhalten, oder die Widerstände unter ihren eigenen Anhängern waren zu groß.

Fallstudien aus dem Bericht der Human Rights Watch für 2008[321] zeigen zum Beispiel erhebliche Defizite bei der Ausführung der Strafverfolgungsgesetze. Al Maliki zeigt sich häufig parteiisch. Sein Amt hat wiederholt bei amerikanischen Kommandeuren militärische Aktionen gegen Sunniten verlangt, andererseits Bedenken erhoben, wenn Amerikaner gegen schiitische Kommandos vorgehen wollten. Er hat Schiiten in viele ministerielle Schlüsselpositionen gebracht, auch wenn Kurden oder Sunniten die Minister stellen, und er duldete, dass sein Innenminister, ein Mann aus Muktada al Sadrs Umgebung, aktiv an den konfessionellen Säuberungen in Bagdad teilnahm.

In dieser Lage stellte die Öffentlichkeit des Präsidenten seit Sommer 2007 das unergiebige Thema des demokratischen Aufbaus zurück und betonte die Erfolge vor Ort. Die Provinz al Anbar, wo sie am ehesten ins Auge fallen, bereiste der Präsident im September 2007 und empfing eine Versammlung der Scheichs, seiner neuen Verbündeten. Damit machte er den Fortschritt „von unten her" zum Maßstab, nachdem er bisher auf die Versöhnung „von oben her", d.h. durch die Regierung und Gesetzgebung, gesetzt hatte.

Zwei Jahre später stellt die *New York Times* fest, dass weder der Aufbau von „oben" noch die Versöhnung von „unten" die erwarteten Erfolge gebracht hat.[322] Das Gesetz über Öleinnahmen und Finanzausgleich ist nicht in Kraft, das Gesetz zur Wiedereinstellung baathistischer Mitläufer wird nicht angewandt, eine Regelung für das umstrittene Gebiet um Kirkuk wurde nicht gefunden. Für die Flüchtlinge in Jordanien und Syrien gibt es weder Hilfe noch Rückführungspläne. Die Zahl der Gewalttaten steigt wieder; die irakischen Sicherheitskräfte sind häufig schlecht ausgebildet und unzuverlässig.

3. Nach dem „surge": der amerikanische Diskurs über zukünftige Strategien

Ein Konsens zu diesem Thema hat sich noch nicht entwickelt, aber die Gegensätze haben sich abgeschliffen. Auf der Grundlage einer Umfrage der *New York Times* unter bekannten Experten[323] kann man die einzelnen Auffassungen wie folgt einteilen:

Optimisten

Der Militärhistoriker Frederick W. Kagan, den wir als einen der Väter des „surge" kennen, glaubt an einen Sieg, weil die amerikanischen Truppen zur allgemeinen Überraschung „die urteilsfähigsten und wirksamsten Kampfmethoden gegen Aufständische entwickelten, die die Welt je sah". Dank der Führung durch die Generäle Petraeus und Odierno, aber auch dank des „tiefen Verständnisses, des Geschicks und des Mitleids (sic), mit dem die Soldaten diese Konzepte ausführten, besteht heute wieder Grund zur Hoffnung auf Erfolg". In einem weiteren Aufsatz ist Kagan noch optimistischer: Er kann sich einen „blühenden, friedlichen, weltlichen, religiös-toleranten und demokratischen Moslemstaat im Irak vorstellen", dieses Beispiel könnte auf Iran ausstrahlen, aber auch die Reintegrierung des Irak in die arabische Welt sei auf dem Wege. Dieses Ergebnis ist allerdings nur erzielbar, wenn Amerika den Zeitpunkt und die Natur des Truppenrückzugs „sehr sorgsam handhabt" (d.h. möglichst langsam durchführt).[324] Dann hätte, nach Kagans Meinung, das ursprüngliche Konzept der Bush-Doktrin doch noch Erfolg gehabt.

Praktiker

Die Militärs wollen ihre Anstrengungen retten und ihrer Armee eine Niederlage ersparen. Die Generäle Petraeus und Odierno haben eine Strategie zu verteidigen. Petraeus machte den Truppenabzug immer von der Lage im Land abhängig. Im April 2008 definierte er vor dem Senat die Voraussetzungen wie folgt: Ein „unordentlicher Status Quo" ohne allzu viel Gewalt (das schon erwähnte „nicht reduzierbare Minimum"), der für El Kaida keine Basis bieten darf und die Nachbarländer nicht bedroht.[325] Das Kriterium ist „nachhaltige Sicherheit" (sustainable security).

Aber auch dieses bescheidene Ziel erfordert eine amerikanische Militärpräsenz, die auf 35.000 bis 50.000 Mann geschätzt wird und noch mehrere Jahre bleiben soll. Der Durchschnittsamerikaner erwartet von einem Sieg wahrscheinlich mehr. In den Anhörungen des Senats sprachen weder Botschafter Crocker noch General Petraeus von einem Sieg.

Rechthaber

Ihnen ging es immer nur um den Regimewechsel. Richard Perle urteilt, Amerika hätte sofort nach dem Sturz Saddams abziehen und die Verantwortung einer „gut organisierten und weithin repräsentativen Gruppe von Gegnern Saddams" (er meint natürlich Dschalabi und seine Leute) überlassen sollen. Das war auch die Linie von Rumsfeld. Besatzung und Aufstandsbekämpfung bedeuten nach dieser Auffassung Fehlentwicklungen.

General Franks unterscheidet zwischen „primären" und „sekundären" Kriegszielen.[326] Das primäre Kriegsziel sei die „Sicherheit des amerikanischen Volkes". Dieses Ziel sei jedenfalls erreicht, denn eine „feindliche Regierung" sei beseitigt. Deshalb, so meint auch er, sei ein Abzug zu rechtfertigen. „Sekundäre" Kriegsziele seien gewesen: ein demokratischer Irak, ein Reformschub für die Region, eine Demonstration der Stärke in der Region und ein „Bollwerk" gegen Iran. Dass sie alle nicht erreicht werden, wäre nach Franks jetziger Deutung weniger wichtig.

Pessimisten

Die Professorin Anne-Marie Slaughter, die lange für einen harten Kurs plädiert hatte, urteilt, die Regierung konnte im Irak nur zerstören, aber nicht aufbauen.

Schönredner

Kenneth M. Pollack, einst wortmächtiger Warner vor Saddam Husseins angeblichen Vernichtungswaffen findet jetzt harte Worte über die Kriegsführung durch den Präsidenten, hält es aber immer noch für möglich, dass Amerika einen Irak verlässt, der „stabiler und weniger gefährlich für seine Nachbarn ist als derjenige, den wir zu Fall brachten".

Geradlinige

Sie waren immer gegen den Krieg und wollen den Abzug. Dazu gehörte Senator Barack Obama. Als Präsident muss Obama die Folgen eines Abzugs für das regionale Machtgefüge und für den Zustand der Streitkräfte in Rechnung stellen. Man wird sehen, wie weit er sich auf die Praktiker zubewegt. Anthony Cordesman sieht zwar in der neuen Situation auch wieder Chancen zum „Sieg", der noch nicht sicher sei. Zu dieser Verbesserung sei es aber erst nach einigen Jahren gekommen, in denen das Führungsteam Bush/Cheney/Rumsfeld so viele Fehler aufgehäuft und so viel Prestige verspielt habe, dass es „das schlechteste amerikanische Führungsteam in Kriegszeiten" seit Johnson/McNamara/Bundy darstellt. Im November 2008[327] hielt er einen lang hingezogenen „Viertels-Krieg" für möglich. Der Rückzug der Truppen würde ebenso teuer wie die Fortsetzung der Kämpfe.

Konkursrichter

Sie stellen die Niederlage fest und suchen nach Schuldigen. Danielle Pletka vom konservativen American Enterprise Institute zieht folgenden Schluss: Nicht alle unterdrückten Völker nutzen ihre neue Freiheit gut. Es gibt keinen inneren Führer zur demokratischen Gesellschaft, kein „Freiheitsgen". In weniger gewählten Worten: Die Iraker haben sich ihrer Freiheit unwürdig erwiesen.

Über die Verantwortung für den „Misserfolg" Amerikas im Irak schrieb der britische Experte Toby Dodge schon Anfang 2007.[328] Der Präsident setze mit seiner neuen Strategie wiederum rein auf militärischen Zwang und greife damit von vornherein zu kurz. Aber auch eine schnelle Abwicklung, verbunden mit einer vollen Überantwortung der Macht an die einheimische Regierung, verspreche keinen Erfolg. Die Ursprünge des irakischen Bürgerkriegs lägen im Zusammenbruch der Fähigkeiten des Staates und seiner Verwaltung, die nach dem Sturz Saddams aufgehört haben zu existieren.

James Dobbins versuchte zur gleichen Zeit eine Antwort auf die Frage „Wer verspielte den Irak?"[329] Er sieht vor allem die Fehler im System: eine falsche Strategie, falsche Annahmen über die Reaktion der irakischen Bevölkerung, Fehler der Geheimdienste, ein zu willfähriger Kongress, falsch gerüstete Streitkräfte. Eigentlich trage ein jedes Element der amerikanischen Gesellschaft etwas von der Schuld. Die Nation brauche eine Diskussion über die Neuordnung ihrer militärischen Mittel, ihres Geheimdienstes und ihrer Außenpolitik. In der nächsten Nummer der Zeitschrift *Foreign Affairs* kritisierte Professor Tony Smith diesen Grundansatz: Dobbins unterstütze im Prinzip die Bush-Doktrin von der zwangsweisen Demokratisierung der Welt oder, in anderen Worten, „einer Vision eines fortgeschrittenen amerikanischen Imperialismus".[330] Er kritisiere nur Fehler ihrer Durchführung.

4. Die Zukunft des Irak und seiner Menschen

Mindestanforderungen

Das Ziel einer Aufstandsbekämpfung wäre ein stabiles Umfeld, in dem die wichtigsten Bedürfnisse der Bevölkerung gesichert sind. Als solche „essential interests" nennt General Petraeus Bewegungsfreiheit, persönliche Sicherheit und Grundversorgung.[331] Die Maßstäbe der Durchschnittsiraker werden nach ihren Erlebnissen kaum höher liegen. Auf die Frage, „werden ihre Kinder es besser haben?" antworteten 50 Prozent der Schiiten mit Ja, 52 Prozent der Sunniten verneinten sie. Ein Drittel der Befragten beider Konfessionen glaubte, die Lage werde gleich bleiben.[332] Der Durchschnittsiraker will staatliche Versorgung nach dem Modell des mittelöstlichen Rentnerstaates, wobei er gewiss nicht den Lebensstandard der reichen Nachbarländer Kuwait und Saudi-Arabien erwartet. Er will ohne Furcht ein einfaches Leben führen. Davon ist er weit entfernt. Als Botschafter Crocker im November 2008 gebeten wurde, die Lage des Landes mit einem Wort zu beschreiben, sagte er nur: „Angst".[333] Die Iraker wollen politische Partizipation, deshalb gingen sie 2005 trotz der Todesdrohungen der Islamisten zur Wahl. Ob sie die Freiheitsrechte einer liberalen westlichen Demokratie verlangen, ist zweifelhaft. Die Schichten, die solche Vorstellungen hegten, sind dezimiert. Aber wenn sich einzelne Gruppen in Zukunft wieder ausgeschlossen fühlen (zum Beispiel die Sunniten, aber auch die Anhänger Muktada al Sadrs), dann könnten sie sich wieder radikalisieren.

Ein halbfeudaler Staat?

Hinter der Fassade eines modernen Staates erkennen wir ein Beziehungsgeflecht von traditionellen Stammesführern, selbstherrlichen Provinzgouverneuren und Kriegsherren mit eigenen Milizen. In Bagdad trennt ein Netz von Straßensperren die ummauerten, konfessionell getrennten Siedlungen. Es herrscht ein ungemütliches Miteinander der Milizen rivalisierender Politiker, die ihre befestigten Büros nur mit Konvois von Leibwächtern verlassen. Ministerpräsident al Maliki hat bei den Provinzialwahlen im Januar 2009 da und dort etwas gewonnen; die Wahlbeteiligung im ganzen Land war aber gering. In Kirkuk und in drei kurdischen Provinzen wurde nicht gewählt, die Partei Muktada al Sadrs wurde mit der Begründung ausgeschlossen, sie habe eine Miliz (was bei den anderen Parteien unbeachtet blieb). Al Maliki bleibt ein taktierender Herrscher in einem maroden Feudalsystem. Vor der Wahl machte er sich bei dem Heer der Staatsbediensteten durch eine massive Gehaltserhöhung beliebt, auch waren große Soldzahlungen für die neu angeworbenen Soldaten und Polizisten fällig. Jetzt sind die Kassen leer. Al Malikis wichtigstes Einflussinstrument, die staatlichen Öleinnahmen, sind um die Hälfte gesunken; die Reparaturen der Versorgungssysteme kommen wieder ins Stocken. Im März und April 2009 ließ eine Serie grausamer Attentate die Opferzahl erneut steigen.

Die schiitische Zentralregierung ist vielleicht die stärkste Gewalt in diesem feudalen Gefüge, hat aber nicht das Machtmonopol. Saddam Hussein leitete die Feudalisierung ein, als er in den 1990er Jahren mit den örtlichen Scheichs paktieren musste, um seine persönliche Herrschaft abzusichern.[334] Schon unter ihm wurde die moderne Verwaltung zur Fassade. Ein Regieren mit den traditionellen Gewalten bedeutet gleichzeitig den Verzicht auf einen modernen Staat, damit auch auf Demokratie.[335] Es ergibt sich die Perspektive einer bestenfalls schwachen Zentralregierung, die sich durch die Verteilung der Öleinnahmen über Wasser hält, vielleicht aber auch einer Militärregierung weichen muss.[336] Etwas optimistischer sieht Hippler die Lage. Wie viele amerikanische Beobachter schließt er vom gegenwärtigen Rückgang der Gewalt auf größere Stabilität. Hoffnung macht ihm auch der Aufwuchs der irakischen Sicherheitskräfte. Aber es kommt weniger auf ihre Mannschaftszahl als auf ihre Zuverlässigkeit, Unparteilichkeit und Professionalität an. Hier gibt es vor allem bei der Polizei erhebliche Defizite.[337]

Ein hässliches Leben

Vor allem die urbane Mittelschicht Bagdads, die sich als Elite der arabischen Welt verstand, litt unter den Verfolgungen von Saddams Geheimpolizei und blutete in drei Kriegen; viele verarmten durch das zwölfjährige Embargo, das die Wirtschaftskraft des Landes auszehrte. Jetzt fliehen die meisten derjenigen, die das Land für den Wiederaufbau bräuchte. Schon jetzt gibt es einen akuten

Ärztemangel. Medizinische Fakultäten müssen schließen; ihre Kliniken arbeiten mit Notbesetzung.

Derzeit gibt es 2,77 Millionen Binnenflüchtlinge und gut 2,5 Millionen Flüchtlinge in arabischen Nachbarstaaten.[338] Vor allem Jordanien mit 500.000 und Syrien mit 1,5 Millionen Flüchtlingen werden mit der Situation nicht fertig. Die irakische Zentralregierung, die Milliarden auf Bankkonten geparkt hat, tut nichts für die Unterstützung dieser Flüchtlinge.

Aus Bagdad ist das frühere urbane, von der Mittelschicht geprägte Leben bis auf einige befestigte Wohlstandsinseln verschwunden. Die Stadt ist konfessionell gesäubert. Die Schiiten haben jetzt die Bevölkerungsmehrheit. Die wenigen verbliebenen Sunniten wohnen in ummauerten und bewachten Vierteln. Der Rückgang der interkonfessionellen Gewalt liegt auch daran, dass sie ihr Ziel in vielen Gebieten erreicht hat. Vor allem in der Provinz al Anbar flackern seit Herbst 2009 die konfessionellen Konflikte wieder auf. All dies berührt nicht das Leben derer, die an der Macht teilhaben. In der Korruptionsstatistik der Organisation „Transparency International" hat der Irak bereits einen der untersten Plätze.[339]

In Amerika teilen sich die beiden Parteien ihr Interesse an einem positiven Lagebild. Die Demokraten wollen einen möglichst raschen und umfassenden Rückzug rechtfertigen, die Republikaner wollen von einem Sieg sprechen können. Das breite Publikum hat das Thema schlichtweg leid. Deshalb werden die schlechten Nachrichten zwar nicht unterdrückt, aber niedrig gewichtet und optimistische Berichte, die hauptsächlich von durchreisenden Reportern stammen, überwiegen.[340] Journalistische Momentaufnahmen aus einzelnen Inseln des Wohlstands und der Sicherheit haben aber geringen Beweiswert.[341]

Toby Dodge fasst den traurigen Befund zusammen: Ein versagender Staat, ständig von Bürgerkriegen bedroht, ohne Chancen für eine Lösung der Konfliktursachen, mit sehr geringer Lebensqualität für die meisten Menschen; sicher keine Demokratie, aber auch keine Gefahr für die Nachbarn, sicher aber auch kein Gegengewicht gegen Iran. Die Carnegie-Stiftung teilt diese Einschätzung.[342] Auch der National Intelligence Council kommt im November 2008 zu ähnlich skeptischen Prognosen: Noch im Jahr 2025 werde die Rivalität um politischen und gesellschaftlichen Vorrang und die Verteilung der Ölvorkommen nicht abgeschlossen sein. „Noch bis zum Jahr 2025 dürfte die Führung in Bagdad immer noch zwischen verschiedenen Gruppen umstritten sein […] die Regierung wird kein selbstständiger Träger politischer Autorität, Legitimität und wirtschaftlicher Führung sein."* Die Zeitschrift *Foreign Policy* führt den Irak in ihrem „Index versagender Staaten" an sechster Stelle von insgesamt 60 solcher Länder, noch vor Afghanistan.343 Dodge findet folgende dramatischen Schlussworte:

> „Wenn sich die Vereinigten Staaten nicht auf ein Generationenprojekt des Wiederaufbaus des irakischen Staates verpflichten können – und das erscheint höchst unwahrscheinlich –, wird der Irak weiter ein Ort des Elends für seine Bevölkerung und der Instabilität für seine Region bleiben. Das ist offensichtlich eine Niederlage von historischem Ausmaß für die amerikanische Außenpolitik."344

Eine Ergänzung ist nötig: Das Zwangsmonopol des Staates könnte dann wieder hergestellt werden, wenn eine neue Militärmaschinerie nach dem Abzug der amerikanischen Truppen wieder eine diktatorische Friedhofsruhe einführt. Das trauen amerikanische Militärberater einigen der irakischen Generäle zu.345

5. Eigene und fremde Opfer des Kriegs

Amerikanische Kriegsopfer

Gefallene Soldaten: Vom 19. März 2003 bis 6. Mai 2009 starben 4.286 Soldaten, davon 3.440 im Kampf, der Rest an Unfällen und an Krankheiten. Im Vergleich mit „klassischen Kriegen", vor allem mit den beiden Weltkriegen, ist das wenig. Aber im Krieg gegen den Irak wegen Kuwait 1991 gab es nur 148 Tote und 467 Verwundete; in Somalia 1992/93 starben 43 Soldaten; der Luftkrieg gegen Serbien wegen des Kosovo forderte keine Todesopfer; der laufende Krieg in Afghanistan forderte von 2002 bis März 2009 rund 480 Gefallene. Bei den Interventionen in Grenada und Panama in den 1980er Jahren kamen jeweils 20 Soldaten ums Leben, die meisten bei Unfällen.

---

* Der National Intelligence Council ist eine amtliche, aber unabhängige Organisation für Grundsatzanalysen. Die Zitate sind aus: National Intelligence Council, Global Trends 2025: A Transformed World, Washington 2008, S. 72.

Die amerikanische Öffentlichkeit hat sich an solche risikolosen Kriege gewöhnt.* Herfried Münkler vergleicht sie mit chirurgischen Eingriffen, bei denen nur der Patient leidet.³⁴⁶ Schon als die Zahl von 2.000 Gefallenen im Irak erreicht war, verlor die Öffentlichkeit die Geduld, sodass ihr gleichzeitig immer wieder Erfolge in der Kriegsführung oder im politischen Prozess präsentiert werden mussten.

Verwundete: Für den gleichen Zeitraum wurden 31.245 Verwundete gezählt. Darunter sind ungewöhnlich viele Schwerverletzte: Der Grund dafür sind die Straßenbomben. Wegen der kugelsicheren Westen gibt es ironischerweise viele Verletzungen an Kopf und Wirbelsäule. Sechs Prozent der Opfer haben Gliedmaßen verloren. Weitere 20 Prozent sind wegen anderer schwerer Verletzungen auf Dauer arbeitsunfähig. Die Einschränkung der Lebensqualität führt zu einer hohen Selbstmordrate: 140 im Jahre 2008, die höchste seit Beginn der Statistik. Den Kummer der Familien und Angehörigen kann man nicht messen.

Schon im Jahre 2003 berichtete der Generalarzt der Armee, dass 30 Prozent der Rückkehrer psychisch gestört seien.³⁴⁷ Der Prozentsatz ist bei den Soldaten noch höher, die zum dritten Mal in den Irak entsendet wurden. Deshalb sollen die Pausen zwischen den Auslandseinsätzen verlängert werden.

Kriegskosten

Als der Wirtschaftsberater von Präsident Bush, Larry Lindsey, vor dem Krieg die Kosten auf 200 Milliarden Dollar schätzte, korrigierte ihn das Weiße Haus sofort. Bekannt ist die Einschätzung von Paul Wolfowitz, der Irak könne seinen eigenen Wiederaufbau finanzieren.³⁴⁸ Inzwischen sind dem amerikanischen Staatshaushalt Kosten in mindestens fünffacher Höhe entstanden.

Die Kosten für den Irak sind schwer zu berechnen, weil sie für den „Krieg gegen den Terror" gesammelt angefordert und ausgewiesen werden. Die se-

---

* Mit der Gegenmeinung, die Amerikaner seien gar nicht so „risk averse", setzt sich Andrew J. Bacevich, American Empire. The Realities and Consequences of U.S. Diplomacy, Cambridge, Mass./London 2002, S. 271, Anmerkung 15, auseinander: Jedenfalls gehen alle Politiker von einer solchen Haltung des Publikums aus, und für die militärische Führung sei die Vermeidung von Risiken das oberste Prinzip.

riöseste Berechnung stammt vom Congressional Research Service. Danach betraf der Anteil für den Irak bis einschließlich 2008 608 Milliarden Dollar.[349]

Die Kosten werden wesentlich beeinflusst durch den „American way of war": Täglich kommen Dutzende von Geleitzügen mit jeweils 30 Lkws aus Kuwait und der Türkei, die zum Beispiel Millionen Flaschen Quellwasser und allen anderen Lebensbedarf bringen.[350] Allein während der Intervention im März/April 2002 wurden vier Milliarden Fass Treibstoff im Irak verfahren und verflogen. Sie mussten via Schiff und Lkw zum „Verbraucher" gebracht werden. Dies erforderte nochmals 4 Milliarden Fass Treibstoff.[351] Den ungeheuren Materialverschleiß hatte die Heeresverwaltung nicht eingeplant, da man mit einem kurzen Verbleib rechnete. Die Schützenpanzer brauchen in dem Wüstenklima alle zwei Wochen neue Ketten. Die Apache-Hubschrauber brauchen im Jahr Ersatzteile in Höhe von 1,3 Milliarden Dollar.[352] Im September 2003 forderte sie Mittel für 595 neue Transportfahrzeuge (Humvees) und für kugelsichere Schutzkleidung für 60.000 Mann.

Aufsehen hat das Buch des Nobelpreisträgers Joseph Stiglitz und seiner Assistentin Linda Bilmes erregt, das die Kosten auf nicht weniger als drei Billionen Dollar schätzt.[353] Sie zählen nicht nur die Haushaltskosten des Pentagon für die eigentliche Kriegsführung, sondern daneben die Kosten der medizinischen Betreuung der diensttuenden Soldaten und der späteren Veteranen, die Ausgleichszahlungen für Schmerzensgeld und Verdienstausfall der Verwundeten, die einmaligen Zahlungen an die Angehörigen gefallener Soldaten (eine halbe Million Dollar), die besonders hohen Kosten von Hirngeschädigten und vieles andere mehr.

Zu all dem kommen zu gegebener Zeit die Kosten der Rückführung von Mann und Gerät. Nicht alles kann den Irakern überlassen werden, weil man ihnen den Zugang zu der modernsten Technologie nicht gewähren will. Und da das alles auf Kredit finanziert wurde (alle Zusatzhaushalte wurden bei einem schon bestehenden Defizit beschlossen), kommt dazu der Schuldendienst von knapp 386 Milliarden Dollar. Auch das ist eine vorsichtige Schätzung: Der Zinssatz hat sich inzwischen erhöht und wird weiter steigen. Den Berechnungen ist wenig entgegenzusetzen.*

---

* In der amerikanischen Diskussion werden diese Berechnungen weitgehend akzeptiert. Auch Hans Diefenbacher, Die Krise der internationalen Finanzen – Beginn neuer internationaler Konflikte oder Wendepunkt zu einer besseren Weltfinanzordnung?, in: Friedensgutachten 2009, Münster 2009, S. 251-266, legt sie dar.

Opfer der Iraker

Über das Leiden und die Opfer der Iraker seit 2003 kann man immer noch keine Endbilanz ziehen. Über die Todesopfer ist am wenigsten angreifbar eine Studie der WHO* für die Zeit von März 2003 bis Juni 2006. Sie schätzt die Zahl der gewaltsamen Tode für diese Zeit auf 151.000. Der „Iraq Index"[354] hat diese Schätzungen weiter hochgerechnet, das Ergebnis sind 190.000 Opfer bis Ende 2008. Zu erwähnen ist noch die Statistik von „Iraq Bodycount", die bei ca. 60.000 endet und ganz sicher zu niedrig ist, weil sie nur die Fälle aufnimmt, die durch die Presse und amtliche Verlautbarung bekannt werden. Medizinstatistiker der Johns Hopkins Universität erarbeiteten eine Statistik, die sogar mit 654.000 Toten endet.[355] Sie wurde als parteiisch angegriffen. Natürlich hat sich die hochangesehene amerikanische Universität hiergegen gewehrt. Zweifel bleiben aber. Sichere Feststellungen sind unmöglich. Vielleicht ist aber der Schluss möglich, dass die Opferzahl bei einem Prozent der Gesamtbevölkerung liegt, also bei 280.000 Toten.

Ein Autor namens Colin H. Kahl unternimmt es, aus diesen Zahlen die Fälle herauszurechnen, die von amerikanischen Truppen getötet wurden. Er kommt, für denselben Zeitraum wie die Gesamtstatistiken, auf die unwahrscheinlich geringe Zahl von 7.400.[356] Er vergleicht diese Zahlen mit den japanischen und deutschen Toten aus dem Bombenkrieg im Zweiten Weltkrieg, ferner mit den Verlusten der tschetschenischen Zivilbevölkerung und schließlich mit den Opfern der amerikanischen Aufstandsbekämpfung auf den Philippinen im Jahre 1902. Obwohl er Schlimmes mit noch Schlimmerem vergleicht, räumt er selbst ein, dass die Opferzahl „wahrscheinlich höher war als militärisch nötig, wünschbar oder unvermeidbar". Vor allem zeigt er an Beispielen die fatale Auswirkung auf das Ansehen der amerikanischen Streitkräfte bei der irakischen Bevölkerung.

Kollateralschäden, das heißt die unfreiwillige Tötung von Zivilisten im Krieg, konnten die amerikanischen Truppen während der Eroberung weitestgehend vermeiden. Allerdings bringt das Buch von Aust und Schnibben Beispiele, wo die Soldaten auch beim geringsten Verdacht viel zu früh schos-

---

* Die Statistik der WHO stützt sich auf Umfragen in über 9.300 Haushalten in über 1.000 verschiedenen irakischen Orten. Politisch motivierte Kritiken an der Studie der WHO sind nicht bekannt.

sen.357 Thomas E. Ricks untersucht in seinem zweiten Buch dieses Phänomen.358 Er berichtet von schockierenden Fällen, in denen die Kommandeure auch große Zahlen ziviler Opfer als Routine behandelten. Ein amtlicher Untersuchungsführer stellte fest, das Leben irakischer Zivilisten sei in den Augen einiger Kommandeure „nicht so wichtig, wie amerikanische Leben, ihr Tod ist nur die Folge der Aufgabe" („the cost of doing business").359

Thomas Ricks sieht im Fall Haditha die logische Konsequenz der Haltung, die das amerikanische Militär von 2003 bis 2006 im Irak eingenommen hatte: „Schützt euch selbst unter allen Umständen. Konzentriert euch darauf, den Feind anzugreifen und behandelt die irakischen Zivilisten als Teil des Schlachtfeldes."360 Erst ab 2007 machte General Petraeus mit seiner neuen Doktrin den Schutz der Zivilbevölkerung zum zentralen Ziel. Seit Sommer 2009 kommt es im Grenzbereich zwischen Afghanistan und Pakistan erneut zu massiven Kollateralschäden durch Flugzeugangriffe und die Verfolgung von Kämpfern oder Führern der Taliban durch Drohnen. Zwei Experten für Aufstandbekämpfung, die General Petraeus nahe stehen, schätzen das Verhältnis zwischen getöteten Taliban und getöteten Zivilisten auf 14 zu 800.361 Natürlich bestreiten amtliche Stellen diese Ziffern. Es steht aber fest, dass die CIA unter der Regierung Obama die Angriffe mit Drohnen intensiviert hat. Das bedeutet die Rückkehr zu einer Aufstandsbekämpfung mit hohen zivilen Opferzahlen. Die Doktrin, die General Petraeus für das Heer und die Marine-Infanterie durchgesetzt hat, gilt also nicht für alle amerikanischen Einheiten und nicht für den ganzen Kriegsschauplatz. Trotzdem verfolgt sie der neue amerikanische Heereskommandeur in Afghanistan, General Stanley A. McChrystal, für seinen Bereich mit großem Eifer. Er bewies ihn im September 2009 in der Provinz Kundus am Beispiel eines deutschen Oberst, der seiner Meinung nach vorzeitig amerikanische Luftunterstützung angefordert und damit Zivilisten getötet habe. Dieser Fall hat inzwischen eine deutsche Debatte über Kollateralschäden im Kriege ausgelöst. Es wurde ein deutsches Problem. Sicher besteht ein ungelöster Widerspruch „zwischen notwendiger aktiver, vor allem auch präventiver Bekämpfung von Aufständischen und der Schonung der Bevölkerung".362 Für dieses Ziel bräuchte man viel mehr einsatzbereite Infanterie (nicht bloß mehr Truppen), die dann in solchen Abständen kämpft, in denen sie Aufständische und Zivilisten unterscheiden kann. Das aber würde die Zahl der amerikanischen Todesopfer wesentlich erhöhen. Diese Konsequenz aus der Petraeus-Doktrin scheut auch der jetzige Präsident.

Maja Zehfuss räumt mit dem Klischee auf, solche Tote seien nun einmal der unvermeidliche „Preis" eines gerechten Kriegs.[363] Denn es sei kein Preis, den „wir", die Angehörigen des kriegführenden Staates, zahlen. Wenn der Krieg die Iraker befreien soll, dann „tötet der Krieg zu viele von denen, die er befreien will" – nach der obigen Schätzung immerhin ein Prozent der Bevölkerung. Verwundbarkeit gehört zur Natur des Menschen. Wenn die eigenen Leben „heilig" sind, fremde Leben dem Zweck geopfert werden können, werden verschiedene Klassen von Menschen geschaffen. Das ist unvereinbar mit der Vorstellung von einer Befreiung. Der „Befreier" kann sich nicht immer darauf berufen, dass er im Interesse der Bevölkerung handelt. Ein Gegenbeispiel wäre die Befreiung Frankreichs 1943/44. Schließlich sind die Opfer im Fall Irak wohl auch vergeblich: Der „Preis" führt nicht zum „Gegenwert". Es gibt keine Freiheit für das einfache Volk im Irak.

6. Die Vereinbarung über Truppenstationierung und weitere Zusammenarbeit vom November 2008

Die Vereinbarung wurde am 17. November unterzeichnet und trat am 1. Januar 2009 in Kraft. Die wichtigsten Regelungen sind:

- Weitere militärische Unterstützung: Sie heißt nach Artikel 4 „zeitweilige Unterstützung", sie ist nur mit irakischer Zustimmung erlaubt. Wie schon in den früheren Fällen, gibt es perfektionistische Konsultationsregeln, aber schon haben sich irakische Politiker über nicht abgestimmte Aktionen beschwert.
- Gerichtsbarkeit: Der Irak hat volle Strafgewalt über Vertragsunternehmen (Contractors) der Amerikaner und ihre Angestellten (Artikel 12 Absatz 2). Die Angehörigen der Streitkräfte in Zivil oder Uniform unterliegen im Allgemeinen amerikanischer Gerichtsbarkeit. Es gibt eine unklare und noch nicht fertig ausgehandelte Ausnahmeregel für Fälle, in denen irakische Gerichtsbarkeit bestehen soll.
- Steuerfreiheit: Normale Regelung wie auch in Deutschland.

- Verhaftungen: Nach Artikel 22 haben die USA kein Recht mehr, eigene Gefangene zu machen. Sie mussten diejenigen, die sie noch in Gewahrsam hatten, übergeben.
- Abzug: Aus Städten und anderen Siedlungen bis Ende Juni 2009, aus dem ganzen Land spätestens bis 31. Dezember 2011. Bekanntlich wollte Obama ein Jahr vorher den Abzug abschließen.
- Restpräsenz: Ricks berichtet von Überlegungen der Generäle über eine Restpräsenz von knapp 45.000 Soldaten, wenn die Aufgabe halbwegs sinnvoll abgeschlossen werden soll (vgl. Kapitel XIII.3). Das müsste dann vor den Zwischenwahlen für Senat und Repräsentantenhaus 2010 neu verhandelt werden. Auch in der irakischen Innenpolitik könnte das schwerfallen.
- Wenn also eine militärische Restpräsenz auf juristische und politische Schwierigkeiten stößt, dann wird ein sinnvoller Abschluss des Unternehmens noch unwahrscheinlicher.

XIV. Militärmacht und Ordnungsmacht Amerikas

1. Entstehung der Übermacht

Die Vereinigten Staaten hatten immer so viele Truppen, wie sie zur Eroberung und Sicherung des Kontinents brauchten, aber im europäischen Maßstab kein großes stehendes Heer. Wenn stärkere Kräfte gebraucht wurden, wurden sie buchstäblich aus dem Boden gestampft, aber nach dem Sieg wieder aufgelöst. So war es eigentlich auch 1945 geplant, aber der Kalte Krieg kam dazwischen. Nach dessen Ende hätte es nahe gelegen, die Streitkräfte nach dem alten Muster wieder abzurüsten. Aber im Gegenteil „fand das Prinzip, das die Vereinigten Staaten eine große militärische Stärke nötig haben, allgemeine Zustimmung in Washington. Wer es infrage stellte, überschritt die Grenzen des politischen Anstands".[364] Den klassischen Ausdruck fand dieser Konsens in dem Aufsatz von Charles Krauthammer über den „unipolaren Augenblick, den Amerika nutzen muss, um seine Stärke so auszubauen, dass es auch in der Zukunft gegen neue Gefahren und neue Rivalen dauerhaft gerüstet ist".[365] Den Beweis für diese Thesen lieferte rechtzeitig der Krieg zur Befreiung Kuwaits.

Die Überprüfung des Militärwesens „von Grund auf", die Präsident Clinton bei Amtsantritt versprochen hatte, geriet zu einem Verteilungskampf zwischen den Waffengattungen über einzelne Beschaffungsprojekte, mit den entsprechenden Seitengefechten zwischen den Lieferfirmen und ihren politischen Paten im Kongress. Die Mannschaften wurden schließlich um ein Drittel gekürzt, aber in Struktur, Ausrüstung und Kampfdoktrin nicht angepasst. Der Verteidigungshaushalt erreichte schon im Jahre 1993 wieder die Höhe der Konfrontationszeit. Es gab weiterhin zwei getrennte Landarmeen, von denen die kleinere, die Marineinfanterie, mit 170.000 Mann größer war als die der meisten europäischen Armeen. Es gab immer noch vier verschiedene Luftwaffen, weil neben der eigentlichen Luftwaffe die anderen drei Teilstreitkräfte eigene große Luftflotten haben. Statt 14 Flugzeugträgerverbänden gab es deren elf. Die Feuerkraft und Zielgenauigkeit war dank der „Revolution in Military Affairs" unvorstellbar erhöht. Der Luftkrieg gegen Serbien 1999 gab eine Probe davon, lieferte aber gleichzeitig einen Hinweis auf das Hauptproblem der neuen Wunderwaffen, die fehlerhafte Aufklärung, die mit dem wachsenden Abstand nicht nachkommt, sodass ein Marschflugkörper zielgenau in der chinesischen Botschaft einschlug.

In der „Revolution des Militärwesens" konnte sich die amerikanische Verliebtheit in technische Lösungen ausleben und dem Publikum einen Fortschritt präsentieren, der allerdings die Grundsatzfrage nicht löste: die Anpassung der Streitkräfte an die neue Weltlage.

Nach drei erfolgreichen Interventionen im Golf, in Bosnien und gegen Serbien war der militärische Primat weniger umstritten als je zuvor. Gerade weil die jeweiligen Gegner ihn nie wirklich testeten. Die Überlegenheit muss ein geringes Risiko garantieren. In der Bevölkerung wuchsen sogar die Zweifel, ob die Streitkräfte ausreichend finanziert waren.[366]

Auch unter Präsident George W. Bush konnte das militärische Establishment Reformen und Einsparungen vermeiden. Alle Sparversuche endeten auf dieselbe Weise: Die Lieferfirmen wandten sich an die interessierten Parlamentarier, diese überschütteten das Ministerium mit Protesten. Die Militärs, die für die Projekte zuständig waren, versorgten sie häufig mit Argumenten. Auch Rumsfeld setzte auf technischen Fortschritt statt auf Reformen. Er selbst sah das Heil in zusätzlichen „Gadgets": Abfangwaffen gegen ballistische Flug- und Marschflugkörper, „kybernetische" Verteidigung.[367]

2. Strategie der Übermacht

Militär-Doktrinen

Die strategischen Doktrinen variierten je nach Präsidentschaft. Viel Mühe verwandten die Apparate nicht darauf, weil die öffentliche Meinung die militärische Übermacht ohnehin unterstützte. Sie sah die amerikanische „Leadership" als Teil der Weltordnung, die es zu nutzen, aber auch zu verteidigen galt. Eine ganze Generation von Amerikanern kannte keine andere Stellung ihres Landes in der Welt. Mit dieser Haltung kann jeder Präsident rechnen, muss sie aber auch aktiv vertreten. Auch Präsident Obama verspricht immer wieder „Leadership".

Im Jahr 1992 wollte Paul Wolfowitz, damals politischer Direktor im Verteidigungsministerium, ein unverbrämtes militärisches Machtdenken zur amtlichen Doktrin erheben. Im Entwurf eines Routinepapiers schrieb er: Die bestehende amerikanische militärische Übermacht müsse ausgebaut werden. Die Politik müsse dafür sorgen, dass sich die fortgeschrittenen Industriestaaten zufrieden in die amerikanische Hegemonie einordnen könnten; aber neben diesen Bemühungen um die Einbindung der Willigen müsse Amerika „über Mechanismen verfügen, um potenzielle Mitbewerber davor abzuschrecken, eine größere oder weltweite Rolle auch nur anzustreben".[368] Damit erregte Wolfowitz damals noch Anstoß; der Text wurde, wie in solchen Fällen üblich, der *New York Times* zugespielt. Das Weiße Haus kassierte ihn mit Rücksicht auf die Präsidentschaftswahl im November. Wolfowitz war seiner Zeit voraus. Er berief sich nicht auf altruistische Ideale, sondern sah die Vormacht selbst als Ziel. Sein Präsident hielt sich an die Tradition und proklamierte eine „neue Weltordnung", die allerdings eher als Verteidigung des Status quo verstanden wurde.[369]

Präsident Clinton konzentrierte sich auf eine möglichst breite militärische Präsenz als den militärischen Aspekt der Globalisierung. Sein zweiter Verteidigungsminister, William Cohen, betrachtete die militärische Übermacht durch ihre bloße Existenz als friedenserhaltend, indem sie Gegner abschreckt und alte und neue Alliierte fester an die amerikanische Führungsmacht bindet. Ihre militärische Verwendung werde die Ausnahme sein. Das war die Vorstellung von der friedensbewahrenden Präsenz amerikanischer Truppen als „öffentliches Gut". Gleichzeitig rechtfertigte er die bisherigen Truppenstärken. Er erklärte die Mannschaftsstärken in Europa und Ostasien (je 100.000 Mann Stationierungstruppen) für unerlässlich, und dazu noch die hinzugekommenen 23.000 Mann am Golf.

Der Strategie des Präsidenten Bush Junior ist ein Abschnitt dieses Buches gewidmet. Sein Programm war realitätsfremd. Seine Vorstellung einer Neuordnung einer ganzen Weltregion mit militärischen Mitteln musste scheitern. Er diskreditierte die amerikanische „Leadership". Obama will sie wieder herstellen. Er stellt den bisherigen nationalen Sicherheitskonsens nicht infrage. Andrew J. Bacevich beschreibt diesen Konsens als die „heilige Dreieinigkeit von globaler Machtprojektion, globaler Militärpraxis und globaler Geschäftigkeit". Die Streitkräfte Amerikas seien nicht für die Verteidigung, sondern für Auslandseinsätze ausgerichtet. Das militärische Netzwerk befähige die Regierung zur ständigen Einmischung in die Angelegenheiten anderer Länder.[370] Diesen Erklärungsversuch kann man übernehmen, wird aber statt des abwertenden Ausdrucks „globale Geschäftigkeit" besser von „globaler Gestaltung" sprechen. Man muss allerdings in Rechnung stellen, dass der Gestaltungsanspruch nur in der Rhetorik global, aber in der Praxis stets selektiv war. Das Kriterium war und ist nicht etwa Verantwortung für „öffentliche Güter", sondern das nationale Interesse. In dieser Sicht hätte das Militär nicht nur und nicht einmal primär die Aufgabe, Kriege zu führen oder Aggressionen abzuschrecken, sondern den amerikanischen Einfluss in der Welt zu sichern.

Maßstäbe

Schon seit Präsident Bush Senior sollten die Streitkräfte gleichzeitig zwei große regionale Konflikte (Major Regional Conflicts – MRCs) führen können. Formal gilt dieser Maßstab heute noch; er wurde aber im Irak und in Afghanistan nicht erreicht.

Als Vorsitzender des Vereinigten Generalstabs hatte General Powell gefordert, dass die militärischen Einsätze Amerikas mit überwältigender Mannschaftsstärke und Feuerkraft durchgeführt werden müssen. Dementsprechend wurden im ersten Irak-Krieg 500.000 amerikanische Soldaten und 100.000 Mann Hilfstruppen aufgeboten. Verteidigungsminister Rumsfeld löste die „Powell-Doktrin" durch sein Konzept der „schlanken Streitkräfte" ab. Militäraktionen sollten mit kleinen, hoch beweglichen Einheiten mit modernster Ausrüstung und höchster Feuerkraft durchgeführt werden, deren Angriffe mit verheerendem Feuer aus der Luft unterstützt würden. Dieses Konzept bewährte sich in den Eroberungsphasen der beiden Feldzüge Rumsfelds, Afghanistan und Irak. Für die folgenden Aufstände und Unruhen auf beiden Schauplätzen passte sein Konzept nicht. Gates hat jetzt den Maßstab „ein großer regionaler Konflikt plus ein Aufstand" aufgestellt.

3. Kriegsbild und Ausrichtung

Das Kriegsbild

Das amerikanische Militär konzentriert sich auf eine „westliche" Kriegsführung. Dieser von Lawrence Freedman[371] eingeführte Ausdruck bedeutet: Berufsarmee zur Bedienung der hoch entwickelten Waffentechnik (und zur Minderung des innenpolitischen Risikos durch Opfer unter den Wehrpflichtigen); Konzentration auf Abstandswaffen, dadurch Reduzierung der Opferzahlen, Herstellung des „dominant battle space knowledge", die den amerikanischen Truppen ermöglicht, den Gegner in jeder Hinsicht in Schach zu halten („full spectrum dominance").[372] Für diesen Kriegstyp sind die USA hervorragend gerüstet. Sie haben eine präzedenzlose Übermacht erreicht. Wo sie die ausspielen können, sind sie unbesiegbar.

Die Ausrichtung

„Eine Selbsttäuschung über die Natur der bevorstehenden Konflikte schwächte die amerikanischen Optionen in Afghanistan und Irak, weil die Pläne und Entscheidungen auf falschen Vorstellungen vom Kriegsgeschehen beruhten."[373] Seit 1941 enden die meisten Kriege modern gerüsteter Heere in Aufstandsbekämpfung; so schon die Kriege der Wehrmacht in Russland und Jugoslawien, dann die Kämpfe Großbritanniens in Palästina, später Kenia und Zypern; Frankreich machte die Erfahrung erst in Indochina, dann in Algerien. Vietnam und Afghanistan sind die Erfahrungen der beiden Supermächte (die Mudschahedin operierten gegen die sowjetische Armee höchstens in Bataillonsstärke).[374] Alle künftigen denkbaren amerikanischen Kriege würden wahrscheinlich zu Guerillakämpfen und Aufständen führen.

Der Schlussbericht der „Vierjährigen Verteidigungsüberprüfung" von 2002 spricht von „irregulärer" Kriegsführung. Auch der jetzige Verteidigungsminister Gates benutzt diesen Begriff. Damit werden die Weichen schon falsch gestellt. Da die amerikanischen Streitkräfte keinen ebenbürtigen Gegner für einen „regulären Krieg" finden würden, laufen die Konflikte fast notgedrungen „irregulär" ab; sie sind die neue Regel.

Der Ausdruck enthält einen moralischen Vorwurf. Von je an verurteilt der Soldat den Partisanen als feige und heimtückisch. Der wäre aber nicht Partisan, wenn ihn diese Kritik beeindruckte. Es gibt keine Ritterlichkeit im „asymmetrischen Krieg". Im Gegenteil: Je überwältigender eine Militärmaschinerie ist, desto grausamer und tückischer fällt der Widerstand aus.

4. Die Schwierigkeiten der Reform

Ausbildung und Mannschaften

Das amerikanische Heer hat jetzt ein Handbuch zur Aufstandsbekämpfung. Treibende Kraft war General Petraeus, der sich seit acht Jahren in verschiedenen Eigenschaften erfolgreich mit asymmetrischen Kriegen beschäftigt. Aber seine Erfolge im Irak haben die amerikanische Kriegspraxis noch nicht dauerhaft geändert, obgleich er uns versichert: „[…] in der Feuerprobe des Irak ist eine völlig neue Armee entstanden."[375] In Afghanistan und Pakistan, seinem eigenen Kommandobereich, wird zurzeit gegen seine Regeln verstoßen (Kollateralschäden durch Luftangriffe).

Der Übungsbetrieb hat immer noch den „westlichen" Krieg im Auge. Aber wenn die Ausbildung stimmte, fehlte es an den Soldaten, die die Straßen patrouillieren und die Höhlen stürmen, also der Infanterie im alten Sinn. Davon hatte das Heer bisher 51.000, die Marineinfanterie 20.000. Die vorgesehenen Verstärkungen der beiden Teilstreitkräfte werden diese Zahlen nicht wesentlich erhöhen.[376]

Die aktive Truppe müsste länger im Einsatz bleiben, um das Umfeld und die Kampfweise des Gegners besser zu kennen. Aber die Rotation ist politisch unantastbar. Man plant jetzt eine Verlängerung der Einsatzzeit, verbunden mit einer ebenso langen Pause (je ein Jahr).

Ende 2008 waren von den damals 4.200 im Irak Gefallenen nur 95 Angehörige der Marine und 48 der Luftwaffe. Alle übrigen waren Soldaten des Heeres und der Marineinfanterie.[377] Ihr Todesrisiko war also rund 28 Mal höher. Deshalb konnten Heer und Marineinfanterie im Jahre 2005 ihre Rekrutierungsziele nicht erreichen, obwohl sie ihre Anforderungen an Qualifikation und polizeiliche Führung lockerten. Ab 2006 sollen die Planziele wieder erreicht worden sein, aber das Erfordernis eines Highschool-Abschlusses wurde fallengelassen und auch Vorbestrafte aufgenommen.[378]

Minister Gates zieht aus diesen Schwierigkeiten den Schluss, dass Amerika in Zukunft Kriege vermeiden muss, die eine längere „staying power" erfordern.[379] Wie Irak und Afghanistan zeigen, lässt sich die „staying power" nicht abschätzen. Diese Unsicherheit der Planung setzt neue Grenzen für die Einsetzbarkeit.

Ausrüstung und Investitionen

Vor vier Jahren beschrieb das IISS diese Probleme so:

„Dank der immensen Trägheit des amerikanischen militärisch-industriellen Komplexes, des Einflusses von parlamentarischen und wirtschaftlichen Interessen und auch der schlichten psychologischen Schwierigkeit, jahrzehntelange strategische Gedankengebäude zu verlassen, wird die Studie (gemeint war die „vierjährige Verteidigungsüberprüfung"; d. Verfasser) wenig echten Wandel bringen. [...] Die Masse der amerikanischen Streitkräfte, die Strukturen und der Haushalt werden weiterhin konventionell fokussiert bleiben. Deshalb wird jeder intelligente Gegner des Westens asymmetrische Mittel anwenden, um die westliche konventionelle Überlegenheit auszuhebeln. [...] Die Routine wird weiterhin durch Investitionen in luft- und seegestützte Feuerkraft mit immer genaueren Lenkungssystemen bestimmt sein, die dann später kaum benutzt werden; dadurch wird enormes Kapital und Personal gebunden, das man für die gesteckten Kriegsziele nicht gebrauchen kann."[380]

Diese Vorhersage bestätigt sich immer wieder. Der Entwurf des Verteidigungshaushalts von Februar 2008 sah zwar eine Erhöhung der Mannschaften des Heeres und der Marineinfanterie vor, „hat aber viel zu viele Produkte des strategischen Denkens des Kalten Kriegs, die in einer Welt ohne ein Supermacht-Wettrüsten keinen Platz haben".[381] Die Generäle begründen ihre Beschaffungswünsche immer noch auf diese Art, so typisch Marineadmiral Gary Roughed: „Nie will ich einen Matrosen oder Marineinfanteristen in einem fairen Kampf sehen. Ich will, dass sie immer im Vorteil sind. [...] Wir sollten nie aufhören, nach dem nächsten großen Ding zu schauen und immer bedacht sein, unsere eigenen Fähigkeiten besser und effektiver zu machen als das, was irgendein anderer in der Schlacht aufstellen kann."[382]

Verteidigungsminister Gates sprach zum ersten Mal im September 2008 über seine Vorstellungen von dem künftigen „American way of war".[383] Der asymmetrische Krieg werde in Zukunft die Regel, der klassische Krieg die Ausnahme sein. Gleichzeitig verteidigt sich Gates gegen den Vorwurf, er vernachlässige die Vorbereitungen auf diesen Krieg. Die konventionellen Programme seien im System des Pentagon „tief eingebettet"; um sie brauche sich niemand zu sorgen.

Nur zehn Prozent des ersten Haushaltsplans, den Gates im April 2009 präsentierte, waren für „irreguläre" Kriege bestimmt, 50 Prozent für konventionelle und strategische Fähigkeiten, die restlichen 40 Prozent für Ausgaben, die bei jedem Konflikt anfallen (hauptsächlich Gehälter, Infrastruktur und Logistik). Die Ausgaben für die Bedürfnisse asymmetrischer Kriege sind: Verstärkung der „Special Forces" um 2.800 Mann, der Bodentruppen in einem Fünfjahresprogramm um insgesamt 100.000 Mann, Bodenpanzerung bei Mannschaftstransportern gegen Straßenminen. Gespart wird am Bau großer Schiffe, an der Beschaffung des Flugzeugs F-22. Das sogenannte Future Combat System der Landstreitkräfte, das die Einheiten noch mobiler und reaktionsfähiger machen sollte, wird in seiner Fahrzeugkomponente gestrichen. Denn eine Vermehrung von Fahrzeugen führt auch zu mehr Unfällen durch Straßenminen.

Selbst diese vorsichtige Anpassung veranlasste den prominenten Republikaner Newt Gingrich zu dem Vorwurf, Präsident Obama „entwaffne" Amerika. Der demokratische Senator James Inhofe erklärte, der Haushaltsplan führe zu einem schwächeren Militär mit schwacher Ausrüstung. Der republikanische Senator John Cornyn sieht viele Bedrohungen auftauchen oder wachsen, gegen die die Regierung zu wenig tue.[384] Und Aaron L. Friedberg, Sicherheitsberater von Vizepräsident Cheney von 2003 bis 2005, sieht neue amerikanische Kriege (in der Mehrzahl) voraus. Er warnt vor einem Krieg gegen einen Iran mit Nuklearwaffen. Er hält es für nötig, „in Zukunft eine voll modernisierte chinesische Militärmacht abzuschrecken".[385] Das alte Kriegsbild lebt weiter. Es bleibt das Feldzeichen mächtiger Interessengruppen, in der Verteilungsschlacht, die sich ankündigt. Auch wenn die gegenwärtige Regierung ihre vorsichtigen Umschichtungen diesmal im Kongress durchsetzen kann (den Bau weiterer F-22 konnte er verhindern), bleibt dafür gesorgt, dass die amerikanische Militärmacht viel kostet und weitgehend ungenutzt bleibt. Die umfangreiche neue Literatur zu diesen Fragen geht bis zum Herbst

2009 noch immer von den Prämissen aus, dass Amerika sich auf neue Kriege einstellen muss, und dass es seine gegenwärtige absolute militärische Dominanz erhalten muss.[386]

5. Der begrenzte Nutzen militärischer Übermacht

Gang der Erörterung

Ich zähle zunächst die Interessen auf, die herkömmlicherweise als die Objekte militärischer Macht gelten. Ich bespreche dann die Zwänge, denen die Nutzung des Militärs heute unterliegt, definiere anschließend den geringen Nutzen, den es noch hat und komme zu dem Schluss, dass der Einfluss der Militärmacht auf das Staatensystem und ihre Bedeutung für die Machtrelationen aus alter Gewohnheit bei weitem überschätzt wird.

Globale und hegemoniale Interessen

„Global" sind die Ziele, die weltweite Probleme lösen können: von der Sicherheit der Seewege bis zur Energiesicherheit. Die Umwälzungen von 1919 machten Selbstbestimmung und Minderheitenschutz zu internationalen Themen. Nach 1945 kamen Rüstungskontrolle und nuklearstrategische Stabilität dazu, aber auch die individuellen und sozialen Menschenrechte. Jetzt ist die Bekämpfung des Terrorismus hinzugekommen (vielleicht nur vorübergehend und nicht gleichrangig), aber auch der Klimaschutz und die internationale Armut mit ihren Folgen der Versteppung, der Überbevölkerung und der Seuchen.

Diese Ziele verlangen internationale Zusammenarbeit, gegründet auf Regeln und unterstützt durch Organisationen. Sie überfordern die Kräfte und die Machtprojektion eines Einzelstaates, es sei denn, er hätte eine globale Vormachtstellung. Dann könnte man sie „hegemoniale" Interessen nennen, manche nennen sie auch „öffentliche Güter", die der Hegemon schafft und verteidigt. Das geschieht aber nur sehr beschränkt. Allgemein fällt auf, dass für diese Ziele umso weniger getan wird, je wichtiger sie sind.

Garantiert Amerika den Frieden in Europa, beendet es die europäische Kriegsgeschichte? Das ist ein Hauptargument der Bewunderer der amerikanischen Hegemonie.[387] Es hält aber keiner Prüfung stand. Wenn europäische Mächte nach 1945 Kriege führen wollten, taten sie es, ohne dass Amerika sie daran hinderte. Die einzige Ausnahme bildete die Suez-Krise, die das Kräfteverhältnis im Kalten Krieg und damit amerikanische Interessen berührte. Es galt aber für die französischen und britischen Kolonialkriege und für den Falklandkrieg. Griechenland und die Türkei standen mehrmals am Rande eines Kriegs. Die amerikanische Diplomatie versuchte hier zu mäßigen; sie konnte aber die Kriegsgefahr selbst nicht beseitigen. Im Krieg Russlands gegen Georgien von 2008 spielte Amerika eine umstrittene, aber sicherlich keine mäßigende Rolle. Gelegentlich heißt es, die Europäische Union verdanke ihre Entwicklung und ihre heute gesicherte Existenz dem amerikanischen militärischen Schutz. Daran ist so viel richtig, dass die Sowjetunion die wirtschaftliche Integration Westeuropas verhindert hätte, wenn sie nach Kriegsende die einzige Militärmacht in Europa gewesen wäre. Die europäische Integration war ein Teil der gesamtwestlichen Abwehrstrategie gegen die sowjetische Bedrohung, zusammen mit der Nato. Heute beruht die Sicherheit der EU nicht mehr auf dem amerikanischen Schutz, sondern auf der gesamteuropäischen Verflechtung.

Folgende Zwänge begrenzen heute den Nutzen militärischer Macht:

Die Finanzen spielten in den militärischen Planungen bisher eine geringe Rolle. Es ist kaum vorstellbar, dass es dabei bleibt. Die Staatsverschuldung beläuft sich auf über zwölf Billionen Dollar, das diesjährige US-Haushaltsdefizit beträgt allein 1,4 Billionen Dollar, die jährlichen Kosten für beide Kriege betrugen bisher im Durchschnitt 80 Milliarden Dollar; eine Änderung ist hier nicht zu erkennen. Vor allem wird die Verteidigung ihre bisherige Priorität verlieren, die sie mit der inneren Sicherheit teilte. Soziale und wirtschaftliche Aufgaben werden den gleichen oder gar höheren Rang beanspruchen.

Postheroische Zwänge: Ich habe schon vorher, unter dem Stichwort des „westlichen Krieges", erörtert, dass die moderne Gesellschaft, auch die amerikanische, keine hohen Opferzahlen duldet und deshalb auf technische Kriegsführung ausweicht. Die allerdings führt im Partisanenkrieg nicht zum Ziel.

Versuche, diesen Befund zu relativieren, etwa indem man, wie Herfried Münkler, nur die „Kriegsführungsfähigkeit" moderner Staaten für eingeschränkt erklärt,[388] überzeugen ebenso wenig wie die Unterscheidung zwischen „Abneigung gegen Opfer" und „Abneigung gegen Niederlagen".[389] Tatsächlich erwartet jede demokratische Gesellschaft, dass der Zweck eines Krieges die Opfer rechtfertigt. Sie zweifelt entweder am Zweck oder am Preis. Beide sind logisch verbunden. Unübersehbar bleibt aber der geschichtliche Unterschied zwischen der Haltung der heutigen westlichen Gesellschaften und der des 19. und frühen 20. Jahrhunderts, die weitaus mehr Kriegstote hinnahmen und viel länger auf den Erfolg warten konnten.

Nukleare Zwänge: Jeden „klassischen" Krieg zwischen zwei konventionellen Armeen würde Amerika mit Leichtigkeit gewinnen. Allerdings haben die denkbaren Kriegsgegner fast alle auch Atomwaffen, in genügender Zahl und Aufstellung, dass ein entwaffnender Erstschlag nicht möglich ist. Dies gilt vor allem für Russland und China, die meistgenannten denkbaren Kriegsgegner. Nach Martin van Crefeld[390] hat es seit der Entwicklung der Nuklearwaffen überhaupt nur etwa 20 zwischenstaatliche Konflikte gegeben, die als Krieg bezeichnet werden können. Es gab nie einen Krieg gegen einen nuklearbewaffneten Staat. So hörten Israels Nachbarn auf, es anzugreifen, nachdem seine atomare Bewaffnung vermutet wurde; das gleiche geschah zwischen Indien und Pakistan. Der klassische große Krieg ist ein Auslaufmodell. Die Zwänge der Asymmetrie zeigen sich vor allem bei Iran (vgl. Unterkapitel 4). Minister Gates sagt, er wolle keine langen Kriege. Aber in den meisten denkbaren Szenarien droht asymmetrischer Widerstand und damit ein langer Krieg wider Willen.

Die Zwänge der konventionellen Vergeltung zeigen sich im Fall Nordkorea, das Seoul mit Artilleriewaffen vernichten kann, und im Fall Iran, der die Straße von Hormuz sperren, Öl- und Gaslieferungen verhindern und in seinem Umkreis Unruhen schüren kann. All dies würde zwar auch iranische Interessen verletzen, aber der Krieg ändert alle Perspektiven.

Verbliebene Chancen der Nutzung

In den Gebieten, in denen Kriege noch führbar sind, ist auch die amerikanische Militärmacht einsetzbar. Das gilt für Lateinamerika, Afrika und den nah- und mittelöstlichen Krisenbogen bis Pakistan. Hier kann das amerikanische Militär die sunnitischen Monarchien im Golf gegen äußere Bedrohungen schützen (allerdings weniger gegen soziale oder religiöse Unruhen, die von den Gastarbeitern oder den schiitischen Untertanen ausgehen). Sie hat unzweifelhaft großen, auf militärische Mittel gestützten Einfluss auf den Nahen Osten, als Waffen- und Nachschublieferant und als Garant dafür, dass die dortigen regionalen Konflikte nicht ausufern, vor allem nicht zu nuklearen Kriegen werden.

Das Ergebnis ist eine sehr begrenzte Nutzbarkeit des amerikanischen militärischen Primats.[391] Die Militarisierung des politischen Denkens der letzten Jahrzehnte hat diese Erkenntnis verdrängt. Die Folge war, dass die militärischen Bestandszahlen (Soldaten und Gerät) als Maßeinheiten für Macht galten. Zusätzlich waren höchstens die wirtschaftlichen Potenziale maßgebend, die das Militär finanzierten. Der Historiker Paul Kennedy hielt in seinem Klassiker „The Rise and Fall of the Great Powers" diesen militärisch-wirtschaftlichen Ansatz durch, indem er ihn durch die ganze neuzeitliche Geschichte durchdeklinierte. Ein gutes Beispiel aus der Praxis der letzten amerikanischen Regierung ist der Bericht des National Intelligence Council, der folgende Maßstäbe für den internationalen Machtvergleich verwendet:[392] Bruttosozialprodukt, Verteidigungsausgaben, Bevölkerung und wirtschaftlich-technologische Kapazitäten (die nach einer komplizierten Formel berechnet werden). Auch das bedeutet eine rein rechnerische Zählung ohne Berücksichtigung der Einsatzfähigkeit. Mit all dem ist nicht gesagt, dass Amerika keine Großmacht mehr ist. Denn sonst würden die europäischen Spitzenpolitiker, die von Macht etwas verstehen, nicht um die Gunst des neuen Präsidenten wetteifern. Sie tun es nicht wegen des Militärs, das zurzeit einen Krieg erfolglos liquidiert und einen anderen ohne überzeugende Perspektive weiterführt. Sie tun es wegen des großen Vorrats an Sympathie und Kooperationsbereitschaft, von dem Amerika noch heute zehrt. Liberale Eliten neigten überall in der Welt dazu, die USA auch weiterhin als wohlwollenden Hegemon zu betrachten, der lediglich vorübergehend vom Pfade abwich. „Wohlwollen ist im Auge des Betrachters", formuliert John M. Owen diesen Tatbestand.[393] Zahlreiche deutsche Autoren verweisen auf eine tief verwurzelte Wertegemeinschaft. Ein wichtiger Faktor ist die politische Kultur: Die zupackende Art, der weite Blick, die Neigung, jedes Problem als lösbar zu sehen und häufig auch selbst lösen zu wollen, und dabei dann die selbstverständliche Voraussetzung der eigenen „Leadership". Dazu kommt die politische Diskussionskultur in den Denkfabriken, den Meinungsseiten der großen Zeitungen und den Essays der Zeitschriften, die ihresgleichen nirgendwo sonst findet. Aus dieser Kultur formt sich die Macht des Vertrauens und der Bewunderung. Die Schwerkraft der Institutionen wie Internationaler Währungsfonds, Weltbank und Nato wird den USA noch länger eine Vormachtstellung sichern. Ihre militärischen Mittel werden dabei wegen der oben geschilderten Zwänge keine bedeutende Rolle spielen. Die großen neuen Weltprobleme lassen sich ohnedies militärisch nicht lösen. Für diesen Tatbestand fanden die Apologeten der reinen Militärmacht einen Ausweg: „Alle Probleme des komplexen Weltregierens, vor denen selbst das militärisch überlegene Potenzial der USA hilflos kapitulieren muss, werden in die zweite Reihe (der Irrelevanz) verschoben."[394] Aber dieser Ausweg ist nicht mehr plausibel, seitdem sich die „Probleme des komplexen Weltregierens" mit den Problemen einer Weltfinanzkrise potenziert haben.

Zusammenfassung

Macht ist, um die gängige Definition aus Max Webers „Wirtschaft und Gesellschaft" zu zitieren, „jede Chance, innerhalb einer sozialen Beziehung den eigenen Willen auch gegen Widerstreben durchzusetzen, gleichviel, worauf diese Chance beruht". Macht dient also den Zielen, die sich der Wille setzt. Macht ist nicht dasselbe wie Kraft, Masse oder große Zahl, sondern eine Fähigkeit innerhalb einer sozialen Beziehung, in unserem Zusammenhang also der internationalen Beziehungen. Sie ist brauchbare Kraft. Das berührt nicht den Schulstreit zwischen Idealisten, Konstruktivisten und Realisten. Auch letztere müssen zugeben, dass die militärischen Potenziale einsatzfähig sein müssen, um den Willen eines Gegners zu beugen, um also einen Machtfaktor darzustellen.

XV. Präsident Bushs schweres Erbe

Alle Präsidentschaftskandidaten des Jahres 2008 versprachen die militärischen Fähigkeiten des Landes zu stärken; sie wetteiferten, wer am besten als oberster Befehlshaber qualifiziert sei. „Kein Kandidat griff den Haushaltsvorschlag des Pentagon an, das wäre Ketzerei – und politischer Selbstmord."[395]

Senator Barack Obama veröffentlichte im Sommer 2007 einen sicherheitspolitischen Grundsatzartikel.[396] Er wirft darin der Bush-Regierung konventionelles Denken vor. Nachdem er den Irak-Krieg kritisiert hat, ist er schnell bei der Forderung:

> „Um die amerikanische Führung in der Welt zu erneuern, müssen wir sofort damit beginnen, unser Militär zu stärken."

Wie sein Verteidigungsminister diesen Vorsatz umsetzt, haben wir im letzten Kapitel erfahren. Im Wesentlichen setzt er auf Kontinuität. Als Pragmatiker erkennt er die militärischen Notwendigkeiten, kann aber den politischen Zwängen nicht ausweichen, die ihm weitere Rüstungsaufträge alten Stils aufdrängen.

Die zwei Kriege, die Präsident Obama geerbt hat, muss er zu einem leidlichen Ende führen. Ein Misserfolg „wäre ein vernichtender Schlag für Amerikas Glaubwürdigkeit".[397] Von einem „Sieg" sprach Gates nicht. Über das Datum des vollständigen Abzugs aus dem Irak ist das letzte Wort noch nicht gesprochen. In Kairo sagte der Präsident „bis 2012". Beginnen sollte er nach den irakischen Wahlen, also Anfang 2010. Im November 2009 dauerten die Streitigkeiten über das Wahlgesetz noch an. Damit wird der bisherige Wahltermin unsicher. In der Sache geht der Streit um die Zählung der Stimmen der Exil-Iraker, immerhin zehn Prozent des Wahlvolks. Da es hauptsächlich aus Sunniten besteht, ist dies ein Konflikt zwischen den Konfessionen. Selbst wenn er gelöst wird, bliebe das Wahlgesetz ein Streitobjekt.

Einige Generäle wollen eine „Sicherheitspräsenz" im Irak lassen, andere wollen möglichst schnell ganz abziehen. Das lässt die Logistik nur zu, wenn man hochwertiges Gerät mit modernster Technik in irakischen Händen lässt.

Die Überprüfung der Afghanistan-Strategie war im November 2009 formell abgeschlossen, wird aber politisch weiter umstritten bleiben. Selbst wenn das Ziel bescheiden definiert wird, ergibt sich eine Sollzahl von rund 400.000 Bewaffneten (300.000 Mann afghanische Armee und Polizei und dazu rund 100.000 amerikanische oder alliierte Soldaten). Afghanistan hat gegenwärtig nur die Hälfte dieser Truppen unter Waffen, von Qualitätsfragen abgesehen.

In beiden Fällen wird der innenpolitische Kalender entscheiden. Ende 2012 steht für Obama die Wiederwahl an, sodass er rund ein Jahr vorher eine Lösung in Afghanistan braucht. Die Zeit ist also knapp.[398]

Im Verhältnis zwischen Freiheit und Sicherheit enttäuschte der Präsident im Frühjahr 2009 seine liberalen Anhänger, weil er dem „pragmatischen" Rat seiner Generäle folgte. Aus Furcht vor neuem Zorn der Muslime in den Krisengebieten bewogen sie ihn, die neuentdeckten Fotos von misshandelten Gefangenen unter Verschluss zu halten, obwohl die Veröffentlichung schon beschlossen war. Wahrscheinlich werden die Bilder ohnehin „geleakt". Andere, sichere Quellen des Hasses, vor allem das Gefängnis in Bagram, bleiben bestehen. Eine ungenannte Zahl von Häftlingen, die als hochgefährlich eingestuft werden, werden vor kein Gericht gestellt. Sie sollen weiter weggeschlossen bleiben. Trotzdem geht er der konservativen Opposition nicht weit genug. Aber europäischen Hoffnungen auf die „Kräfte der Selbstheilung" der amerikanischen Gesellschaft entspricht das nicht.

Wenn Präsident Obama im Nahen Osten wirklich aktiv nach Lösungen suchen will, wird das einen großen Teil seiner politischen Kraftreserven aufbrauchen. In Iran hat er die Wahl zwischen einer Verschärfung oder einem Einfrieren des Konflikts oder schließlich einem Kompromiss, der zur Öffnung des Landes bei einer begrenzten Tolerierung seiner nuklearen Pläne führt. Auch hier steckt jede Lösung voller innenpolitischer Risiken.

Der Präsident zeigte bisher bedeutenden Scharfsinn und Mut, um die Vorstellungen seines Vorgängers, aber auch eines großen Teils der Nation, wenigstens durch neue Konzepte zu ersetzen. Zu Lösungen konnte er natürlich in keinem Problem vorstoßen. Jedes einzelne von ihnen würde die Kräfte und die Zeit einer normalen präsidialen Amtszeit ausfüllen. Dafür, dass er der Welt die Hoffnung in Amerika zurück gab, bekam er den Friedensnobelpreis. Dass aus dieser Hoffnung neues Vertrauen entsteht, setzt konkrete Fortschritte voraus.

XVI. Bleibende Lehren aus dem Irak-Konflikt

1. Lehren für die deutsche Politik

Vorbemerkung

Der Autor als Privatmann formuliert die folgenden „Lehren" ungeschützt und möglichst klar. Als früherer Praktiker weiß er, dass die reine Lehre nie voll umsetzbar ist. Zum Teil widersprechen meine Schlussfolgerungen jahrzehntelangen Gewohnheiten der deutschen Politik. Die praktische Politik einer Mittelmacht ist Zwängen unterworfen. Das Handeln im Verbund ist uns zur zweiten Natur geworden. Aber die „Lehre aller Lehren" ist, dass uns dieses Handeln im Verbund in Zukunft nicht immer möglich sein wird. Zweck dieses Kapitels ist, dass die Erfahrungen des Irak-Konflikts nicht verdrängt, sondern in dem strategischen Diskurs, den unsere Öffentlichkeit braucht, berücksichtigt werden. Nun zu meinen einzelnen Folgerungen.

Erste Lehre

Wir müssen eigene deutsche (europäische) Ziele definieren und verfolgen. Wir haben uns während der ganzen Ära Bush an amerikanischen Zielen orientiert; wir haben sie teils abgelehnt, wie den Irak-Krieg, teils widerstrebend mitgewirkt, wie beim Wiederaufbau und dem Schuldenerlass für den Irak; wir haben sie teils umgedeutet, wie den „Krieg gegen den Terror", den wir als Krieg gegen El Kaida bejahten, aber nicht als weltweiten „Kreuzzug"; wir haben sie auch totlaufen lassen, wie die „Demokratisierung des Breiteren und Mittleren Ostens", dem die Europäer noch Nordafrika hinzufügten. Ein deutscher/europäischer Zielkatalog könnte heute so aussehen:

1. Neue internationale Regeln für das globale Finanzsystem;
2. Erhaltung des Freihandels bei Berücksichtigung der Interessen der Entwicklungsländer;
3. Klimaschutz, Alternative Energien;
4. nukleare und regionale konventionelle Rüstungskontrolle;
5. Menschenrechte, humanitäre Interventionen, Internationaler Strafgerichtshof;
6. Hineinwachsen der großen Schwellenländer in die internationalen Regeln. Zusammenarbeit mit ihnen statt Konfrontation und Misstrauen. Das gilt auch für den Nachbarn Russland.

Dieser Aufgabenkatalog lässt für den Nahen und Mittleren Osten keine Priorität. Wir haben dort keine Gestaltungsmöglichkeiten.* Afghanistan ist heute keine deutsche Priorität.

Zweite Lehre

Wir brauchen uns des Pazifismus unseres Volkes nicht zu schämen. Er entspricht nicht nur unserer historischen Erfahrung; sondern auch modernen Einsichten. Jede postmoderne, das heißt kinderarme und risikoscheue, Gesellschaft teilt sie in Wirklichkeit. Nirgends mehr gibt es „heroisch" geführte Volkskriege. Soweit westliche Staaten Kriege führen, tun sie dies durch disziplinierte und bestausgerüstete Berufssoldaten, ergänzt durch ein Heer hochbezahlter Privatangestellter mit Risikozuschlag. Aber trotzdem bedeuten diese Kriege, entgegen einer früher verbreiteten Annahme, keine Spaziergänge, sondern enden meist in asymmetrischen Kriegen, mit anschließender Gefahr von staatsfreien Räumen. Unter diesen Umständen müssen wir uns wegen der Ablehnung von „Kampfaufträgen" nicht schämen und können der Kritik anderer Partner ins Auge sehen. Im Gegenteil: Auch unsere Partner, vor allem Amerika, werden in Zukunft viel vorsichtiger mit solchen Situationen umgehen können.

---

* Israel verteidigt als Nuklearmacht und konventionelle Vormacht seine Existenz selbst. Unser ständiges Eintreten für sein „Existenzrecht" entspricht einem ehrenwerten moralisch-historischen Bedürfnis, hat aber keine völkerrechtliche oder sonstige praktische Wirkung.

Dritte Lehre

Wir werden Amerika nicht leichten Herzens widersprechen, auch weil wir ihm weiter verbunden bleiben. Aber wenn seine Aktionen unseren Überzeugungen widersprechen, sollten wir es offen tun. Einige europäische Partner teilten unsere Ablehnung des Irak-Kriegs, behielten dies aber für sich. Diese Haltung kann zwei Gründe haben: Entweder die Vorstellung, dass die Absichten des Hegemons eine höhere Qualität haben, oder die Furcht vor Nachteilen. Diese Furcht erwies sich als unbegründet: Der Geschäftskontakt riss nie ab. Bald nach Beendigung der Intervention brauchte Washington unsere Hilfe und kam auf uns zu.

Vierte Lehre

So viel uns an einer gemeinsamen Haltung der Europäischen Union liegt, wir können nicht auf sie hoffen; wenn es um „harte" geostrategische Absichten der USA geht, dann werden mindestens Großbritannien und vielleicht auch einige osteuropäische Partner die Rücksicht auf Amerika höher stellen als europäische Solidarität. Weil das so ist, muss es uns gestattet sein, auch selbst die Vorabstimmung mit den USA zu suchen.

Fünfte Lehre

Deutschland verfügt heute über kein Konsultationsorgan, in dem es ständig seine Interessen einbringen kann. In der Nato wurden bis zum Jahre 2001 laufend die wichtigsten Themen der Sicherheitspolitik konsultiert.
    Konsultieren bedeutet dabei: Die Motive des Partners verstehen zu wollen, die eigenen offenzulegen und schließlich Kompromisse auszuhandeln.
    Konsultieren bedeutet nicht: Auf der eigenen Maximalposition festzusitzen, sie nicht zu erklären, die eigenen Positionen der Reihe nach vorzutragen und am Schluss ein Kommuniqué mit nichtssagenden Formelkompromissen zu veröffentlichen.
    Die Nato war als Konsultationsorgan besonders erfolgreich bei der Vorbereitung und der Durchführung der verschiedenen KSZE-(später

OSZE-)Verhandlungen von 1962 bis 1994 und beim KSE-Vertrag über die konventionellen Streitkräfte in Europa 1989 bis 1991. Als Bundeskanzler Schröder bei der Münchener Sicherheitskonferenz 2004 feststellte, dass Konsultationen dieser Art in der Nato nicht mehr stattfänden und die frühere Form der Konsultation zurückforderte, erregte er Anstoß.* Als Frau Merkel am selben Ort zwei Jahre später das Gleiche sagte, erhielt sie allseits Zustimmung. Es änderte sich aber nichts.

Neben den Nato-Konsultationen war aus der „Bonner Vierergruppe", die sich ursprünglich nur mit Deutschlandfragen befasste, die „Quad" entstanden, in der Deutschland und die drei Westmächte wichtige Fragen diskret vorkonsultierten. Später hätten wir die „G-7" gerne weiter als Konsultationsgremium genutzt, als das sie sich während der Kosovo-Krise bewährt hatte. Aber Frankreich und Großbritannien, um ihre Privilegien als ständige Mitglieder im Sicherheitsrat fürchtend, widersetzten sich. In den Jahren 2003 und 2004 bewies Deutschland als gewähltes Mitglied erneut seine Qualifikation für eine ständige Mitwirkung im Sicherheitsrat. Wir müssen sie beharrlich einfordern, auch wenn wir sie nicht erreichen sollten, schon um auf Kompensationen in anderen Foren hinzuarbeiten. In der Zwischenzeit brauchen wir bilaterale Abstimmungen vor allem mit Frankreich, denen sich andere Partner hinzugesellen können. Keine Chance brächte der von Senator McCain favorisierte „Bund der Demokratien", da es gerade um die Einbindung der künftigen Großmächte gehen muss, von denen mindestens China keine Demokratie ist, während Indien eine solche Gruppe ablehnt. Wenn es wirklich gelingt, die „G-20" zu einem funktionierenden Steuerungsgremium zu gestalten, hätte Deutschland wenigstens in Wirtschaftsfragen vielleicht wieder, was es braucht.

Sechste Lehre

Keine Vorschusssolidarität bei einer neuen Krise. Nicht warten, bis die amerikanische Regierung uns konsultiert. Konsultationen verlangen! Wo wir Interventionen unterstützen oder uns am Wiederaufbau beteiligen, sollten wir fordern, an der gemeinsamen Willensbildung teilzunehmen. Käme es je zu

---

* Besonders empört war damals der neue Nato-Generalsekretär Jaap de Hoop Scheffer: „Man konsultiere doch ständig." Man tat es aber nicht, zumindest nicht in dem eben beschriebenen Sinn.

einem großen Aufbauprogramm für ein mehr oder weniger befriedetes Afghanistan, so sollten wir im Austausch für die von uns geforderte Hilfe die Teilnahme an einem Steuerungsgremium verlangen.

Siebte Lehre

Keine halbe Verweigerung, d.h. Ablehnung im Prinzip, Mitarbeit in der Praxis. Ein nächstes Mal müssen die deutsche logistische Unterstützung und die Stützpunkte auf unserem Boden auf den Konsultationstisch, sie werden nicht „geschuldet". Wenn wir eine Aktion verhüten wollen, sollen wir es auch wollen. Wenn wir Einfluss wollen, wir haben ihn. Zu diesem Thema gehört auch die Geheimbündelei der Nachrichtendienste. Das Wichtigtun mit dem Informanten „Curveball" und den zwei Beamten in Bagdad hat der Bundesregierung statt des erhofften Wohlwollens nur Verdruss und Missdeutungen eingebracht.

Achte Lehre

Sich nicht wieder vor ein Tribunal zerren lassen. Im Januar 2003 setzten der Generalsekretär der Nato und das Pentagon den deutschen Alliierten wegen der sachlich überflüssigen „Vorsorgeplanung" für die Türkei einer Pressekampagne aus, die in der Geschichte der Organisation kein Beispiel hat. Die Bundesregierung reagierte auf diese präzedenzlose und ungerechte Behandlung eines loyalen und wichtigen Alliierten viel zu defensiv.

Neunte Lehre

Bessere Nerven und mehr Sinn für Proportionen in der innerdeutschen Diskussion. Warum die Aufregung über die vier Spürpanzer vom Typ „Fuchs", wenn die amerikanischen Interventionstruppen ohnehin genügend dieser Fahrzeuge mitführen? Warum eine große Aufregung über 18 deutsche Soldaten in zwei Nato-AWACS-Flugzeugen? Bei einem amerikanischen Aufmarsch von 150.000 Mann nahm das Pentagon die vier deutschen Spürpanzer oder 18 Spezialisten wahrscheinlich überhaupt erst wahr, als die deutschen Medien sie erwähnten.*

2. Lehren für den Westen insgesamt

Vorbemerkung

In diesem Abschnitt bedeutet „der Westen" diejenigen Länder, denen eine Schwächung Amerikas schadet und die für seine Unterstützung infrage kommen. Die zukünftigen Großmächte Brasilien, Russland, Indien und China, gehören nicht dazu. „Der Westen" bedeutet nicht mehr die dominierende Kräftegruppe in der Welt. Aber seine Länder sind die einzigen, von denen sich Amerika Hilfe bei der Abwicklung seiner Erblasten erwarten kann. Das relativiert die modischen Überlegungen über eine amerikanisch-chinesische Doppelhegemonie.

Erste Lehre

Der Westen braucht eine strategische Debatte über seine Prioritäten und seine Möglichkeiten. Welche staatsfreien Räume bedrohen ihn? Was können wir gegen diese Bedrohung machen? Wann machen militärische Interventionen Sinn? Wer legitimiert militärische Interventionen? Wie steht es mit dem Wiederaufbau nach der Intervention?

---

* Der Luftschlag von Kundus hielt die deutsche Öffentlichkeit monatelang in Atem; für den Alltag der Nato war es eine kleine Operation, wie sie auch im Bereich des deutschen Kommandos regelmäßig vorkommt; vgl. die Ausführungen des deutschen Stabschefs im Einsatzkommando der Nato, wiedergegeben von Nikolas Busse, Für die Nato nur eine Anekdote, in: Frankfurter Allgemeine Zeitung, 17. Dezember 2009.

Zweite Lehre

Der Westen muss moralisch bescheidener werden, gleichzeitig muss er moralisch entschiedener denken. Immer noch hören wir uns Argumente an, dass arabische oder afghanische Kämpfer eingesperrt bleiben müssen, weil sie sonst wieder zu den Waffen greifen würden. Es bleibt aber Unrecht, denn es gibt aus guten Gründen keine Sicherheitsverwahrung im humanitären Völkerrecht.

Dringend nötig ist auch eine ethische Debatte über die moderne Kriegsführung. Wenn Neokonservative sagen konnten, „jeder will nach Bagdad, echte Männer wollen nach Teheran", so sprachen da vermutlich bebrillte Schreibtischtäter, deren Mannestum darin bestand, gutbezahlte Berufssoldaten in den Kampf zu schicken. Diese zogen nicht „in den Krieg", aus dem sie erst nach dem Waffenstillstand zurückkamen, sondern sie bleiben für bestimmte Einsatzperioden und werden dann ausgewechselt. Im Gefecht sorgt die modernste Technik für minimale eigene Verluste, die aber trotzdem die öffentliche Meinung erregen. Die „Kollateralschäden" der Zivilisten auf der anderen Seite verhalten sich dazu im Verhältnis von 1:100.

Dritte Lehre

Der Irak hat die Vietnam-Erfahrung wiederbelebt: Ein modernes Militär in einer postmodernen Gesellschaft kann einen Guerilla-Krieg nur schwer gewinnen. Eine wirksame Aufstandsbekämpfung stößt sich an strukturellen Hemmnissen, auch fehlt den Demokratien die Geduld dazu. Viele andere, vor allem finanzielle Engpässe kommen hinzu. Der Westen muss sich von der Vorstellung lösen, jedes internationale Problem, jeden Konflikt lösen zu können. Der letzte Präsident fasste sein Machtbewusstsein und seine Doktrin in einem Satz zusammen: „Vielleicht stehen wir in unserem weltweiten Kampf irgendwann allein da. Das soll mir recht sein. Wir sind Amerika."[399] Acht Jahre später erklärt sein Nachfolger Obama vor den Vereinten Nationen, dass Amerika ohne die Mitwirkung der Welt kein wichtiges Problem mehr lösen kann. Noch beansprucht er die Führung bei solchen gemeinschaftlichen Lösungen. Aber das finanzielle Defizit könnte auch diesen Anspruch infrage stellen.[400] Aber eine glaubhafte, unparteiische globale Ordnungspolitik hat der Westen, oder Amerika, ohnedies lange nicht mehr geführt. Unter Präsident George W.

Bush absorbierten wir uns in flüchtigen Konzepten mit globalem Anspruch, wie dem weltweiten „Kampf gegen den Terror" oder der „Freiheit für den Breiteren Mittleren Osten und Nordafrika", ohne wahrzunehmen, dass ein großer Teil der Welt sich nicht beteiligt. Andererseits sehen wir seit Jahrzehnten schreiendem Unrecht in Afrika, jetzt besonders in Darfur, zu.

Der Westen braucht Ehrlichkeit vor sich selbst und Realismus in seinen Zielen. Er ist kein hegemonialer Verbund mehr, sondern eine wichtige Staatengruppe unter mehreren. Seine Führer und Medien sollten sich den Reflex abgewöhnen, Lösungen für alle Weltprobleme zu fordern und zu definieren.

Endnoten

1 Peter Rudolf, Renaissance des Multilateralismus? Neuer Führungsanspruch der USA und transatlantische Beziehungen, in: Friedensgutachten 2009, Münster 2009, S. 190-200, S. 190.
2 Vgl. Günter Joetze, Der letzte Krieg in Europa?, Stuttgart 2001, S. 50-60.
3 Es ist bisher die erklärte Strategie der USA, dieses Mittel zu stärken und „[...] mögliche Gegner davon abzuhalten, eine militärische Aufrüstung in der Hoffnung zu betreiben, die Macht der Vereinigten Staaten zu übertreffen oder ihr gleichzukommen". (White House, National Security Strategy, Washington 2002, S. 30, bestätigt auf S. 43, Unterkapitel IX der Neufassung vom März 2006). Skeptische Beobachter, hier stellvertretend Harald Müller, Allein gegen den Rest der Welt. Ein neuer Rüstungswettlauf? Wir sind schon mittendrin!, in: Internationale Politik, Jg. 62, Nr. 5, 2007, S. 86-88, stellen ein bereits in Gang gekommenes Wettrüsten fest, das durch die Realität, oder die Perzeption solcher Rivalitäten getrieben wird.
4 Siehe Philip Zelikow/Condoleezza Rice, Germany Unified and Europe Transformed. A Study in State Craft, Harvard 1995.
5 Vgl. den Nachweis in der Dokumentensammlung des Auswärtigen Amts, Außenpolitik der Bundesrepublik Deutschland. Dokumente von 1949 bis 1994, Köln 1995, S. 793.
6 Vgl. Patrick Keller, Neokonservatismus und amerikanische Außenpolitik, Paderborn 2008 und Peter Rudolf, Imperiale Illusionen. Amerikanische Außenpolitik unter Präsident George W. Bush, Baden-Baden 2007, dort insbesondere S. 38 f.
Aus der überbordenden amerikanischen Literatur vergleiche als gute Übersicht: David J. Rothkopf, Inside the Committee that Runs the World, in: Foreign Policy, Nr. 147, 2005, S. 30-40 sowie die sehr persönlichen Schilderungen von George Packer in seinem Buch The Assassins' Gate. America in Iraq, New York 2005.

7   Vgl. Charles Krauthammer, The Unipolar Moment, in: Foreign Affairs, Jg. 70, Nr. 1, 1990/1991, S. 23-33.
8   Zum Beispiel durch einen freundlichen Besuch in China kurz nach den Schüssen auf dem Tiananmen-Platz, durch seine Warnung im August 1991 an die ukrainische Führung vor ihrem Streben nach Unabhängigkeit und durch die Weigerung, in Bosnien militärisch einzugreifen.
9   Vgl. Condoleezza Rice, Promoting the National Interest, in: Foreign Affairs, Jg. 79, Nr. 1, 2000, S. 45-62.
10 Rudolf, Illusionen, S. 96.
11 Zunächst wurden islamistische Terroristen als Urheber vermutet. Nachdem sich der Verdacht auf weiße amerikanische Einzelgänger richtete, verschwand das Thema aus den Medien. Bis heute sind die Täter nicht gefasst.
12 Vgl. Michael Howard, What's in A Name, in: Foreign Affairs, Jg. 81, Nr. 1, 2002, S. 8-13.
13 Siehe Ivo H. Daalder/James M. Lindsay, America Unbound. The Bush Revolution in Foreign Policy, Washington 2003.
14 Todd, Emmanuel, Après l´Empire. Essai sur la Décomposition du Système américain, Paris 2002, S. 14.
15 Daalder/Lindsay, America Unbound, S. 123.
16 Vgl. den begeisterten Aufsatz von Norman Podhoretz, In Praise of the Bush Doctrine, in: Commentary, September 2002, www.commentarymagazine.com (März 2007), in dem Bushs politische Umorientierung nach dem 11. September mit einer „evangelikalen Wiedergeburt" verglichen wird.
17 Daalder/Lindsay, America Unbound, S. 15 und 46.
18 So der britische Essayist David Runciman in seinem Buch The Politics of Good Intentions: History, Fear and Hypocrisy in the New World Order, Princeton/Oxford 2006, S. 3, Fußnote 5.
19 Vgl. Chester A. Crocker, The Art of Peace: Bringing Diplomacy Back to Washington, in: Foreign Affairs, Jg. 86, Nr. 4, 2007.
20 Vgl. Rudolf, Illusionen, S. 51.
21 Vgl. Peter Rudolf, Der 11. September, die Neuorientierung amerikanischer Außenpolitik und der Krieg gegen den Irak, in: Zeitschrift für Politik, Jg. 50, Nr. 3, 2003, S. 257-280.

22 So Norman Podhoretz in einer Artikelserie im „Commentary" mit folgenden Titeln: How to Win World War IV (Februar 2002), In Praise of the Bush Doctrine (September 2002), World War IV – How it Started, What it Means and Why We Have to Win (September 2004), schließlich: The War against World War IV (Februar 2005). Siehe dazu www.commentarymagazine.com (März 2007).

23 Abgedruckt in Daalder/Lindsay, America Unbound, S. 92, Fußnote 41.

24 So die Übersetzung des Buchtitels von Daalder/Lindsay, America Unbound.

25 Helmut Hubel, Der Krieg zum Sturz des irakischen Regimes, in: Helmut Hubel/Karl Kaiser/Hanns W. Maull [u.a.] (Hg.), Jahrbuch Internationale Politik, Jahrbücher des Forschungsinstituts der Deutschen Gesellschaft für Auswärtige Politik, Bd. 26, München 2006, S. 11-20, S. 20.

26 Stanley Hofmann/Frederic Bozo, Gulliver Unbound. America's Imperial Temptation and the War in Iraq, Lanham 2004, S. 36.

27 Vgl. Michael Howard, What's In A Name?, in: Foreign Affairs, Jg. 81, Nr. 1, 2002, S. 8-13.

28 Vgl. Adam Roberts, The War on Terror in Historical Perspective, in: Survival, Jg. 147, Nr. 2, 2005, S. 101-130.

29 Vgl. Samuel Huntington, Osama bin Laden has given Common Identity to the West, in: New Perspectives Quarterly, Jg. 19, Nr. 1, 2002, S. 5-8.

30 Vgl. Jack Miles, Religion and American Foreign Policy, in: Survival, Jg. 41, Nr. 1, 2004, S. 23-37.

31 Vgl. Charles A. Kupchan, The End of the American Era, New York 2002, S. 109.

32 Ein deutscher diplomatischer Beobachter im Gespräch mit mir: Den Menschen in der Region sollte ein „heiliger Schrecken" eingejagt werden.

33 Hofmann/Bozo, Gulliver Unbound, S. 48.

34 Siehe Fouad Ajami, The Sentry's Solitude, in: Foreign Affairs, Jg. 80, Nr. 6, 2001, S. 2-16 und derselbe, Iraq and the Arabs' Future, in: Foreign Affairs, Jg. 82, Nr. 1, 2003, S. 2-18.

35 Rudolf, Illusionen, S. 92 unter Bezugnahme auf William Kristols Aussage vor dem Auswärtigen Ausschuss des Senats.
36 Vgl. Marina Ottaway/Nathan Brown [u.a.] (Hg.), The New Middle East, Washington 2008, S.8.
37 Henard war zu dieser Zeit französischer Botschaftsrat in Washington. Seine Beobachtungen sind zusammengefasst in einem Aufsatz mit dem Titel Les Motivations de l'Intervention américaine en Iraq, in: Etudes de la Documentation Française, édition 2004/2005, S. 19-45 und im persönlichen Gespräch mit dem Autor.
38 Vgl. James Fallows, Bush´s Lost Year, Oktober 2004, www.theatlantic.com/doc/200410/fallows (26. Februar 2008).
39 Vgl. Rudolf, Illusionen, S. 93, Fußnote 47-49.
40 Vgl. Michael T. Klare, A Motive Hiding in Plain Sight: War for Oil, in: Miriam Pemberton/William D. Hartung (Hg.), Lessons from Iraq. Avoiding the Next War, Boulder/Colorado 2008, S. 32-39, S. 33ff.
41 Vgl. Rice, Promoting the National Interest.
42 Informationen aus dem gründlich recherchierten Aufsatz von Lawrence Freedman, War in Iraq: Selling the Threat, in: Survival, Jg. 46, Nr. 2, 2004, S. 7-50. Für die hier geschilderten Abläufe stütze ich mich weitgehend auf seine Darstellung.
43 Erklärung vor der Presse am 31. Januar 2003 anlässlich des Besuchs von Premierminister Tony Blair, zitiert bei Freedman, War in Iraq, Endnote 28.
44 Zitiert von Packer, Assassins' Gate, S. 38.
45 Freedman, War in Iraq, S. 17, Endnote 31.
46 Genaue Einzelheiten bei Douglas J. Feith, War and Decision. Inside the Pentagon at the Dawn of the War on Terrorism, New York 2008, S. 283 f.
47 Vgl. Bob Woodward, Plan of Attack, New York 2004, S. 30.
48 Vgl. Freedman, War in Iraq, S. 26 und Woodward, Attack, S. 220.
49 Hauptsächlich Milzbranderreger und Senfgas.
50 Vgl. Freedman, War in Iraq, S. 28, Endnote 83 mit zahlreichen Nachweisen.
51 Vgl. Feith, War and Decision, S. 277.
52 Vgl. ebenda, S. 116.
53 Vgl. ebenda, S. 263 f.

54 Informationen in Freedman, War in Iraq. Für die hier geschilderten Abläufe stütze ich mich weitgehend auf seine Darstellung, später ergänzt durch die faktenreichen, wenn auch arg parteiischen, Erzählungen des Insiders Feith, War and Decision, S. 117ff.

55 Zu dieser Gruppe gehörten u.a. Karl Rove und Gordon Libby, Berater des Präsidenten bzw. des Vizepräsidenten, und Redenschreiber Michael Gerson. Vgl. Frank Rich, Why Libby's Pardon is a Slam Dunk, in: International Herald Tribune, 12. März 2007, S. 7. Dort viele weitere Nachweise.

56 Vgl. die Wiedergabe bei Kenneth M. Pollack in dessen Aufsatz Spies, Lies, and Weapons: What Went Wrong, in: Atlantic Monthly, Januar/Februar 2004, S. 80.

57 Daalder/Lindsay, America Unbound, bringen ein Beispiel auf S. 165.

58 Alle Zahlen bei Freedman, War in Iraq, S. 20, Endnoten 80 und 81.

59 All diese Beispiele bringt Frank Rich in seinem Aufsatz zum vierten Jahrestag der Invasion The Ides of March 2003, in: International Herald Tribune, 29. März 2007, S. 7.

60 Abgedruckt in Feith, War and Decision, S. 541-543.

61 Vgl. ebenda, S. 234-236. Er fällt dabei, seiner Neigung entsprechend, in spitzfindige Unterscheidungen zurück: Der Präsident habe nie gesagt, die USA sollten in den Krieg gehen mit dem *Ziel* (in order to) die Demokratie einzuführen. Aus einem amerikanischen Sieg könne, wie in Deutschland und anderswo nach dem Zweiten Weltkrieg, eine neue Demokratie entstehen. Aber das sei eine erwünschte Kriegsfolge, kein Kriegsziel. Allerdings war der *politische* Zentralbegriff der Regime-Wechsel, und Selbstverteidigung eher das *juristische* Hauptargument. Und Regime-Wechsel war unbestritten mehr als Personen-Wechsel. Und welche andere Staatsform könnte der Präsident der USA anstreben als die der Demokratie?

62 Ebenda, S. 289.

63 Im Einzelnen dargestellt bei Woodward, Attack, S. 150.

64 Sehr präzise dazu Rudolf, Illusionen, S. 95.

65 Vgl. Feith, War and Decision, S. 332-334.

66 Ebenda, S. 334.

67 Zitiert nach Steven E. Miller, Gambling on War: Force, Order, and the Implications of Attacking Iraq, in: American Academy of Arts and Science (Hg.), War with Iraq. Costs, Consequences and Alternatives, Occasional Paper, Cambridge, Mass. 2002, S. 7-50, S. 40.
68 Freedman, War in Iraq, S. 40.
69 Siehe American Academy of Arts and Science (Hg.), War with Iraq. Costs, Consequences and Alternatives, Occasional Paper, Cambridge, Mass. 2002. Die Schrift beinhaltet drei Kapitel über die allgemeinen Probleme einer Strategie der präventiven Verteidigung und vor allem eine Abwertung der Vorteile und der Risiken eines Angriffs gegen den Irak durch den Harvarder Politologen Steven Miller.
70 Miller, Gambling on War, S. 40. Ich verzichte auf weitere Quellen aus der damaligen Publizistik, weil die im Sammelband der Akademie alle sorgfältig aufgelistet sind.
71 Vgl. Thomas M. Franck, The Power of Legitimacy and the Legitimacy of Power: International Law in an Age of Power Disequilibrium, in: American Journal of International Law, Jg. 100, Nr. 1, 2006, S. 88-106.
72 Eine weitere Entwicklungslinie, die für die Kriegsziele und Besatzungspraxis im Irak wichtig ist, ist die Verbindung der „Schutzverantwortung" der Staatengemeinschaft mit einem „Recht der Völker auf demokratische Regierungsform", das Thomas M. Franck herausgearbeitet hat.
73 Vgl. Bardo Fassbinder, Die souveräne Gleichheit der Staaten – ein angefochtenes Grundprinzip des Völkerrechts, in: Aus Politik und Zeitgeschichte, Nr. 43, 2004, S. 7-13.
74 Nico Krisch, More Equal than the Rest? Hierarchy, Equality and US-Predominance in International Law, in: Michael Beyers / Georg Nolte (Hg.), United States Hegemony and the Foundations of International Law, Cambridge 2003, S. 135-175, S. 135 ff.
75 In zahlreichen Schriften, beispielhaft Michael Walzer, Just and Unjust Wars. A Moral Argument with Historical Illustrations, New York 1971. Aus diesem Buch stammen die im Text folgenden Zitate.

76	Vgl. ebenda, S. 10, Fußnote 13. Die Definition der Aggression findet sich im Bericht des Sonderkomitees über die Frage der Definition der Aggression, General Assembly: Official Records, 29th Session, Suppl. No. 19 (A9619).
77	Zur ehrwürdigen Tradition der Doktrin in der christlichen Lehre vgl. Paulus Engelhardt, Die Lehre vom ‚gerechten Krieg' in der vorreformatorischen und katholischen Tradition. Herkunft – Wandlungen – Krise, in: Rainer Steinweg (Hg.), Der gerechte Krieg. Christentum, Islam, Marxismus, Frankfurt 1980, S. 72-124, S. 73 ff.
78	Eine ausgezeichnete Übersicht mit zahlreichen weiteren Verweisen bringt Neta C. Crawford, Just War Theory and the U.S. Counterterror War, in: Perspectives on Politics, Jg. 1, Nr. 1, 2003, S. 5-25.
79	Zu Carl Schmitt vgl. Krisch, More Equal than the Rest?, S. 143.
80	Zu den Neokonservativen vgl. Keller, Neokonservatismus, S. 160 und die Zitate bei John G. Ikenberry, The End of the Neoconservative Moment, in: Survival, Jg. 64, Nr. 1, 2004, S. 7-22, S. 9 ff.
81	Vgl. Günter Joetze, Doctrine and Practice of Preventive War. Its Impact on European Security, HSFK/PRIF Report No. 70, Frankfurt 2004, S. 20. Dort weitere Angaben.
82	Siehe Jack Goldsmith/Eric Posener, The Limits of International Law, Oxford 2005.
83	In einer großen Reihe von Aufsätzen. Vgl. stellvertretend Michael J. Glennon, Why the Security Council failed, in: Foreign Affairs, Jg. 83, Nr. 3, 2003, S. 16-35. Andere Nachweise im Artikel von Franck, The Power of Legitimacy, S. 89, Anmerkungen 7-9.
84	www.downingstreetmemos.com (15. August 2006).

85 So zum Beispiel Ruth Wedgwood, The Fall of Saddam Hussein. Security Council Mandates on Preemptive Self-Defense, in: American Journal of International Law, Jg. 97, Nr. 3, 2003, S. 567-595, S. 580: Die Sicherheitsratsresolution 1441 vom September 2002 habe die Mandatsfrage unentschieden gelassen, *also* blieb es beim Mandat von 1991. Wenig überzeugend auch William H. Tufft IV. und Todd S. Buchwald (ebenda): Der Sicherheitsrat hat immer wieder festgestellt, dass der Irak seinen Auflagen nicht nachkam. Durch diese ständige Diskussion blieb das alte Mandat in Erinnerung; es gab keine „desuetedo" (es gab mehr als das, nämlich einen vom Sicherheitsrat verordneten Waffenstillstand!). Ebenso wenig Tufft/Buchwald S. 590: Die USA hätten schon früher, unter Berufung auf das alte Mandat, militärischen Zwang ausgeübt und somit einen Präzedenzfall gesetzt. Damit ist die Operation „Wüstenfuchs" vom Jahre 1998 gemeint, der allerdings damals schon im Rat heftig widersprochen wurde. Adam Roberts argumentiert in seinem Aufsatz Law and the Use of Force After Iraq, in: Survival Jg. 45, Nr. 2, 2003, S.31-56, S. 44, eher machtpolitisch als rechtlich, in seinen eigenen Worten (S. 44) „eher strategisch als juristisch": Könne man einer Großmacht die Hände binden, wenn sie als „Garantiemacht" eines Beschlusses des Rates handele? Für die deutsche Rechtslehre siehe vor allem Jochen A. Frowein, Unilateral Interpretation of Security Council Resolutions – a Threat to Collective Security, in: Volkmar Götz/Peter Selmer/Rüdiger Wolfrum (Hg.), Liber amicorum. Günther Jaennicke zum 85. Geburtstag, Berlin/Heidelberg/New York 1998, S. 97-112.

86 Vgl. zu all dem Simon Chesterman, You the People: The United Nations, Transnational Administration and Statebuilding, New York 2004 sowie derselbe, Occupation as Liberation: International Humanitarian Law and Regime Change, in: Ethics & International Affairs, Jg. 18, Nr. 3, 2004, S. 51-64, S. 61ff.

87 Vgl. L. Paul Bremer III/Malcolm McConnell, My Year in Iraq, New York 2006, S. 132 f.

88 Alle Fakten stammen aus der Berichterstattung der Korrespondentin der New York Times Alissa J. Rubin, US Reforms in Peril at Prison in Iraq, in: International Herald Tribune, 2. Juni 2008 und dieselbe, Prison Worries Haunt the Transition in Iraq, in: International Herald Tribune, 25./26. Oktober 2008.

89 Vgl. Amnesty International, The Quality of Justice. Failings of Iraq's Central Criminal Court, New York 2008.

90 Einen nützlichen Überblick gibt die New York Times, A Guide to the Torture Memos, 2005, www.nytimes.com/ref/international/24-MEMO-GUIDE.html (18. Oktober 2009). Besonders gründlich der Artikel von Katja Gelinsky, Die Folter-Debatte in der amerikanischen Regierung, in: Frankfurter Allgemeine Zeitung, 9. Juli 2004. Inzwischen ist der Sachverhalt weit publiziert und hier deshalb stark abgekürzt.

91 Siehe dazu die Internetseite des amerikanischen Justizministeriums www.doj.gov/olc/warpowers925.htm (24. Mai 2006).

92 Vgl. die Zusammenfassung und Rückschau von Karen J. Greenberg, What the Torture Memos Tell Us, in: Survival, Jg. 51, Nr. 3, 2009, S. 5-12.

93 Vgl. Seymour Hersh, Chain of Command. The Road from 9/11 to Abu Ghraib, New York 2004, S. 31.

94 Zitiert nach International Institute for Strategic Studies (IISS), Strategic Survey 2004/2005, London 2005, S. 65.

95 Die beste Beschreibung ihrer Persönlichkeit, aber auch des ganzen Abu Ghraib-Komplexes, bei Hersh, Chain of Command, S. 22ff.

96 Vgl. Stefan Oeter, Panel 2: „War on terrorism": Terrorismusbekämpfung als „Krieg" oder Verbrechensbekämpfung?, in: Auswärtiges Amt (Hg.), 14. Forum Globale Fragen. Völkerrecht im Wandel, Berlin 2006, S. 35 f.

97 So Christian Schaller, Panel 2: „War on terrorism": Terrorismusbekämpfung als „Krieg" oder Verbrechensbekämpfung?, in: Auswärtiges Amt (Hg.), 14. Forum Globale Fragen. Völkerrecht im Wandel, Berlin 2006, S. 40.

98 John B. Bellinger III, US needs Allies' Help, in: International Herald Tribune, 9. Januar 2009.

99	Vgl. Günther Jakobs, Bürgerstrafrecht und Feindstrafrecht, in: Höchstrichterliche Rechtsprechung Strafrecht (HRRS). Aufsätze und Urteilsanmerkungen, Bd. 3, 2004, S. 88-95.
100	Jakobs, Bürgerstrafrecht, S. 93.
101	Und nach einer Ansprache vor den Teilnehmern eines „Nationalen Gebetsfrühstücks" in einem Washingtoner Hotel; vgl. Woodward, Attack, S. 98.
102	Alles nachzulesen bei Hersh, Chain of Command, S. 249-251.
103	Vgl. Woodward, Attack, S. 120 und S. 137.
104	Auch in deutscher Sprache erschienen: Raymond Aron, Frieden und Krieg, Frankfurt 1963. Die zitierte Stelle ist auf S. 545 dieser Ausgabe.
105	Vgl. dazu Lawrence Freedman, The Special Relationship. Then and Now, Foreign Affairs, Jg. 85, Nr. 3, 2006, S. 61-73, S. 63. Auch hier wird die künftige britische Strategie bezeichnet als „Loyalität geben, um privilegierten Zugang zu gewinnen". Runciman, The Politics of Good Intentions, S. 71, weist darauf hin, dass Blair seine politische Sozialisierung voll in diesem britischen Establishment erfahren hat. Die Privatschule, die er besucht hat, Fettes, war dieser Tradition eng verbunden.
106	So sein früherer Außenminister Robin Cook bei der Präsentation seines Blair-kritischen Buchs im Oktober 2003; zitiert nach Warren Hoge, Cook Diary casts Doubt on Blair, in: International Herald Tribune, 6. Oktober 2003, S. 5.
107	Christopher Meyer, DC Confidential, London 2006. Die folgenden Zitate der Königin und des Premierministers sind dort auf S. 195-198.
108	Vgl. Daalder/Lindsay, America Unbound, S. 105 unter Bezugnahme auf Botschafter Meyer, kürzlich bestätigt durch Geoffrey Wheatcroft, Mission Impossible for Bush's Best Friend, in: International Herald Tribune, 4. Juli 2002, S. 8.
109	Aus einem Vermerk des britischen Kabinettsreferenten vom Juli 2002, der später in einer britischen Zeitung „geleakt" wurde. Meyer, DC Confidential, zitiert ihn auf den Seiten 45 und 46.
110	Vgl. ebenda, S. 248.

111 Woodward (Attack, S. 178) bestätigt Meyers Schilderung bis ins Detail, auch hinsichtlich des spanischen Ausdrucks, der „Hoden" bedeutet, nach mexikanisch/texanischer Ansicht der Sitz männlicher Kraft im engeren wie weiteren Sinn.
112 Meyer, DC Confidential, S. 284.
113 Mündliche Information aus Gesprächen mit französischen Diplomaten, im Übrigen sind die Vorgänge ausgiebig dokumentiert, z.B. durch Henry Vernet/Thomas Cantaloube, Chirac contre Bush. L'Autre Guerre, Paris 2004, S. 100-101, sowie Philip H. Gordon/Jeremy Shapiro, Allies at War. America, Europe and the Crisis over Iraq, New York 2004, S. 104 f.
114 Daalder/Lindsay, America Unbound, S. 139.
115 Offiziell nicht veröffentlicht. Elektronisch zugänglich auf der Website der New York Times (www.nytimes.com) unter Datum vom 2. Oktober 2002.
116 Louis Fisher, Deciding on War against Iraq: Institutional Failures, in: Political Science Quarterly, Jg. 118, Nr. 3, 2003, S. 389-410, S. 404, Anmerkung 77.
117 Ebenda, S. 398, Anmerkungen 42-44.
118 Er hat dem Thema drei groß angelegte Aufsätze in dieser Zeitschrift gewidmet: James Fallows, The 51st State?, November 2002, www.theatlantic.com/doc/200211/fallows (26. Februar 2008) machte das breite Publikum erst auf das Problem aufmerksam und erhielt den „National Magazine Award for Public Interest". Außerdem James Fallows, Blind into Bagdad, Januar/Februar 2004, www.theatlantic.com/doc/200401/fallows (26. Februar 2008) und derselbe, Bush's Lost Year.
119 Vgl. Fallows, Blind into Bagdad, S. 54.
120 Eine gute Zusammenfassung ebenda, S. 56-57.
121 Vgl. ebenda, S. 60.
122 Die Zitate sind Packer, Assassins' Gate, S. 111 f, entnommen. Karl Rove war der mächtige Bürochef des Weißen Hauses in Bushs erster Amtszeit.
123 Vgl. Fallows, Blind into Bagdad, S. 66.
124 Vgl. Thomas R. Ricks, Fiasco. The American Military Adventure in Iraq, London 2006, S. 56 f.

125 Diese und alle folgenden Informationen beruhen auf dem Buch von Feith, War and Decision, ab S. 237. Feiths Faktenerzählung ist gut dokumentiert und nicht zu bezweifeln. Er bringt auch viele Originaldokumente. Seine Bewertungen sind allerdings selten objektiv.
126 Feith vermeidet den Ausdruck „Exilpolitiker" und spricht nur von den „externen" Irakern im Gegensatz zu den „internen".
127 Alles bei Bob Woodward, State of Denial, New York 2006, S. 112. Die Direktive ist eines der vielen Geheimdokumente, die Woodward fast wörtlich wiedergibt.
128 So der Vermerk eines Teilnehmers zitiert nach Woodward, Denial, S. 125.
129 Vgl. Meyer, DC Confidential, S. 281. Obwohl dieses Buch wegen der mangelnden Selbstkritik und Ichbezogenheit des Autors streckenweise peinlich zu lesen ist, ist es in diesem Punkt wohl verlässlich.
130 Vgl. auch Daalder/Lindsay, America Unbound, S. 81, Anmerkung 6, oder die Äußerung von Cheney, zitiert nach ebenda, S. 121.
131 So James Fallows aus einem Gespräch mit Feith in Blind, S. 53.
132 Vgl. Constanze Stelzenmüller, Germany's Russia Question, in: Foreign Affairs, Jg. 88, Nr. 2, 2009, S. 89-100.
133 Wichtige Anregungen verdanke ich der tiefschürfenden ideen- und zeitgeschichtlichen Monografie von Maja Zehfuss, Wounds of Memory: The Politics of War in Germany, Cambridge 2007.
134 Siehe das Eingangskapitel meines Buches, Der letzte Krieg.
135 Angaben bei Hans von Sponeck/Andreas Zumach, Irak. Chronik eines gewollten Kriegs, Köln 2003, S. 48 f.
136 Vgl. Zehfuss, Wounds, S. 65.
137 Ebenda, S. 116.
138 Siehe Stephan Burgdorff/Christian Habbe (Hg.), Als Feuer vom Himmel fiel. Der Bombenkrieg in Deutschland, München/Hamburg 2003.
139 Constanze Stelzenmüller, Schock und Entsetzen, in: Die Zeit, 20. März 2003.
140 Vgl. Jürgen Todenhöfer, Luftkrieg ist Massenmord an Kindern, in: Frankfurter Allgemeine Sonntagszeitung, 30. März 2003, S. 49.

141 Vgl. Dieter Roth/Matthias Jung, Ablösung der Regierung vertagt: Eine Analyse der Wahl vom 22. September 2002, in: Aus Politik und Zeitgeschichte, Nr. 49/50, 2002, S. 3-17, S. 12.
142 Während der Leipziger Buchmesse 2003 mit Carola Stern, dem Theologen Richard Schröder und dem Spiegel-Redakteur Stephan Burgdorff. Abgedruckt in Burgdorff/Habbe (Hg.), Als Feuer vom Himmel fiel, S. 141, Fußnote 140.
143 Alan Posener, Bomben und Gedächtnis, in: Die Welt, 6. Januar 2006; meine Hervorhebung.
144 Vgl. Joetze, Der letzte Krieg, S. 37.
145 So Hans-Joachim Schmidt/Wolfgang Zellner, Konventionelle Rüstungskontrolle, in: Friedensgutachten 2008, Münster 2008, S. 66-78, S. 68 f. Dort auch die Schilderung des Ablaufs im Detail.
146 Vgl. auch Harald Müller, Abschied vom Unilateralismus? Colin Powells „Strategie der Partnerschaften", in: Internationale Politik, Nr. 3, 2004, S. 77-83.
147 So Stelzenmüller, Schock und Entsetzen.
148 Information bei Sebastian Harnisch, German Non-Proliferation Policy and the Iraq Conflict, in: German Politics, Jg. 13, Nr. 2, 2004, S. 1-34, S. 12.
149 Informationen aus einer Gesprächsaufzeichnung, die ich einsehen konnte.
150 Information eines Gesprächsteilnehmers.
151 Vgl. Stephen F. Szabo, Parting Ways: The Crisis in German-American Relations, Washington 2004, S. 18.
152 Vgl. Gunter Hofmann, Der lange Weg zum lauten Nein, in: Die Zeit, 23. Januar 2003, S. 3.
153 Vgl. ebenda sowie meine eigenen Gespräche.
154 Stefan Aust/Cordt Schnibben, Irak. Geschichte eines modernen Krieges, München/Hamburg 2003, S. 53 f.
155 Gerhard Schröder, Entscheidungen. Mein Leben in der Politik, Hamburg 2007, S. 196.

156 Vgl. ebenda. Das war in der Tat ein Schwenk, den auch amerikanische Analytiker immer wieder kritisieren: Der Kampf gegen den Terror degenerierte zum Kampf gegen einen missliebigen Diktator, Ziel des Kampfes waren nicht mehr in erster Linie die terroristischen Organisationen, sondern ein Staat.
157 Ebenda.
158 Ebenda, S. 196 f. Ähnlich auch Hofmann, Der lange Weg. Auffallend ist übrigens, dass sowohl Schröder als auch Hofmann die Wehrkundetagung in die Zeit vor Schröders Gespräch mit Bush legen. Sie war in Wirklichkeit kurz darauf.
159 Information eines hochrangigen SPD-Mitglieds.
160 So allerdings Szabo, Parting Ways, S. 20, unter Berufung auf einen amerikanischen Zeugen des Gesprächs. Meine Darstellung stammt von einem deutschen Gesprächszeugen. Sie entspricht Schröders damaliger Interessenlage. Sie wirft freilich kein gutes Licht auf Bush, der damals schon den dritten Vortrag über die militärischen Planungen angehört hatte. Siehe dazu Fußnote 114. Einen Plan hatte er vermutlich nie „auf dem Tisch".
161 Vgl. Lothar Rühl, Perspektiven einer Offensive der USA gegen den Irak, in: Neue Zürcher Zeitung, 24. Mai 2002.
162 Schilderung bei Aust/Schnibben, Irak, und mir von Zeitzeugen bestätigt. Dass es Fischer war, der zur öffentlichen Ablehnung drängte, mit der richtigen Begründung, man werde sonst von den Ereignissen überrollt, durfte im Auswärtigen Amt jahrelang nicht zugegeben werden, weil Fischer seine guten Beziehungen, namentlich zu Powell, nicht gefährden wollte. Müntefering hat ähnliche Ratschläge gegeben, aber Fischers Rat war wohl entscheidend. Er ist umfangreich dokumentiert.
163 Zitiert nach Hofmann, Der lange Weg.
164 Nach der Berechnung in Aust/Schnibben, Irak, S. 62. Für die Ereignisse während des Wahlkampfs und für die Symptome der Entfremdung zwischen Deutschland und Amerika eine im allgemeinen zuverlässige, auf den Informationen von Eingeweihten beruhende Quelle. Ähnlich, aber schwerer zu lesen und weniger schmissig: Hofmann, Der lange Weg. Korrekt, ausgewogen und gründlich: Szabo, Parting Ways.

165 Vgl. Szabo, Parting Ways, S. 30.
166 Dokumentiert in Aust/Schnibben, Irak, S. 67 und bei Szabo, Parting Ways, S. 29 mit Fundstellen.
167 Powell bestätigte das drei Jahre später mit warmen Worten, in einem Interview im Stern, Nr. 14, 2005 (31. März 2005), S. 55 ff: Er sei „Joschka" sehr nahe gekommen, selbst in den schwierigsten Zeiten, vor und nach der Invasion. „Wir hingen ständig am Telefon. Es gab eine tiefe Uneinigkeit [...] Aber was uns zusammenbindet, ist stärker."
168 Alles zitiert nach Peter Dausend/Stefan Haselberger, Edmund Stoiber geht auf Distanz zur Bush-Administration, in: Die Welt, 29. August 2002.
169 In einem Interview in der Frankfurter Allgemeinen Zeitung vom 18. Oktober 2002, unter der Überschrift: Koch: Wir drohen in die Falle zu gehen. Weitere Einzelheiten zur Haltung der bürgerlichen Opposition bei Michael Staack, Nein zur Hegemonialmacht. Deutschlands außenpolitische Entscheidungsprozesse im Irak-Konflikt, in: Michael Staack/Rüdiger Voigt (Hg.), Europa nach dem Irak-Krieg. Ende der transatlantischen Epoche?, Baden-Baden 2004, S. 203-230, S. 208.
170 So John G. Ikenberry in zahlreichen Artikeln und einem Buch. Grundlegend: John G. Ikenberry, Getting Hegemony Right, The National Interest, Nr. 63, 2001, S. 17-24. Dann auch sein Artikel Democracy, Institutions and American Restraint in dem von ihm herausgegebenen Buch America Unrivaled: The Future of the Balance of Power, Ithaca 2002, S. 213-238.
171 Beschrieben in Bakers Memoiren und mitgeteilt bei Ikenberry (Hg.), America Unrivaled, S. 220.
172 Berthold Köhler, Schröders Krieg, in: Frankfurter Allgemeine Zeitung, 9. August 2002, S. 1.
173 Zitiert nach Barbara Gillmann/Rüdiger Scheidges, SPD warnt Merkel vor „Schmusekurs" in USA, in: Handelsblatt, 25. Februar 2003, S. 4.
174 Prominent dazu: Steffen Kornelius, Der Rosenkrieg, in: Süddeutsche Zeitung, 2. November 2002. Später, mit besonderer Entrüstung und vielen Invektiven: Thomas Schmid, Die Halbstarken, in: Frankfurter Allgemeine Zeitung, 14. Februar 2003.

175 Vgl. Jacques Schuster, Außenpolitik für Umfaller, in: Die Welt, 3. September 2002 und Berthold Kohler, Mit hochroten Köpfen, in: Frankfurter Allgemeine Zeitung, 18. September 2002.
176 Thomas Wittke, Vor dem Flug nach Canossa, in: Bonner Generalanzeiger, 27. September 2002.
177 So Hanns W. Maull in zahlreichen Artikeln, zusammengefasst in seinem Schlusskapitel zu dem von ihm herausgegebenen Sammelband Germany's Uncertain Power. The Foreign Policy of the Berlin Republic, New York 2006.
178 Vgl. Volker Rittberger, Selbstentfesselung in kleinen Schritten? Deutschlands Außenpolitik zu Beginn des 21. Jahrhunderts, in: Politische Vierteljahresschrift, Jg. 44, Nr. 1, 2003, S. 10-18, S. 12.
179 Der Frankfurter Politologe hatte dem Thema eine Serie interessanter Aufsätze gewidmet, die er zusammenfasst in dem Artikel: „... um diesen deutschen Weg zu Ende gehen zu können." Die Renaissance machtpolitischer Selbstbehauptung in der zweiten Amtszeit der Regierung Schröder-Fischer, in: Christoph Egle/Reimut Zohlnhöfer (Hg.), Ende des rot-grünen Projekts. Eine Bilanz der Regierung Schröder 2002-2005, Wiesbaden 2007, S. 453-479.
180 Ebenda, S. 462. Auch Thomas Jäger und Andrea Szukala arbeiten mit diesem irreführenden Begriff. Siehe dazu Thomas Jäger/Andrea Szukala, Außenpolitische Strategie und ökonomische Interessen Deutschlands nach dem Irak-Krieg, in: Michael Staack/Rüdiger Voigt (Hg.), Europa nach dem Irak-Krieg. Ende der transatlantischen Epoche?, Baden-Baden 2004, S. 231-255, S. 239-245; auch Michal Staack verwendet ihn, aber wenigstens eingeschränkt: „fallweise" vgl. Staack, Nein, S. 203. In Wirklichkeit ging es um Gegensätze in einem Einzelfall, in dem die bestehenden Machtverhältnisse den Widerspruch erlaubten.
181 Vgl. Schröder, Entscheidungen, S. 210.
182 Ebenda, S. 207.
183 Vgl. Rudolf, Der 11. September, S. 278.
184 Gute Beschreibungen der Treffen bei Vernet/Cantaloube, Chirac contre Bush, S. 142 f; bei Gordon/Shapiro, Allies, S. 120 f, und meine eigenen Gespräche mit französischen Zeugen bestätigen die Schilderungen.

185 Schröder, Entscheidungen, S. 231.
186 Informationsgespräch vom 31. März 2003.
187 Vgl. Robert Birnbaum/Robert von Rimscha, Nur für Überflieger, in: Tagesspiegel, 10. Dezember 2002, S. 2.
188 Vgl. zu all dem die Memoiren von General Wesley G. Clark, Waging Modern War, Oxford 2001, S. 270 und S. 333.
189 Bewertung von Gordon/Shapiro, Allies, S. 128.
190 Siehe die Frankfurter Allgemeine Zeitung vom 24. Januar 2003, S. 33 f, Sonderseiten im Feuilleton unter dem Titel „Das alte Europa antwortet Rumsfeld".
191 Ebenda.
192 Informationsgespräch am 31. März 2004.
193 Vgl. Ralf Beste/Olaf Ihlau/Siegesmund von Ilsemann/Romain Leick/Georg Mascolo/Gabor Steingart, Das Projekt Mirage, in: Der Spiegel, 10. Februar 2003, S. 94-100. Der Untertitel lautet: Letzte Chance für den Frieden am Golf: Uno-Blauhelme, so ein Plan von Franzosen und Deutschen, sollen mit einem „robusten Mandat" die Arbeit der Waffeninspektoren bei der Beseitigung von Saddam Husseins Massenvernichtungswaffen absichern – ein Sieg ohne Kugeln?
194 Frank Schirrmacher, Sein Regiment. Schröders Berlinale: Auftritt Wilhelm II., in: Frankfurter Allgemeine Zeitung, 12. Februar 2003. Der Altbundeskanzler erwähnt diesen Vorfall in seinen Memoiren, Entscheidungen, nicht.
195 Gustav Seibt, Kaiser Gerhard II., Schröders Enthemmung. Vom Zusammenbruch der Diplomatie, in: Süddeutsche Zeitung, 12. Februar 2003, zitiert nach Gregor Schöllgen, Der Auftritt. Deutschlands Rückkehr auf die Weltbühne, München 2003, S. 134.
196 Joseph Fitchett, Allies Face a Fresh Crisis. U.S. Derides French-German Plan to Add Inspectors in Iraq, in: International Herlad Tribune, 10. Februar 2003.
197 Karl Feldmeyer, Das erste Opfer des Kriegs, in: Frankfurter Allgemeine Zeitung, 10. Februar 2003.
198 Steffen Kornelius, Zeit der Einsamkeit, in: Süddeutsche Zeitung, 10. Februar 2003.

199	Ich besitze einen Mitschnitt der Diskussion auf Videokassette, die ich vor Abfassung der obigen Bewertung noch mal nachspielte.
200	Vgl. Ricks, Fiasco, S. 92 f, mit ausführlichen Nachweisen über das Medienecho.
201	Vgl. ebenda, S. 92.
202	Vgl. Michael R. Gordon, U.S. Used Powell-Doctrine in Trying to Sway Others in Iraq, in: International Herald Tribune, 7. Februar 2003, S. 4. Scharfsinnig auch die Bewertung von Christian Geyer, Redefluss ohne Ufer – Was Historiker mit Colin Powells Beweisen anfangen werden, in: Frankfurter Allgemeine Zeitung, 7. Februar 2003: Nicht neue Beweise, sondern die neue Bewertung der alten Beweise war das, was Powell erreichen wollte. Am Ende gehe es um die Institution des Sicherheitsrats, die beschädigt würde, wenn er sich der amerikanischen Beweiswürdigung „nicht beugen sollte".
203	Vgl. Erich Follath/John Goetz/Marcel Rosenbach/Holger Stark, Ihr tragt eine Mitschuld, in: Der Spiegel, Nr. 13, 2008, S. 28-39.
204	Für eine genaue Darstellung vgl. ebenda, S. 32 f.
205	Diese und die vorherigen Äußerungen bei Ricks, Fiasco, S. 91. Die Bemerkung des CIA-Beamten ist auch im Abschlussbericht des zuständigen Senatsausschusses aufgenommen; vgl. ebenda. Auch in den anderen Analysen zu den irakischen Vernichtungswaffen fehlt eine Kritik an der Bundesregierung oder dem BND: Vgl. Joseph Cirincione/Jessica Tuchman Mathews/George Perkovich/Alexis Orton, WMD in Iraq, Evidence and Implications, Carnegie Endowment Report, Washington 2004, S. 34, aber auch Woodward, Denial, S. 216.
206	Zitiert nach Gordon/Shapiro, Allies, S. 146.
207	Vgl. ebenda, S. 149-151 und Vernet/Cantaloube, Chirac contre Bush, S. 204.
208	Vgl. Joetze, Der Letzte Krieg, S. 94: Ein Albtraum für jede russische Regierung.
209	Vgl. Vernet/Cantaloube, Chirac contre Bush, S. 218.

210 Außer bei Henri Vernet und Thomas Cantaloube wird er erwähnt von Gordon/Shapiro, Allies, S. 149 und von Szabo, Parting Ways, S. 39. Letzterer meint zu wissen, Levitte habe eine solche Anregung schon beim gemeinsamen deutsch-französischen Empfang am 22. Januar aus Anlass des Jahrestags des Élysée-Vertrags gemacht, und der deutsche Gesandte Kölsch habe damals zugestimmt. Das ist höchst unwahrscheinlich, da die Theorie der Bandbreite inzwischen ja von Berlin nicht mehr vertreten wurde. Kölsch streitet es auch entschieden ab.

211 Vgl. Hans Blix, Mission Irak. Wahrheit und Lügen, München 2004, S. 40-59.

212 Text der deutschen Fassung des Übersetzungsdienstes der Vereinten Nationen mit leichten Kürzungen.

213 Eingehende Wiedergabe bei Vernet/Cantaloube, Chirac contre Bush, S. 237ff, offensichtlich informiert von französischen Delegationsmitgliedern.

214 Vgl. Blix, Mission, S. 308ff.

215 So die eigenen Worte von Blix in seinen Memoiren, Mission, S. 300ff.

216 Siehe James P. Rubin, Stumbling into War, in: Foreign Affairs, Jg. 82, Nr. 5, 2003, S.46-66.

217 Vgl. Freedman, War in Iraq, S. 26.

218 Zitat aus Financial Times, 30. März 2003.

219 Dana H. Allin, American Power and Allied Restraint: Lessons of Iraq, in: Survival, Jg. 49, Nr. 1, 2007, S. 123-140.

220 Gute Übersichten für die neokonservative Richtung geben Szabo, Parting Ways, S. 59 f und Richard Lambert, Misunderstanding Each Other, in: Foreign Affairs, Jg. 82, Nr. 2, 2003, S. 62-74.

221 Michael Kelly, Germany's Mister Tough-Guy, in: Washington Post, 12. Februar 2003, S. A-29, zitiert und kommentiert durch Szabo, Parting Ways, S. 60.

222 Vgl. Robert Kagan, Power and Weakness, in: Policy Review, Nr. 113, 2002, S. 3-28. Kagan hat das Thema später zu einem Buch mit dem Titel: Of Paradise and Power. America and Europe in the New World Order ausgeweitet, das hier in der deutschen Lizenzausgabe der Bundeszentrale für politische Bildung: Macht und Ohnmacht. Amerika gegen Europa in der neuen Weltordnung zitiert wird.

223	Nach der Einschätzung von Andrew J. Bacevich in seiner Buchkritik: Present at the Re-creation, in: Foreign Affairs, Jg. 87, Nr. 4, 2008.
224	Eine gute Übersicht über Kagans damalige Thesen bringt Bacevich, Present.
225	Vgl. Robert Kagan, Macht und Ohnmacht. Amerika gegen Europa in der neuen Weltordnung, München 2003, S. 108 f.
226	Ebenda, S. 113.
227	Vgl. Robert Kagan, America's Crisis of Legitimacy, in: Foreign Affairs, Jg. 83, Nr. 2, 2004, S. 65-78.
228	So der viel zitierte Aufsatz von Walter Russell Mead, The Case against Europe, in: Atlantic Monthly, April 2002, www.theatlantic.com/doc/200204/mead (25. Mai 2008).
229	In der Buchbesprechung Geoffrey Wheatcroft, War's vanishing World in Europe, in: International Herald Tribune, 9./10. Februar 2008. Das besprochene Buch ist von James J. Sheehan und hat den Titel: Where Have all the Soldiers Gone. Das Hauptthema ist der europäische Pazifismus als zivilisatorischer Fortschritt. Wheatcrofts Überlegungen sind hier leicht gekürzt.
230	Vgl. Robert Kagan, The Return of History an the End of Dreams, New York/Toronto 2008.
231	Vgl. Robert Kagan, The September 12 Paradigm, in: Foreign Affairs, Jg. 87, Nr. 5, 2008, S. 25-39.
232	Präsidentielle Entscheidung vom 14. Dezember im Nationalen Sicherheitsrat, beschrieben bei Bob Woodward, Bush at War, New York 2002, S. 315 f.
233	Vgl. Aust/Schnibben, Irak, S. 349, basierend auf einem Augenzeugenbericht.
234	Vgl. Fred Kaplan, Bombing by Numbers. The Iraqi Air War Wasn't as Modern as It Looked, www.globalsecurity.org/org/news/2003/030527-bombing-numbers01.htm (27. Mai 2003).
235	Vgl. Woodward, Attack, S. 407. Er erwähnt dort, er habe von anderen amerikanischen Generälen eine Schätzung von 60.000 Gefallenen gehört.
236	Vgl. Timothy Garden, Iraq: The Military Campaign, in: International Affairs, Jg. 79, Nr. 4, London 2003, S. 701-718, S. 703, Fußnote 14 und 15.

237 Vgl. Aust/Schnibben, Irak, S. 272 und S. 344.
238 Zitiert nach ebenda, S. 272.
239 Ricks, Fiasco, S. 116.
240 Zitiert nach Aust/Schnibben, Irak, S. 69.
241 Vgl. Vernet/Cantaloube, Chirac contre Bush, S. 131.
242 Eine Wiedergabe der Gründe würde den Rahmen dieser Arbeit sprengen, sie sind veröffentlicht im Sammelband von Kai Ambos und Jörg Arnold, Der Irak-Krieg und das Völkerrecht, Berlin 2004.
243 Vgl. vor allem die Texte in der erwähnten Sammlung von Ambos/Arnold (Hg.), Irakkrieg, namentlich:
– Eine deutsche Beteiligung am Krieg gegen den Irak ist rechtswidrig, Freiburger Juristenerklärung vom 10. Februar 2003, zuerst veröffentlicht in der Frankfurter Rundschau, 13. Februar 2003;
– Souverän in vollem Umfang, Gutachten von Regierungsdirektor Kramer, Wissenschaftliche Dienste des Deutschen Bundestags, Erstabdruck in Junge Welt, 1. Februar 2003;
– Dieter Deisenroth, Deutschland im US-Irak-Krieg – Nato-Bündnisverpflichtungen im Konflikt mit Verfassungs- und Völkerrecht?. Der Verfasser ist Richter am Wehrdienstsenat am Bundesverwaltungsgericht und vermutlich Verfasser des oben erwähnten Urteils. Sein erschöpfend recherchierter Aufsatz bringt u.a. auf Seite 144 eine lesenswerte Zusammenstellung der früheren Fälle, in denen die USA das Bundesgebiet zu vergleichbaren Zwecken nutzten.
244 Zitiert im Urteil des Bundesverwaltungsgerichts auf S. 85 der Originalfassung.
245 Herfried Münkler, Der neue Golfkrieg, Hamburg 2003, S. 149 gehört dazu.
246 Vgl. Die Deutschen sind Helden, Interview mit US-General James Marks, in: Der Spiegel, Nr. 51, 2008, S. 24.
247 Vgl. Aust/Schnibben, Irak, S. 323 f.
248 Vgl. Woodward, Attack, S. 401 f.
249 Michael T. Klare, A Motive, schildert die Maßnahmen, die General Franks *von Anfang an* zur Sicherung der Ölfelder geplant hatte, vor allem Sonderkommandos, die am ersten Kriegstag die Felder besetzen sollten.

250 Vgl. „SPD und Opposition wegen BND-Einsatz in Bagdad auf Konfrontationskurs", www.bundestag.de/presse/hib/2008_09/2008_264/01.html (12. März 2009).
251 So die nüchterne Beschreibung in dem Buch der RAND Corporation: James Dobbins (Hg.), The UN's Role in Nation Building: From the Congo to Iraq, Santa Monica 2005, S. 184.
252 Eine gute Übersicht bietet Ricks, Fiasco, S. 151.
253 Feith, War and Decision, S. 292; meine Zusammenfassung. Es sei angemerkt, dass der Vereinigte Generalstab (Joint Chief of Staff) keine Befehlsgewalt über die Regionalkommandeure hat.
254 Die Story ist nachzulesen bei Woodward, Denial, S. 224.
255 Informationsgespräch vom Januar 2005, nicht wörtlich wiedergegeben.
256 Zitiert nach Bremer III/McConnell, My Year, S. 12.
257 Vgl. ebenda, S. 9.
258 Vgl. Dobbins (Hg.), The UN's Role, S. 194, Anmerkung 12.
259 Vgl. Rajiv Chandrasekaran, Imperial Life in the Emerald City: Inside Iraq's Green Zone, New York 2007, S. 21.
260 Vgl. Bremer III/McConnell, My Year, S. 12 f.
261 Vgl. Toby Dodge, Coming Face to Face with Bloody Reality: Liberal Common Sense and the Ideological Failure of the Bush Doctrine in Iraq, in: International Politics, Jg. 46, Nr. 2/3, 2009, S. 253-275 sowie weitere Nachweise bei derselbe, The Causes of US Failure in Iraq, in: Survival, Jg. 49, Nr. 1, 2007, S. 85-106.
262 Vgl. Ricks, Fiasco, S. 162 f.
263 Vgl. Bremer III/McConnell, My Year, S. 57.
264 Vgl. L. Paul Bremer III/James Dobbins/David Gompert, Early Days in Iraq: Decisions of the CPA, in: Survival, Jg. 50, Nr. 4, 2008, S. 21-54.
265 Vgl. Chandrasekaran, Imperial Life, S. 113. McPherson hatte beste Beziehungen, auch zu Vizepräsident Cheney, viele einschlägige Erfahrungen und einen eindrucksvollen Lebenslauf. Über das Programm vgl. ebenda, S. 106.
266 Bremer III/McConnell, My Year, S. 79.
267 Ebenda, S. 112.

268 Diese abenteuerliche Information machen Bremer III und McConnell, My Year, auf S. 111. Sie basiert auf den Angaben des Erdölexperten Dave Oliver.
269 Bundestagsdrucksache 15/1011.
270 Aus einem Artikel der Frankfurter Allgemeinen Zeitung vom 3. Juni 2003 mit dem Titel: Der höflich Freundliche.
271 Alle Zahlen bei Special Inspector General for Iraq Reconstruction (SIGIR), Quarterly Report, Januar 2008, www.sigir.mil/reports/quarterlyreports/Jan08/pdf/Report_-_January_2008.pdf (12. Januar 2009), S. 17.
272 Zitiert nach Leo Wieland, Auf der Baustelle eines irakischen Marshall-Plans, in: Frankfurter Allgemeine Zeitung, 24. Oktober 2003; beschreibt Ablauf und Atmosphäre mit einem kräftigen Schuss Ironie. Dort auch ein Gruppenbild des erstmals international auftretenden vorläufigen Regierenden Rates, zusammen mit den Schutzpatronen Powell und Bremer.
273 Vgl. dazu Jens Hobohm, Das Öl des Irak und der irakische Entschädigungsfonds, SWP-Aktuell 16, Berlin 2008 und United Nations Compensation Commission, www2.unog.ch/uncc/status.htm (13. Oktober 2008).
274 William Pfaff, Still Worlds Apart, in: International Herald Tribune, 4. Juni 2004; meine Zusammenfassung.
275 So am 12. November 2003; zitiert nach Bremer III/McConnell, My Year, S. 227.
276 So Präsident Bush, zitiert in New York Herald Tribune vom 3. November 2003.
277 Rumsfeld, zitiert in der New York Herald Tribune vom 14. November 2003.
278 Vgl. Woodward, Denial, S. 266 f. Am Ende seiner Beschreibung dieser Szene verwendet Woodward das Wort „Verdrängung" („denial") zum ersten Mal.
279 Im „dysfunctional US Government". Alles nach Woodward, Denial, S. 241.
280 Vgl. Bremer III/McConnell, My Year, S. 156.
281 Vgl. L. Paul Bremer III, Iraq's Path to Sovereignty, in: Washington Post, 8. September 2003.

282 Vgl. Bremer III/McConnell, My Year, S. 160 und Feith, War and Decision, S. 453.
283 Vgl. Woodward, Denial, S. 253.
284 Vgl. Bremer III/McConnell, My Year, S. 186.
285 Am 3. November erschien im Boston Globe der erste Artikel mit der Überschrift „Die richtige Ausstiegsstrategie für Bush". Etwa gleichzeitig leitartikelte die New York Times, es gebe im Irak „keine attraktiven Optionen".
286 Vgl. Bremer III/McConnell, My Year, S. 207 und S. 227.
287 Ebenda, S. 229, schildert Bremer seine Methoden.
288 So der damalige Maßstab, wiedergegeben bei Larry Diamond, What Went Wrong in Iraq?, in: Foreign Affairs, Jg. 83, Nr. 5, 2004, S. 34-56, S. 49.
289 Rumsfeld fragte plötzlich, ob die Souveränität nicht auch „in Teilen" übertragen werden könnte. Powell wollte ein späteres Datum, damit die Lage sich verbessere. Vgl. zu all dem Bremer III/McConnell, My Year, S. 289.
290 Vgl. Diamond, What Went Wrong, S. 53.
291 Vgl. Dodge, A Sovereign Iraq?, S. 45, anders aber Diamond, What Went Wrong, S. 50.
292 Vgl. Bremer III/McConnell, My Year, S. 369.
293 Vgl. Schaller, Christian, Die multinationale Truppe im Irak, SWP-Aktuell Nr. 30, Berlin 2004, S. 2.
294 Vgl. die Nachweise bei Adam Roberts, The End of Occupation: Iraq 2004, in: International and Comparative Law Quarterly, Jg 54, Nr. 1, 2005, S. 27-48, S. 44 f.
295 Nachweise im Bericht der International Crisis Group, What Can the U.S. Do in Iraq, Middle East Report Nr. 34, 22. Dezember 2004, S. 12, Fußnote 66. Dort auch die Reaktion des amerikanischen Präsidenten, als er während des Nato-Gipfels in Istanbul die Meldung erhielt: „Let freedom reign!"
296 Vgl. Ricks, Fiasco, S. 390 f und Bremer III/McConnell, My Year, S. 390.

297 Bremer III/McConnell, My Year, S. 325. Die Kämpfe werden hier nicht im Einzelnen dargestellt. Eine hervorragende, politisch ausgerichtete Analyse bringt Toby Dodge, Iraq's Future, IISS, Adelphi Paper Nr. 372. Vollständig, aber militärtechnisch und reichlich unübersichtlich, ist Ricks, Fiasco. Viele Informationen auch in Christoph Reuter, Aufstand in Irak, in: Internationale Politik, Nr. 5, 2004, S. 105-131 und derselbe, Im ersten, zweiten, dritten Kreis der Hölle, in: Internationale Politik, Nr. 1, 2008, S. 14-31. Schließlich Bremer III/McConnell, My Year, S. 295.

298 Vgl. Bremer III/McConnell, My Year, S. 131.

299 Vgl. ebenda, S. 357.

300 Bremer III/Dobbins/Gompert, Early Days, S. 53.

301 Vgl. Ricks, Fiasco, S. 227.

302 Bewertung nach ebenda, S. 399. Vorbereitung, Ablauf und technische Einzelheiten der Schlacht werden genau beschrieben.

303 Letzte Beschreibung davon bei Christoph Reuter, Zwischen My Lai und Marshall-Plan. Warum Amerikas „Operation Iraqi Freedom" scheitert, in: Internationale Politik, Nr. 1, 2006, S. 36-43.

304 Vgl. David C. Hendrickson/Robert W. Tucker, Revisions in Need of Revising: What Went Wrong in the Iraq War", in: Survival, Jg. 47, Nr. 2, 2005, S. 7-32, S. 30, Fußnote 37. Iraker sollen den Autoren gesagt haben, die Amerikaner sähen sie als „Untermenschen" (auf Deutsch im englischen Text).

305 Vgl. Thomas R. Ricks, The Gamble. General Petraeus and the Untold Story of the American Surge in Iraq, 2006-2008, London 2009, S. 3-8. Dort auch Berichte über die ersten Reaktionen in der Befehlskette der Marineinfanterie, die keine Verfehlungen feststellen wollten. Es gibt auch einen eindrucksvollen Dokumentarfilm des britischen Channel 4 mit dem Titel „The Battle of Haditha".

306 Einzelheiten bei Ricks, Fiasco, S. 346ff.

307 Vgl. Bremer III/McConnell, My Year, S. 327 und S. 331.

308 Vgl. Michael E. O'Hanlon/Jason H. Campbell, Iraq Index. Tracking Variables of Reconstruction and Security in Post-Saddam Iraq, Dezember 2008, www.brooking.edu/iraqindex, S. 24.

309 Vgl. Dodge, „Iraq's Future", S. 18, Fußnote 33.

310 Gemäß IISS, Strategic Survey 2007, London 2008, S. 213, führte Casey mit diesem Kurs Rumsfelds Weisungen aus. Anderer Ansicht ist Woodward in Denial: Casey sei von seiner Kommandoführung und seinen Argumenten überzeugt gewesen.
311 Vgl. IISS, Strategic Survey 2007, S. 211.
312 Einzelheiten bei Ricks, Gamble, S. 38-40.
313 Vgl. ebenda, S. 102-103 und Bob Woodward, The War Within. A Secret White House History 2006-2008, New York 2008, S. 279-281 und S. 359-361.
314 Zitiert nach Ricks, Gamble, S. 103.
315 Vgl. ebenda, S. 107-124.
316 „Stunning indictment"; Zitat eines hohen Offiziers in ebenda, S. 104.
317 Vgl. Ricks, Fiasco, S. 143 f.
318 Vgl. Ricks, Gamble, S. 111.
319 Vgl. die Statistiken bei Anthony Cordesman, Creating Stable and „Iraqcrasy". The Continuing Need for Strategic Patience, CSIS, Februar 2008.
320 Vgl. Anthony Cordesman, The Iraq War: Progress in the Fighting and Security, CSIS, November 2008.
321 Vgl. Human Rights Watch, The Quality of Justice. Failings of Iraq's Central Criminal Court, New York 2008, S. 33-39.
322 Vgl. Unfinished Business in Iraq, in: New York Times vom 5. Mai 2009; vgl. dazu auch die Übersicht bei Michael E. O´Hanlon/Jason H. Campbell, Iraq Index. Tracking Variables of Reconstruction and Security in Post-Saddam Iraq, Mai 2009, www.brooking.edu/iraqindex, S. 12.
323 Vgl. „The War in Iraq Five Years Later", Umfrage der International Herald Tribune vom 17. März 2008.
324 Frederick W. Kagan, Iraq Winds Down, in: International Herald Tribune, 26. November 2008.
325 So eine Diskussion im Senat, wiedergegeben bei Ricks, Gamble, S. 314-316.
326 In einer Umfrage der Zeitschrift The National Interest vom 11. Oktober 2006 mit der Überschrift „Is this Victory?", mit Beiträgen von u.a. General Tommy Franks, Stephen Biddle und Daniel Pipes.

327   Vgl. Anthony Cordesman, Afghanistan Heats Up, in: International Herald Tribune, 26. November 2008.
328   Vgl. Toby Dodge, The Causes of US Failure in Iraq, in: Survival, Jg. 49, Nr. 1, 2007, S. 85-106.
329   Vgl. James Dobbins, Who lost Iraq?, in: Foreign Affairs, Jg. 86, Nr. 5, 2007, S. 61-74.
330   Tony Smith, Kommentar zum Thema „Losing Iraq", in: Foreign Affairs, Jg. 86, Nr. 6, 2007.
331   Vgl. US Army, US-Army and Marine Corps Field Manual No. 3/24 on Counterinsurgency, Juni 2006, www.fas.org/irp/doddir/army/fm3-24fd.pdf (25. Oktober 2009). Die „Essential Services" (geläufiger wäre der Ausdruck „Öffentliche Güter"), die gesichert werden müssen, sind dort auf S. 5-13 beschrieben.
332   Vgl. O'Hanlon/Campbell, Iraq Index, Mai 2009, S. 49.
333   Zitiert nach Ricks, Gamble, S. 320.
334   Vgl. Austin Long, The Anbar Awakening, in: Survival, Jg. 50, Nr. 2, 2008, S. 67-94, S. 67.
335   Dazu sehr entschieden Steven Simon, The Price of the Surge, in: Foreign Affairs, Jg. 87, Nr. 3, 2008, S. 57-76.
336   Vgl. ebenda.
337   Vgl. Jochen Hippler, Ende in Sicht? Das sinkende Gewaltniveau im Irakkrieg und die Chancen einer dauerhaften Stabilisierung, in: Friedensgutsachten 2009, Münster 2009, S. 73-84.
338   So die Zahlen in O'Hanlon/Campbell, Iraq Index, Dezember 2008 S. 32.
339   Im Jahr 2007 der Platz 178 von 180 Ländern. Vgl. O'Hanlon/Campbell, Iraq Index, Mai 2009, S. 34.
340   Vgl. Ulrich Fichtner, Der Krieg des Mister Brinkley, in: Der Spiegel, Nr. 17, 2009, 52-58. Es sind vermutlich die Damen der privilegierten Oberschicht, die in dem üppigen Konditorladen einkaufen, den das Nachrichtenmagazin Der Spiegel in dem Zusammenhang zeigte.

341 Vgl. Birgit Svensson, Die Glut am Schrein von Imam Ali. Sechs Jahre nach dem Sturz Saddam Husseins blüht in Nadjaf der religiöse Fundamentalismus, in: Das Parlament, 23. März 2009. Danach soll es einen nagelneuen internationalen Flughafen geben, der auch dringend nötig sei, denn die Straße von Bagdad nach Nadschaf führe durch das berüchtigte „Dreieck des Todes".
342 Vgl. Ottaway/Brown [u.a.] (Hg.), Middle East, durchgehend.
343 Vgl. The Foreign Policy Failed State Index, in: Foreign Policy, Jg. 88, Nr.4, 2009, S. 82 f.
344 Dodge, Causes, S. 87.
345 Vgl. Ricks, Gamble, S. 323.
346 Vgl. Herfried Münkler, Die neuen Kriege, Reinbek bei Hamburg 2001, S. 220 f.
347 Vgl. Linda Bilmes/Joseph E. Stiglitz, The Economic Costs of the Iraq War: An Appraisal Three Years after the Beginning of the Conflict, Harvard/Columbia 2006, S. 8.
348 Vgl. Bilmes/Stiglitz, Economic Costs, mit Nachweisen.
349 Wiedergegeben bei Anthony H. Cordesman, The Costs of the Iraq War: CRS, GAO, CBO, and DoD Estimates, CSIS, März 2008. Zum Vergleich: Der erste Irak-Krieg kostete 61 Milliarden Dollar (in konstanten Preisen von 2007 92 Milliarden). Davon wurde ein hoher Teil durch ausländische Beiträge abgedeckt.
350 Vgl. Peter G. Peterson, Riding for a Fall. Costs of being a Superpower, in: Foreign Affairs, Jg. 83, Nr. 5, 2004, S. 111-125, S. 112.
351 Vgl. Nikki Reisch/Steve Kretzmann, A Climate of War. The War in Iraq and Global Warming, Oil Change International, März 2008, S. 6.
352 Vgl. Peterson, Riding, S. 112.
353 Siehe Joseph E. Stiglitz/Linda Bilmes, The Three Trillion Dollar War – The True Cost of the Iraq Conflict, New York 2008.
354 Vgl. O'Hanlon/Campbell, Iraq Index, Dezember 2008, S. 5.

355 Zuerst veröffentlicht in der britischen Fachzeitung The Lancet im Oktober 2006, zitiert in Dale Keiger, The Number, in: Johns Hopkins Magazine, Jg. 59, Nr. 1, 2007, S. 30-37. Die Verfasser der Studie sind Epidemiologen der berühmten medizinischen Fakultät von Johns Hopkins. Der Artikel von Keiger berichtet auch über die Anfeindungen, denen die Autoren der Studie ausgesetzt waren. Sie stehen noch heute zu ihren Ergebnissen.

356 Vgl. Colin H. Kahl, In the Crossfire or the Crosshairs, in: International Security, Jg. 32, Nr. 1, 2007, S. 7-46.

357 Vgl. Aust/Schnibben, Irak, S. 271ff.

358 Vgl. Ricks, Gamble, S. 3-8.

359 So Generalmajor Eldon Bargewell in seinem Bericht über den Fall von Haditha, wiedergegeben in Ricks, Gamble, S. 7.

360 „[...] treat the Iraqi civilians as the playing field on which the contest occurs [...]"; Ricks, Gamble, S. 5.

361 Vgl. David Kilcullen/Andrew McDonald Exum, More Harm than Good. Drone Attacks in Pakistan are Alienating the Very People We need on Our Side, in: International Herald Tribune, 19. Mai 2009.

362 Lothar Rühl, Widersprüche einer Mission. Politische Rücksichten und militärische Bedingungen in Afghanistan, in: Frankfurter Allgemeine Zeitung, 9. Oktober 2009, S. 10.

363 Vgl. Maja Zehfuss, Subjectivity and Vulnerability: On the War with Iraq, in: International Politics, Jg. 44, Nr. 1, 2007, S. 58-71.

364 Andrew J. Bacevich, American Empire. The Realities and Consequences of U.S. Diplomacy, Cambridge, Mass./London 2002, S. 125. Vgl. auch S. 221.

365 Krauthammer, The Unipolar Moment, S. 23.

366 Vgl. Bacevich, American Empire, S. 139, Anmerkung 40.

367 Vgl. Donald Rumsfeld, Transforming the Military, in: Foreign Affairs, Jg. 81, Nr. 3, 2002, S. 20-32.

368 Zitiert bei Bacevich, American Empire, S. 44, Anmerkung 42.

369 Eine unbarmherzige Kritik daran übt Christian Hacke, Zur Weltmacht verdammt. Die amerikanische Außenpolitik von J.F. Kennedy bis G.W. Bush, München 2002, S. 494.

370 Vgl. Andrew J. Bacevich, Sins of Omission, in: International Herald Tribune, 28. April 2009. Die im Text erwähnte „Dreieinigkeit" ist eine Anleihe bei Clausewitz.
371 Vgl. Lawrence Freedman, The Revolution in Strategic Affairs, Adelphi Paper Nr. 318, Oxford 1989, S. 14.
372 Vgl. H.R. McMaster, On War: Lessons to be Learned, in: Survival, Jg. 50, Nr. 1, 2008, S. 19-30.
373 McMaster, On War, S. 19.
374 Vgl. Martin van Crefeld, La Puissance Militaire en Question, in: Politique Etrangère, Nr. 1, 2003, S. 11-24, S. 20.
375 Josef Joffe, Schießen und Tee trinken. Interview mit General Petraeus, in: Die Zeit, 7. Mai 2009, S. 2.
376 Vgl. Max Boot, The Struggle to Transform the Military, in: Foreign Affairs, Jg. 84, Nr. 2, 2005, S. 103-118. Max Boot ist ein kenntnisreicher konservativer Militärexperte. Die Angaben zu Infanterie befinden sich auf S. 107.
377 Vgl. O'Hanlon/Campbell, Irak-Index, Dezember 2008, S. 18.
378 Vgl. Leitartikel: Strains in the Army, in: International Herald Tribune vom 16./17. Februar 2008.
379 Zitiert in Thom Shanker, U.S. Rethinks Doctrine for Military Readiness, in: International Herald Tribune, 16. Mai 2009.
380 International Institute for Strategic Studies, Military Balance 2005/2006, London, 2006, S. 412.
381 „The Other Defense Budget", in: International Herald Tribune vom 7. Februar 2007.
382 Zitiert nach Paul Kennedy, Look Before You Leap, in: International Herald Tribune, 27. Februar 2008. Es handelt sich um eine elektromagnetische Kanone auf Schienen, die ihre Geschosse mit siebenfacher Schallgeschwindigkeit über eine Distanz von 400 Kilometern ins Ziel bringt – das genaue Gegenteil von dem, was die Marine zur Abwehr von ausschwärmenden niedrigen Schnellbooten oder Unterseebooten braucht.
383 Vgl. Robert Gates, Rede an der National Defense University in Washington D.C. vom 29. September 2008, www.defenselink.mil/speeches/speech.aspx?speechid=1279 (30. September 2008).

384 Alles nach Thom Shanker, U.S. Needs to Shift Defense Dollars to Fighting Insurgents, Gates Argues, in: International Herald Tribune, 11. Mai 2009.

385 Zitiert in der Buchkritik von Aaron L. Friedberg, The Long Haul – Fighting and Funding America's Next Wars, in: Foreign Affairs, Jg. 86, Nr. 4, 2007, www.foreignaffairs.com/articles/62662/aaron-l-friedberg/the-long-haul-fighting-and-funding-america-s-next-wars (25. Oktober 2009).

386 Vgl. dazu Andrew W. Krepinevich Jr., The Pentagon's Wasting Assets. The Eroding Foundation of American Power, in: Foreign Affairs, Jg. 88, Nr. 4, 2009. Er definiert eine große Zahl schwerer künftiger Bedrohungen, vor allem große Mengen *lenkbarer* konventioneller Waffen in den Händen Aufständischer, Cyber-Attacken sowie chinesische und iranische Strategien der Zugangsverweigerung in die jeweiligen Küstengewässer. Dann stellt er Rechnungen über amerikanische Gegenmaßnahmen auf, die die Rüstungsausgaben auch bei Streichung von jetzt überflüssigem Großgerät auf derselben Höhe halten würden.

387 Nachweise würden Seiten füllen. Ich begnüge mich mit Josef Joffe, Die Hypermacht: Warum die USA die Welt beherrschen, München 2006.

388 Herfried Münkler, Über den Krieg. Stationen der Kriegsgeschichte im Spiegel ihrer theoretischen Reflexion, Weilerswist 2003, S. 213.

389 Niklas Schörnig, In der Opferfalle. Die Bundesregierung und die zunehmenden Gefallenen der Bundeswehr in Afghanistan, HSFK-Standpunkt Nr. 2/2009, Frankfurt/M., S. 6, mit den dort genannten amerikanischen Autoren.

390 Vgl. Crefeld, La Puissance Militaire.

391 Zum gleichen Ergebnis kommt Jürgen Hartmann, Internationale Beziehungen, Opladen 2001, S. 102.

392 Vgl. National Intelligence Council, Global Trends 2025: A Transformed World, Washington 2008, S. 13.

393 Vgl. John M. Owen IV., Transnational Liberalism and American Primacy: or, Benignity Is in the Eye of the Beholder, in: G. John Ikenberry (Hg.), America Unrivaled. The Future of the Balance of Power, Ithaca 2002, S. 239-259, S. 239.

394	Klaus Dieter Wolf, Von der Bipolarität zur Unipolarität – Der Mythos vom 2. amerikanischen Jahrhundert, in: Volker Rittberger (Hg.), Weltpolitik heute, Baden-Baden 2004, S. 53-85.
395	James Carroll, The Ghost Story, in: International Herald Tribune, 26. Februar 2008.
396	Vgl. Barack Obama, Renewing American Leadership, in: Foreign Affairs, Jg. 86, Nr. 4, 2007, S. 2-16.
397	Gates, Rede vom 29. September 2008.
398	Vgl. dazu Lothar Rühl, Die Zeit ist knapp. Terminplanungen für Afghanistan, in: Frankfurter Allgemeine Zeitung, 29. September 2009.
399	Zitiert nach Woodward, Bush at War, S. 81.
400	Vgl. Roger Cohen, America's limits, in: International Herald Tribune, 8. Oktober 2009.

Anhänge

Dokumentation

Bei elektronischen Quellen, letztes Datum des Zugriffs: Oktober 2009

Auswärtiges Amt, Außenpolitik der Bundesrepublik Deutschland. Dokumente von 1949 bis 1994, Köln 1995.

Gates, Robert, Rede an der National Defense University in Washington D.C. vom 29. September 2008, www.defenselink.mil/speeches/speech.aspx?speechid=1279.

Generalversammlung der Vereinten Nationen, Bericht des Sonderkomitees über die Frage der Definition der Aggression, General Assembly: Official Records, 29th Session, Suppl. No. 19 (A9619).

Iraq Study Group, The Iraq Study Group Report, New York 2006, http://media.usip.org/reports/iraq_study_group_report.pdf.

National Intelligence Council, National Intelligence Estimate: Iraq's Continuing Programs for Weapons of Mass Destruction, http://downingstreetmemo.com/docs/Iraq_Oct_2002.pdf.

—, Global Trends 2025: A Transformed World, Washington 2008, www.dni.gov/nic/PDF_2025/2025_Global_Trends_Final_Report.pdf.

Resolutionen des Sicherheitsrats der Vereinten Nationen:

—, Nr. 1441 vom 8. November 2002, http://daccess-dds-ny.un.org/doc/UNDOC/GEN/N02/682/26/PDF/N0268226.pdf?OpenElement (englische Fassung), www.un.org/Depts/german/sr/sr_02-03/sr1441.pdf (deutsche Fassung).

—, Nr. 1483 vom 22. Mai 2003, http://daccess-dds-ny.un.org/doc/UNDOC/GEN/N03/368/53/PDF/N0336853.pdf?OpenElement (englische Fassung), www.un.org/Depts/german/sr/sr_02-03/sr1483.pdf (deutsche Fassung).

—, Nr. 1511 vom 16. Oktober 2003, http://daccess-dds-ny.un.org/doc/UNDOC/GEN/N03/563/91/PDF/N0356391.pdf?OpenElement (englische Fassung), www.un.org/Depts/german/sr/sr_03-04/sr1511.pdf (deutsche Fassung).

—, Nr. 1546 vom 8. Juni 2004, http://daccess-dds-ny.un.org/doc/UNDOC/GEN/N04/381/16/PDF/N0438116.pdf?OpenElement (englische Fassung), www.un.org/Depts/german/sr/sr_03-04/sr1546.pdf (deutsche Fassung).

Special Inspector General for Iraq Reconstruction (SIGIR), Quarterly Report, Januar 2008, www.sigir.mil/reports/quarterlyreports/Jan08/pdf/Report_-_January_2008.pdf.

US Army, US-Army and Marine Corps Field Manual No. 3/24 on Counterinsurgency, Juni 2006, www.fas.org/irp/doddir/army/fm3-24fd.pdf.

White House, National Security Strategy, Washington 2002, www.globalsecurity.org/military/library/policy/national/nss-020920.pdf.

Liste der mündlichen Quellen (Auswahl)

Die Funktionen beziehen sich auf die Zeit der Aussagen gegenüber dem Autor

Altenburg, Günther, Botschafter a.D., Beigeordneter Generalsekretär für politische Angelegenheiten und Sicherheitspolitik der Nato.

Baas, Norbert, Botschafter, Beauftragter für Russland, Zentralasien und den Kaukasus im Auswärtigen Amt.

Blix, Hans, Exekutivvorsitzender von UNSCOM.

Brandenburg, Ulrich, stv. politischer Direktor des Auswärtigen Amts, später Botschafter bei der Nato in Brüssel.

Bye, Adam, Erster Sekretär bei der britischen Vertretung bei den Vereinten Nationen, zuständig für den Sicherheitsrat.

Chesterman, Simon, Professor, Direktor der New York University School of Law and Justice.

Dobbins, James, Direktor des Center for International Security and Defense Policy der RAND Corporation, Arlington.

von Einsiedel, Sebastian, Forschungsassistent, Sekretariat der Vereinten Nationen, New York.

Erler, Gernot, Staatsminister im Auswärtigen Amt.

Freitag, Dr. Horst, Beauftragter für Nah- und Mittelost Politik im Auswärtigen Amt.

Garvey, Patrick A., Mitarbeiter im Stab des Auswärtigen Ausschusses des Senats, Washington.

Hammes, T.X., Oberst der Marineinfanterie, Senior Military Fellow am Institue for National Strategic Studies, Washington.

Halperin, Morton H., Senior Vice President des American Progress Action Fund, Washington.

Heitman, Horst, Principal Officer in der Abteilung für den Sicherheitsrat im Sekretariat der Vereinten Nationen, New York.

Hellmann, Dr. Gunther, Professor für Politische Wissenschaft an der Universität Frankfurt.

Henard, Jean, Botschaftsrat an der französischen Botschaft in Washington.

Hobohm, Jörg, Experte für Energiefragen, Prognos AG, Berlin.

Hoffman, Bruce, Terrorismusexperte bei der RAND Corporation, Arlington.

Ischinger, Wolfgang, Botschafter a.D., Botschafter in Washington.

Jacobson, Carsten J., Oberst i.G., Militärattaché an der deutschen Botschaft in Washington.

Kamp, Dr. Karl-Heinz, Leiter der Abteilung Außen- und Sicherheitspolitik der Konrad-Adenauer-Stiftung, Berlin.

Kölsch, Dr. Eberhard, Botschafter a.D., Gesandter an der deutschen Botschaft in Washington.

Mützelburg, Bernd, Leiter der Abteilung Außen- und Sicherheitspolitik im Bundeskanzleramt.

Ottaway, Marina, Senior Associate bei Carnegie Endowment for International Peace, Washington.

Pellet, Volker, Botschaftsrat an der deutschen Vertretung bei den Vereinten Nationen, New York.

Phillips, James A., Research Fellow Middle Eastern Affairs bei der Heritage Foundation, Washington.

Pleuger, Dr. Gunter, Botschafter bei den Vereinten Nationen.

Rühl, Lothar, Professor Dr., Staatssekretär a.D. im Bundesministerium der Verteidigung.

Rudolf, Dr. Peter, Stiftung Wissenschaft und Politik (SWP), Berlin.

Seidenberger, Dr. Ulrich, Botschaftsrat bei der deutschen Vertretung bei den Vereinten Nationen, zuständig für den Sicherheitsrat.

Smyser, William R., amerikanischer Publizist, Washington.

Stützle, Dr. Walter, Staatssekretär im Bundesministerium für Verteidigung.

Szabo, Stephan F., Professor für Europäische Studien bei der School of Advanced International Studies (SAIS) der Johns Hopkins University, Washington.

Voigt, Karsten, Koordinator für die deutsch-amerikanische Zusammenarbeit im Auswärtigen Amt.

Volmer, Dr. Ludger, bis 2005 Mitglied des Deutschen Bundestags und des Auswärtigen Ausschusses.

Ward, George F., Botschafter a.D., United Institute of Peace, Washington.

Bibliographie

Ajami, Fouad, The Sentry's Solitude, in: Foreign Affairs, Jg. 80, Nr. 6, 2001, S. 2-16.

—, Iraq and the Arabs' Future, in: Foreign Affairs, Jg. 82, Nr. 1, 2003, S. 2-18.

Allin, Dana H., American Power and Allied Restraint: Lessons of Iraq, in: Survival, Jg. 49, Nr. 1, 2007, S. 123-140.

Ambos, Kai/Arnold, Jörg (Hg.), Der Irak-Krieg und das Völkerrecht, Berlin 2004.

American Academy of Art and Sciences (Hg.), War with Iraq, Costs, Consequences and Alternatives, Occasional Paper, Cambridge, Mass. 2002.

Amnesty International, Iraq: Beyond Abu Ghraib. Detention and Torture in Iraq, New York 2006.

—, The Quality of Justice. Failings of Iraq's Central Criminal Court, New York 2008.

Aron, Raymond, Frieden und Krieg, Frankfurt 1963.

Aust, Stefan/Schnibben, Cordt, Irak. Geschichte eines modernen Krieges, München/Hamburg 2003.

Auswärtiges Amt (Hg.), 14. Forum Globale Fragen. Völkerrecht im Wandel, Berlin 2006.

Bacevich, Andrew J., American Empire. The Realities and Consequences of U.S. Diplomacy, Cambridge, Mass./London 2002.

—, Sins of Omission, in: International Herald Tribune, 28. April 2009.

—, Present at the Re-Creation, in: Foreign Affairs, Jg. 87, Nr.4, 2008, www.foreignaffairs.com/articles/64466/andrew-j-bacevich/present-at-the-re-creation (19. Juli 2009).

Bellinger III, John B., US Needs Allies' Help, in: International Herald Tribune, 9. Januar 2009.

Beste, Ralf/Ihlau, Olaf/von Ilsemann, Siegesmund/Leick, Romain/Mascolo, Georg/Steingart, Gabor, Das Projekt Mirage, in: Der Spiegel, 10. Februar 2003, S. 94-100.

Bilmes, Linda/Stiglitz, Joseph E., The Economic Costs of the Iraq War: An Appraisal Three Years after the Beginning of the Conflict, Harvard/Columbia 2006.

Birnbaum, Robert/Rimscha, Robert von, Nur für Überflieger, in: Tagesspiegel, 10. Dezember 2002.

Blix, Hans, Mission Irak. Wahrheit und Lügen, München 2004.

Boot, Max, The Struggle to Transform the Military, in: Foreign Affairs, Jg. 84, Nr. 2, 2005, S. 103-118.

Bremer III, L. Paul, Iraq's Path to Sovereignty, in: Washington Post, 8. September 2003.

Bremer III, L. Paul/McConnell, Malcolm, My Year in Iraq, New York 2006.

Bremer III, L. Paul/Dobbins, James/Gompert, David, Early Days in Iraq: Decisions of the CPA, in: Survival, Jg. 50, Nr. 4, 2008, S. 21-54.

Burgdorff, Stephan/Habbe, Christian (Hg.), Als Feuer vom Himmel fiel. Der Bombenkrieg in Deutschland, München/Hamburg 2003.

Carroll, James, The Ghost Story, in: International Herald Tribune, 26. Februar 2008.

Chandrasekaran, Rajiv, Imperial Life in the Emerald City: Inside Iraq's Green Zone, New York 2007.

Chesterman, Simon, You the People: The United Nations, Transnational Administration and Statebuilding, New York 2004.

—, Occupation as Liberation: International Humanitarian Law and Regime Change, in: Ethics & International Affairs, Jg. 18, Nr. 3, 2004, S. 51-64.

Cirincione, Joseph/Tuchman Mathews, Jessica/Perkovich, George/Orton, Alexis, WMD in Iraq, Evidence and Implications, Carnegie Endowment Report, Washington 2004.

Clark, Wesley G., Waging Modern War, Oxford 2001.

—, The Next Offensive, in: International Herald Tribune, 7.12.2005.

Cohen, Roger, How the Mess Was Made, in: International Herald Tribune, 27. August 2007.

—, America's Limits, in: International Herald Tribune, 8. Oktober 2009.

Cordesman, Anthony, Creating Stable and ‚Iraqcrasy'. The Continuing Need for Strategic Patience, CSIS, Februar 2008.

—, The Costs of the Iraq War: CRS, GAO, CBO, and DoD Estimates, CSIS, März 2008.

—, The Iraq War: Progress in the Fighting and Security, CSIS, November 2008.

—, Afghanistan Heats Up, in: International Herald Tribune, 26. November 2008.

van Crefeld, Martin, La Puissance Militaire en Question, in: Politique Étrangère, Nr. 1, 2003, S. 11-24.

Crawford, Neta C., Just War Theory and the U.S. Counterterror War, in: Perspectives on Politics, Jg. 1, Nr. 1, 2003, S. 5-25.

Crocker, Chester A., The Art of Peace: Bringing Diplomacy Back to Washington, in: Foreign Affairs, Jg. 86, Nr. 4, 2007, www.foreignaffairs.com/articles/62670/chester-a-crocker/the-art-of-peace-bringing-diplomacy-back-to-washington (18. Oktober 2009).

Daalder, Ivo H./Lindsay, James M., America Unbound. The Bush Revolution in Foreign Policy, Washington 2003.

Danner, Mark, The Secret Way to War, in: New York Review of Books, Jg. 52, Nr. 10, 2005, www.nybooks.com/articles/18034# (25. Oktober 2009).

Dausend, Peter/Haselberger, Stefan, Edmund Stoiber geht auf Distanz zur Bush-Administration, in: Die Welt, 29. August 2002.

Diamond, Larry, What Went Wrong in Iraq?, in: Foreign Affairs, Jg. 83, Nr. 5, 2004, S. 34-56.

Diefenbacher, Hans, Die Krise der internationalen Finanzen – Beginn neuer internationaler Konflikte oder Wendepunkt zu einer besseren Weltfinanzordnung?, in: Friedensgutachten 2009, Münster 2009, S. 251-266.

Dobbins, James (Hg.), The UN's Role in Nation Building: From the Congo to Iraq, Santa Monica 2005.

—, Iraq: Winning the Unwinnable War, in: Foreign Affairs, Jg. 84, Nr. 1, 2005, S. 16-25

—, Who lost Iraq?, in: Foreign Affairs, Jg. 86, Nr. 5, 2007, S. 61-74.

Dodge, Toby, US-Intervention and Possible Iraqi Futures, in: Survival, Jg. 45, Nr. 3, 2003, S. 103-122.

—, Iraq's Future: The Aftermath of Regime Change, Adelphi Paper Nr. 372, IISS, Routledge 2005

—, The Causes of US Failure in Iraq, in: Survival, Jg. 49, Nr. 1, 2007, S. 85-106.

—, Coming Face to Face With Bloody Reality: Liberal Common Sense and the Ideological Failure of the Bush Doctrine in Iraq, in: International Politics, Jg. 46, Nr. 2/3, 2009, S. 253-275.

Engelhardt, Paulus, Die Lehre vom ‚gerechten Krieg' in der vorreformatorischen und katholischen Tradition. Herkunft – Wandlungen – Krise, in: Rainer Steinweg (Hg.), Der gerechte Krieg. Christentum, Islam, Marxismus, Frankfurt 1980, S. 72-124.

Fallows, James, The 51st State?, November 2002, www.theatlantic.com/doc/200211/fallows (26. Februar 2008).

—, Blind into Bagdad, Januar/Februar 2004, www.theatlantic.com/doc/200401/fallows (26. Februar 2008).

—, Bush's Lost Year, Oktober 2004, www.theatlantic.com/doc/200410/fallows (26. Februar 2008).

—, Die souveräne Gleichheit der Staaten – ein angefochtenes Grundprinzip des Völkerrechts, in: Aus Politik und Zeitgeschichte, Nr. 43, 2004, S. 7-13.

Feith, Douglas J., War and Decision. Inside the Pentagon at the Dawn of the War on Terrorism, New York 2008.

Feldmeyer, Karl, Das erste Opfer des Kriegs, in: Frankfurter Allgemeine Zeitung, 10. Februar 2003.

Fichtner, Ulrich, Der Krieg des Mister Brinkley, in: Der Spiegel, Nr. 17, 2009, 52-58.

Fisher, Louis, Deciding on War against Iraq: Institutional Failures, in: Political Science Quarterly, Jg. 118, Nr. 3, 2003, S. 389-410.

Fitchett, Joseph, Allies Face a Fresh Crisis. U.S. Derides French-German Plan to Add Inspectors in Iraq, in: International Herald Tribune, 10. Februar 2003.

Follath, Erich/Goetz, John/Rosenbach, Marcel/Stark, Holger, Ihr tragt eine Mitschuld, in: Der Spiegel, Nr. 13, 2008, S. 28-39.

Foreign Policy, The Foreign Policy Failed State Index, in: Foreign Policy, Jg. 88, Nr.4, Juli/August 2009, S. 82-83.

Franck, Thomas M., The Power of Legitimacy and the Legitimacy of Power: International Law in an Age of Power Disequilibrium, in: American Journal of International Law, Jg. 100, Nr. 1, 2006, S. 88-106.

Freedman, Lawrence, The Revolution in Strategic Affairs, Adelphi Paper Nr. 318, Oxford 1989.

—, War in Iraq: Selling the Threat, in: Survival, Jg. 46, Nr. 2, 2004, S. 7-50.

—, The Special Relationship. Then and Now, Foreign Affairs, Jg. 85, Nr. 3, 2006, S. 61-73.

Friedberg, Aaron L., The Long Haul – Fighting and Funding America's Next Wars, in: Foreign Affairs, Jg. 86, Nr. 4, 2007, www.foreignaffairs.com/articles/62662/aaron-l-friedberg/the-long-haul-fighting-and-funding-america-s-next-wars (25. Oktober 2009).

Frowein, Jochen A., Unilateral Interpretation of Security Council Resolutions – a Threat to Collective Security, in: Götz, Volkmar/Selmer, Peter/Wolfrum, Rüdiger (Hg.), Liber amicorum Günther Jaennicke – Zum 85. Geburtstag, Berlin/Heidelberg/New York 1998, S. 97-112.

Garden, Timothy, Iraq: The Military Campaign, in: International Affairs, Jg. 79, Nr. 4, London 2003, S. 701-718.

Gelinsky, Katja, Die Folter-Debatte in der amerikanischen Regierung, in: Frankfurter Allgemeine Zeitung, 9. Juli 2004.

Geyer, Christian, Redefluss ohne Ufer – Was Historiker mit Colin Powells Beweisen anfangen werden, in: Frankfurter Allgemeine Zeitung, 7. Februar 2003.

Gillmann, Barbara/Scheidges, Rüdiger, SPD warnt Merkel vor ‚Schmusekurs' in USA, in: Handelsblatt, 25. Februar 2003.

Glennon, Michael J., Why the Security Council Failed, in: Foreign Affairs, Jg. 82, Nr. 3, Mai/Juni 2003, S. 16-35.

Goldsmith, Jack/Posener, Eric, The Limits of International Law, Oxford 2005.

Gordon, Michael R., U.S. Used Powell-Doctrine in Trying to Sway Others in Iraq, in: International Herald Tribune, 7. Februar 2003.

Gordon, Philip H./Shapiro, Jeremy, Allies at War. America, Europe and the Crisis Over Iraq, New York 2004.

Greenberg, Karen J., What the Torture Memos Tell Us, in: Survival, Jg. 51, Nr. 3, 2009, S. 5-12.

Hacke, Christian, Zur Weltmacht verdammt. Die amerikanische Außenpolitik von J.F. Kennedy bis G.W. Bush, München 2002.

Haftendorn, Helga, Deutsche Außenpolitik zwischen Selbstbeschränkung und Selbstbehauptung, München 2001.

Harnisch, Sebastian, German Non-Proliferation Policy and the Iraq Conflict, in: German Politics, Jg. 13, Nr. 2, 2004, S. 1-34.

Hellmann, Gunther, „... um diesen deutschen Weg zu Ende gehen zu können." Die Renaissance machtpolitischer Selbstbehauptung in der zweiten Amtszeit der Regierung Schröder-Fischer, in: Egle, Christoph/Zohlnhöfer, Reimut (Hg.), Ende des rot-grünen Projekts. Eine Bilanz der Regierung Schröder 2002-2005, Wiesbaden 2007, S. 453-479.

Henard, Jean, Les Motivations de l'Intervention américaine en Iraq, in: Etudes de la Documentation Française, 2004/2005, S. 19-45.

Hendrickson, David C./Tucker, Robert W., Revisions in Need of Revising: What Went Wrong in the Iraq War, in: Survival, Jg. 47, Nr. 2, 2005, S. 7-32.

Hersh, Seymour, Chain of Command. The Road from 9/11 to Abu Ghraib, New York 2004.

Hippler, Jochen, Ende in Sicht? Das sinkende Gewaltniveau im Irakkrieg und die Chancen einer dauerhaften Stabilisierung, in: Friedensgutsachten 2009, Münster 2009, S. 73-84.

Hobohm, Jens, Das Öl des Irak und der irakische Entschädigungsfonds, SWP-Aktuell 16, Berlin 2008.

Hofmann, Gunter, Der lange Weg zum lauten Nein, in: Die Zeit, 23. Januar 2003.

Hofmann, Stanley/Bozo, Frederic, Gulliver Unbound. America's Imperial Temptation and the War in Iraq, Lanham 2004.

Howard, Michael, What's In A Name, in: Foreign Affairs, Jg. 81, Nr. 1, 2002, S. 8-13.

Hoge, Warren, Cook Diary Casts Doubt on Blair, in: International Herald Tribune, 6. Oktober 2003.

Hubel, Helmut, Der Krieg zum Sturz des irakischen Regimes, in: Hubel, Helmut/Kaiser, Karl/Maull, Hanns W. [u.a.] (Hg.), Jahrbuch Internationale Politik, Jahrbücher des Forschungsinstituts der Deutschen Gesellschaft für Auswärtige Politik, Bd. 26, München 2006, S. 11-20.

Human Rights Watch, The Quality of Justice. Failings of Iraq's Central Criminal Court, New York 2008.

Huntington, Samuel, Osama bin Laden Has Given Common Identity to the West, in: New Perspectives Quarterly, Jg. 19, Nr. 1, S. 5-8.

Ikenberry, John G., Getting Hegemony Right, in: The National Interest, Nr. 63, 2001, S. 17-24.

—, Democracy, Institutions and American Restraint, in: Ikenberry, John G. (Hg.), America Unrivaled: The Future of the Balance of Power, Ithaca 2002, S. 213-238.

—, The End of the Neoconservative Moment, in: Survival, Jg. 64, Nr. 1, 2004, S. 7-22.

International Crisis Group, What Can the U.S. Do in Iraq, Middle East Report Nr. 34, 22. Dezember 2004.

International Institute for Strategic Studies, London, Military Balance, verschiedene Jahrgänge.

—, Strategic Survey, verschiedene Jahrgänge

Jäger, Thomas/Szukala, Andrea, Außenpolitische Strategie und ökonomische Interessen Deutschlands nach dem Irak-Krieg, in: Staack, Michael/Voigt, Rüdiger (Hg.), Europa nach dem Irak-Krieg. Ende der transatlantischen Epoche?, Baden-Baden 2004, S. 231-255.

Jakobs, Günther, Bürgerstrafrecht und Feindstrafrecht, in: Höchstrichterliche Rechtsprechung Strafrecht (HRRS). Aufsätze und Urteilsanmerkungen, Bd. 3, 2004, S. 88-95.

Joetze, Günter, Der letzte Krieg in Europa?, Stuttgart 2001.

—, Doctrine and Practice of Preventive War. Its Impact on European Security, HSFK/PRIF Report No. 70, Frankfurt 2004.

Joffe, Josef, Schießen und Tee trinken. Interview mit General Petraeus, in: Die Zeit, 7. Mai 2009.

—, Die Hypermacht: Warum die USA die Welt beherrschen, München 2006.

Kagan, Frederick W., Iraq Winds Down, in: International Herald Tribune, 26. November 2008.

Kagan, Robert, Power and Weakness, in: Policy Review, Nr. 113, 2002, S.3-28.

—, Macht und Ohnmacht. Amerika gegen Europa in der neuen Weltordnung, München 2003.

—, America's Crisis of Legitimacy, in: Foreign Affairs, Jg. 83, Nr. 2, 2004, S. 65-78.

—, The Return of History and the End of Dreams, New York/Toronto 2008.

—, The September 12 Paradigm, in: Foreign Affairs, Jg. 87, Nr. 5, 2008, S. 25-39.

Kahl, Colin H., In the Crossfire or the Crosshairs, in: International Security, Jg. 32, Nr. 1, 2007, S. 7-46.

Kaplan, Fred, Bombing by Numbers. The Iraqi Air War Wasn't as Modern as it Looked, www.globalsecurity.org/org/news/2003/030527-bombing-numbers01.htm (27. Mai 2003).

Keiger, Dale, The Number, in: Johns Hopkins Magazine, Jg. 59, Nr. 1, 2007, S. 30-37.

Keller, Patrick, Neokonservatismus und amerikanische Außenpolitik, Paderborn 2008.

Kelly, Michael, Germany's Mister Tough-Guy, in: Washington Post, 12. Februar 2003.

Kennedy, Paul, Look Before You Leap, in: International Herald Tribune, 27. Februar 2008.

Kilcullen, David/McDonald Exum, Andrew, More Harm than Good. Drone Attacks in Pakistan Are Alienating the Very People We Need on Our Side, in: International Herald Tribune, 19. Mai 2009.

Klare, Michael T., A Motive Hiding in Plain Sight. War for Oil, in: Pemberton, Miriam/Hertung, William D. (Hg.), Lessons from Iraq. Avoiding next War, Boulder/London 2008, S. 32-39.

Kohler, Berthold, Schröders Krieg, in: Frankfurter Allgemeine Zeitung, 9. August 2002.

—, Mit hochroten Köpfen, in: Frankfurter Allgemeine Zeitung vom 18. September 2002.

Kornelius, Steffen, Der Rosenkrieg, in: Süddeutsche Zeitung, 2. November 2002.

—, Zeit der Einsamkeit, in: Süddeutsche Zeitung, 10. Februar 2003.

Krauthammer, Charles, The Unipolar Moment, in: Foreign Affairs, Jg. 70, Nr. 1, 1990/1991, S. 23-33.

Krepinevich Jr., Andrew W., The Pentagon's Wasting Assets. The Eroding Foundation of American Power, in: Foreign Affairs, Jg. 88, Nr. 4, 2009, www.foreignaffairs.com/articles/65150/andrew-f-krepinevich-jr/the-pentagons-wasting-assets (25. Oktober 2009).

Krisch, Niko, More Equal than the Rest? Hierarchy, Equality and US-Predominance in International Law, in: Beyers, Michael/Nolte, Georg (Hg.), United States Hegemony and the Foundations of International Law, Cambridge 2003, S. 135-175.

Kupchan, Charles A., The End of the American Era, New York 2002.

Lambert, Richard, Misunderstanding Each Other, in: Foreign Affairs, Jg. 82, Nr. 2, 2003, S. 62-74.

Long, Austin, The Anbar Awakening, in: Survival, Jg. 50, Nr. 2, 2008, S. 67-94.

Maull, Hanns W. (Hg.), Germany's Uncertain Power. The Foreign Policy of the Berlin Republic, New York 2006.

McMaster, H.R., On War: Lessons to be learned, in: Survival, Jg. 50, Nr.1, 2008, S. 19-30.

Mead, Walter Russell, The Case against Europe, in: Atlantic Monthly, April 2002, www.theatlantic.com/doc/200204/mead (25. Mai 2008).

Meinecke, Friedrich, Die Idee der Staatsräson in der neueren Geschichte, München 1963.

Meyer, Christopher, DC Confidential, London 2006.

Miles, Jack, Religion and American Foreign Policy, in: Survival, Jg. 41, Nr. 1, 2004, S. 23-37.

Miller, Steven E., Gambling on War: Force, Order, and the Implications of Attacking Iraq, in: American Academy of Arts and Science (Hg.), War with Iraq. Costs, Consequences and Alternatives, Occasional Paper, Cambridge, Mass. 2002, S. 7-50.

Müller, Harald, Allein gegen den Rest der Welt. Ein neuer Rüstungswettlauf? Wir sind schon mittendrin!, in: Internationale Politik, Jg. 62, Nr. 5, 2007, S. 86-88.

—, Abschied vom Unilateralismus? Colin Powells ‚Strategie der Partnerschaften', in: Internationale Politik, Nr. 3, 2004, S. 77-83.

Müller, Reinhard, Staatsräson, in: Frankfurter Allgemeine Zeitung, 22. April 2009.

Münkler, Herfried, Sind Wir im Krieg? Über Terroristen und Partisanen und die neuen Formen des Kriegs, in: Politische Vierteljahresschrift, Jg. 42, Nr. 4, 2001, S. 581-589.

—, Die Neuen Kriege, Reinbek bei Hamburg 2002.

—, Der neue Golfkrieg, Hamburg 2003.

—, Über den Krieg. Stationen der Kriegsgeschichte im Spiegel ihrer theoretischen Reflexion, Weilerswist 2003.

National Intelligence Council, Global Trends 2025: A Transformed World, Washington 2008.

New York Times, A Guide to the Torture Memos, 2005, www.nytimes.com/ref/international/24MEMO-GUIDE.html (18. Oktober 2009).

Obama, Barack, Renewing American Leadership, in: Foreign Affairs, Jg. 86, Nr. 4, 2007, S. 2-16.

O'Hanlon, Michael E. / Campbell, Jason H., Iraq Index. Tracking Variables of Reconstruction and Security in Post-Saddam Iraq, von Dezember 2008 und Mai 2009, www.brooking.edu/iraqindex.

Ottaway, Marina / Brown, Nathan [u.a.] (Hg.), The New Middle East, Washington 2008.

Owen IV., John M., Transnational Liberalism and American Primacy: Or, Benignity is in the Eye of the Beholder, in: Ikenberry, G. John (Hg.), America Unrivaled. The Future of the Balance of Power, Ithaca 2002, S. 239-259.

Packer, George, The Assassins' Gate. America in Iraq, New York 2005.

Peterson Peter G., Riding for a Fall. Costs of being a Superpower, in: Foreign Affairs, Jg. 83, Nr. 5, 2004, S. 111-125.

Pfaff, William, Still Worlds Apart, in: International Herlad Tribune, 4. Juni 2004.

Pinkus, Walter, US holds 18.000 Detainees in Iraq, in: Washington Post, 14. April 2007.

Podhoretz, Norman, Artikelserie im Commentary Magazin, How to Win World War IV, Februar 2002; In Praise of the Bush Doctrine, September 2002; World War IV – How It Started, What It Means and Why We Have to Win, September 2003; The War against World War IV, Februar 2005, www.commentarymagazine.com.

Pollack, Kenneth M., Spies, Lies, and Weapons: What Went Wrong, in: Atlantic Monthly, Januar/Februar 2004

Posener, Alan, Bomben und Gedächtnis, in: Die Welt, 6. Januar 2006.

Reisch, Nikki/Kretzmann, Steve, A Climate of War. The War in Iraq and Global Warming, Oil Change International, März 2008.

Reuter, Christoph, Aufstand in Irak, in: Internationale Politik, Nr. 5, 2004, S. 105-131.

—, Zwischen My Lai und Marshall-Plan. Warum Amerikas „Operation Iraqi Freedom" scheitert, in: Internationale Politik, Nr. 1, 2006, S. 36-43.

—, Im ersten, zweiten, dritten Kreis der Hölle, in: Internationale Politik, Nr. 1, 2008, S. 14-31.

Rice, Condoleezza, Promoting the National Interest, in: Foreign Affairs, Jg. 79, Nr. 1, 2000, S.45-62.

Rich, Frank, Why Libby's Pardon is a Slam Dunk, in: International Herald Tribune, 12. März 2007, S. 7.

—, The Ides of March 2003, in: International Herald Tribune, 29. März 2007, S. 7.

Ricks, Thomas R., Fiasco. The American Military Adventure in Iraq, London 2006.

—, The Gamble. General Petraeus and the Untold Story of the American Surge in Iraq, 2006-2008, London 2009.

Rittberger, Volker, Selbstentfesselung in kleinen Schritten? Deutschlands Außenpolitik zu Beginn des 21. Jahrhunderts, in: Politische Vierteljahresschrift, Jg. 44, Nr. 1, 2003, S. 10-18.

Roberts, Adam, Law and the Use of Force After Iraq, in: Survival, Jg. 45, Nr. 2, 2003, S. 31-56.

—, The End of Occupation: Iraq 2004, in: International and Comparative Law Quarterly, Jg. 54, Nr. 1, 2005, S. 27-48.

—, The War on Terror in Historical Perspective, in: Survival, Jg. 147, Nr. 2, 2005, S. 101-130.

Roth, Dieter/Jung, Matthias, Ablösung der Regierung vertagt: Eine Analyse der Wahl vom 22. September 2002, in: Aus Politik und Zeitgeschichte, Nr. 49/50, 2002, S. 3-17.

Rothkopf, David J., Inside the Committee that Runs the World, in: Foreign Policy, Nr. 147, 2005, S. 30-40.

Rubin, Alissa J., US Reforms in Peril at Prison in Iraq, in: International Herald Tribune, 2. Juni 2008.

—, Prison Worries Haunt the Transition in Iraq, in: International Herald Tribune, 25./26. Oktober 2008.

Rubin, James P., Stumbling Into War, in: Foreign Affairs, Jg. 82, Nr. 5, 2003, S.46-66.

Rudolf, Peter, Der 11. September, die Neuorientierung der amerikanischen Außenpolitik und der Krieg gegen den Irak, in: Zeitschrift für Politik, Jg. 50, Nr. 3, 2003, S. 257-280.

—, Imperiale Illusionen. Amerikanische Außenpolitik unter Präsident George W. Bush, Baden-Baden 2007.

—, Renaissance des Multilateralismus? Neuer Führungsanspruch der USA und transatlantische Beziehungen, in: Friedensgutachten 2009, Münster 2009, S. 190-200.

Rühl, Lothar, Perspektiven einer Offensive der USA gegen den Irak, in: Neue Zürcher Zeitung, 24. Mai 2002.

—, Professioneller Widerstand, in: Frankfurter Allgemeine Zeitung, 27. November 2004.

—, Der Ring schließt sich, in: Frankfurter Allgemeine Zeitung, 29. Juli 2006.

—, Die Zeit ist knapp. Terminplanungen für Afghanistan, in: Frankfurter Allgemeine Zeitung, 29. September 2009.

—, Widersprüche einer Mission. Politische Rücksichten und militärische Bedingungen in Afghanistan, in: Frankfurter Allgemeine Zeitung, 9. Oktober 2009.

Rumsfeld, Donald, Transforming the Military, in: Foreign Affairs, Jg. 81, Nr. 3, 2002, S. 20-32.

Runciman, David, The Politics of Good Intentions: History, Fear and Hypocrisy in the New World Order, Princeton/Oxford 2006.

Schaller, Christian, Die multinationale Truppe im Irak, SWP-Aktuell Nr. 30, Berlin 2004.

Schirrmacher, Frank, Sein Regiment. Schröders Berlinale: Auftritt Wilhelm II.", in: Frankfurter Allgemeine Zeitung, 12. Februar 2003.

Schmid, Thomas, Die Halbstarken, in: Frankfurter Allgemeine Zeitung, 14. Februar 2003.

Schmidt, Hans-Joachim/Zellner, Wolfgang, Konventionelle Rüstungskontrolle, in: Friedensgutachten 2008, Münster 2008, S. 66-78.

Schöllgen, Gregor, Der Auftritt. Deutschlands Rückkehr auf die Weltbühne, München 2003.

Schörnig, Niklas, In der Opferfalle. Die Bundesregierung und die zunehmenden Gefallenen der Bundeswehr in Afghanistan, HSFK-Standpunkt Nr. 2/2009, Frankfurt/M.

Schröder, Gerhard, Entscheidungen. Mein Leben in der Politik, Hamburg 2007.

Schuster, Jacques, Außenpolitik für Umfaller, in: Die Welt, 3. September 2002.

Seibt, Gustav, Kaiser Gerhard II., Schröders Enthemmung. Vom Zusammenbruch der Diplomatie, in: Süddeutsche Zeitung, 12. Februar 2003.

Shanker, Thom, U.S. Needs to Shift Defense Dollars to Fighting Insurgents, Gates Argues, in: International Herald Tribune, 11. Mai 2009.

—, U.S. Rethinks Doctrine for Military Readiness, in: International Herald Tribune, 16. Mai 2009.

Smith, Tony, Kommentar zum Thema „Losing Iraq", in: Foreign Affairs, Jg. 86, Nr.6, 2007, www.foreignaffairs.com/articles/63019/tony-smith-ludovic-hood-and-james-dobbins/losing-iraq (18. Juli 2008).

von Sponeck, Hans/Zumach, Andreas, Irak. Chronik eines gewollten Kriegs, Köln 2003.

Staack, Michael, Nein zur Hegemonialmacht. Deutschlands außenpolitische Entscheidungsprozesse im Irak-Konflikt, in: Staack, Michael/Voigt, Rüdiger (Hg.), Europa nach dem Irak-Krieg. Ende der transatlantischen Epoche?, Baden-Baden 2004, S. 203-230.

Stelzenmüller, Constanze, Schock und Entsetzen, in: Die Zeit, 20. März 2003.

—, Germany's Russia Question, in: Foreign Affairs, Jg. 88, Nr. 2, 2009, S. 89-100.

Stiglitz, Joseph E./Bilmes, Linda, The Three Trillion Dollar War – The True Cost of the Iraq Conflict, New York 2008.

Svensson, Birgit, Die Glut am Schrein von Imam Ali. Sechs Jahre nach dem Sturz Saddam Husseins blüht in Nadjaf der religiöse Fundamentalismus, in: Das Parlament, 23. März 2009.

Simon, Steven, The Price of the Surge, in: Foreign Affairs, Jg. 87, Nr. 3, 2008, S. 57-76.

Szabo, Stephen F., Parting Ways: The Crisis in German-American Relations, Washington 2004.

Todd, Emmanuel, Après l'Empire. Essai sur la Décomposition du Système américain, Paris 2002.

Todenhöfer, Jürgen, Luftkrieg ist Massenmord an Kindern, in: Frankfurter Allgemeine Sonntagszeitung, 30. März 2003.

Vernet, Henry/Cantaloube, Thomas, Chirac contre Bush. L'Autre Guerre, Paris 2004.

Walzer, Michael, Just and Unjust Wars. A Moral Argument with Historical Illustrations, New York 1971.

Wedgwood, Ruth, The Fall of Saddam Hussein. Security Council Mandates on Preemptive Self-Defense, in: American Journal of International Law, Jg. 97, Nr. 3, 2003, S. 567-585.

Wheatcroft, Geoffrey, Mission Impossible for Bush's Best Friend, in: International Herald Tribune, 4. Juli 2002.

—, War's Vanishing World in Europe, in: International Herald Tribune, 9./10. Februar 2008.

Wieland, Leo, Auf der Baustelle eines irakischen Marshall-Plans, in: Frankfurter Allgemeine Zeitung, 24. Oktober 2003, www.faz.net/s/RubFC06D389EE76479E9-E76425072B196C3/Doc~EFFAAE3D867DE4FF4A9ADE23CC6B919B7~ATpl~Ecommon~Scontent.html (15. August 2009).

Wittke, Thomas, Vor dem Flug nach Canossa, in: Bonner Generalanzeiger, 27. September 2002.

Wolf, Klaus Dieter, Von der Bipolarität zur Unipolarität – Der Mythos vom 2. amerikanischen Jahrhundert; in: Rittberger, Volker (Hg.), Weltpolitik heute, Baden-Baden 2004, S. 53-85.

Woodward, Bob, Bush at War, New York 2002.

—, Plan of Attack, New York 2004.

—, State of Denial, New York 2006.

—, The War Within. A Secret White House History 2006-2008, New York 2008.

Zehfuss, Maja, Wounds of Memory: The Politics of War in Germany, Cambridge 2007.

—, Subjectivity and Vulnerability: On the War with Iraq, in: International Politics, Jg. 44, Nr. 1, 2007, S. 58-71.

Zelikow, Philip/Rice, Condoleezza, Germany Unified and Europe Transformed. A Study in State Craft, Harvard 1995.

Zimmer, Matthias, Die Staatsräson der Bundesrepublik Deutschland vor und nach 1989, in: Zeitschrift für Außen- und Sicherheitspolitik, Jg. 2, Nr. 1, 2009, S. 66-83.

Register

Abu Ghraib, irakisches Gefängnis 34, 59 f., 62

„Acht", Brief der 120

Ajatollah Ali al Sistani, schiitischer Geistlicher 192, 194 f., 201, 203

Al Anbar, irakische Provinz 55, 212 f., 230

Allawi, Ijad, provisorischer irakischer Ministerpräsident 54, 56, 196, 198 f., 201

Al Maliki, irakischer Politiker, derzeit Ministerpräsident 212 f., 218 f.

Al Sarkaui, bis zu seinem Tod Führer der „El Kaida in Mesopotamien" 204, 207, 212

Angriffskrieg

– im Sinne des Grundgesetzes 155

– Begriff von Bundesregierung vermieden 155 f.

– Bewertung durch den Generalbundesanwalt 156

– durch das Bundesverwaltungsgericht 156

Annan, Kofi, damals VN-Generalsekretär

– zur Rechtswidrigkeit des Krieges 155

– zur VN-Rolle im Irak 178 f., 184, 195

Asymmetrischer Krieg, irregulärer Krieg 53, 60, 232 f., 235, 238

Atlantismus, deutscher 104ff.

„Aufstand" im Irak, Einstufung durch CIA, vom Präsidenten verworfen 190

Außenministerium der USA

– Konflikt über Bush-Rede vom September 2003 74

– Diskussionsprojekt über die Zukunft des Irak 79

– Teilnahme an Deputies' Luncheons 81

– Verhandlungsmethode 166

„Automatik" in den Resolution des Sicherheitsrats 75 ff., 137 f.

AWACS, Aufklärungsflugzeuge der Nato 116ff.

Azorentreffen 138

Baker, James A., früherer amerikanischer Außenminister 64, 105, 138, 184 f., 208

„Bandbreite" der Resolution 1441 112 f., 131

Basra, Stadt im Südirak 149

„Benchmarks" (Messlatten/Maßstäbe)
– für irakische Abrüstungsfortschritte als Teil einer Resolution 135 f.
– für den politischen Prozess im Irak 212 f.
Berlusconi, Silvio, italienischer Ministerpräsident
– unterschreibt den Brief der „Acht" 120
– will für die EU vermitteln 126
Blackwill, Robert, amerikanischer Diplomat vom August 2003 bis Ende 2007 im Nationalen Sicherheitsrat 182, 191, 194ff.
Blair, Tony, britischer Premierminister von 1997 bis 2007
– Auftreten in den USA nach dem 11. September 70
– erste bedingte Zustimmung zum Irak-Krieg 68
– seine Bedingungen verblassen 70 f.
– erzählt Schröder von Bushs Plänen 95
– braucht eine zweite Sicherheitsratsresolution 129
– schaltet sich in Verhandlungen ein 136 f.
„Blauhelme", Medienpanne 121 ff.

Blix, Hans, schwedischer Diplomat, Direktor von UNSCOM von 1998 bis 2003 127, 132 f., 139
Brahimi, Lakhdar, früherer algerischer Außenminister, Vertreter des VN-Generalsekretärs im Irak 194ff., 198, 201, 204
Bremer, L. Paul, Botschafter, Leiter der CPA 2003/2004 162, 170ff., 189ff., vor allem:
– bootet die Exilpolitiker aus 172
– erste Dekrete 172 f.
– erwirkt den Einsatz amerikanischer Truppen für die innere Sicherheit 174
– gründet den „Provisorischen Regierenden Rat" 175
– beschreibt seinen Stufenplan 194
Bundesnachrichtendienst (BND), angebliche Beteiligung an Angriffsvorbereitung 158ff.
Bush-Doktrin
– Entstehung 24 f.
– Zusammenfassung und Beurteilung 25ff.
Bush, George H. W., amerikanischer Präsident von 1989 bis 1993, Vorgehen in der Kuwaitkrise 21ff.
Bush, George W., amerikanischer Präsident von 2001 bis 2009

– demontiert die konventionelle und strategische Rüstungskontrolle 80ff.
– als Kriegspräsident 30
– neue Einschätzung der Weltgefahren 39 f.
– verlangt Einsatzplan gegen den Irak 65
– Datum seiner Kriegsentscheidung 68
– glaubt Nachkriegsplanung auf dem Weg 80
– Rede zur Lage der Nation im Januar 2003 126 f.
– Aussöhnung mit Deutschland 182
– Durchhalteparolen 194, 197 f., 204 f.
– Verdrängung der Lage 190
– Strategiewechsel 193, 209 f.
– Besuch in der Provinz al Anbar 213

Camp Bucca und Camp Cropper, Gefangenenlager 55

CDU
– Hauptargumente gegen Schröders „Nein" 102
– Vorschläge zum Wiederaufbau des Irak 181

Chaos im Irak nach der Eroberung 160ff.

Cheney, Richard, amerikanischer Vizepräsident von 2001 bis 2009 25, 36 f., 39, 41 f., 60, 72, 74, 95, 107, 167, 182, 216, 235

Chirac, Jacques, ehemaliger französischer Staatspräsident
– Besuch in Schwerin 98
– „Prager-Predigt" 113
– Rolle in den Verhandlungen 114, 127, 129ff., 167
– Interview („Veto") 135 f.

Coats, Daniel, amerikanischer Botschafter in Berlin
– beklagt sich im Kanzleramt 100
– übergibt amerikanische Hilfsanforderungen 101 f., 153

CPA, oberste amerikanische Besatzungsbehörde im Irak 52 f., 162, 164, 168, 170 f., 177 f., 192ff.

„Curveball", Deckname für eine BND-Quelle 128 f., 247

Däubler-Gmelin, Herta, deutsche Politikerin 100 f.

Dearlove, Sir Richard, Direktor des britischen Geheimdienstes 68

Demonstrationen gegen den Irak-Krieg 85

DeMuth, Chris, damals Präsident des American Enterprise Institute, lehnt Nachkriegsplanung ab 80

„Deutscher Weg" in der Kriegsablehnung des Bundeskanzlers 100

Dissens in der Resolution 1441 (siehe auch „Bandbreite") 76

Dschalabi, Ahmed, irakischer Politiker 80 f., 83, 173, 215

Eindämmung als Irakstrategie 22

El Baradei, Mohamed, Generalsekretär der internationalen Atomenergiebehörde (AEO) 43, 133

El Kaida in Mesopotamien 207

Ermächtigung, bestehende, als Rechtsgrundlage für den Krieg 51 f.

Exilpläne für Saddam Hussein 148

Falludscha, Stadt im Irak 203ff.

„Fedajin", irakische Guerillagruppe 150

Feith, Douglas J., Abteilungsleiter Politik im amerikanischen Verteidigungsministerium 1999 bis 2005 41, 44, 67, 82 f., 114, 151, 161, 192 f.

Fischer, Joschka (Joseph), deutscher Außenminister 1999 bis 2005
– politisches Profil 89 f.
– Streitgespräch mit Rumsfeld 123 f.
– verteidigt seine Linie vor dem Bundestag 102 f.
– will Kontroversen im Sicherheitsrat verhindern („Bandbreite") 113

Frankreich, politische Haltung 73, 113 f., 154

Franks Tommy R., Armeegeneral, Chef des Central Command
– erarbeitet Einsatzplan 65ff., 215

– Vorträge vor dem Präsidenten 66, 149 f.
– politische Voraussetzungen 66
– logistische Vorbereitungen 67

Friedrich, Jörg, deutscher Autor („Der Brand") 87

Garner, Jay, Generalleutnant i.R., Leiter von ORHA
– greift in Nachkriegsplanung ein 82
– findet ein Chaos vor 160
– versucht schnellen Aufbau von „unten" 161 f., 172 f.

Gates, Robert, seit Dezember 2006 amerikanischer Verteidigungsminister 210, 231 f., 234 f., 238, 241

Gaviard, Jean-Patrick, französischer General besucht Washington 113

Gefangene im Irak
– allgemeines 54ff.
– Praxis der amerikanischen Truppen 58
– rechtliche Einordnung 56
– harte Verhöre 56 f.
– juristische Rechtfertigung 56
– Übertragung der Verhörmethoden von Guantanamo in den Irak, insbesondere Abu Ghraib 58, 60
– Milderung durch Senator McCains Gesetz vom Dezember 2005 60

Gelb, Lesley, damals Direktor des Council on Foreign Relations und die Nachkriegsplanung 79 f.

Genscher, Hans-Dietrich, deutscher Außenminister von 1975 bis 1993, über Deutschlands Stellung in der Allianz 91, 105

„Gerechter Krieg" 48 f.

Gonzales, Alberto, 2003 Rechtsberater im Präsidialamt, später amerikanischer Justizminister, zu den Genfer Abkommen 56

Gourdauld-Montagne, Maurice („MGM"), damals Leiter des außenpolitischen Büros des französischen Präsidenten 1184

Grass, Günter, deutscher Schriftsteller (hier: „Im Krebsgang") 86 f.

Greenstock, Sir Jeremy, britischer Vertreter im Sicherheitsrat der Vereinten Nationen von 2001 bis 2003 132ff., 138, 162, 165

Großbritannien

– und der „Krieg gegen den Terror" 31, 75

– und die Nachkriegsplanung 109, 133, 138

Haass, Richard, amerikanischer Politiker und Publizist

– versteht Kriegsgründe nicht 43

– erfährt von der Kriegsentscheidung 68

Haditha/Hadisa, Stadt im Irak 206, 209, 225

Hadley, Steven, stellvertretender Direktor des Nationalen Sicherheitsrats von 2001-2004, Direktor von 2005-2008 81 f., 131, 182, 193

Hammurabi-Division 149

Hegemonie, Formen der 105

Hellman, Gunther, deutscher Politologe 108 f.

Henard, Jean, französischer Diplomat 37

Herzog, Roman, Bundespräsident 1994 bis 1998 (Rede in Dresden 1995) 86

Ischinger, Wolfgang, deutscher Botschafter in Washington von 2001 bis 2005

– fragt, ob Krieg kommt 69

– laufende Kommentare und Empfehlungen 94 f. 189, 194

Israel, seine Sicherheit als Kriegsmotiv 37 f.

Jakobs, Günther, deutscher Professor („Feindstrafrecht") 62 f.

Kagan, Frederick W., Militärexperte im American Enterprise Institut 211, 214 f.

Kagan, Robert, amerikanischer Publizist 143ff., 162

Karpinski, Jani, Brigadegeneralin, zuständig für amerikanische Gefängnisse im Irak 59

Keane, Jack, amerikanischer General i.R., beeinflusst Strategiewechsel 210 f.

Koalition gegen Saddam Hussein, Zusammensetzung 149

Koalitionsverhandlungen, deutsche im Oktober 1998 91

Koch, Roland, hessischer Ministerpräsident über Orientierungsprobleme der CDU in der Kriegsfrage 103

„Kollateralschäden" 150, 152, 224 f., 233, 249

Kongress der USA (Kriegsermächtigung) 48, 80

Krauthammer, Charles, amerikanischer Publizist 22, 65, 143, 228

Kriegsbilder („asymmetrisch" oder „irregulär") 235 ff.

Kriegstote, irakische 224 f.

Kriegsziele, Diskussionen in der amerikanischen Regierung 82 f.

Krisenmanagement des Bundeskanzlers 112 f.

Kuwait
– als Aggressionsopfer 64
– als Gläubiger 187

„Leadership" als amerikanische Leitvorstellung 229 f.

Levitte, Jean David, französischer Botschafter in Washington ab Januar 2003 131

Luftüberlegenheit, amerikanische, im Krieg 149

Madrid, internationale Geberkonferenz für den Irak 183 f.

Mahdi-Miliz 212

Makiya, Kanan, irakischer Exilpolitiker und Literat 82

Massenvernichtungswaffen (MVW) im Irak
– damaliger Expertenkonsens 42 f.
– Druck auf Geheimdienste 44
– politischer Missbrauch der Informationen 43
– Nuklearwaffen, vor allem Urankauf im Niger 190
– Reaktion des Kongresses 44
– Reaktionen der Medien 44
– keine Funde vor Ort 193

Medina-Division 149

Merkel, Angela, reist als CDU-Vorsitzende nach Washington 107

Meyer, Sir Christopher, britischer Botschafter in Washington 1997 bis 2003 70 f.

McCain, John, amerikanischer Senator 60 f., 78, 95, 246

Miller, Geoffrey, amerikanischer Brigadegeneral, überträgt Methoden von Guantanamo in den Irak 58

Münchener Sicherheitskonferenz
– lässt 2002 amerikanische Kriegspläne erkennen 95
– führt im Jahre 2003 zu Kontroversen und Medienpannen 123 f., 126

Mützelburg, Bernd, Leiter der Außen- und Sicherheitspolitischen Abteilung des Bundeskanzleramts von 2002 bis 2005 115, 121 f.

Muktada al Sadr, irakischer Politiker und Milizchef 175, 204, 212

Nato
- „Vorsorgeplanung" für die Türkei 190ff.
- Unterstützung der Besatzungstruppen 189 f.

Neokonservative 22 f., 36

Negroponte, John D., amerikanischer Botschafter bei den Vereinten Nationen 2000 bis 2004 77, 132, 134, 140

Öleinnahmen des Irak 163, 213, 219

Ölversorgung als Kriegsmotiv 38

Opferverhältnis, ethische Fragen 152, 226 f.

ORHA (Office for Reconstruction and Humanitarian Aid), erste amerikanische Besatzungsbehörde, Januar bis Mai 2003 82

Petraeus, David, amerikanischer General, zunächst Divisionskommandeur im Irak, seit Frühjahr 2008 Chef des Central Command, entwickelt Doktrin zur Aufstandsbekämpfung 33, 211, 218, 225, 233

Pleuger, Gunter, Botschafter, deutscher Vertreter bei den Vereinten Nationen von Januar 2003 bis 2005 102, 113, 125, 130, 139, 165, 179, 198 f.

„Populismus" (Kritik an der Bundesregierung) 108

Posener, Alan, israelischer Intellektueller über deutsche Kriegsablehnung und Antiamerikanismus 88

Powell, Colin, amerikanischer Außenminister 24, 36, 44, 53, 65 f., 74, 81, 83, 90, 96, 101, 114 f., 118, 126ff., 138, 151, 166 f., 177, 181, 188, 199, 204, 231

Präemption (Begriff) 26

Prendergast, Sir Kieran, stellvertretender Generalsekretär der Vereinten Nationen, zum Streit um die Kriegsresolution 141

Punktationspapier zur deutschen Unterstützung des Krieges 156

Putin, Wladimir, russischer Präsident von 2000 bis 2008 73, 115, 130, 135, 139, 167, 179

Ramadi, irakische Stadt 212

Reddemann, Luise, Traumatherapeutin 87 f.

Reformschub im Mittleren Osten als Kriegsmotiv 36

„Regime Change" (Veränderung der Staatsform von außen) als Kriegsziel 53, 173

Revolution in Military Affairs (RMA) 231

Rice, Condoleezza, nationale Sicherheitsberaterin bis 2004, ab 2004 bis 2008 amerikanische Außenministerin 21, 24, 39 f., 42ff., 68ff., 80ff., 98, 101, 114, 118, 125, 133, 151, 185, 191 ff.

Risikodiskussion

– in der amerikanischen Regierung 44 f.

– in der Wissenschaft 45

Robertson, George, Nato-Generalsekretär bis 2004 116ff.

Rühl, Lothar, Staatssekretär a.D., Publizist

– sagt den Krieg voraus 97

– gibt ihn verloren 208 f.

Rumsfeld, Donald, amerikanischer Verteidigungsminister von 2000 bis 2006

– seine Risikoeinschätzung („Horror-Parade") 44

– Kriegsmotive 43, 81 f.

– billigt harte Verhöre 56

– beeinflusst Einsatzplan 65

– lehnt Nachkriegsplanung ab 79 f.

– polemisiert gegen Europa 120 f.,

– seine Militärdoktrin 231, 234

Russland

– Berliner Einschätzung seiner Haltung 73, 115

– widerspricht schließlich dem Krieg 115

– lenkt aber zuletzt im Sicherheitsrat ein 179

Samarra, Stadt im Irak 207

Saudi-Arabien

– politische und logistische Unterstützung zum Irak-Krieg 72, 153 f., 183 f.

Scharanski, Nathan, russischer Dissident, später israelischer Politiker 37, 71

Scharioth, Klaus, Staatssekretär im Auswärtigen Amt 102, 125, 155

Scharping, Rudolf, deutscher Verteidigungsminister von 1998 bis 2002 90

Schöllgen, Gregor, deutscher Historiker 106 f.

Schröder, Gerhard, Bundeskanzler 1998 bis 2005

– außenpolitisches Profil 89

– Unterstützung in Afghanistan 91 f.

– Gespräche mit Präsident Bush: im Januar 2002 93ff.

– im Mai 2002 98

– erkennt die Washingtoner Kriegsabsichten 98 f.

– lehnt in Hannover den Krieg öffentlich ab 99

– legt sich in Goslar auf ein „Nein" im Sicherheitsrat fest 113

Schuldenerlass für den Irak 185

Sebari, Hoschiar, irakisch-kurdischer Politiker, 2004 Außenminister 199

Shinseki, Eric, amerikanischer General
– Aussage vor dem Senat über nötige Truppenzahlen 84

„Sonderweg", deutscher, siehe „Deutscher Weg"

Souveränität des Irak in der Sicherheitsratsresolution 1546 202 ff.

Staatsräson, deutsche 104, 108

Stelzenmüller, Constanze, deutsche Journalistin 86 f.

Stoiber, Edmund, CSU Kanzlerkandidat im September 2002 102

Straw, Jack, britischer Außenminister 135

Taguba, Antonio, Generalmajor, kritisiert Missstände in amerikanischen Gefängnissen im Irak 59

Talabani, Dschalal, kurdisch-irakischer Politiker 201

Tenet, George, CIA-Direktor 1998 bis 2004 128

Terror, globaler Krieg gegen den (GWOT) 27 ff.

Todenhöfer, Jürgen, früheres Bundestagsmitglied, jetzt Publizist 86 f.

Türkei
– Nutzungs- und Durchzugsrechte für amerikanische Truppen 67

– „Schutz" durch die Nato 116 ff.

Unterstützung des Feldzugs durch dritte Länder
– Zirkularnote vom Oktober 2002 153 f.
– Reaktion in Frankreich 154

UNSCOM, Sondereinrichtung der Vereinten Nationen für die Abrüstung des Irak 133

Vereinbarung, irakisch-amerikanische, über Truppenstationierung und weitere Zusammenarbeit vom November 2008 226 f.

Vereinte Nationen (VN)
– Satzung 46 ff.
– einzelne Resolutionen des Sicherheitsrats
    – Nr. 1441 74 ff.
    – Nr. 1483 160 ff.
    – Nr. 1511 170 ff.
    – Nr. 1546 197 ff., insbesondere multilaterale Streitkräfte 202 Souveränitätsfrage 203 f.

„Vietnamsyndrom" 22 f., 36

de Villepin, Dominique, französischer Außenminister von 2003 bis 2007
– im Sicherheitsrat 114
– Afrika-Reise 136, 138 f.

Walker, Marie, Rechtsberaterin der amerikanischen Luftwaffe 57 f.

Wheatcroft, Geoffrey, britischer Autor 146

Wieczoreck-Zeul, Heidemarie, ehemalige deutsche Entwicklungsministerin 181

Wilna-Gruppe 120

Wolfowitz, Paul, ehemaliger stellvertretender Verteidigungsminister der USA
- ideologische Einordnung 39
- will Kriegskosten aus irakischer Ölförderung finanzieren 80, 222
- kündigt im September 2001 eine Serie von Interventionen an 91 f.
- äußert sich 2002 ähnlich bei der Münchener Sicherheitskonferenz 95
- löst die AWACS-Diskussion in der Nato aus 116
- lehnt eine VN-Verwaltung des Irak ab 163
- stößt die Verhandlungen über einen Schuldenerlass an 184

Yoo, John, Professor für Staatsrecht in Berkley, in verschiedenen Funktionen für die Regierung Bush tätig 57

Zehfuss, Maja 87, 226

Zivilmacht als deutsche Leitvorstellung 108